未读 ADR | 文艺家

伟大的城市

THE GREAT CITIES IN HISTORY

John Julius Norwich

70 座闪耀
世界文明史的
光辉之城

［英］约翰·朱利叶斯·诺里奇 —— 编著

孙力 —— 译

中国致公出版社

图书在版编目(CIP)数据

伟大的城市：70座闪耀世界文明史的光辉之城 /
(英)约翰·朱利叶斯·诺里奇编著；孙力译. -- 北京：
中国致公出版社，2022（2023.11重印）
 书名原文：The Great Cities in History
 ISBN 978-7-5145-1886-3

Ⅰ.①伟… Ⅱ.①约…②孙… Ⅲ.①文化名城-世界 Ⅳ.①K915

中国版本图书馆CIP数据核字(2021)第223780号

著作权合同登记号：图字 01-2021-5774

Published by arrangement with Thames & Hudson Ltd, London,
The Great Cities in History © 2009 Thames & Hudson Ltd, London
Save for the articles listed on page 334
Simplified Chinese edition first published in China in 2022 by United Sky (Beijing) New Media Co., Ltd, Beijing
Chinese edition © 2022 United Sky (Beijing) New Media Co., Ltd

伟大的城市：70座闪耀世界文明史的光辉之城　　［英］约翰·朱利叶斯·诺里奇 编著　孙力 译
WEIDA DE CHENGSHI：70 ZUO SHANYAO SHIJIE WENMINGSHI DE GUANGHUI ZHI CHENG

出　　版	中国致公出版社
	（北京市朝阳区八里庄西里100号住邦2000大厦1号楼西区21层　100025）
发　　行	中国致公出版社
	未读（天津）文化传媒有限公司
作品企划	联合天际·文艺生活工作室
责任编辑	丁琪德
责任校对	邓新蓉
特约编辑	刘小旋
美术编辑	程　阁
封面设计	左左工作室
责任印制	赵路江
印　　刷	北京雅图新世纪印刷科技有限公司
版　　次	2022年3月第1版
印　　次	2023年11月第4次印刷
开　　本	787 mm×1092 mm　1/16
印　　张	21.75
字　　数	445千字
书　　号	ISBN 978-7-5145-1886-3
定　　价	188.00元

（版权所有，盗版必究，举报电话：010-52435752）
（如发现印装质量问题，请寄本公司调换，电话：010-52435752）

目　录

从美索不达米亚到超级大城
约翰·朱利叶斯·诺里奇　8

古代世界　17

乌鲁克
世界上的第一座城市
玛格丽特·范·埃斯　20

摩亨佐-达罗
与印度河文明
罗宾·科宁汉姆　22

孟斐斯
古埃及首都
伊恩·肖　24

底比斯
与埃及的黄金年代
比尔·曼利　28

哈图沙
赫梯帝国的要塞
特雷弗·布莱斯　34

巴比伦
尼布甲尼撒与空中花园
琼·奥茨　36

尼尼微
亚述国王的宫殿与神庙
朱利安·里德　40

迦太基
腓尼基和罗马的城市
亨利·赫斯特　44

雅典
民主的诞生地
贝塔尼·休斯　46

临淄
以及中国战国时期的其他古城
W.J.F. 詹纳　50

亚历山大港
托勒密王朝的地中海都市
艾伦·B. 劳埃德　52

麦罗埃
努比亚皇城
罗伯特·默科特　56

耶路撒冷
希律王和耶稣时代
马丁·古德曼　58

罗马
奥古斯都时代
奈杰尔·波拉德　64

公元第一个千年　71

特奥蒂瓦坎
众神诞生之地
苏珊·托比·埃文斯　75

蒂卡尔
玛雅文明的熔炉
西蒙·马丁　80

君士坦丁堡
基督教的东方之都
约翰·朱利叶斯·诺里奇　84

麦加
伊斯兰教的圣城
多丽丝·贝伦斯-阿布赛义夫　89

大马士革
绿洲之城的荣光
巴纳比·罗杰森　93

长安
唐朝都城
熊存瑞　98

巴格达
与阿拔斯王朝的哈里发
多丽丝·贝伦斯-阿布赛义夫　101

科尔多瓦
摩尔人在西班牙的灿烂都城
多丽丝·贝伦斯 – 阿布赛义夫　　　　　　104

中世纪世界　　　　　　　　　　　109

吴哥
高棉人的荣耀之城
迈克尔·D. 科　　　　　　　　　　　112

巴勒莫
地中海的诺曼宝石
约翰·朱利叶斯·诺里奇　　　　　　　119

开罗
伊斯兰文明的中心
多丽丝·贝伦斯 – 阿布赛义夫　　　　　　122

撒马尔罕
帖木儿的首选之城
科林·休布朗　　　　　　　　　　　127

巴黎
哥特式建筑的巅峰
克里斯·琼斯　　　　　　　　　　　131

吕贝克
及汉萨同盟的其他城市
威廉·L. 厄本　　　　　　　　　　　136

克拉科夫
北方的文艺复兴城市
亚当·查莫斯基　　　　　　　　　　139

威尼斯
地中海霸主
约翰·朱利叶斯·诺里奇　　　　　　　143

佛罗伦萨
美第奇家族的光辉荣耀
查尔斯·菲茨罗伊　　　　　　　　　147

贝宁
西非的祖辈之城
帕特里克·达林　　　　　　　　　　152

廷巴克图
沙中之城
巴纳比·罗杰森　　　　　　　　　　154

库斯科
印加王城
布莱恩·S. 鲍尔　　　　　　　　　　160

特诺奇提特兰
湖中的阿兹特克城市
苏珊·托比·埃文斯　　　　　　　　　164

早期现代世界　　　　　　　　　　169

里斯本
地理大发现时代
马林·纽伊特　　　　　　　　　　　172

罗马
与文艺复兴时期的教廷
查尔斯·菲茨罗伊　　　　　　　　　175

伊斯坦布尔
苏丹的城市
杰森·古德温　　　　　　　　　　　180

阿格拉
泰姬陵的城市
埃巴·科赫　　　　　　　　　　　　185

伊斯法罕
阿巴斯一世与萨非王朝
斯蒂芬·P. 布莱克　　　　　　　　　190

北京
及紫禁城
弗朗西丝·伍德　　　　　　　　　　194

京都
快乐庭园和朱红色宫殿
莱斯利·唐纳　　　　　　　　　　　198

布拉格
鲁道夫二世的魔幻之城
科林·埃默里　　　　　　　　　　　202

阿姆斯特丹
与荷兰共和国
西蒙·沙马　　　　　　　　　　　　205

墨西哥城
美洲新大陆的乌托邦
菲利普·费尔南德兹 – 阿迈斯托　　　　211

伦敦
从复兴到复辟
A.N. 威尔逊　　　　　　　　　　　215

斯德哥尔摩
与瑞典的波罗的海帝国
查尔斯·菲茨罗伊　　　　　　　　　221

都柏林
与乔治风格的优雅
托马斯·帕克南 224

哥本哈根
与北欧的新古典主义
科林·埃默里 228

圣彼得堡
俄罗斯面向西方的窗口
科林·埃默里 231

维也纳
与哈布斯堡王朝的皇帝
米沙·格伦尼 235

爱丁堡
与苏格兰启蒙运动
马格努斯·林克莱特 239

现代城市时期 243

莫斯科
没有宫廷的首府
奥兰多·费吉斯 246

巴黎
拿破仑三世与奥斯曼男爵的时代
菲利普·曼塞尔 250

伦敦
从维多利亚女王到"金融大爆炸"
A.N. 威尔逊 255

布达佩斯
连接多瑙河两岸的桥梁
米沙·格伦尼 259

蒙特利尔
塑造出加拿大的反抗精神
罗里·麦克林 261

华盛顿
一目了然的民主观念
西蒙·沙马 263

巴塞罗那
加泰罗尼亚的凤凰
菲利普·费尔南德兹-阿迈斯托 268

新德里
以石头为象征的城市
简·里德利 273

柏林
在火山口跳舞
罗里·麦克林 278

芝加哥
美国的引擎
詹姆斯·库诺 282

洛杉矶
创造的文化
凯文·斯塔尔 288

布宜诺斯艾利斯
希望永存的城市
菲利普·费尔南德兹-阿迈斯托 293

新加坡
狮城
约翰·凯伊 295

纽约
未来的前景
简·莫里斯 299

从灰铅时代到黄金时代
亚历山大·布鲁姆 301

圣保罗
咖啡与贸易
伊丽莎白·约翰逊 305

悉尼
从穷困之地到国际都市
伊丽莎白·法雷利 307

东京
不断变化的城市
莱斯利·唐纳 311

上海
中国的超级城市
约翰·吉廷斯 316

撰稿人名单 320
延伸阅读 326
插图来源 332
引文出处 334
译名对照表 335

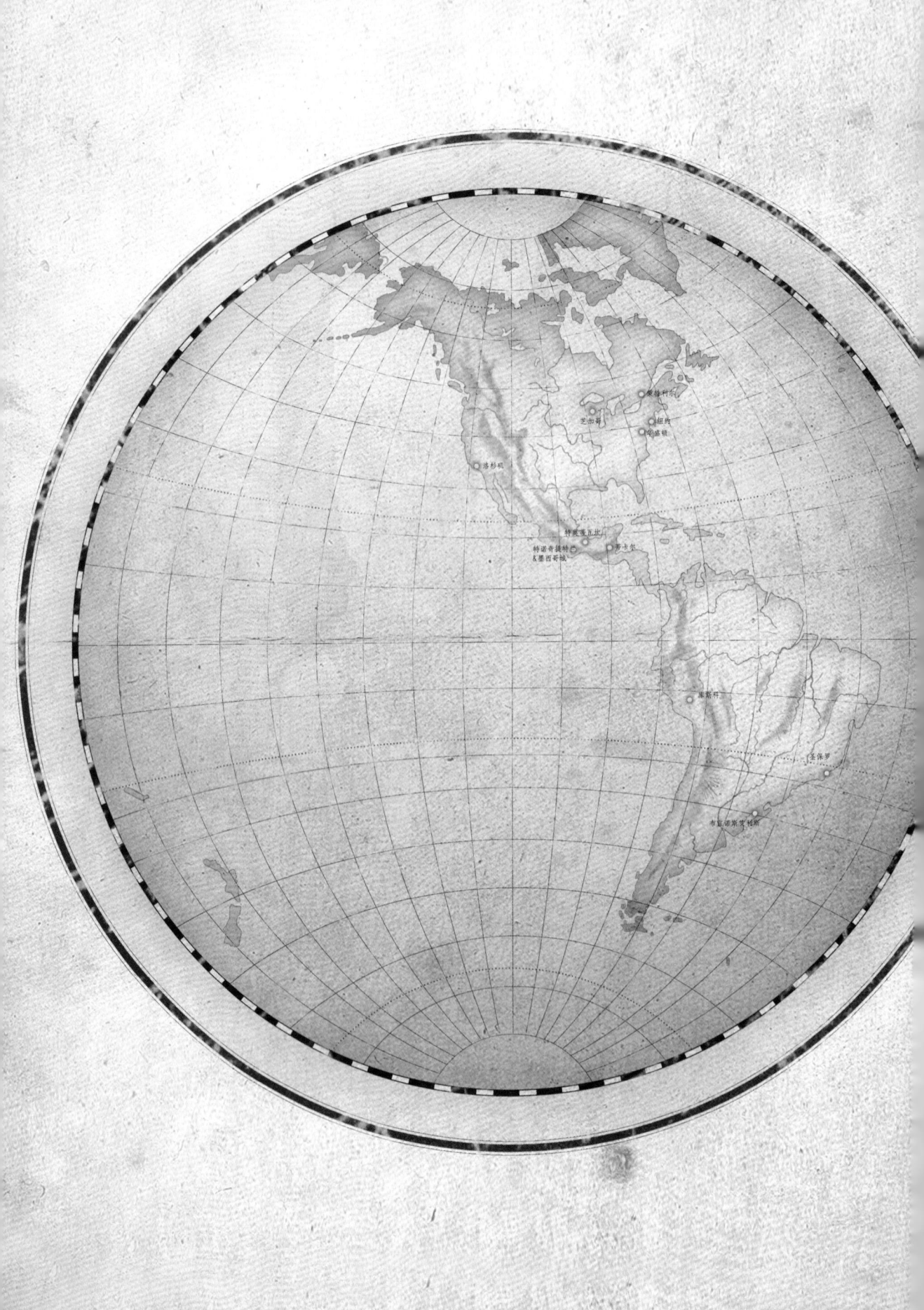

从美索不达米亚到超级大城

约翰·朱利叶斯·诺里奇

"城镇的诞生是农业发展的产物",这个说法是著名的历史悖论之一。在学会种地之前,人类以狩猎为生。早期的猎人们四处漂泊——他们不得不总是在路上,因为猎物到哪儿,他们就得跟到哪儿。即使是在猎物很充足的时候,不同部族的猎人们按常理也不会住得离彼此太近。而农业的发展则需要人们长期居于定所、互相协作。大约在公元前8000年,农耕活动出现,建筑随之诞生。人们开始在耕种的土地附近盖起了成群的房屋。在此后数百年的发展过程中,随着大型社区的逐渐融合和对个别建筑投入更多的人力物力,定居点内开始出现承担了各种功能的建筑,比如祭祀神祇的神庙、统治者处理政务的宫殿、储存农产品的仓库、供人们在劳作后聚会和放松的浴场和公共场所,以及防御性城墙。人们对贵重产品的需求将刺激贸易和商品交换,只不过商贸往来很可能会有赖于该地区是否靠海或处在大河之滨。就这样,村发展成了镇,而镇如果够大也足够重要的话,最终会发展成为城市。

这些城市中的"佼佼者"构成了本书的主题。本书的第一部分介绍的是古代世界的伟大城市,公元100年之后兴起的城市并不在此列。美索不达米亚的乌鲁克被称为世界上第一座真正的城市,它和印度河流域的摩亨佐-达罗都是最古老城市的代表,这批最古老的城市如今在地面之上已没有多少遗存,好在关于这些城市的一些零散的文字记载都保存了下来。如果没有这些文字材料的话,我们对这些城市的认知就只能仰仗考古学家的行动了。古埃及文明在本书中将由孟斐斯和底比斯这两座城市来予以体现。古埃及的很多古迹、绘画、雕刻、铭文留存于世,这就使得古埃及文明成为我们可以在脑海中形成明确概念的最古老的文化。同样幸运的是,有足够多的雅典和罗马帝国时代的古迹至今仍然屹立不倒,这些遗迹,加上海量的精美文学作品,使我们能够更清楚地了解到这两座城市从前的样

底比斯城中一座墓碑画的细节中展示出了古埃及的农业场景。古埃及的农业有赖于每年尼罗河的泛滥,如果没有尼罗河的洪水,古埃及就是个沙漠之国。密集的人口能在城市中生存,正是得益于农事活动的成功开展和农事技术的广泛传播。

子，以及它们的居民曾经过着什么样的生活。而耶路撒冷在我看来是一个特例。虽然它不像希腊和罗马那样拥有规模庞大的宏伟古典建筑，但是它对犹太教、基督教（以及后来的伊斯兰教）而言，具有极为重要的地位，这种宗教地位也催生了众多伟大的文学作品。也因此，尽管命途多舛，但耶路撒冷这座城市却有着一种世界上其他城市难以匹敌的魅力。

接下来，我们会介绍那些在公元第一个千年中达到鼎盛时期的城市。我们的目光将投向更广阔的世界。蒂卡尔和特奥蒂瓦坎这两座伟大的城市位于中美洲，长安是大唐王朝的都城。伊斯兰城市至少有四座，这凸显了阿拉伯-摩尔文明在公元第一个千年中的优越地位，而不足为奇的是，这段时期在北欧被称为"黑暗时代"。基督教的代表城市只有一个，那便是君士坦丁堡。虽然这座城市在历史舞台上亮相的时间比较晚，到公元330年才由君士坦丁大帝建立，但甫一建城，它就成了罗马帝国的首都，并且在接下来一千年的大部分时间里，都是地中海东部的统治中心——直至在1204年的第四次十字军东征期间沦陷。

中世纪时期——出于本书的写作需要，其时间跨度在本书中是从公元1000—1500年——我们的网会撒

雅典卫城的神庙。古希腊的建筑形式，尤其是雅典的建筑形式一直被人效仿。直到现代，世界各地的城市中仍不断出现以雅典的建筑为原型而设计的建筑作品。

得更广：往北会介绍吕贝克以及汉萨同盟中的其他城市；往南会讨论开罗、巴勒莫、贝宁以及廷巴克图；往东会谈及克拉科夫、撒马尔罕和吴哥；往西则会引入两座在哥伦布发现美洲大陆之前就已经繁荣发展的伟大城市，一座是阿兹特克帝国首都特诺奇提特兰（今天的墨西哥城就是在这座城市的废墟之上建立起来的），另一座是库斯科（这座海拔3400多米的城市是了不起的印加人的都城）。这些城市在地理位置和文化上都相去甚远，因此无法相互比较。中世纪的世界似乎浩瀚无边，大部分地方仍笼罩着神秘的色彩。那时人们的旅行速度还非常缓慢，长途通信几乎不存在，由于经度仍无法测量，航海技术也处于初始阶段。书中所列的这一时期的城市中，欧洲以外的城市彼此之间甚至是闻所未闻。

不过上述情况在15世纪末突然有了巨大的改观。1492年，克里斯托弗·哥伦布发现了（抑或可以说重新发现了）新大陆，而仅仅一两年后，瓦斯科·达·伽马就开辟了绕过好望角从欧洲到印度的新航线。从此以后，一艘在伦敦或是汉萨同盟港口城市载满货物的货船，可以在孟买或东印度群岛这样的终点卸货，再也没必要冒着货物被抢的风险途经有海盗出没的红海或波斯湾，商贾也不必再将货物交由拖沓的、需要三四年才能穿越中亚草原的骆驼商队去运送。如果这对地中海来说是个坏消息的话，

从美索不达米亚到超级大城　9

泰晤士河不仅是贸易大动脉,也是数百年来人们游览伦敦最简便的途径之一。1666年的那场大火之后,伦敦经历了整体规划与重建,它的街道不再拥挤不堪。而昔日那拥堵的街道,莎士比亚是不会感到陌生的。

那么地中海当时似乎注定会沦为一潭死水。而对威尼斯以及地中海沿岸的其他重要港口城市而言,这种改变恐怕更糟。其实,在1453年奥斯曼帝国的军队攻陷君士坦丁堡之后,这些港口城市的发展就已经深受其影响了,而西班牙和葡萄牙倒是乐见其变。在波吉亚家族的教宗亚历山大六世的协调下,两国签订了《托尔德西利亚斯条约》,根据该条约瓜分了南美大陆。

因此,早期的现代世界与之前的世界截然不同,它的地平线更开阔,造船和航海技术也更发达。相比之下,它似乎蕴藏了无限潜能。这一时期出现了一些新的帝国。拜占庭帝国被奥斯曼帝国所取代,维也纳成为哈布斯堡王朝的中心。随着18世纪初彼得大帝将首都迁至圣彼得堡,俄罗斯帝国崛起。而在更东面的地方也出现了一些新的帝国都城,比如伊斯法罕、阿格拉、北京以及京都。西班牙帝国在新大陆的势力和影响的主要体现是墨西哥城,它是在阿兹特克帝国首都特诺奇提特兰的废墟上建立起来的。这一时期还存在着一个宗教帝国,设于罗马的教廷为该帝国代言。但不得不提的是,罗马教廷并不只处理宗教事务,还会涉足世俗政治。彼时的罗马适逢文艺复兴,尽管有时风气败坏,但整座城市仍是壮丽辉煌的。现在,伦敦首次进入榜单,爱丁堡同样也是。18世纪艺术和文化大爆发的惊人景象,也就是我们熟知的苏格兰启蒙运动,便发生在爱丁堡。

最后,我们要关注的是现代城市时期。在本书中,这个时期开始于1800年左右,不过因为这些城市在时间上都跨越了几个世纪,我们没办法将它们按时间顺序来整齐分类。到了这一时期,工业革命正如火如荼,随之产生的是乡村人口向城镇的大规模转移和大都市的出现。我们在这一部分将第二次说到伦敦和巴黎。这两座城市在这一时期都经历着巨大的变化。伦敦出现了人口大爆炸,这在很大程

①	②
③	④

① 现代的墨西哥城是在阿兹特克帝国首都特诺奇提特兰的废墟上建起来的。当时,西班牙征服者为了消除旧政权的痕迹,刻意夷平特诺奇提特兰,建立了一座欧洲风格的新城。
② 开罗的许多小巷今天仍会让人有种身处中世纪马穆鲁克王朝的感觉。
③ 大马士革大清真寺的建筑风格不仅反映了伊斯兰教的传统,它那令人眼花缭乱的马赛克镶嵌图案还体现了拜占庭的工艺。
④ 紫禁城的金黄色琉璃瓦屋顶。黄色是皇家的专用色彩,而龙则是帝王的象征。

威尼斯的成功，一部分得益于它看起来没什么发展前景的地理位置——它位于一片浅水潟湖之中，这一地势不仅很好地保护了威尼斯的发展，也为威尼斯成为一个强大的海洋帝国奠定了根基。全球贸易格局不断在变，而威尼斯始终是世界上最美的城市之一。

度上与伦敦的卫生居住情况得到了很大改善有关。而巴黎则经历了拿破仑三世和奥斯曼男爵的大改造。此前从未露面的北美城市，如今赫然耸立。在加拿大我们会介绍蒙特利尔，而在美国我们会说到纽约、华盛顿、芝加哥和洛杉矶。在这一时期我们将见证另一个令人震惊的新事物——摩天大楼，它的出现得益于电梯的发明。在巴拿马地峡的南边，我们会把目光投向布宜诺斯艾利斯和圣保罗。而在欧洲，除了伦敦和巴黎之外，我们还会谈及巴塞罗那、柏林和布达佩斯。亚洲部分我们会介绍新德里、新加坡、上海和东京。而在澳大利亚，我们会介绍悉尼。

对于所有这些城市的选取，毫无疑问是极其困难的。我们已经做好了被反对和质疑的准备，我们真的要争论廷巴克图和多伦多这两座城市哪个更重要，或者麦罗埃和墨尔本孰轻孰重吗？问题的关键在于本书标题中的"历史上的（in history）"这几个字。在13世纪和14世纪的时候，西方世界对廷巴克图可能知之甚少，但它在历史上接连作为三个帝国的中心城市，基于这个原因，它理应在中世纪那部分的城市榜上占有一席之地。

电梯的发明以及其他科技、工程领域的创新为摩天大楼的诞生提供了可能性。在第二次世界大战(以下简称"二战")前后的那几年里,人们常常把摩天大楼和纽约联系在一起。

如果你喜欢将本书当作一本历史书[1]来读,是完全可以的。但除了历史,本书还涉及艺术和建筑、贸易和商业、旅行和探险、经济和规划。而最重要的是,这是一本关于人的书。在书中你将了解到人们如何工作、如何娱乐、如何表达自己的信仰,以及数百年来他们是如何应对最复杂棘手的社会问题——如何近距离地生活在一起却又和睦融洽。

---

1 该书的英文版于2009年首次出版,文中提及的包括人口、土地面积、排名等"实时"数据,以及一些时间概念上的词,均反映的是文章创作所处时代的情况。另,文中的所有言论仅代表作者本人的观点。——编者注

得天独厚的天然港口条件使得悉尼仅用200年的时间便由一个简陋的小镇发展成为全球性的都市。悉尼歌剧院如今已是悉尼的城市标志，而在20世纪60年代，由于设计师与当地政府之间的矛盾，悉尼歌剧院的建筑工程曾一度受阻。

古代世界

约翰·朱利叶斯·诺里奇

记得大约五十年前，我坐飞机途经埃及，我震惊于这个国家看起来和它在地图上的样子一模一样。尼罗河是一条细细的河线，它的两侧是绿油油的开阔地带，在这些绿地之外，只有一望无际的黄沙。那一天是我人生中第一次意识到，对生活在缺乏降雨的沙漠地区的人而言，河流是多么宝贵。在古代，河流不仅为人们提供了灌溉农田的水源，还是当时主要的交通方式。马路在那时几乎是不存在的，唯一有效的运输方式是走水路。和其他交通方式相比，水路还有一个好处就是运载量大。乌鲁克——本书所描述的最古老的城市，得到了一条辽阔壮丽的大河的滋养，而这条大河就是幼发拉底河。是水让生命成为可能，而不是其他任何自然资源。同样的情况也适用于麦罗埃、摩亨佐－达罗、尼尼微、巴比伦以及两座古埃及的伟大城市——孟斐斯和底比斯。如果没有底格里斯河、幼发拉底河、尼罗河的话，早期的古代世界将会是一片荒芜之地。

不靠大河滋养也能繁荣发展的城市，是那些雨量充沛的沿海城市。最典型的例子莫过于雅典和迦太基。但是航海要比在河上行船困难得多，而且在公元前1500年之前，根本谈不上有什么适合航海的船舶（奥德修斯于公元前1200年左右从特洛伊启航，在海上漂泊了十年——如果我们相信荷马写的都是真的——才最终回到伊萨卡，而在当时那个年代，这个速度已经算创纪录了）。因此，河畔城市早在沿海城市之前发展了起来。雅典城诞生的时候，乌鲁克很可能已经有三千多年的发展史了。

雅典是座地中海城市。早在公元前6世纪以前，对雅典人以及生活在雅典周边城市的人而言，地中海就已经不只是个屏障，而更像是一座桥梁了。雅典人和亚历山大港的居民之间有着紧密的联系，但罗马人和迦太基人的关系则没那么融洽。迦太基人在西班牙建立了一个殖民地，即卡塔赫纳，这座城市发展得很好，在公元前3世纪的布匿战争时期，卡塔赫纳几乎发展成为和迦太基同样重要的城市。耶路撒冷虽是个山城而不是海上城市，但离海并不远。读过《列王记上》就知道，腓尼基人希兰，即推罗王，便是从海上给所罗门送去了木材和技艺精湛的工匠。公元前63年，在庞培征服巴勒斯坦之后，耶路撒冷就成了罗马世界的一部分，进而也可以说是成了地中海世界的一部分。

在这一时期所列举的城市中，也许要数公元前5—前3世纪的中国战国时期的城市最令人称奇。这些城市之所以特殊，不仅在于它们的规模和结构——它们也许是当时世界上最大的城市，还有其他更重要的原因。城市要想繁荣昌盛，我们一般会认为和平是其中的首要条件。但在战国时期，是战争提供了它们所需要的刺激。另一个倚仗军事武力而发展壮大的城市是赫梯人建在哈图沙的坚固要塞。

除了古老之外，古代世界的所有人还有什么相似之处呢？也许就只剩下一点，即他们所处的世界充满了广阔无限的发展空间。对其中最早的人类而言，甚至不存在文字记录，没有什么事情是有理可循的，一切都得靠自己去探索、发现。他们在一定程度上既了解了农业，也对天文学十分着迷。凭借天文学的知识，他们开始尝试在海上航行。除了最早的那些人类，其他人都经历了从青铜时代向铁器时代缓慢却至关重要的过渡。而所有古代世界的人，都可以无一例外地对一件事情感到自豪——他们创造了一座城。在当时，这实在是一个了不起的成就。

印度河流域摩亨佐-达罗的一条狭窄街道，它的两旁是泥砖搭砌的建筑。摩亨佐-达罗的街道布局呈网格状，在这种布局下，城市街区的划分十分整齐，每个街区都配备了沐浴和排水设施。摩亨佐-达罗的城市规划是一次很有特色的试验，这座城市后来为什么会消亡至今仍是个未知之谜。

乌鲁克

世界上的第一座城市

玛格丽特·范·埃斯

> 登上乌鲁克的城墙，穿梭其间！探索它的根基，查看它的构造！
> ……那七位智者[1]不曾在此奠基吗？城市有一平方英里[2]，枣林也有一平方英里。
> ……伊什塔尔神庙有半平方英里，乌鲁克的辽阔疆域有三又二分之一平方英里。
>
> ——《吉尔伽美什史诗》，公元前3000年

公元前3000年初，有一座兴旺发达的城市叫乌鲁克，其城中居民人数在3万到5万人之间。它地处两河流域南部三角洲的北岸，位于今天的巴格达以南约300千米处。拥有宏伟城墙的乌鲁克占地面积为5.5平方千米，在当时，它是世界上最大的都市，同远近的一些国家和城邦在政治经济事务上都保持着往来。它的城市管理井然有序，其在建筑领域所取得的成就令人瞩目，许多雄伟建筑在一些史诗当中都有所记载，特别值得一提的是，在描述过乌鲁克城市建筑的史诗中包括《吉尔伽美什史诗》，它是世界上最古老的文学作品之一。吉尔伽美什是乌鲁克的国王，其掌权时间在公元前27—前26世纪，而《吉尔伽美什史诗》里所记述的英雄事迹有的则发生在更古老的年代，所以到了吉尔伽美什时代，乌鲁克已经是一个高度发达的王国了。

吉尔伽美什时期的乌鲁克已经有一千五百年左右的历史了，在那一千五百年中，乌鲁克的居民逐渐适应了美索不达米亚南部恶劣的生存环境。幼发拉底河和底格里斯河之间的冲积平原上常有沼泽，直到公元前5000年才有人在这里居住，而在中东的其他一些地方则存在着更为古老的人类聚落。两河流域的气候极其炎热，洪水一旦泛滥便难以驯服。

要想在这片土地上享受安定的生活，就必须有一个先进的管理体制，而这种体制则需要一个和平的外部环境。所以乌鲁克的统治者会先和邻近的聚落达成协议，再和距离较远的聚落订立合约，而当此类协定涉及了越来越多的村庄和田地时，就需要有专门的人在各方之间斡旋。考古证据表明，在公元前3500年的时候，乌鲁克已经发展成为一个大型城市中心，它有着一个有效的统治制度、有组织的宗教，以及雄伟壮观的公共建筑——所有这些都标志着它是一座真正意义上的城市。在乌鲁克，农民可以保障粮食供应；工匠中有组织、有分工，他们从事着服装、陶器、工具等物品的大规模生产工作；而艺术家则创造着精美的艺术品，点缀了乌鲁克的繁华。

美索不达米亚南部没有什么自然资源，因此乌鲁克的进口贸易非常红火：当地人从托罗斯山脉、扎格罗斯山脉和黎巴嫩山脉进口木材和金属，还从阿富汗进口半宝石和青金石。随着社会阶层变得更

---

[1] 根据苏美尔神话，美索不达米亚平原上有七位半人半神的智者帮助人类摆脱了愚昧，建立了文明。——译者注（书中的脚注除编者注外，皆为译者注）

[2] 1平方英里 ≈ 2.6平方千米。——编者注

乌鲁克是由两个较小的聚落合并发展而成的，这两个聚落分别位于幼发拉底河的两岸，也因此，在乌鲁克城里有两个神庙。后来，尽管伊什塔尔神庙成了乌鲁克的主要宗教活动中心，人们也总是去阿努（天神）神庙进行礼拜，图中可见阿努神庙的遗址。阿努神庙的台阶之高闻名遐迩，台阶上的神庙遗址可以追溯到公元前4世纪末。

为复杂，乌鲁克社会中的职业种类也不断增多：除了官员和士兵之外，还出现了祭司、科学家以及观察自然界的天文学家。后来，在公元前3200年前后，出现了最早的文字，这种文字起初是为了方便统治者的管理才被创造出来的。

在乌鲁克城市发展早期，其建于假山上的公共建筑规模庞大、装饰华丽。人们从很远的地方就可以瞥见这些建筑。毫无疑问，它们体现了乌鲁克的财富和威权。不过，在公元前3000年前后的时候，整座城市中心都按照一种全新的设计被改造了一番。在城市中央，有一座神庙孤零零地矗立在台阶上，这座神庙是献给爱情与战争女神伊什塔尔的。而在伊什塔尔神庙周围是一些简陋的、有宽敞院落的建筑，它们都由庙宇管理部门打理。

随着乌鲁克不断地繁荣发展，它的土地面积也在稳步增长。最终，大概在吉尔伽美什时期，乌鲁克的著名城墙修建完成。该城墙长达11千米，有900个扶壁加固支撑。为了修建这个城墙，统治者开通了运河，而大大小小的运河又进一步便利了城市内部及周围的交通。这些规模宏大、构造精妙的伟大工程为乌鲁克在接下来的2500年里延续了威望。

直到公元4世纪，乌鲁克的城市中心地带都有居民落脚。作为一个城市以及一个宗教中心，乌鲁克始终保持着它的重要性。然而，它的政权却再未达到曾经的强盛程度。如今，乌鲁克的废墟就埋藏在伊拉克的沙漠之下。

摩亨佐-达罗

与印度河文明

罗宾·科宁汉姆

> 很少有考古学家能够发现失落的文明，就像施利曼挖掘出梯林斯和迈锡尼的遗址，或是像施泰因在土库曼斯坦的沙漠里发现被人遗忘已久的文化宝藏那样。然而现在，我们在印度河流域就即将发现一个失落的文明，这个发现具有革命性的意义。
>
> ——约翰·马歇尔爵士，1924年

公元2世纪，有一批佛教徒在搭建一座寺院的时候利用了同一场地上的其他古代建筑的砖块。这座寺院荒废了近400年，如今，它的遗址位于巴基斯坦境内，被称作摩亨佐-达罗，又名"死丘"。最早来这里展开挖掘工作的考古学家是印度人R.D.班纳吉，他在1921年开始勘探的时候便觉得这里的每一个土丘都很古老。而他很快就发现，在一些从这里出土的印章上，有着和前一年在巴基斯坦的哈拉帕发现的同一类无法解读的文字。英国考古学家约翰·马歇尔爵士后来解答了班纳吉的疑惑，马歇尔爵士揭示出了摩亨佐-达罗和与它相距400千米的哈拉帕之间的相似性，并确认在印度河流域存在着一个此前并不为人所知的青铜时代的文明。

印度河文明在公元前2500—前1900年这段时间内涵盖了超过50万平方千米的土地，摩亨佐-达罗不仅是印度河文明中保存最为完好的城市，也是最大的城市，其占地面积达到了200公顷（2平方千米），而考古学家只挖掘出了一小部分。最初，大约在公元前3500年的时候，住在摩亨佐-达罗的是山里的农民和在河漫滩上落脚的牧民。如今，这里的地下水位已经比从前低了好几米。青铜时代的摩亨佐-达罗是经过规划后在先前的古城原址上建立起来的。尽管今天展现在世人面前的只是这座城市处于最后发展阶段（长达600年）的面貌，但其街道的布局仍然可以反映出该城市最早的设计方案。摩亨佐-达罗分为两个巨大的地块，这两个地块都是由泥砖来固定的，而所有这一切都是经过长年累月的集体劳动打造而成的。

两个地块中较大的一个是"下城"，其网格状宽街将其划分成了不同的区域，在每个区域都有可供取水的井。经过小巷就可以到达私人的院子。大部分院子都极为规整，有些院子比一般的院子大，它们可能不仅有居住功

下城中的一块滑石半身像塑造了一个留着整齐胡子的男子形象。该男子额头上戴了个圆形饰物，右臂上也系了个相似的饰物。男子身上穿的似乎是件嵌有三叶草图案的袍子。尽管这个半身像高度不足20厘米，但它威严的仪态、冠状头饰以及被很多人视为神圣象征的三叶草图案，仍然为其赢得了"祭司王"的称号。

22 古代世界

大浴场被认为是印度河文明中最大的古迹，它靠附近的水井引水、注水入池。在印度河下游这样一个半干旱地区，大浴场是个奇迹般的存在。在摩亨佐-达罗，几乎每家每户都有一个沐浴台，这也印证了约翰·马歇尔爵士的说法：沐浴在摩亨佐-达罗被视为"宗教义务"。

能。某一片的简易房可能住的都是奴隶。有证据表明，下城里的大部分人家都从事着制作贝壳、石器、瓷器和金属物品的工作。下城中一个更为统一的特征就是遍布全城的沐浴台，这些设施串联起了一个贯穿下城大街小巷的排水网络。建造浴场是一笔巨大的投资，除了能解决洗澡水以及每年缺乏降雨的问题，在浴场沐浴已经成了一件仪式性的事。如果统一性是下城的特色，那么位于下城西侧的"卫城"的特点，就是其具有别致的古迹。卫城中最独特的建筑是大浴场，它是一块体积约为202立方米的凹地。建造大浴场的砖头涂了沥青，可以防水。浴场周围是柱廊林立的院子。大浴场的狭小入口设在小街上，意味着进出大浴场在当时是受限制的。大浴场西边有一处古迹由成排的泥砖墙构成，起初，它被认为是供暖的热坑，但后来英国考古学家莫蒂默·惠勒爵士将它解释为国家的粮仓。考古界还将它和洛塔尔（印度）的一处粮仓进行过比对，结果证明它确实具有储藏功能。在摩亨佐-达罗的最南部，有一个占地900平方米的大厅。该大厅有四排长方形的砖礅，每排的砖礅数为五个，它是摩亨佐-达罗城内占地面积最大的建筑。尽管有这些宏伟的历史遗迹，但城里并没有类似宫殿、神庙或皇家陵墓之类的建筑，还是很令人困惑，也许这说明与美索不达米亚的文明相比，印度河文明并没有明显的等级制度。

自从摩亨佐-达罗遗址被发现以来，学者们就一直想弄清楚这座城市在大约4000年前消亡的原因。有一种理论认为外部势力的侵略是导致摩亨佐-达罗毁灭的主要原因，而另一种说法则将原因归结为自然灾害。然而，这座城市的消亡也有可能是因为印度河改道不再流经城市，居民渐渐地往乡村迁移；另外，农民所依赖的洪水也越发不可预测。摩亨佐-达罗在城市规划方面进行了独特的尝试。当它消亡后，在此地重新建起城市社区已是1000年之后了，只是新城市的布局再也没有从前那般系统化。

孟斐斯

古埃及首都

伊恩·肖

> 当这第一位国王美尼斯修筑了堤坝使这个地方变成干地后,他首先在那里建立了城市,就是现在被称为孟斐斯的城市。
>
> ——希罗多德,公元前5世纪

孟斐斯这座城市的光芒常常被城里的坟墓所掩盖。比起城市的街道、房屋、庙宇、宫殿和市场,吉萨的大金字塔、塞加拉的阶梯金字塔、神圣动物墓地以及塞拉比斯神庙显然保存得更为完好,也更具声望。不过,在长达近3500年的时间里,孟斐斯一直都是埃及首都。从古埃及法老时期(约公元前3000年)开始,直到阿拉伯人征服埃及(公元641年),孟斐斯始终是埃及的政治中心,只是最终被开罗所取代。和很多古埃及的其他城市一样,孟斐斯既没有像墓地那样很好地被保存下来,也没有得到考古学家同等程度的关注。如今,整个孟斐斯的面积将近4平方千米,但大部分居住区都已被毁坏或是被埋在了诸如拉希纳和拜德尔舍因这样的现代村庄之下。

孟斐斯位于尼罗河三角洲的南端。从地势上来说,它既能很好地控制尼罗河三角洲,又能控制好尼罗河河谷,因此有时候它也被称为"上下埃及[1]之界"。有文字记载以来,孟斐斯最早的名字叫伊内卜-赫吉(Ineb-hedj),意思是"白色壁垒"或"白色城堡",这大概指的是早期一位法老的宫殿,那座宫殿设有防御工事且灿烂夺目。资料表明,伊内卜-赫吉当初的位置就在今天的阿布西尔村附近,此后它逐渐南迁。

孟斐斯遗址距离中世纪及现代开罗的郊区很近,这使它遭到了严重毁坏。不过,自19世纪初以来,考古学家们逐渐厘清了孟斐斯的部分城市网络,探明了其中的神庙、宫殿、私宅,他们的发现包括一处献给卜塔的大型神庙建筑群。孟斐斯城的逐渐扩张,主要是受位于城市西面的塞加拉墓地中一系列皇家金字塔的影响。随着金字塔的逐一开建,城市的地理重心也逐渐转移。到了埃及古王国[2]后期,伊内卜-赫吉变得不再重要,更南部的郊区已然崛起,其中心城镇为杰德-伊苏特,它的名字是由埃及第六王朝法老特悌的金字塔而来。然而,孟斐斯这个名字其实是在梅内斐(Men-nefer,意思是"受人敬仰且华美壮丽的")的基础上演变而来的,梅内斐指的是位于城内的埃及法老珀辟一世(公元前2332—前2283年在位)的金字塔。

---

[1] 古埃及在前王朝(约公元前6000—前3100年)出现了两个各自独立的王国,即上埃及和下埃及,前者位于南部的尼罗河河谷,后者地处北部的尼罗河三角洲,因此埃及自古以来也被称为"两地"(the Two Lands)。

[2] 古王国时期为(约公元前2686—前2181年)古埃及历史分期之一。

后来的记载显示，孟斐斯是以城市的创建者美尼斯的名字命名的。美尼斯是埃及第一王朝的法老，是个神话般的人物。根据古埃及历史学家马涅托所记述，美尼斯实现了上、下埃及的统一，因此他是埃及的建国之君。很多学者认为，富有传奇色彩的美尼斯和法老那尔迈是同一个人，史料中关于那尔迈的记录比美尼斯更为丰富，而我们对于美尼斯的执政情况仍然毫无头绪。古希腊作家希罗多德也称美尼斯是孟斐斯的建立者，并且说他解决了孟斐斯平原的排水问题。近年来有研究表明，美尼斯这个名字的意思或许是"古埃及首都孟斐斯的"，这既纪念了孟斐斯作为都城的建立，也纪念了埃及的统一。对古埃及人而言，美尼斯是第一位人类统治者，而他之前的王者则都被视为半人半神。

到了新王国时期（公元前1567—前1085年），人们在孟斐斯的城市中央建起了一座巨大的卜塔神庙。如今，这座卜塔神庙的遗迹已所剩无几。当年，这座神庙与位于底比斯腹地、供奉着阿蒙的卡纳克神庙彼此间颇有些竞争的意味，而如今，与卡纳克神庙相比，卜塔神庙更显残败。卜塔和他的配偶——以母狮形象示人的战争女神塞赫麦特，以及他们的儿子莲花神内费特姆组成了孟斐斯的三大主神。卜塔常常被刻画为一个木乃伊男子，他的手是从裹住全身的亚麻布里伸出来的，他还是个光头，头上戴着一顶大小正合适的无边帽。在孟斐斯奉祀卜塔的众多圣地里，有一处名为卜塔圣殿(Hwt-ka-Ptah)，这个名字很可能被希腊人误记为埃及图斯（Aiguptos），而"埃及"一词正是源于这个希腊语单词。

一部分卜塔神庙是用古王国时期金字塔的外围砖块建造的，这些砖块很可能来自塞加拉。在卜塔神庙里还发现了一根中王国时期法老阿蒙尼姆赫特三世（公元前1842—前1797年在位）时代的过梁，这件在建造卜塔神庙的过程中被重复使用的材料意味着孟斐斯还有年代更为久远的古迹亟待发掘。

由于卜塔神庙经常被洪水淹没，新王国时期伟大法老拉美西斯二世的一尊平躺在地面上的巨石像和一个用雪花石膏打造的狮身人面像是在现代最常被参观的两个特色遗址。在孟斐斯遗址内的考姆盖莱坟墩，考古学家发现了一处埃及法老美楞普塔（公元前1213—前1203年在位）——拉美西斯二世继承人的宫殿遗迹，以及一座较小的卜塔神庙。在整个法老时期，随着尼罗河向东改道，孟斐斯的房屋和神庙逐步往南部和东部扩建。早期孟斐斯的大部分遗址已被尼罗河冲积层厚厚的沉淀物所掩埋，许多地方都处于地下水位之下。

在孟斐斯，阿庇斯公牛被视为卜塔的化身，埃及第二十二王朝的法老舍尚克一世（公元前945—前924年在位）建了一座阿庇斯公牛神庙，专门用于保存公牛的尸体。如今，人们还能看到神庙中的桌子，这些大桌子都由石灰华制成，具有防腐性。每当有阿庇斯公牛死去，举国都会哀悼。公牛的尸体经过防腐处理后，人们沿着圣道列队而行，将它运往被称为塞拉比斯神庙的地下墓穴，在那里，尸体将被葬于花岗岩棺材内。

卜塔神庙片区的北面是后王国时期[1]的一处围场，此地因埃及第二十六王朝法老阿普里斯（公元前589—前570年在位）的王宫而闻名。阿普里斯的王宫曾经雄伟壮观，而如今只剩下一个巨大的泥砖平台，平台上立着的是圆柱状的石灰岩底座。阿普里斯是第二十六王朝的第四代法老，在《圣经》中，

---

[1] 埃及法老时代的最后阶段（公元前664—前332年），经历了六个王朝。——编者注

他又名合弗拉。他执政期间以军事行动为主导，主要是保卫埃及的东北边疆，抗击塞浦路斯、巴勒斯坦和腓尼基军队的入侵。在一场战役中，他被巴比伦国王尼布甲尼撒二世击败，此后不久，他就被自己从前的部将阿玛西斯废黜，而阿玛西斯取代他成了新的法老。阿普里斯后来逃离埃及，大概死于公元前567年的一次战役。当时，他在一支巴比伦军队的帮助下试图用武力夺回王座（按照希罗多德的说法，他在战斗中被俘，后被绞死）。从阿普里斯的王宫中可以清晰地看到塞加拉的墓地，这片墓地成了发生在第二十六王朝的一场艺术复兴的灵感源泉。

在托勒密王朝时期，曾经显赫的孟斐斯不再占据重要地位，亚历山大港转而成了新贵城市。公元7世纪，阿拉伯人征服埃及后，在孟斐斯附近冒出了一个福斯塔特（开罗的前身），这座城市的兴起使孟斐斯变得彻底黯然无光。12世纪的时候，孟斐斯的遗址都还清晰可见，但在此后的数百年里，孟斐斯城内的神庙和宫殿的石块被反复开采使用，而很多房屋的泥砖被当作肥料撒在了田里。

位于拉希纳村的拉美西斯二世的巨大雕像，起初只是耸立在以巨大的卜塔神庙为中心的游行路线上，主宰着孟斐斯天际线的众多雕像之一。卜塔神庙的西厅是由拉美西斯所建，很可能是为了他的皇家周年庆典。

底比斯

与埃及的黄金年代

比尔·曼利

"吾乃奥西曼提斯——万王之王,功业盖世,任何强者也自叹弗如!"

废墟四周,荡然无物,唯见寂寞平沙,伸向荒凉远方。

——珀西·比希·雪莱,1818年

  在底比斯,古埃及人建造了一座当时人类可以建造的最好的、超越了时间的城市,但矛盾的是,不朽的法老在这里诞生,也在这里被埋葬。工匠们打造了一个金碧辉煌、彩石斑斓的圣地,在这里,逝者的灵魂将永存。造物之神阿蒙(隐藏者)和他在凡间的儿子——法老,将在这里获得"心灵的安宁"。经过2000年的不断构想和加工,底比斯的神庙、宫殿、陵墓和街道才呈现出我们今天在现代卢克索看到的规模。在大量用石灰岩和花岗岩砌成的墙壁上,我们可以看到巨大的象形文字,这些文字讲述了阿蒙的意愿是如何在人类事务中显现出来的。出于某种未知原因,古代作家根据希腊语中的"七门底比斯"命名了这座城市,底比斯的埃及名字叫瓦斯(Wãse,表示"王权之城"),城里的居民则简单地称它为诺(Nõ),也就是"城市"的意思。公元前13世纪,底比斯的鼎盛时期,有位诗人曾吟诵道:"瓦斯是世上所有城市之楷模。"这就是为什么"其他城市都纷纷效仿其名"。

  作为上埃及第四区的首府,底比斯在公元前3000年登上了历史舞台。大约在公元前2100年,底比斯附近的城市赫法特的总督曾充满敌意地带着一支舰队经过这里,据这位总督描述,散布于底比斯城内的农田、堡垒和墓地都不怎么起眼。就人口而言,底比斯完全比不上在它北部约700千米外的埃及首都孟斐斯。即使是在底比斯的鼎盛时期,它的人口也不足3万,而整个埃及的人口有300万。然而,底比斯的命运随着一场内战发生了改变。当时,底比斯的总督们自命为第十一王朝的法老,与孟斐斯的王朝分庭抗礼。他们的理由尚不明确,并且在对手眼中,他们只是一群谋朝篡位者,但他们将自己描述为动荡年代里国家价值的捍卫者。底比斯一派的法老之一——孟图霍特普二世(约公元前2010—前1960年在位)经过一番血战,赢得了胜利。在此后的1500年里,底比斯人的价值观、所信奉的神祇,以及底比斯人自己都在埃及社会中占据了主导地位。

  埃及第十一王朝法老们的墓地集中在尼罗河西岸,位于北庙(一个祭庙和陵墓的建筑群)周围,与卡纳克的阿蒙神庙隔河相望。有两条线路最能体现底比斯的风貌,其中一条便是在日出时分从卡纳克出发,到日落的时候越过北庙。温暖的阳光洒在卡纳克神庙上,在神庙的幽深之处,阿蒙被敬供在一个叫伊佩-伊苏(Ipe Isu)的神殿里,该神殿名字的意思是"最特别的地方"。

  在漫长的2000年中,卡纳克神庙的规模逐步扩大,阿蒙的妻子穆特、儿子孔苏以及其他神祇的神庙也都被纳入卡纳克神庙中,其占地面积最终至少达到了100公顷(1平方千米)(比梵蒂冈面积的两

欧佩特节的节日大道通往卢克索神庙。卢克索神庙最早的样式可追溯到阿蒙霍特普三世（约公元前1390—前1353年在位）执政时期，不过它在后来被频繁扩建，比如神庙前的两排狮身人面像就要追溯到1000年之后。公众集会在神庙内是受限制的，尤其是在节日里，不过，神庙对阿蒙以及侍奉阿蒙的祭司而言始终是开放的。

倍还多)。每年在旱季之时，阿蒙的神像都会被抬出伊佩-伊苏神殿，送到北庙，在一个法老墓地待上一晚。在那里，人们会庆祝阿蒙神的灵魂与法老的凡身相结合，这便是一年一度的河谷节。在此节日期间，底比斯家家户户都会去祭拜各自的先人，还会举行盛大的宴会。

与河谷节相对应的节日是欧佩特节，这一节日每年会在汛期举行，持续数日。阿蒙神像和先前法老的雕像将被粉饰一新，沿河向南运送，或从神殿抬出沿着节日大道运5千米送到底比斯城的最南角。在那里，有一个卢克索神庙（又名阿蒙的南部后宫）。到了公元前14世纪的时候，卢克索神庙已变得和卡纳克神庙一样宏伟。节日期间，游行路线沿线挤满了人，所有人都可以分到食物和酒水。人们竞相冲着阿蒙神像提问，希望能得到回复（判断阿蒙是否回应则要看神像是靠近了提问者，还是远离了提问者）。这样的神谕成了解决诸如财务纠纷等世俗问题的典型方法。欧佩特节的高潮是法老独自一人走进神殿面对阿蒙神像，而阿蒙则会"以一个父亲对儿子说话的方式"与法老交流。

底比斯的全盛期是在新王国时期，当时埃及人的思想理念风行世界，不管是在努比亚的崇山，还是在黎巴嫩的峻岭，阿蒙都受人崇敬，而底比斯就是世界的中心。埃及人认为，安葬法老是件特别牵动国人情感的大事，自图特摩斯

---

1 古埃及第十八王朝女王。

① 位于北庙的河谷节大道。自新王国时期以来，这条大道便可通向连接哈特舍普苏特[1]神庙的斜坡。哈特舍普苏特神庙呈阶梯状，在它的边上，是更为古老的孟图霍特普二世的墓地群，哈特舍普苏特神庙就是依照这个墓地群建造而成的。在北庙的远处沙漠中有一个大峡谷，看起来是日落的地方，这个峡谷就是帝王谷。

② 庙村的房屋紧密错落地分布在一条大街和几条小巷旁。村子的护墙只有一道门，门外就是村子的墓地和神庙。村民们当时的生活方式在现代人看来或许并不陌生：他们用源自外地的油和调料来做饭，时不时会为缴税的事情和衙役找上门而担心。

③ 这幅画出自一个叫阿蒙霍特普-萨西的阿蒙的祭司的墓地。此画中，新王国时期的祭司抬着阿蒙的神像（这部分已缺失）沿着绿树成排的大道走向神庙，这个色彩鲜明的神庙也许就是卢克索神庙。在神庙的入口处有巨大的旗杆和法老的雕像。

三世（约公元前1479—前1425年在位）起，几乎每一代新王国时期的法老都会被安葬在北庙远处一片沙漠的大峡谷中，这个峡谷被称为帝王谷。皇家陵墓中至今还保留着壮丽的图画，画上描绘了法老的灵魂穿越黑暗和空虚，最终被万众景仰。这些鲜艳的色彩和精致的浮雕背后，是几代底比斯人的辛苦劳作，是他们在断裂的石灰岩上刻出了不朽灵魂觉醒的景象。

付出如此艰辛劳动的不是奴隶，而是技艺精湛、受过教育的工匠。卡纳克神庙外围的许多建筑如今都湮没在卢克索城下，那些修建皇家陵墓的匠人所居住的戴尔美迪纳村坐落于沙漠之中，帝王谷被关闭的时候，它也旋即被遗弃。不过，村子里的房屋都还在，大量书信和文献也被保留了下来，这些资料所记载的古代社区，也正是目前学界了解最为充分的古代社区。公元前13世纪，村子里有80户数代同堂的家庭，在它附近也有几十户这样的家庭。家家户户所需的粮食、衣物都由统治机构从神庙仓库里调配分发。每户人家的第一间房都设有神龛，供奉着家族的祖先，而当下一代降生，为了给孩子腾出地方，神龛也可以撤走。

公元前1111年左右，在汛期的某一个黄昏时分，底比斯总督帕赛尔在街上和一群吵吵闹闹的工匠对峙起来。工匠们之所以大声喧哗，是因为他们盗墓的罪名刚刚被澄清了。相传，帕赛尔问道："你们要在我的家门口那么放肆吗？""你们今天做的事情不只是吵闹，还是堕落。"村民们却说："哦，帝王谷里的陵墓很安全。"帕赛尔则回应道："可你们的所作所为完全不像你们所说的那样。"最终，让帝王谷的人觉得丢人的事还是发生了。大约在公元前961年，阿蒙的祭司将图特摩斯三世及其后代法老的木乃伊转移到了北庙的一处秘密墓地，在那里，这些木乃伊一直躺到了现代。后来的法老被葬在离底比斯很远的地方，而缺失了皇家陵墓的底比斯也失去了它的光环。不过，底比斯的节日还是照旧进行，而传达阿蒙神谕的祭司成了城市的掌控者。

"阿蒙神之妻"是俗世中的一个头衔，成为"阿蒙神之妻"的人将生生世世永享荣华富贵。为此，埃及的法老和底比斯的国王都争着想让自己的女儿获选为"阿蒙神之妻"。到了公元前9世纪，底比斯已经成为来自不同国家的、充满野心的王者们角力的竞技场。但就像底比斯的崛起始于战争一样，残酷的暴力也致使底比斯一蹶不振。公元前664年，亚述国王亚述巴尼拔率军洗劫了底比斯，攻陷了整个埃及。

几百年来，在供奉阿蒙的神庙里，巨大的法老像越建越多。不过，现存的雕像常常代表的是波斯、马其顿或罗马的君主。卢克索神庙最终成了罗马的一个军事基地，而尼罗河的西岸在古希腊、古罗马时期就已经是旅游胜地了。在底比斯，反抗外族统治的暴动事件时常成为全城的焦点。与周遭的郊区相比，底比斯更早受到基督教的强力冲击，但当地对阿蒙的崇拜仍然延续了下来。在这片神圣的土地上，基督教的修道士常将异教场所改造为基督教的设施。比如，大约在公元650年的时候，一个叫弗兰克的传教士就在法老阿门涅墨坡的墓地中建了个印刷宗教典籍的工厂，而阿门涅墨坡是底比斯两千多年前的人物。

即便到了今天，底比斯的宏伟还是会让人联想起这座城市的阿拉伯名字——卢克索，"宫殿"的意思。特定纪念庆典里仍保留着欧佩特节的传统：庆典期间，几艘模型船会从卢克索神庙"起航"。然而，

一条陈列着法老像的走廊,这些雕像的完成时间从公元前17—前12世纪,跨越了500多年,它们正注视着卡纳克神庙。雕像身后的破损大门上,图特摩斯三世被雕刻成一个典型的法老姿势:踩踏并屠杀着埃及的敌人。古埃及神庙墙上的图案常常表现法老的胜利功勋,以此展示阿蒙在世间的权威。

当底比斯被埋在2米深的尼罗河沙土之下的时候,这座城市的再现只能靠考古发掘工作来完成了。1862年,苏格兰考古学家亚历山大·莱因德——底比斯的早期勘探者之一,无比感慨地写道:"底比斯的残骸之上充满了惊人的发现。"

哈图沙

赫梯帝国的要塞

特雷弗·布莱斯

> 我在这里播撒下杂草的种子。若在我之后有任何国王占领哈图沙，必将被风暴之神击垮！
>
> ——阿尼塔的碑文

哈图沙是青铜时代晚期赫梯帝国的首都。在古代文献中，赫梯帝国被称为赫梯之地，这个王国有将近500年的历史，自公元前17世纪始，至公元前12世纪初终。在赫梯帝国发展的鼎盛期，疆土由安纳托利亚及叙利亚北部扩张至幼发拉底河及美索不达米亚平原的西边。作为帝国的中心，哈图沙位于安纳托利亚的中北部，就在今天的土耳其首都安卡拉东部160千米的位置，紧挨着博阿兹柯伊村。鼎盛时的哈图沙面积超过了185公顷（1.85平方千米），是近东最大的中心城市。

哈图沙所在的位置很早之前有一个聚落，公元前18世纪中期，一个名叫阿尼塔的国王毁灭了这里，并宣布这里是被诅咒之地。但赫梯帝国早期的一任国王哈图西里却无视这个诅咒，在这个地方重建了一座卫城，还在卫城里建了座宫殿。这座城今天被称为"大城堡"，它建在岩石之上，两侧都是大峡谷。它的北面几乎是攻不破的，但它的南面却缺少足够的防御工事，很容易遭到敌人的攻击。直到200年后，城南建起了一道8米厚的城墙，南面才算有了保障。即便加强了防御，哈图沙还是在几十年后被攻陷了，敌军从四面围攻赫梯帝国的领土，洗劫了哈图沙之后还一把火烧了它。在被后来的学者称为"同心式入侵"的这一系列侵略下，哈图沙最终在公元前14世纪上半叶的某个时候被战争带到了毁灭的边缘。

最终，敌人还是被击退了，这一切都有赖于苏皮鲁流马的军事天才。在战争期间，苏皮鲁流马还只是位王子，后来，他成了赫梯帝国史上最伟大的国王之一，他的在位时间大概为公元前1350—前1322年。重建哈图沙的任务又开始了，工程一直持续到差不多200年后赫梯帝国最终覆灭。工人们在哈图沙的南部进行了大规模的扩建，整座城市的面积比原来的两倍还大。新的防御工事被建立，绵延5千米，其中最引人注目的是一个巨大的炮台墙，它建在防御土墙上，高达10米，每相隔20米还设有强化防御的塔楼。炮台墙本来是道雉堞，也连着塔楼，雉堞的塔楼建在主城墙的塔楼之间。许多城门都可以通往哈图沙，最令人印象深刻的是装饰有纪念性浮雕的门，这些雕像也相应地给这些门带来了生动的名字：狮身人面门、狮子门以及神斗士门（或叫王者斗士门）。

哈图沙城，包括皇家卫城以及巨大的风暴神神庙都得到了翻新和加固，这片区域如今被称作"下城"。考古学家将后来哈图沙往南部扩张的区域称为"上城"。近年来，针对上城的考古发掘工作卓有成效：26座神庙重现天日，此前所了解到的神庙只有5座，也许在未来还会有更多的古迹被发掘出来。据最近这批神庙的发掘者彼得·尼夫所说，这些神庙很清楚地说明了哈图沙是一座神圣的、注重礼仪的城市。事实上，从整座城市的布局来看，赫梯帝国就像一个宇宙，宫殿是世俗世界，神庙群是神的世界，而二者之间的宗教信仰区为人们提供了从瞬间走向永恒的通道。在尼夫之后对哈图沙进行考古发掘工作的是于尔根·泽赫，他发现了许多粮仓和5个水库，这5个水库在短期内（在它们淤塞之前）便是哈图沙的主要水源。

哈图沙宫殿和神庙的档案室里存放着成千上万块泥板。这些泥板正是我们认识赫梯帝国历史和文明的主要资料。从泥板中，我们可以了解赫梯人的宗教崇拜、赫梯帝国的法律，以及与它同时代其他伟大帝国——尤其是埃及——的外交关系。1986年，在狮身人面门附近出土了一块完好无损的铜板，铜板上刻有352行文字，这些文字大大增进了我们对赫梯帝国最后几十年的政治地理和历史的认识。1990—1991年，一座藏有3500多枚印章的档案馆在哈图沙被发现，这些印章为我们了解赫梯王室族谱提供了重要而翔实的信息。

长久以来，人们一直认为哈图沙的沦亡是突然且暴力的结局，但近来的考古发现却否定了这种看法。的确，有确凿证据表明哈图沙是被武力摧毁的，但那可能是发生在哈图沙被部分遗弃之后。哈图沙在公元前12世纪早期最后存在阶段的遗址表明，这座城市的宝贵财产在它陷落之前就已经被系统化地转移，国王和他的朝臣们带着包括官方文件在内的所有重要物件逃到了一个安全的地方避难。据推测，他们一路都有重兵护送，而留在城里的人数则足以自卫。当抢掠成性的敌军最终攻陷哈图沙的时候，他们也许会发现，哈图沙早已是座衰败之城。

△ 狮子门，哈图沙的主入口。地方诸侯及外国国王的使者要面见赫梯国王都会按照相应的礼仪从此门而过。

▽ 赫梯岩石神殿（现在被称为雅兹勒卡亚）上的浮雕。这座神殿离哈图沙很近，很可能与哈图沙有着千丝万缕的联系。浮雕描绘的是赫梯国王图特哈里亚（四世）正被他的守护神沙鲁玛护在怀抱中。

巴比伦

尼布甲尼撒与空中花园

琼·奥茨

> 大巴比伦,作世上的淫妇和一切可憎之物的母。
> ……
> 有何城能比这城大呢?!
>
> ——《启示录》第17章第5节;第18章第18节

巴比伦是古代世界最有名的城市之一。在西方,它的恶名很大程度上是源于《圣经》将它谴责为"世上的娼妓和一切可憎之物的渊薮",尽管这话指的并非巴比伦而是罗马。关于巴比伦和空中花园,古典文学里有许多耳熟能详的描写,尤其是希罗多德的文字,不过这些描述都难以被证实。在古代,巴比伦的文化和巴比伦人的学识广受仰慕。公元前1225年左右,当亚述人攻陷巴比伦之后,他们掳走了大量带有楔形文字的泥板。显然,他们对巴比伦的文化充满了好奇。公元前7世纪,在尼布甲尼撒王朝时期,巴比伦的声望达到了巅峰。马其顿国王亚历山大将征服巴比伦视为他毕生最荣耀的胜利之一,他将巴比伦定为其帝国在东方的首都,他晚年在巴比伦的王宫中逝世。

尽管巴比伦毫无疑问是它所处时代里最壮丽的城市,尤其是在新巴比伦王国时期(公元前625—前539年),但它算不上古城,至少在美索不达米亚人看来是这样的。巴比伦的书吏曾不辞辛苦地誊写有关远古城市的资料,而这些资料中并没有出现巴比伦的名字。也许是土地盐碱化以及美索不达米亚南部的海上贸易路线不再通行的缘故,曾经的小村庄巴比伦在公元前3000年晚期才崭露头角,而它崛起之时已是公元前2000年初了。巴比伦位于底格里斯河与幼发拉底河相距很近的一小块区域内,处在

游行大道上浮雕的细节图。该大道沿着夏宫穿过了巨大的伊什塔尔门。在游行大道自北通向伊什塔尔门的这一段路上,大道釉砖的浮雕上雕刻了大约120头狮子的图案。浮雕中的狮子为白身黄鬃,背景呈蓝色。

这个地理位置可以控制古代世界中两条最为著名的交通道路——皇家大道和呼罗珊大道。皇家大道是陆上的交通干线，它从伊朗东南部的苏萨延伸至安纳托利亚西部的萨第斯；而巴比伦东部的呼罗珊大道就是后来丝绸之路的后一部分。恰是在这一小块区域内，相继涌现了六座古代世界的伟大都城。

第一个利用了巴比伦地理优势的国王是汉谟拉比（公元前1792—前1750年在位），他因制定了《汉谟拉比法典》而闻名。虽然他没有统一全国、建立一个长久存在的国家，但他所取得的政治成就在其后的2000年里仍影响着美索不达米亚的历史。几乎在一夜之间，巴比伦成了王权重地，它的地位在将近1500年的时间里都未曾动摇。大约在公元前1595年，赫梯帝国的军队沿幼发拉底河一路南下，攻陷了巴比伦，汉谟拉比王朝也随之覆灭。赫梯军队在劫掠巴比伦后又迅速班师回到了他们位于安纳托利亚的大本营，而巴比伦最终落入加喜特人的手中。加喜特人是来自东方的民族，对于他们的起源以及语言，我们所知甚少。不过，和其他很多侵入者一样，加喜特人也沿袭了占领地当地的语言、风俗，甚至是宗教。他们统治巴比伦长达400多年，比巴比伦本民族的任何一个王朝都要长。但后来，他们被来自伊朗西南部的埃兰人降服，埃兰人从巴比伦卷走了大量战利品带回苏萨，这些战利品中就包括了汉谟拉比法典石柱。如今，法典石柱收藏于卢浮宫内。

在公元前1000年，巴比伦经历了本民族多个王朝的统治，在此期间它时不时会受到亚述帝国的进犯。公元前8世纪，一位迦勒底的部落族长在巴比伦称王，他便是纳巴那沙。随着纳巴那沙即位（公元前747年），我们进入了巴比伦历史上的一段可精确回溯的新时期，对于这一时期内的统治者和外敌，在《圣经》及古典文献中都有所记载。纳巴那沙时期也被视为天文学历史上的转折点，"迦勒底

材质为玄武岩的汉谟拉比法典石柱。在石柱的顶部，汉谟拉比以祈祷的姿态站在太阳神和正义之神沙马什的面前。在此图案之下，垂直地刻着法典的内容。汉谟拉比法典石柱高2.25米，是被埃兰人掠回苏萨的战利品。

△ 萨达姆·侯赛因在一个能俯瞰尼布甲尼撒的宫殿遗址的高高平台上给自己建了一座庞大的宫殿，这是现代统治者不吝盘剥历史遗产来扩大个人利益的一个很好的例子。不过，与尼布甲尼撒的宫殿相比，萨达姆的宫殿也谈不上有何改进，所幸在建造这座宫殿的过程中，并未对周遭古迹造成过多破坏。

▽ 巴比伦遗址是目前美索不达米亚现存最大的古代聚落。在这幅图中，我们可以看到伊什塔尔门，它是世界上最早的未上釉的城门。背景处是一座经过重建的、献给生育女神宁玛赫的神庙。近些年，由于该神庙上方总有驻伊部队的直升机盘旋，神庙已遭到了损毁。

人"这个词语还成了占星者的代名词。公元前625年，另一位迦勒底的部落族长那波帕拉萨尔成了巴比伦的国王，他不仅仅击败了对巴比伦虎视眈眈的亚述帝国，还建立了新的王朝。在这一王朝的统治下，巴比伦的声望如日中天。

那波帕拉萨尔的儿子尼布甲尼撒（二世）（公元前605—前562年在位）就无须再介绍了。希罗多德笔下的巴比伦基本上就是属于尼布甲尼撒时代的，游客们今天看到的巴比伦也正是尼布甲尼撒时代的巴比伦遗址。该遗址占地约850公顷（约8.5平方千米），是美索不达米亚最大的古代聚落。1899—1917年，德国的考古人员在那里展开了发掘工作。自1958年以来，伊拉克的考古学家对巴比伦遗址做了进一步的发掘和大量的修复工作。

如今游览巴比伦遗址的游客会首先注意到巴比伦周围壮观的双重城墙。夏宫位于巴比伦的北面，这里之所以叫夏宫，是因为它的通风井设备，通风井的存在表明它具有避暑的功能，这种通风井在今天仍在使用。同样沿用到了现代的还有巴比伦在古代的名字Babil，它指的是如今伊拉克的巴比伦省。巴比伦的内城周围也是巨大的双重城墙，城里的主要公共场所包括40座神庙。城内还有一条极为壮观的"游行大道"，它以巴比伦的主神庙（埃萨吉拉神庙）为起点，经过著名的金字形神塔（"巴别塔"，也是尼布甲尼撒的宫殿）、著名的伊什塔尔门（重建过后的伊什塔尔门现藏于柏林的西亚细亚博物馆）、由尼布甲尼撒建造的世界上最早的博物馆，以及新年神庙。

在巴比伦南宫的东北角有一个"地窖"，关于这个地窖存在着很多具有争议的观点。地窖里有14间拱形小屋，这种拱形构造可以使这些房间承受巨大的重力。此外，地窖中还有几口水井，通过地窖中的独特液压系统可以解决供水问题。这些特征都让人们觉得这个地窖就是作为世界七大奇迹之一的空中花园的遗址。有一种传统的观点认为，空中花园是亚述女王塞弥拉弥斯建造的，而另一种说法则将空中花园的建造归功于尼布甲尼撒。据说尼布甲尼撒的王后安美依迪丝非常想念故乡波斯的青山翠谷，为了安抚安美依迪丝的思乡之心，尼布甲尼撒就建造了这座空中花园。然而，考古人员在这个地窖里发现了给来自耶路撒冷的犹太流亡者的配给清单，这就使此处看起来更像一个仓库和行政场所。

巴比伦的很多建筑到了波斯和古希腊时期仍在使用。波斯国君大流士（公元前521—前486年在位）为他的儿子薛西斯在巴比伦新建了一座带有圆柱形大厅的宫殿。公元前482年，为镇压巴比伦城中爆发的起义，薛西斯的军队摧毁了巴比伦。巴比伦的剧场如今已被修复，这个剧场明显透露出古希腊建筑风格。剧场附近有个亚历山大大帝下令修建的用来火葬他的童年伙伴、深受他信任的将领赫费斯提翁的火葬堆遗址。剧场附近还有个碎石堆，是当亚历山大决定重建被薛西斯毁了的金字形神塔后，被移走的原塔的碎石。

亚历山大将巴比伦定为马其顿在东方的首都，不过在他英年早逝（公元前323年）后，他的部将塞琉古在巴比伦附近建了一座新的城市（底格里斯河上的塞琉西亚），这座新城的诞生标志着巴比伦权威地位的终结。塞琉古的继任者重建了巴比伦的埃萨吉拉神庙，神庙里有巴比伦学者们维护的大图书馆，也正是在这座神庙里，巴比伦祭司贝罗苏斯将他所撰写的《巴比伦尼亚志》献给了塞琉古王朝的国王安条克。目前已知最晚的一份巴比伦文件上的日期是公元75年。公元116年，罗马皇帝图拉真在巴比伦度过了冬季，他还在亚历山大逝世时所待的房间里进行了祭祀活动。

近年来，巴比伦得到了大规模的重建。萨达姆·侯赛因给自己在巴比伦建了座宫殿。为了建这座宫殿，他先建了一个可以将尼布甲尼撒的宫殿尽收眼底的很高的土丘。萨达姆这种行为是现代统治者为满足个人利益不吝盘剥历史遗产的极好例子。所幸的是，建在古代河床上的这座宫殿相对来说并未对巴比伦遗址产生多少影响。但说起此后巴比伦的占领者，情况可就大不一样了，他们为了给重型车辆和直升机提供停车场和停机坪，夷平了大片地区，对地下遗址及地上建筑都造成了破坏。更糟糕的是，为了建一个直升机的降落区，亚历山大手下士兵留下的庙塔残骸以及赫费斯提翁的火葬堆都被清除掉了，这两个古迹都具有十分重要的考古价值。坦克和重型车辆也开上了游行大道，原本保存完好的街面遭到了永久性破坏。要知道，街面的砖块上刻有尼布甲尼撒、大流士和亚历山大的名字，而这些伟人都曾经在游行大道上留下过他们的足迹。

巴比伦最著名的景观也许是这尊未雕刻完成的、把一个人踩在脚下的玄武岩石狮像。这尊石像是1776年当地村民在巴比伦北宫遗址发现的。北宫里有一部分区域属于一个博物馆的展区，该博物馆是世界上最古老的博物馆，由尼布甲尼撒所建，得到了尼布甲尼撒之后历代君王的维护。

尼尼微

亚述国王的宫殿与神庙

朱利安·里德

> 耶和华的话临到亚米太的儿子约拿,说:"你起来往尼尼微大城去,向其中的居民呼喊,因为他们的恶达到我面前。"
>
> ——《约拿书》第1章第1~2节

每个熟悉《圣经》的人看到尼尼微这个地名,脑海中都会浮现一片有着无尽财富和酒色、充满异域情调的东方景观。对于尼尼微,人类此前几乎没有掌握任何确定的线索,这反倒给人们留下了丰富的想象空间。诗人拜伦曾创作过一出戏剧,写的是柔弱的萨达纳帕勒斯,据说他是尼尼微的最后一位国王,而一些画家,比如法国浪漫主义画家欧仁·德拉克罗瓦和英国画家约翰·马丁,则描绘过尼尼微充满戏剧性的陷落。

如今考古学家向我们展示的真实的尼尼微,主要由巨大的土丘组成。站在这土丘之上,可以将伊拉克北部城市摩苏尔拥挤的郊区尽收眼底。底格里斯河在尼尼微城墙的一侧蜿蜒流过。曾经,满载货物的木筏从土耳其出发,就沿着底格里斯河经过摩苏尔,驶向波斯湾。在尼尼微的东面和北面,有一片波状平原,平原上密集的农庄一直延伸到库尔德斯坦的山间。在尼尼微的西面,是两侧为低山丘陵的沙漠地带。历史上的阿拉伯游牧部落拥有无数骆驼和绵羊,而美索不达米亚的沙漠地带就是他们的家乡。尼尼微的重要性在于它的地理位置,它相当于一个天然的十字路口,不同地区的人相会在这里,互相交换商品和信息。

在尼尼微出现的最早聚落可以追溯到公元前6000年之前,此后,聚落以壮观的伊什塔尔神庙为中心,逐渐扩张。伊什塔尔是亚述人崇拜的爱情与战争女神,相当于希腊神话中的阿佛洛狄忒。近东的很多地区也和尼尼微一样崇拜伊什塔尔。大约在公元前1700年的时候,亚述国王沙姆-阿达德一世在征服尼尼微之后,按当时流行的巴比伦建筑风格为伊什塔尔建了一座新的神庙。和几乎所有尼尼微的公共建筑一样,新神庙的墙也是由晒干的泥砖建造的,由这种材质建造的建筑需要定期维护才不会被损坏。即便如此,这座气势恢宏的伊什塔尔新神庙还是屹立了1000多年。

尽管伊什塔尔女神声名远扬,尼尼微却并非从一开始就是亚述的首都。直到辛那赫里布(约公元前704—前681年在位)当上了亚述国王之后,尼尼微才被定为都城。辛那赫里布想把尼尼微建造为一个大都市,且这个大都市要能够反映出亚述帝国的雄图霸业和兼收并蓄。当时的亚述帝国是中东地区尽人皆知的最伟大帝国。从土耳其中部到波斯湾、从伊朗中部到塞浦路斯和埃及的边界都属于亚述帝国的势力范围。不久之后,亚述军队还将打进尼罗河谷地,努比亚王朝诸多君王的雕像将被掳回尼尼

在尼尼微发现的一块墙板，该墙板目前收藏于伦敦的大英博物馆。墙板上的浮雕展现的是一条运河通过引水高架渠发挥了灌溉作用。这座有着精美石柱的建筑也许是一座神殿，在它的旁边可以看到一个国王的石碑，石碑前有个香坛。这位国王也许就是辛那赫里布，运河和建筑物可能是在公元前700年修建的，不过这块墙板是公元前645年为建亚述巴尼拔的宫殿而刻的，亚述巴尼拔就是辛那赫里布的孙子。

微向公众展示。在尼尼微的街头总是充斥着形形色色的人，有蓄着胡子的士兵、细皮嫩肉的宫廷太监、商贾、雇佣军、农夫和奴隶，他们中的很多人都来自偏远之地，也会说多种语言。

辛那赫里布给尼尼微建了一道巨大的防御城墙，该城墙长达12千米，有18道城门，将城市分为3个部分。城市中包括王宫和伊什塔尔神庙在内的主要公共建筑位于一处现在被称为库云吉克的堡垒。此外还有一处堡垒，其中有尼尼微的军事基地和军火库。尼尼微的遗址包括了居民区和工业区，它的道路系统得到了严格保护，如果有人意图侵占道路，将受到严惩。尼尼微在一支庞大的运河网络中也处于核心地位，亚述人在对古亚美尼亚（乌拉尔图）发动战争的时候就开凿了许多运河。尼尼微的运河从50千米外的扎格罗斯山脉引水来灌溉皇家园林和百姓的农田。在库云吉克有一处宫殿，其装饰性墙板上有一条引水高架渠的图案，这条高架渠的一部分还保存到了今天。

辛那赫里布的王宫坐落在伊什塔尔神庙的旁边，是尼尼微城中最耀眼的建筑，整个亚述从没出现过像这样的宫殿，因此它又被称为"盖世无双宫"。王宫长达500米、宽达250米，它不仅是王室的住所，也包含了行政办公场所。王宫中的主要房间和庭院都装饰有石墙板，墙板上的图案描绘的是辛那赫里布的丰功伟绩，包括他在国外取得的战功，以及他对人面飞牛石像的建造和运送。人面飞牛是尼尼微的守护神，可以庇护尼尼微的人民不受外敌、疾病和厄运的侵扰。在王宫的一侧有高大的香柏木柱，另一侧则是专门为王后建造的。辛那赫里布形容他的王后是"最完美的女人"，在亚述的王室铭文中，我们发现辛那赫里布曾表达过他要和王后健康幸福地共度一生的心愿，王室铭文主要是记载战争的，像这种出现在铭文里的情感流露实在是非比寻常。

1847—1851年，英国考古学家A.H.莱亚德对辛那赫里布的王宫进行了勘探。他认定自己发现了71间房间，雕饰有图案的墙板将近3.2千米，27道门前都放置着巨大的人面飞牛像和狮身人面像。此外，莱亚德还发现了数千块带有楔形文字的泥板。辛那赫里布的孙子亚述巴尼拔（约公元前668—前627年在位）试图打造一个包含所有巴比伦尼亚和亚述传统科学、文学的图书馆，此图书馆堪称世界伟大图书馆的先驱，亚历山大港的图书馆和现代世界著名的图书馆都得算它的后辈。亚述巴尼拔还为自己在库云吉克修建了另一所宫殿，宫殿墙板上刻有王室野炊和围猎狮子的场景，这种自然主义的景象在墙板图案中是独一无二的。

尼尼微这个大都市繁荣昌盛了不到100年。亚述王室和其他国家的许多王室一样，经常出现分裂。如此一来，整个王朝就陷入内忧外患的境地。公元前612年，在多年战事之后，一支由来自伊朗、巴比伦尼亚和其他国家的米底人组成的联盟攻陷了尼尼微。今天，人们在城门间还能够找到战死士兵的残骸。城里的宫殿和伊什塔尔神庙，以及很多记载了亚述帝国宏图伟业的纪念碑在战争中都被付之一炬。曾躲在城市废墟中的幸存者只留下了很少的痕迹，到公元前400年，雅典的色诺芬经过此地，将尼尼微形容为荒芜之城。

尼尼微后来作为集市城镇而重新崛起，但最终还是被摩苏尔取代。尼尼微这个名字虽然不曾消失，可直到19世纪中叶，欧洲的旅行者和考古学家才发现地下存在着尼尼微这座古城。进入20世纪后，伊拉克的考古学家对尼尼微的一些重点古迹进行了修复。

公元前700—前690年为辛那赫里布修造的尼尼微城墙。如今，城墙以及它顶部的炮门垛口都用原来的石材得到了修复。城墙核心部分的材质是泥砖，城墙外部的下方则以石灰岩为饰面。

迦太基

腓尼基和罗马的城市

亨利·赫斯特

> 迦太基必须被毁灭。
>
> ——大加图，约公元前150年

迦太基在历史上曾两度跻身世界上最伟大的城市之列，并且它在这两次都被"西方"视为威胁。第一次它对不断扩张的罗马构成了威胁，500年后，它又威胁到了基督教，按照爱德华·吉本的观点，当时衰败的罗马帝国对基督教的引入和接纳是完全错误的。

第一个迦太基是个比罗马更古老一点的城市，传统观点认为，它是在公元前814年由推罗[1]的殖民者创建的。在文化上，它既受到了地中海东部的影响，也受到了北非的影响。它的居民说腓尼基语。从地理位置上来讲，迦太基据东西地中海要冲，是非常重要的贸易中心，它控制了西地中海的所有商贸往来，这其中包括来自西班牙的至关重要的金属供应。公元前3世纪，面对日益强大的罗马，迦太基的一支望族——巴卡家族，在西班牙建立了一个帝国，并建立了新城卡塔赫纳（新迦太基），而巴卡家族最有名的后人汉尼拔，后来也正是从卡塔赫纳出发，在第二次布匿战争中大败罗马兵团。布匿战争共有三次，是迦太基与罗马为争夺海上霸权而进行的战争。汉尼拔差一点就完成了他的壮志雄心，但最终在公元前202年兵败于扎马。第三次布匿战争也终于实现了大加图的心愿：迦太基于公元前146年被毁灭。

第二个迦太基是罗马帝国在迦太基原址废墟上建立的迦太基殖民地，它彰显了奥古斯都强调的和

圆形巨港（约公元前150年）：据古代文字描述，这里的干船坞可容纳220艘战舰，在每个船坞前都矗立着两根爱奥尼柱。

---

1 地中海东岸的一座腓尼基人的古城，位于现在的黎巴嫩南部。

谐稳定。在维吉尔的《埃涅阿斯纪》第四卷中，迦太基的重建在特洛伊英雄埃涅阿斯和迦太基女王狄多的故事里得到了体现。迦太基殖民地虽是基于迦太基原址而建，却在迦太基被毁灭100多年后才发展起来，因此和原来迦太基的样子相比，它已是另一座完全不同的城市。不过，二者在文化上还是有密切的关联。公元5世纪初，圣奥古斯丁[1]因迦太基殖民地的人对卡勒斯提斯的大肆崇拜而感到愤怒。卡勒斯提斯·塔妮特是迦太基人信奉的女神，她相当于腓尼基人所崇拜的生育、爱情及战争女神阿斯塔尔特。其实，在成为罗马殖民地之前，对卡勒斯提斯的崇拜就已经是迦太基人精神生活的核心了，而圣奥古斯丁的愤怒则充分表明，这种精神内核在殖民地时代的迦太基仍然未有丝毫改变。

迦太基的安东尼浴场遗址。该浴场为罗马帝国的第四大浴场。图中最高的石柱已经过修复，这根石柱比古代地面高出了20.6米，也是支撑冷水浴室穹顶的八根石柱之一。

迦太基毗邻突尼斯湾，风景宜人。历史上的两个迦太基在概念上有着有趣的相似性。它们都以都市化为特色，城市规划井然有序，并且科技发达。二者的街道布局都呈网格状，城市街区为矩形。古迦太基建立在卫城山之上，而罗马人重建的迦太基则极其注重秩序性：整座城市布局在一个方格内，完全不考虑不同区域在海拔上的差异。在这套城规方案执行了400年后，迦太基的管理者在增添街区的时候还是会按照固定的规模设计，并加以校直，同时拆除方向不正的房屋。"迦太基"一词曾被一本公元4世纪的《世界地理词典》收录，它在城市规划上所体现的规律性得到了当时人们的重视。

在迦太基的海军兵工厂，人们不难发现同样的规划风格。它是由一个内港体现出来的。当初，设计者把平坦的海岸挖掘成一个精准的圆形，在中央留出了一个同心圆，这便形成了这个圆形巨港。这个港口在《埃涅阿斯纪》中曾被提起，而它的名字—— Cothon，也成了类似圆港的通称。在罗马帝国的港口城市波图斯有个图拉真皇帝建的六边形码头，该码头也是模仿迦太基圆形巨港的风格而建的。

在有关迦太基人的文字记载中，人们几乎找不出什么好话。罗马人形容殖民地时代之前的迦太基人为"不可信的迦太基人"，就像他们称不列颠人是"背信弃义的不列颠佬"一样，迦太基人的宗教同样遭人厌恶，基督教的作家称后来在迦太基殖民地的罗马人的生活仍然动荡不安且受制于那难以言说的宗教习俗。所幸，迦太基城却没有那么糟糕。阿拉伯历史学家巴克里是最早一批探索迦太基的人之一，他在11世纪时写下了一句关于迦太基的最好的评价："如果有人要去迦太基，他每天在那儿只要看着这座城市，就都能发现新的令人惊奇的事物。"

1　古罗马帝国时期的神学家。

雅典

民主的诞生地

贝塔尼·休斯

> 我们的城邦如此伟大，全世界的各种产品都流向我们这里。因此对雅典人而言，享用其他地方的产品，就好似享用本地出产的美好果实一样。
>
> ——修昔底德，公元前5世纪末

在公园里发现颅骨绝对会把人吓一大跳，而在雅典古代市场（阿格拉[1]）博物馆的储藏室里却藏了好几抽屉颅骨。如今的古代市场博物馆位于雅典的中心，是个蝴蝶漫馆飞舞的惬意之地。在这里，我们可以饱览雅典古典黄金时代的伟大成就。我们漫步在阿塔罗斯柱廊下，经过公元前5世纪和公元前4世纪的法庭遗址，徘徊于坚实的火神赫菲斯托斯神庙。我们触摸着帕特农神庙的石柱和战神山光亮的岩石。在战神山，雅典的智者们曾相聚在一起参政议事。我们一边游览一边惊叹，却很容易忘掉一个事实：我们正走在古人的幽灵之上。以雅典的古阿格拉市场为例，这个推动了民主、促进了高雅艺术、催生了璀璨文化成就的热闹的城市中心，曾经是一片墓地。

雅典城内希腊人生活的历史可以追溯到3500多年前，而雅典的人类居住史则已有8000多年。在青铜时代，迈锡尼的希腊人对雅典卫城进行了加固。今天，人们还可以看到它们当年的防御工事。考古工作者还挖掘出了他们的箭头、香水瓶和骨架。在希腊的"黑暗时代"[2]（这其实是个误称），各部族、专制君主和寡头为了控制雅典这个地理位置得天独厚的宝地而展开角逐。阿格拉市场所在之地遗留的尸骨残骸提醒着人们，不要把古代雅典视为纯粹的浪漫之都。雅典是个充满感性的地方。这座城市拥有摄人心魄的美，这里宣扬过最启迪人心的高洁思想，但同时也是一个充满折磨、考验和磨难的地方。

公元前4世纪，"民主"在雅典是以女神的形象受人崇拜的。在雅典古代市场博物馆，至今还展示着一块石碑，在石碑上我们看到"民主"女神在为人民加冕。石碑下部刻的法令中，有一条说的是：在雅典，如果有人杀了一个试图颠覆民主或建立专制的人，这个杀人者是无罪的。

1　Agora，译为阿格拉，在古代雅典时期是位于城市中心的市场。——编者注

2　指从公元前11世纪前后迈锡尼文明灭亡到公元前9世纪最早的希腊城邦出现的这段历史时期。

地理优势是雅典繁荣发展的先决条件。根据传说，智慧女神雅典娜和海神波塞冬曾为了争夺雅典而进行了一番较量。雅典四面环山，这片土地富含工艺美术的多种原材料，比如大理石、石灰岩、黏土和银。此外，雅典也是希腊神话中可以带来平静的翠鸟在飞越海洋时轻唤的名字。长久以来，雅典人凭借海上贸易获益颇丰，但他们不惧海盗。在雅典的主权之争中，波塞冬最终落败，雅典娜胜出，由此她也成了雅典卫城永久供奉的女神。雅典卫城又称"高城"，它由泛红的白垩纪晚期石灰岩建造而成。

阿塔罗斯柱廊业已重建，它的石柱和它的素淡之感可以让现代游客仿佛置身于古代雅典。它始建于公元前2世纪，位于阿格拉市场的东侧。阿格拉市场是个巨大的露天广场，也是雅典的公众事务中心。许多公民都汇聚在此，参加各种各样的活动。它是个热闹的市场，也是节日聚会、演出、竞技和举办宗教仪式的场所，演说家、哲学家和作家会在这里接头碰面、彼此交流。

公元前507年，雅典发生了一件了不起的事。彼时，斯巴达国王作为顽固的雅典贵族伊萨哥拉斯的盟友，一度干涉雅典事务。而雅典人民则采取行动推翻了僭主专制，一下子掌握了话语权。于是，人类历史上首次出现了民主体制。雅典发生了如此重大的变革，前期势必经历了不少动荡。比如雅典政治领袖、立法者梭伦就曾对阻挠立法的贵族势力表示不满，并推行过一系列改革（约公元前594年）。在梭伦看来，世袭贵族都是"费尽心机、中饱私囊之辈"，于是他削弱了世袭贵族的权力，并使下层平民获得了一定的公民权利。雅典在公元前6世纪和公元前5世纪的政治改革中体现了正义，凝聚了智慧，为雅典最终发展为独一无二的伟大城市奠定了基础。在"民主"一词被创造出来之前，世界上最早的民主政治所蕴含的团结精神和自决性就已经在雅典生动地展现了出来。

公元前479年，一场胜仗让雅典城群情激奋。雅典军队击退了强大的波斯帝国军队，而波斯此前一直是东地中海的霸主。看起来，雅典这个新生的民主政权似乎无所不能。在新建的献给"解放者宙斯"的宙斯柱廊下，经常有雅典公民阔步而行。雅典人以民主的名义团结于雅典帝国内。古代雅典政治家、被选为将军的伯里克利号召雅典人对待自己的城市要像对待爱人一样。一些胸怀抱负的人给他们的儿子起名叫"民主"。到了公元前4世纪，"民主"被奉为女神并加以膜拜。

随着民主政体的蓬勃发展，雅典一跃成为希腊世界的经济中心。在集会上，制靴者和贵族可以同席而坐，新参政的公民可以通过投票发动战争。雅典的居民人口总量翻了一番多，城里盖起了一排排朴素的民居，其中也就是些简陋的棚屋而已。柏拉图似乎曾调侃希腊人活得就像是"池塘边上的青蛙"，不过这些"青蛙"可都争前恐后地想要跳上雅典这个镀了金的睡莲。

雅典古代市场的所在地不再作为墓地，反而成了充满生机的地方。喷泉亟待在这里开发，音乐会在这里彩排，部队在这里演练，人们在香坛上祭祀神明，执政者在此聚会商讨民主生活的标准，等等。在公元前6—前5世纪，古代市场发展了起来，这里除了贩卖奴隶，还出售成堆的无花果、鸦片、鲜鱼和从织布机上直接扯下来的织好的布，以及来自东方的香油。人们在这里会闻到新发掘出的矿物质和刚刚

△ 雅典卫城连同坐落于其最高处的帕特农神庙是雅典的标志，是人们绝对不会错过的风景。公元前480年，雅典遭到波斯军队的破坏，城里人心沮丧。伯里克利后来发起了一个大型建设项目，于是在这座毁坏的城市中又出现了一批新的建筑。包括帕特农神庙在内的古希腊建筑常常被人们想象成是白色、朴素、简约的，但其实并非这么一回事，正如这幅经过数字化重建的图像所示，实际上是它们被涂上了明亮的颜色。

▽ 在这个雅典黑色人像双耳瓶的瓶身上画着一个正在工作的鞋匠。只见鞋匠的客人站在一张桌子上，而鞋匠则拿着刀在割他客人脚周围的皮革。鞋匠身后的墙上挂着其他一些工具，桌子底下有个盆，里面似乎盛着水，这样可以使皮革保持柔软。像这样描绘手工艺和商业场景的瓶画生动反映了古代雅典人的生活。

铸好的银币所散发出的强烈气味。人们还会在户外生炉，用新奇的调料来做炖品，美美地品尝一番。

我们会把雅典看作一座由大理石雕刻而成的城市，而在雅典的鼎盛时期，它还有花园之城的感觉。许多人从阿提卡地区的山间和平原涌进了雅典，这些人中的手艺人、石匠和画家有意或无意地带来了一种城市花园之风，这种风格很容易让人联想到乡村田园之景。人们常会看到石头上刻着百合，瓶子上画着摇曳的橄榄树，门框上雕着青翠的草木。两条现在已消失的河流——埃里达诺斯河和伊利索斯河（如今已淤塞于地下）在当初可是畅流无阻。

当雅典城内各地区举行宗教仪式，以及在厄琉息斯秘仪[1]进行期间，少女们会戴着月桂花环和藤冠或举着气味刺鼻的松木火炬来庆祝季节的变化。在市场周围，人们种上了成排的梧桐树。在雅典全城各地，石碑如雨后春笋般地出现，石碑上所刻的内容反映的是公民大会的运作过程和决议。

雅典帝国的强盛国力也促进了雅典的文化繁荣。雅典一时间群贤毕至，有来自小亚细亚西岸的科学家、西西里的演说家，以及色萨利和马其顿的哲学家。在雅典的街头、议事会的会议室、公民大会以及市场，到处都是人们发表评论、相互驳斥的喧闹场面。就连那些由柏拉图、阿里斯托芬等名家参与的著名讨论也是一样的喧嚣，其中不乏才思泉涌、觥筹交错、吟诗作赋以及为求自我发展而出谋划策的场面。雅典人还专门造了一个词来形容上述场景，这个词叫"thorubos"，意思是嘈杂、混乱。

雅典不光有令人惊喜的"对话"，还有让人眼前一亮的景观。近

---

[1] 古希腊位于厄琉息斯的一个秘密教派的年度入会仪式。该教派崇拜谷物女神得墨忒耳和春天女神珀耳塞福涅，其入会仪式被认为是古希腊最著名的秘密宗教仪式。

些年的考古发现向我们展示了古代雅典是多么地辉煌灿烂：雕像的着色显得活泼而又自信；成套的餐具亮光闪闪；神庙里各种神祇和半神雕像的眼中镶嵌着晶莹剔透的宝石；而在街角，戴着橘黄色面纱的青楼女子则倚在自家门店的门口揽客。

一些雅典人在五花八门的"红灯区"放纵自我，而另一些雅典人，尤其是伯里克利，却以克己自律著称。伯里克利似乎可以通过别的渠道来满足自己：比如聆听哲学家阿那克萨哥拉和苏格拉底之间饱含哲理的对话、观赏戏剧（他在年轻时就资助了埃斯库罗斯的悲剧作品等），当然，别忘了伯里克利身边还有个聪明的情妇阿斯帕齐娅。伯里克利致力于搭建高耸入云的巨大建筑，比如雅典卫城山门。此外，也许连厄瑞克忒翁神庙和雅典娜胜利女神庙也属于伯里克利的成就。这些建筑中最重要的一件杰作是供奉雅典娜的帕特农神庙。被绿色、蓝色和金色点缀的帕特农神庙就如同孔雀般光彩绚丽。

如今，如果我们漫游雅典，恐怕是很难错过帕特农神庙的。黎明时分它闪亮夺目，黄昏之际它光影斑驳，就像一张老照片上出现了重叠的影像。在伯里克利的建设项目完成了500年后，普鲁塔克满怀惊奇地写道："这些建筑建造时间很短，却都完好地存在了很长时间，每个建筑在今天看来都很新，就像是刚建好的……似乎在这些建筑作品中注入了一种长盛不衰的精气神。"

但后来雅典帝国和它的民主体制还是遭到了摧毁。公元前404年，曾与雅典结过盟但又是雅典人宿敌的斯巴达人攻破了雅典著名的城墙，占领了雅典卫城。据说在雅典被劫掠后的余火下，还有斯巴达的女人吹着笛子翩翩起舞。

雅典也出现过复兴的苗头。古代雅典的雄辩家德摩斯梯尼就曾断言雅典将再次成为卓越之城。民主体制也曾有过短暂的恢复。而事后看来，这些只不过是在黄金时代缓慢且漫长的死亡过程中的痉挛罢了。

伯里克利认为雅典"比其他希腊城邦统治了更多的希腊人"，因此雅典将被世人铭记。雅典人并非有意识地为现代民主政治打下一个坚实良好、提倡人人平等的理念基础。他们的社会是具有启发性、试验性的，也是变幻莫测，甚至常常是严酷而荒谬的。但这些特征没有弱化雅典人的成就，反而使他们的成就得以彰显。

如果我们在记住紫罗兰（雅典城市徽章）香气的同时也不忘雅典所经受的磨砺和侮辱，如果我们能认同雅典人几经奋斗才创造并维持了民主政治，同时明白雅典是以兼收并蓄的气度才有了顶尖艺术的发展，那么我们对雅典的认识才算是准确的。雅典并不是个乌托邦，它既有过欢乐，也有过恐慌；既有过声色犬马，也有过高尚情怀；既有过兴盛，也有过衰落，黄金时代的雅典是个复杂的世界，它提醒着我们何以为人。

泛雅典人节是雅典人祭祀雅典保护神雅典娜的节日，它是雅典重要的节日，于每年春季举办。按传统观点，节日的举办日就是雅典娜出生的日子。每逢泛雅典人节，雅典卫城总是熙熙攘攘。这个节日的重点庆祝活动就是游行。浩浩荡荡的游行队伍几经周折，穿过雅典卫城山门，最终抵达各个雅典娜神庙，为女神雕像献上一件新的长袍。

临淄

以及中国战国时期的其他古城

W.J.F. 詹纳

> 凡不守者有五：城大人少，一不守也；城小人众，二不守也；人众食寡，三不守也；市去城远，四不守也；畜积在外，富人在虚，五不守也。
>
> ——《墨子》，公元前5世纪末/公元前4世纪初

在公元前5—前3世纪这段时间里，中国的大城市都是由木头建成的，除了一些由泥土堆砌的城墙遗存于世之外，几乎没有留下其他任何痕迹，然而这些城市却为中国未来都市的发展奠定了模式。

这段时期被称为战国时期，正如其名所示，它是一个战火连连、纷争不断的年代。随着公元前771年周朝君主制的瓦解，有效的中央政权不复存在，各地诸侯相互吞并，一些诸侯国发展成为强大、独立的国家，它们建起了城墙环绕、固若金汤的城市。为了生存，诸侯国需要能利用包括人力在内的各种资源，而七个战国强国的都城必须成为堡垒，以挫败和消耗入侵的军队。在这些城市中，统治者鼓励官僚政府的发展，通过政府，统治者可以登记国家所有的人民，对人民征收赋税，征召他们劳动或服兵役。然而，统治者不允许百姓参与政府管理。

伟大的战国都城使此前的中国城市黯然失色。有3个诸侯国的都城面积都在15平方千米至18平方千米之间，它们分别是：位于今天山东省的齐国都城临淄；距临淄以西约320千米的赵国都城邯郸；距临淄西南约900千米的楚国（长江中下游地区的霸主）都城郢。战国时期最大的城市是燕国的都城下都，它的面积起码是周朝封地时期燕国旧都面积的20倍，有两个临淄那么大。战国的大部分城市都有内城和外郭，而内城的地位更为重要。每座城市的人口可能都至少达到了10万。除了都城之外，每个诸侯国也有一些较小但仍然牢固、有城墙的城市。

农业技术的革新和商业的繁荣使这些大城市的出现成为可能。农民凭借铸铁工具可以生产更多的粮食，如此一来，人口随之增多，经济也得到了快速发展。

在这些大都城中，除了城郭和城门之外，最重要的建筑就是君主的宫殿了。这些宫殿同样由宫墙包围，有如"城中之城"。宫殿附近是中央政府办公室，许多官员和职员在里面记录文案、颁布法令。正是依靠这些法令，国家才能维持运作。所有大都城中都有重兵驻防，其中一些驻军是该国的精锐部队。平民则住在有围墙的房子里。

经过清理后略显整洁的临淄一处破损的城门地基。地基之上可能是木质框架的塔楼。临淄的城墙地基宽度在20米至70米不等。在战国时期，坚固的防守对所有城市而言都至关重要，只有城墙坚固，才能经得住敌军的围攻。

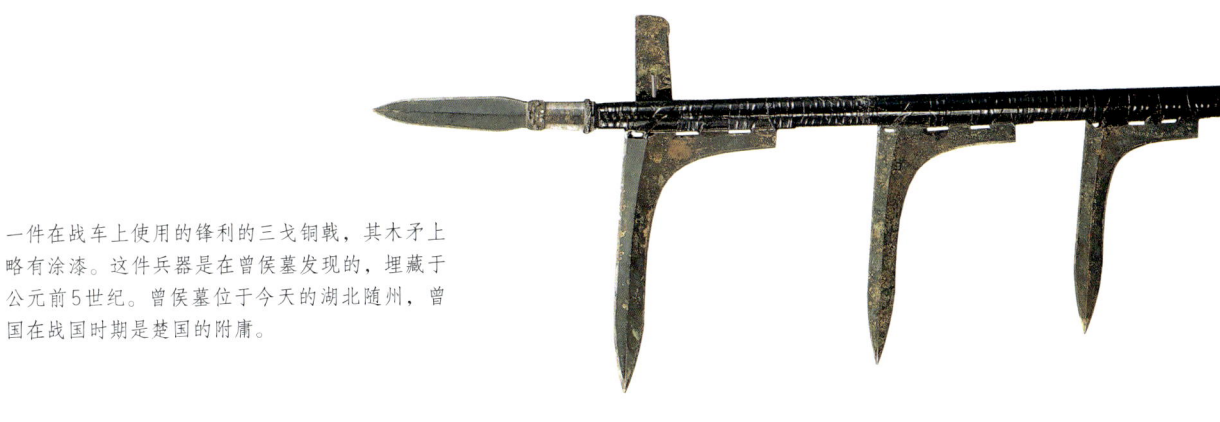

一件在战车上使用的锋利的三戈铜戟,其木矛上略有涂漆。这件兵器是在曾侯墓发现的,埋藏于公元前5世纪。曾侯墓位于今天的湖北随州,曾国在战国时期是楚国的附庸。

  当有外敌来犯的时候,所有城里的人都会被调动起来保卫城市。围城之战会让攻守双方都蒙受巨大的损失。在《孙子兵法》的作者看来,不到万不得已是不能去围城的。光是准备攻城机械就要花去3个月的时间。而构筑能用来爬墙攻城的土山又得再花上3个月。倘若心急的指挥官驱使士卒像蚂蚁一样去爬梯攻城,那么他们中的1/3会丧命,然而这座城可能还是攻不下来。

  有一类城市居民会在战争中失去所有,他们就是不得不无偿制造兵器的工匠。他们中的一些人加入了墨家,墨家主张"非攻",遵循当时思想家墨子的教诲——抨击君主劳民伤财的奢靡之风,反对攻伐掠夺的不义之战。墨者擅长守城之计,他们常常被派去协助守卫面临攻击的城市。在《墨子》一书中,有关于如何组织防守的详尽指导,其内容涵盖了动员城中百姓布防的策略以及一些战术,比如如何应对敌军挖地道,如何使用毒气等。

  战国时期的大部分政治思想家和谋士都属于自由职业者,他们奔走于各国之间,游说国君采纳自己的强国安邦之策,借此谋得一份待遇优厚的差事。一些国家的君主很欢迎不同流派的思想家到他们的都城来。比如齐国都城临淄就设立了一个学院,招揽天下贤士。随着战国时期政治思想的不断发展,官僚政治体制也逐步成型,这种专制制度在中国延续了2000年之久。

  商业和贸易的发展对于城市能否兴盛繁荣颇为重要,并且受到严格管控——只有在国家控制的市场上才可以进行商业活动。当时一些商人发展出自己的经商理论,这些理论堪比孙子等人的军事思想。各国都城以及数以百计的小城市之间形成了一个密集的贸易网络。当初,国力衰微的周国在洛阳营建的两座都城虽然在政治上微不足道,但后来却发展为繁荣的商业都市。洛阳人民背后没有强大的国家支持,他们只能靠自己的智慧谋求发展,因此他们走遍各国从事贸易活动。

  城墙也并不能总是保证安全。在燕下都城墙的南面有一处贵族的墓地,里面有14个并排的人头坑。据估算,其中埋着3万个人的头骨。对头骨样本的研究分析表明,这些头骨都属于年龄在18岁至35岁之间的男性。毫无疑问,这些男性都是公元前4世纪末燕国内乱及外战的战败者,墓地的主人是那场内乱的受害者,而其他男性都是给他殉葬的人。

  在这一时期,有一位在临淄游说的谋士(苏秦)曾生动描绘过临淄的场景。据他估算,临淄7万户家庭中,每户都有3名男子有拿起武器的能力。

> 临淄甚富而实,其民无不吹竽鼓瑟,弹琴击筑,斗鸡走狗,六博蹹鞠者。临淄之途,车毂击,人肩摩,连衽成帷,举袂成幕,挥汗成雨,家殷人足,志高气扬。

临淄 51

亚历山大港

托勒密王朝的地中海都市

艾伦·B. 劳埃德

> 这座城市里有最绮丽的公共区和王宫……正如每一位国王出于对壮丽景观的喜爱，常常在公共纪念碑上增加一些装饰一样，他们也爱自己出资兴建寓所。所以现在引用一位诗人的话来说就是，那里楼外有楼。
>
> ——斯特拉波，公元前1世纪/公元1世纪

亚历山大港是由亚历山大大帝于公元前331年建立的城市，此后它迅速发展成为地中海世界的重要城市之一，并将这种重要地位保持了900多年。建立这座城市是为了纪念亚历山大大帝征服埃及，不过亚历山大大帝还有更多的考虑。亚历山大港的经济实力强大，得益于它与埃及腹地及周边地区有着很好的联系，并处于开发地中海和红海商业的优越地理位置上，但还是有另一个没那么明显的原因：从地理位置上来说，亚历山大港往北直接面对的是希腊文化和政治生活的中心——地中海东部、小亚细亚以及爱琴海地区。在继续远征波斯之前，亚历山大大帝仅仅有时间表示出他对亚历山大港以北地区的意图，而这些意图却成了他在埃及的继承者们的认知重点，他们的注意力主要集中在亚历山大港北面的同一地区。这样的地理位置给亚历山大港贴上了独特的地中海标签，而这种标签也将伴随亚历山大港始终。

在托勒密一世执政时期，亚历山大港成了埃及的首都。托勒密一世曾是亚历山大大帝的部将。随着亚历山大大帝庞大的帝国出现分裂，公元前306年，托勒密一世成了埃及及其附近领土的君主。他开创了托勒密王朝，这个王朝直到才华横溢的埃及艳后克利奥帕特拉七世丧命才宣告终结。长久以来，亚历山大港一直都是埃及的行政中心。公元641年，阿拉伯人的大军征服埃及之后，亚历山大港才失去其首都之位，也正是从那时开始，亚历山大港逐渐衰落，直到19世纪才有所复苏。

亚历山大港地处一条狭长地带，城市街道呈网格状。它北临地中海，南临莫伊利斯湖，因此它可以凭借港口优势获益。亚历山大港城墙以外往西，有一处遍布华丽花园的墓场。墓场的东面是亚历山大港的埃及区，在埃及区的另一边便是城市的中心——皇城（或称希腊区），这片区域集中着大量壮观的建筑。再往东就是亚历山大港的犹太区。这种按不同民族进行区域划分的做法在亚历山大港由来已久，也是其主要的社会弊端，它引起了很多纠纷，还导致了几次严重冲突。

一条人工堤道将亚历山大港的城市中心与法罗斯岛相连，由此形成了两个港湾（东边的"大港"和西边的"平安归来港"）。大港东面的安提罗多斯岛及其对面的海岸上有数不胜数的宫宇，其中便包括克利奥帕特拉的宫殿。按古代的标准，亚历山大港的人口是非常多的。公元1世纪，亚历山大港城中的男性公民总数达到了18万，这也意味着它的总人口要更为庞大。

在托勒密王朝早期，亚历山大港被打造成一座秀场，向世人展示着托勒密王朝的财富、权力和独

特的异国情调，其奢华程度在整个希腊世界都是无可比拟的。也因此，亚历山大港有时就像个会上演盛大皇家节庆活动的大剧院，比如托勒密节庆典，这种节日万众瞩目，人们可以从中感受到托勒密王朝的荣耀。在亚历山大港港口驻扎的舰队以其战舰强大、先进而著称，这些战舰不仅是托勒密王朝重要的军事筹码，也是托勒密王朝用来宣扬它足以称霸整个地中海的资本。亚历山大港作为海军基地的这个作用从未丧失，战舰仍然是亚历山大港的一个亮点。不过，给游客留下最深刻印象的还是亚历山大港的建筑。尽管由于地震及地面下陷，亚历山大港皇城的宫殿都已沉入海底，但大量水下遗迹都保存了下来，这些展现出希腊风格和埃及风格混搭的遗迹说明了当时托勒密王朝的能工巧匠还是十分注重发掘埃及的异域魅力的。

位于城市中心的皇家墓场本身就已经很壮观了，又因亚历山大大帝也被葬在这里而更加魅力非凡。亚历山大大帝原本是要被安葬于马其顿的，但他的遗体被托勒密截了下来。在墓场的附近，有一座内设亚历山大图书馆的亚历山大博物馆，该博物馆及其图书馆一同构成了希腊－罗马世界学术研究、文学创作和科学探索的圣殿，它一直被模仿，但从来没有哪个朝代或者国家能以新的建筑

塞拉比斯神庙与庞贝柱。塞拉比斯是希腊－埃及的救世主，是受希腊人、罗马人共同顶礼膜拜的神灵。供奉着塞拉比斯的塞拉比斯神庙是亚历山大港重要的神庙。庞贝柱是公元293年由罗马皇帝戴克里先置立的，它其实与古罗马共和国末期的政治家庞培并无任何关联。罗马历史学家阿米阿努斯·马尔切利努斯（公元4世纪）曾让我们对塞拉比斯神庙的壮丽深信不疑。他写道："……语言已不足以充分描述它的富丽堂皇，巨大的石柱点缀着它的庭院，神庙里到处都是栩栩如生的雕像，还有众多其他艺术品是为卡比托利欧山（罗马）准备的……这个世界上没有哪里可以比这里更宏伟壮丽了。"

超越它。也因此，托勒密王朝出了许多响当当的学者，比如博学多才的厄拉多塞（天文学家、数学家、诗人）、昔兰尼的卡利马科斯（诗人，亚历山大港文学流派的代表人物）、罗得岛的阿波罗尼奥斯（诗人）、天文学家阿里斯塔克斯以及拜占庭的阿里斯托芬（评论家、语法学家）。

凭借上述巨擘的成就，亚历山大博物馆及亚历山大图书馆进一步提高了亚历山大港和托勒密王朝的声望。在罗马统治时期，这些机构仍然是学术研究的中心，当时经常出入其中的人物有杰出的实验科学家赫伦、信奉新柏拉图主义的哲学家普罗提诺以及克劳狄乌斯·托勒密，他在地理学、天文学、占星学方面的著作在古典时期末期和中世纪都产生了重要影响。

△ 艺术家重新描绘了亚历山大港这座城市和它的港口，在靠近图片中央的位置可以看到法罗斯岛上的亚历山大灯塔。亚历山大灯塔是世界七大奇迹之一，虽然它曾彻底遭到破坏，但是人们还是可以充满自信地让它重现往日的风采。传统观点认为，亚历山大灯塔从前所在的位置就是后来卡特巴城堡所处的地方。不过现在人们认为它更可能位于法罗斯岛东部的礁石区。灯塔后方的港湾即为"大港"，范围覆盖东海岸和南海岸（从左至右）的皇城（已沉入海底）就靠近这里。在图的右上方可以看到连接亚历山大港内陆和法罗斯岛的堤道，堤道的右面有一个"平安归来港"。

◁ 亚历山大港海岸线的下沉导致了它的皇城淹没于海底，同时也使大量建筑和雕塑材料的保存成为近年来水下考古学家们深入研究的课题。考古人员的很多发现其实都是为了证明亚历山大港皇城官殿的恢宏气势和异域情调。有时它们是埃及风格，而有时它们又是希腊-罗马式的，更为常见的则是两种风格的混搭。这尊手捧卡诺匹斯瓶[1]的伊西斯（古埃及的生育女神）祭司雕像是典型的混合风格，而狮身人面像和石柱底座则是浓郁的埃及风格。

---

1 古埃及人在制作木乃伊时用于保存内脏以供来世使用的器具。

基督教进入亚历山大港后并没有影响这座城市的学术地位。亚历山大港是基督教早期四大主教辖区之一,通过克莱门特和奥利金等国际人物的著作,这里很快发展成为传播基督教教义和神学辩论的中心。围绕基督教早期的几个重大争议性观点的激烈辩论同样在这座城市里上演过。亚历山大港能够树立其学术中心的盛名,犹太社区也是功不可没的,尤其是犹太人在公元前2世纪中叶用希腊文翻译了《圣经·旧约》(此希腊文译本又被称为七十士译本),并且还翻译了犹太哲学家斐洛·尤迪厄斯的著作。

亚历山大港壮观的建筑当然不仅局限在皇城。埃及区有一处著名的建筑是塞拉比斯神庙,它是献给城市守护神塞拉比斯的。神庙被建在一个很高的位置,因此在海上很远的地方就可以瞧见它。基督教到来之后,塞拉比斯神庙受到了严重破坏。基督教的兴盛也造成了许多异教神庙的关闭、回收甚至是毁坏。这些异教神庙很快就被基督教的建筑所取代。

不过,亚历山大港最耀眼的景观还是法罗斯岛上的亚历山大灯塔,它是古代七大奇迹之一,靠近法罗斯岛的东端。这座灯塔最初由托勒密一世下令修建,最终大约在公元前283年托勒密二世在位时期建成。亚历山大灯塔对水手而言具有导航作用,它同时也是向所有从埃及北部进入亚历山大港的人展示托勒密王朝荣光的另一件重要工具。亚历山大港的诸多宏伟建筑让这座城市在其鼎盛时期风光无两,但归根结底,亚历山大港最伟大的成就以及它留给子孙后代最宝贵的遗产,是它辉煌灿烂的科学文化。

"碎片之丘"陵墓(可以追溯到罗马统治时期)是用来举办葬礼及定期举行丧葬宴会的地方,它是古代亚历山大港最壮观的遗迹之一。丧葬仪式融合了希腊-罗马以及埃及的元素,葬礼现场的装饰则严格按照法老的意愿布置。图中所装饰的一处图案描绘的是一个木乃伊躺在殡床之上,而床的周围则站着几位埃及的神祇:荷鲁斯(天神及王权的象征)、阿努比斯(引导亡灵之神)和托特(月神及智慧之神)。

麦罗埃

努比亚皇城

罗伯特·默科特

> 这王国位于阿斯旺的象岛的南面,它的居民都是埃塞俄比亚人……走上一段四十天的陆路,再乘船航行十二天,便来到了一座叫麦罗埃的大城市,据说它是埃塞俄比亚人的首都。麦罗埃城中有个宙斯神谕所,埃塞俄比亚人会根据神谕发动战事。
>
> ——希罗多德,公元前5世纪

对希腊人和罗马人而言,麦罗埃是个浪漫之地。它遥远、奇异,与希腊、罗马世界隔了万水千山,却依然和希腊、罗马世界保有直接的联系。1772年,苏格兰探险家詹姆斯·布鲁斯经过麦罗埃遗址时留意到了古迹废墟,并猜出它就是麦罗埃。不过,直到19世纪初,一些旅行家和学者的著作才真正让西方世界关注麦罗埃密集的金字塔墓地。

麦罗埃古城位于尼罗河东岸,距离今天的尚迪很近,就在尼罗河与阿特巴拉河交汇处的南面一点。麦罗埃的东部在古代是片广阔的、树木丛生的草原,那里常常有大象、长颈鹿以及其他野生动物出没,而这些野生动物如今只能在遥远的南部才会见到。地处雨带的这片草原起到了牧场的作用,麦罗埃的居民有些就是靠放牧和定居农业为生的,跟今天东非的马赛人、丁卡人的生活方式非常相似。麦罗埃的文化比较复杂,它本身属于库什文明,但它同时又掺杂了许多埃及元素。在重大的正式宗教活动和建筑工程中,这种文化上的混合尤为明显。

麦罗埃相当于一个重要的物资集散地,它贮存着来自远近各地的新奇货物。不管埃及是在波斯统治时期、托勒密王朝统治时期还是在罗马统治时期,麦罗埃都在为埃及提供货物。当时主要的商品是象牙、乌木、熏香和奴隶。据希罗多德的记载,埃塞俄比亚(库什)士兵被派遣至波斯帝国国王薛西斯麾下,这些士兵也成了薛西斯远征希腊大军中的一支部队。由于和古代地中海世界有着千丝万缕的联系,麦罗埃在西方传说中也占据了一席之地。

迄今为止,考古发掘出的年代最久远的麦罗埃遗址可追溯到公元前1000年初,但其实麦罗埃的起源要更为古老。到了公元前8世纪和公元前7世纪,麦罗埃

在公元前1世纪末库什女王阿玛尼沙克托的金字塔宝藏中发现的一枚黄金盾戒。盾戒上的形象颇具埃及风格:羊头的阿蒙神头顶着日轮,阿蒙神的后方是个顶部为眼镜蛇的神殿。

已经是快速扩张的库什帝国的中心。金字塔墓地被建在了麦罗埃东边的高山上，库什王室的未成年人就葬在那里。据皇家铭文显示，到了公元前5世纪，整个王室就住在了麦罗埃，不过国王并不会在麦罗埃下葬。当时国王被埋葬在麦罗埃北边很远的地方，那里靠近尼罗河第四瀑布区的城市纳帕塔。直到公元前300年，麦罗埃才成为国王的安葬地。金字塔墓地的规模越来越大，一直扩大到公元4世纪中期。

想要重现麦罗埃古城风貌实非易事，毕竟目前对于古城的发掘只有一小部分。麦罗埃应该是一个无序扩张的初级聚落，城中的建筑风格各异，有的是常规的泥砖房，有的则是圆锥形大茅屋。目前对于麦罗埃遗址的挖掘只是集中在"皇城"，这个区域很大，呈矩形，由巨大的石墙包围着。皇城里有宫殿和神庙，还有一个被考古学家称为"罗马浴场"的非凡建筑，不过如今人们认为它其实是个内部布置有喷泉的房屋。

麦罗埃的金字塔密集分布在一个大型区域内。这些金字塔的建筑风格很明显地受到了埃及金字塔的启发，只是与埃及金字塔相比，它们的体积更小、塔面更陡。在麦罗埃，使用金字塔的社会阶层也更广，不像埃及的金字塔只属于法老。麦罗埃最大的金字塔是属于王室成员的，在考古学家开始研究这些金字塔的时候，它们已经被劫掠过了。包括阿玛尼沙克托女王金字塔宝藏在内的一些证据表明，金字塔里的尸体都饰有金银珠宝，随尸体下葬的还有食物和家具。王室成员和富人还会有陪葬的仆从和牲畜。

皇城最初是在一个河中岛上，不过随着时间的推移，东边的河道变得枯竭或是发生了改道。挨着皇城围墙的是一座献给埃及阿蒙神的巨大神庙。羊头人身的阿蒙神是库什王国的国神之一。神庙门廊的巨大石塔是按典型的埃及风格建造的，门廊通向柱廊林立的庭院、石柱大厅和神庙的内堂。在通往神庙入口的游行大道两侧有许多羊的石像以及其他一些小型神庙。

皇城内大街上的房子气势宏伟，起码都是两层楼。城里有个小型神庙，庙里有一些零散的石膏画描绘着麦罗埃的女王和外国俘虏在一起的场景。在这个神庙的地下还发现了一尊罗马皇帝奥古斯都雕像的头部，这个铜质头像比真实人物的头要大。奥古斯都的雕像是麦罗埃军队的战利品，这支军队在边境驰骋，占领了阿斯旺。斯特拉波曾记载过这场军事冲突。公元前23年，在罗马和麦罗埃签署和平协议之后，双方有了频繁的贸易往来，由此也迎来了麦罗埃城市史上最辉煌的一段时期。一系列新的神庙不仅在麦罗埃城里出现，在库什王国的其他城镇也得以兴建。

公元3世纪时，罗马帝国在政治和经济上遭遇危机，巧合的是麦罗埃也在此期间走向衰落，二者之间其实存在着一定关联。而麦罗埃的最终覆灭似乎源于两个因素：一是努比亚的诺巴人的入侵；二是埃塞俄比亚高地阿克苏姆王国的崛起。

耶路撒冷

希律王和耶稣时代

马丁·古德曼

> 在以东和撒马利亚之外绵延着犹太王国的广袤疆土。犹太王国分为十个小国，这其中就包括了"山国"，也就是耶路撒冷曾经所处的地区。耶路撒冷是迄今为止东方最著名的城市。
>
> ——老普林尼，公元1世纪70年代

公元1世纪70年代，在日后成为罗马皇帝的提图斯率军攻陷耶路撒冷之后不久，意大利博学多才的作家老普林尼写下了上述这段话。耶路撒冷是座东方之城，它的主要语言是阿拉米语与希伯来语。公元前330年，亚历山大大帝征服了耶路撒冷，此后这座城市便不断受到西方势力的控制。耶路撒冷城中几乎都是犹太人，《希伯来圣经》中记载了犹太民族的往事，而其实这个民族的历史比《希伯来圣经》中所描述的更为悠远。公元前63年，罗马将军庞培占领耶路撒冷，此后犹太人的命运便与罗马的兴衰有了越来越紧密的联系。

《圣经》中的犹太人将耶路撒冷奉为世上独一无二的圣地，因为上帝愿意在此接受人们以献祭、祭酒和焚香的方式来敬奉。公元前40年，希律王被罗马元老院任命为犹太（当时为罗马共和国的一个附庸国）的统治者。公元前1世纪末，希律王重修并扩建了耶路撒冷圣殿，经改造后的圣殿规模宏大、富丽堂皇。圣殿的遗址保存到今天的几乎就只有西墙了，它曾是耶路撒冷圣殿所处高地的一部分。虽然遗址所剩无几，但这仅有的一部分也足以令人叹为观止。

耶路撒冷圣殿是城中最光芒万丈的场所。群众聚集在这里，有人会像早期基督徒那样通过传教来吸纳犹太教信徒。每天，从黎明到日落，都会有一组经过精挑细选的神职人员代表犹太族按固定仪式进行献祭，这些神职人员都来自世袭教士阶层。而除了他们之外，自己私下前来供奉的人也是络绎不绝。圣殿周围的门廊总是簇拥着大批信徒，他们买了用来献祭的牲畜，还把自己的钱兑换成推罗人的钱币再捐给圣殿。像这样每天来圣殿供奉的节奏一年之中会被打断三次，因为每逢逾越节、圣灵降临节和住棚节，圣殿乃至整个耶路撒冷都会涌入不计其数的朝圣者。在这些节日期间，耶路撒冷就会散发出浓浓的国际气息。正如圣路加在《使徒行传》中所描述的——耶路撒冷款待着"来自天堂之下所有国家的虔诚的犹太人"。

这些宗教性节日有时候也容易引发政治动荡。公元66年，犹太人反抗罗马帝国统治的起义正是在逾越节期间发动的，而那场起义也最终导致了四年后耶路撒冷的沦陷。距此大约三十六年前，拿撒勒的耶稣同样也是在逾越节期间被罗马帝国犹太行省总督本丢·彼拉多处死的。耶路撒冷的宗教狂热虽然引发了这些混乱，却也让耶路撒冷获得了惊人的繁荣。这座城市既没有什么宝贵的自然资源，也不处在任何贸易路线上，因此它的财富完全是来自其他各地虔诚的信徒所奉上的资金。

耶路撒冷圣殿南墙外的台阶遗址。在希律王所建的皇家门廊之下有一些大门和通道正好与南墙外的台阶相连。而穿过这些大门和通道，朝圣者便可以到达耶路撒冷圣殿所处的高地了。

随着世界各地的人不断前来朝圣，耶路撒冷兴起了一阵建筑热潮。到了公元1世纪中期，耶路撒冷城中已经有了很多壮观的希腊式建筑和罗马式建筑。新高架渠的出现使居民的生活范围扩散到了北部新郊区——贝泽萨。大约数千年前，耶路撒冷于山地上建成，这一地理位置并不利于它展开明朗的城市布局。它那狭窄的街道上，镶有马赛克画、绘着壁画的房屋不禁让人想起与之同时代的庞贝城里的那些房子。"罗马和平"[1]为朝圣者营造了良好的环境，同时也推动了国际的贸易往来。耶路撒冷在其衰亡之前的那些年里似乎欣欣向荣，是罗马帝国不可分割的一部分。

然而，一切都只是表象。大约在公元前30年，当希律王打算将一些现代娱乐活动引入耶路撒冷时，他遭到了当地人的强烈反对。希律王看中的项目包括体育竞技、舞台表演、战车对抗（仿希腊的模式）和斗兽（仿罗马的模式），但耶路撒冷的平民对此根本不感兴趣，他们认为这样的活动有违传统。这些老百姓都持着一种清心寡欲的态度，他们普遍觉得肉体上的纯洁将足以促成精神上的纯洁。也正因此，对礼仪性浴场的研究是当时耶路撒冷考古学的一个显著特征。

基德隆谷中所谓的"押沙龙墓"就位于耶路撒冷圣殿的东面。如此壮观的墓地结合了希腊和东方的建筑风格，这反映了在希律王统治耶路撒冷之前的数百年中，耶路撒冷的文化已经受到了希腊文化的影响。

---

[1] 指公元前27年奥古斯都称帝至公元180年马可·奥勒留皇帝逝世这段时间。这一时期，罗马境内相对安宁，领土略有扩张，罗马帝国达到了繁盛顶点。

犹太人对其宗教传统极度的虔诚是广为人知的，庞培正是利用了这种虔诚，在安息日袭击了耶路撒冷。犹太人内部对其律法的解读存在着广泛分歧，在不同派别之间，比如法利赛派和撒都该派之间，有着相互冲突的观点。在耶路撒冷以东几千米的古姆兰曾发现了名为《死海古卷》的古代文献，它的主要内容是以希伯来文写成的早期犹太教、基督教经文，而参与撰写《死海古卷》部分内容的一些作者对于犹太律法的阐释又和法利赛派、撒都该派的都不一样。即便各方所持观点有别，但人们对犹太律法都是满怀尊崇并倾注了一腔热情，这种热忱也鼓舞了很多耶路撒冷的守卫者，面对罗马军队的围城，他们一直战斗到公元70年8月，那场围攻也最终宣告了耶路撒冷悲惨的完结。

在公元1世纪（一直到公元70年）的大部分时间里，耶路撒冷都是由罗马统治的。具体管辖耶路撒冷的是一个由大祭司领导的精英阶层，而大祭司则是由罗马总督或经罗马帝国任命为耶路撒冷统治者的希律王后人来选拔的。罗马在犹太的驻军很少，一旦在犹太发生严重的暴乱，罗马就不得不从离犹太北面很远的叙利亚调兵来镇压。公元66年，犹太人的一系列反抗行动升级，最终导致了战争。耶路撒冷是起义的中心。在随后的几年中，韦斯巴芗——尼禄皇帝于公元67年为镇压叛乱而从叙利亚抽调来的名不见经传的将军——将耶路撒冷包围了起来。

公元68年末，尼禄自杀。公元69年6月，韦斯巴芗被自己的军队拥立为帝。如此一来，攻下耶路撒冷对韦斯巴芗来说意义更为重大，它可以帮助韦斯巴芗在罗马社会建立威望。公元70年，就在逾越节即将到来的时候，韦斯巴芗的儿子提图斯率部对耶路撒冷展开了"拉锯战"式的强攻。当时的犹太教士约瑟夫斯对这场战争可怕的后果如此记录道："整座城市被彻底夷为平地，未来造访耶路撒冷的人根本不会相信这座城市里曾有人居住过。"

耶路撒冷虽然遭到了毁灭，但是很多人仍然对它充满了想象。许多年来，犹太人一直渴望着重建圣殿。拉比们还发展了一套新的神学理论，这套学说声称信徒可以通过祷告和善行来弥补无法在耶路撒冷献祭的遗憾。耶路撒冷的毁灭在基督徒看来有种特别的含义：这是对耶路撒冷人的报应，因为他们藐视了耶稣的话语。不过，基督徒和犹太人一样，也在等待着新耶路撒冷的诞生。

圣殿山与西墙。在希律王的圣殿建成数百年后，以其穹顶而耀眼夺目的奥马尔清真寺在圣殿上方的位置修建而成。圣殿西墙遗址如今就只剩当初作为地基的巨大石块了。自古代晚期，西墙便是犹太人的一处朝圣之地。

耶路撒冷 63

罗马

奥古斯都时代

奈杰尔·波拉德

> 奥古斯都意识到罗马城在大火和洪水面前是不堪一击的,它虽贵为罗马帝国的首都,但它的建筑却与其地位不相匹配。因此他对罗马进行了改造,焕然一新的罗马让他完全有理由夸耀说:"我初见的罗马是座砖石之城,我留下的罗马却是座大理石之城。"
>
> ——苏埃托尼乌斯,公元2世纪初

当曾经的军阀屋大维在公元前27年接受了"奥古斯都"(意为"神圣高贵")这一头衔,成为第一个我们称之为皇帝的专制统治者时,罗马(城)已经是一个疆土从英吉利海峡一直延伸到埃及阿斯旺的帝国的首都了。根据传说,罗马这座城市已经存在了700多年。在奥古斯都时代,帕拉蒂尼山上还保留着一些与罗马城的建立者罗慕路斯相关的遗迹。罗马的财富和权力吸引了来自帝国各地的人——移民、商贩、游客和奴隶,这些蜂拥而至的人让罗马的总人口达到将近100万。在前工业时代,罗马是世界上人口最多的城市之一。不过,罗马城市的外貌却和罗马帝国强大的军事实力和政权不符。

罗马是一座在没有核心或长期规划的情况下扩张起来的城市,是一种执政者任期只有一年的共和政治体制的产物。由分散的山丘组构出的罗马城疆域(传统上认为有7座山,但实际上不止7座,古代对于这7座山具体是哪些也存在争议)已经超越了200年前成功阻挡了汉尼拔军队的雄伟的塞尔维乌斯城墙。

尽管罗马有一些自诩宏伟的公共建筑——大部分是神庙,并且很多都是靠军事胜利的获益所建,但大多数是使用表面涂有灰泥的当地的凝灰岩建造而成,与希腊世界的大理石神庙完全不可相提并论。长久以来,永久性剧场一直是希腊城市的特色,罗马人后来又对这种剧场加以创新,他们声称,如果没有剧场,他们害怕传统道德会沦丧。罗马的第一个永久性剧场是庞贝剧场,它在奥古斯都当政时已建成有20年了。当时,角斗士竞技和斗兽秀这种典型的罗马公共表演是在广场和其他公共场所进行的,周围的木制看台都是临时搭建的。而专门举行这种表演的大角斗场还要等到下一个世纪才会落成。在奥古斯都掌权的时候,庞贝城里有个已经建成50年的圆形竞技场,但罗马城里却没有这样的设施。在罗马的主要竞技场所中,只有用于举行战车

重建的庞贝剧场。庞贝剧场在奥古斯都当政时已建成20年,它是罗马早期永久性的娱乐型建筑。除了围成半圆形的座位席和舞台之外,庞贝剧场中还包括一处维纳斯神庙、一个柱廊环绕的花园和一个会议厅,恺撒后来就是在那个会议厅遇刺身亡的。庞培能够调配一切权力和资源建起这座剧场,在他之后的罗马皇帝当然也不会含糊。比起庞培,奥古斯都可以通过更长远的规划,打造出更宏伟的建筑。

比赛的马克西穆斯广场算得上是个高级场地，它的跑道和座位整体看上去就像一个山谷。

罗马广场，罗马的市中心，也是数个世纪累积而成的建筑，而不是统一规划的产物。它位于卡比托利欧山附近的一处低谷，而卡比托利欧山就是罗马世界最重要的神庙——至善至伟朱庇特神庙所在的地方。罗马广场大致呈矩形，它的两侧是会堂（处理法律事务的大厅）、行政大楼和神庙。

罗马富有的政治精英都住在帕拉蒂尼山上的豪宅内，而城里大部分居民则挤在用劣质材料搭建的肮脏而又危险的公寓楼里。奥古斯都时代擅写建筑题材的作家、建筑师维特鲁威就经常抱怨罗马的建筑以木材为原料，因为这种原料很容易着火和坍塌。在前工业时代，火灾是城市的大敌，罗马很多地区就经常毁于大火。当时没有正规的市政消防服务，拥有私人消防队的富人会在扑灭大火前以极其低廉的价格收购着火的房屋。长久以来，高架渠发挥着引净水入城的功能。拥有100多年历史的马尔基乌斯高架渠结构精巧，它可以从24千米外的地方引水，再将水输送至卡比托利欧山顶。但与此同时，台伯河会定期泛滥，河水会淹没罗马城内地势低洼的地方，比如战神广场。

由于罗马内陆的农业生产力早已跟不上罗马人的需求，所以罗马人需要从西西里和北非引进粮食。海盗、内战和恶劣天气都会破坏粮食供应，而一旦供粮跟不上，就会发生暴乱。暴力是罗马人生活中习以为常的一幕。在百年前的那些内战中，敌对政治派别的人经常展开巷战，但暴力也是罪犯解决私人恩怨的一种手段和一种生活方式。而奴隶在大庭广众之下惨遭暴力折磨却是法律所允许的。出了罗马城的

△ 帕拉蒂尼山奥古斯都府中的壁画，它描绘的是以罗马剧场舞台为背景的石柱和神龛。像这样的壁画，在公元前30—前20年是意大利上流人士的家中才有的。也许拥有这幅壁画的家族并没有将奥古斯都视为一个冷漠的独裁者，在他们的心中，奥古斯一直都是罗马贵族中"出类拔萃"的人。

▽ 2007年，在帕拉蒂尼山奥古斯都府下方的山坡上，考古学家发现了一处洞穴，它的穹顶上有着十分精美的图案。有些观点（但备受争议）认为这个洞穴就是牧神洞。神话中，罗马的建城者罗慕路斯和他的兄弟雷穆斯就是在牧神洞里被一只母狼喂养的。

罗马广场可追溯到公元前6世纪。在这张从现代的广场西北角取景的图片中，我们可以看到在奥古斯都执政前后的1000年里新增和重建的建筑，同时也能感受到广场在随后的1000年里所经历的毁坏、改观与重现。

66　古代世界

罗马 67

边界，人们会看到贵族的墓地密集地分布在主干道两侧，火葬平民的柴堆还在冒着青烟，遭处决的奴隶的尸体被吊在十字架上，这些尸体和那些极度贫困的自由人的尸体随后都会被丢进万人坑。

并不是说在奥古斯都掌权之时罗马就一下子发生了改观。罗马是经过了长期的发展才逐步成为与其帝国霸业相匹配的城市的。奥古斯都既美化了城市，又致力于公共事业。执政时间相当长（在位45年），实行独裁统治，并掌握着庞大的公共和私人财富，所有这些都对奥古斯都改造罗马产生了帮助，因为这些意味着奥古斯都不像罗马共和国时期的那些执政者，后者只能执政1年左右，而他可以对城市做长期规划。奥古斯都也不像他那遇刺的养父尤利乌斯·恺撒，他活得足够长，这使他可以将他的长期规划转化为成果。他对罗马的城市结构影响深远，因此在战神广场北角的大型混凝土建筑——奥古斯都陵墓里刻有他自传性的铭文《神圣奥古斯都功业录》，上面记录着改造这座城市的事迹以及他的军功。

奥古斯都在国内政策上的一个重要主题就是宗教复兴，他修复了很多古老的神庙（仅在公元前28年就修复了82座神庙），并建了许多新神庙。虽然他的宗教复兴政策从表面上看很保守，但那些宗教建筑却个个光艳夺目。即便是像卡斯托耳神庙（公元前5世纪献给希腊神话中的双胞胎兄弟卡斯托耳与波鲁克斯的神庙）那样的古老神庙，也是用刚刚从托斯卡纳的卡拉拉采石场开采来的闪亮的白色大理石加以重建的。神庙看起来就像是一片建在高台之上的高高的柱子组成的森林（现存3根柱子），每根柱子都采用豪华的科林斯柱式，柱头是毛茛叶纹的雕刻装饰。

这种充满创意、追求华丽大气的建筑风格在新神庙上也得到了体现。比如帕拉蒂尼山上那座献给奥古斯都的守护神阿波罗的神庙，以及奥古斯发誓为帮助他报尤利乌斯·恺撒被杀之仇的玛尔斯·乌托尔（"复仇者"）而建的一座神庙。玛尔斯神庙属于规划中的奥古斯都广场建筑群的一部分，它与老的罗马广场零散的发展有着明显差异。奥古斯都广场除了给商业活动、法律事务提供额外的空间外，还用精致的雕塑展览让游客感受到罗马过去的荣耀以及奥古斯都祖先（一直追溯到特洛伊传奇英雄埃涅阿斯和他的母亲爱神维纳斯）的历史功绩。

奥古斯都时代的罗马广场反映出了奥古斯都的政治和王朝野心，以及一种新的、更有序的空间感。广场的北端新建了一座讲台，在广场的南部，也就是恺撒被火葬的地方，新建了一座献给恺撒（已被奉作神明）的神庙，而讲台和神庙处在同一轴线上。奥古斯都还建了新的元老院议政厅，不过，议政厅已经不像它在共和国时代那么重要了，这也反映了现实中的帝王专制。新的纪念性的建筑（会堂和凯旋门）显现了奥古斯都的权力和政治观。战神广场上出现了更多纪念奥古斯都新王朝的建筑，这不仅包括了奥古斯都陵墓，还有一个建筑群，其中包含了奥古斯都和平祭坛与一个巨大的日晷，日晷的指针是由从埃及掠回的方尖碑做成的，它象征了奥古斯都对埃及女王克利奥帕特拉及其王国的征服。

奥古斯都也没有忽视平民的需求。几百年来，罗马一直缺少永久性的娱乐场所。而到了奥古斯都时代，罗马收获了两座新的剧场，其中一座剧场献给了奥古斯都的外甥马凯鲁斯，另一座剧场则是由奥古斯都手下的将军巴尔布斯所建。这些剧场此后一直都在运营，而罗马历史上再也没有修建其他新的剧场。罗马城中第一座由石头建成的竞技场是由奥古斯都的将军斯塔提里乌斯·托鲁斯负责打造的，罗马人可以在那座竞技场里观看角斗士比赛和斗兽表演，直至它被公元64年的一场大火烧毁（最终被罗马斗兽场所取代）。即便是建成多年的马克西穆斯广场也被翻新美化了一番。奥古斯都在节日庆典和演出方面很舍得花钱。为奥古斯都写传记的历史学家苏埃托尼乌斯注意到，奥古斯都所举办的公共演出数量之多、花样之繁、场面之大都是前所未有的，而苏埃托尼乌斯所记载的演出包括剧场表演、角斗士竞技、斗兽、体育比赛以及在一个人工湖上进行的虚拟海战。奥古斯都本人也曾提到有1万人参加了8场角斗士表演，有3500只野兽在26场表演中被屠杀。

奥古斯都还大力推进了公共事业，尽管他在这方面的举措不像他大兴土木、大搞演出时那么引人注目。他将罗马分成了14个行政区域，每个区域都配有由当地人担任的行政长官。他建了一个办公场所，专门进行帝国的监察工作，监察内容包括粮食供应、道路维护以及台伯河岸的养护。他还成立了永久性的消防部门，并亲自任命消防队队长。在当时，混凝土还是一种相对比较新的建筑材料，维特鲁威对这种材料颇为推崇，因为它比木材更为安全。而混凝土也的确在各类建筑工程中得到了广泛应用，比如高层公寓楼就使用了这种材料。奥古斯都的助手阿格里帕深得奥古斯都信任，他对罗马的排水沟进行了全面检修。他的著名事迹之一便是为了检查排水系统而乘船驶过了罗马的所有下水道。阿格里帕还建了个大型浴场，浴场的水是由维尔戈高架渠输送的。阿格里帕在遗嘱中将该浴场设为公共浴场，这个浴场也为奥古斯都之后的皇帝们在打造壮观的皇家浴场时提供了模板。

有些事情是没办法一下子就改变的。暴乱、洪水、火灾仍然经常在罗马城中肆虐。对很多罗马人而言，生活还是充斥着肮脏、危险和暴力。但不管怎样，罗马已经越来越有一个世界之都的样子了。奥古斯都开创了一个皇帝要为罗马和罗马的人民尽心尽责的先例，而他的继任者也纷纷效法。奥古斯都对罗马的影响是永恒的，这种影响在罗马变成基督教世界的中心，变成重获统一的意大利之都，以及变成法西斯国家的首都的时候始终在延续。而如今，我们仍然可以在罗马看到奥古斯都留给这座城市的遗产。

位于第一大门的奥古斯都像闻名遐迩，这幅雕像的细节图展现了奥古斯都年轻时的仪态，奥古斯都这种被理想化的年轻状态在不同的肖像中都有所体现。实际上，奥古斯一直执政到70多岁，在位时间长达40多年，这是他能够成功将罗马改造为帝国首都的重要因素之一。奥古斯都公众形象的年轻化是模仿古代雅典雕塑对人物形象理想化的处理手法，而让他永葆青春的背后也是有着一番精妙的谋算：这既可以让子孙后代心怀崇敬，也可以淡化过去的动荡不安。

公元第一个千年

约翰·朱利叶斯·诺里奇

本章所介绍的八座城市都是在公元第一个千年中繁荣昌盛的城市，不过在这8座城市中，只有一个基督教城市，即君士坦丁堡。其他基督教城市又有哪座可以上榜呢？罗马是肯定不够格的。在这一时期，罗马只是个热病肆虐的沼泽，而罗马的教宗大部分都是些无足轻重之辈。当然，其中也有少数是例外，比如公元5世纪的利奥一世和公元6世纪的格列高利一世（大格列高利）。到了公元9世纪和公元10世纪，后辈的教宗变得更为腐败，因此这段时间也被称为"教宗的黑暗年代"。

像罗马那样的情况对博斯普鲁斯海峡（又称伊斯坦布尔海峡）而言是根本无法想象的。公元330年，建立君士坦丁堡的君士坦丁大帝正式将君士坦丁堡献给了圣母马利亚。在此后的1100年里，君士坦丁大帝之后的君主都被称为"像耶稣门徒一样的人"，站在通往天堂的半路上。而在日常生活中，他们和他们的子民随时随地都会表现出对宗教信仰的虔诚。当西欧被蛮族占领的时候，除了偶尔有一些具有启发性的宗教作品流传之外，文化知识的传播几乎中断了。但学问的传播在拜占庭却是如火如荼。我们今天能看到的大部分希腊和拉丁文学作品，都是经过昔日君士坦丁堡的学者和抄写员抄录才得以流传的。拜占庭帝国最终为我们留下了一笔无价的艺术和建筑遗产。公元6世纪早期，拜占庭帝国皇帝查士丁尼用五年半的时间建起了圣索菲亚大教堂，这座教堂至今仍是世界上最伟大的建筑之一。拜占庭的艺术家们被要求在马赛克画、壁画和圣像中描绘圣灵。虽然这是个难题，但艺术家们却一次又一次地圆满完成了任务。

相比之下，西方世界在这个时候确实处于黑暗年代，而基督教对所有科学文化的强烈怀疑让它们更加黑暗。伊斯兰教则没有那么封闭，当时阿拉伯人在数学、物理、医药、地理、天文和建筑方面的造诣都处于世界领先水平。在视觉艺术上，阿拉伯人受到了宗教对人物表现的严格限制；不过在抽象设计领域，尤其是在书法上，阿拉伯人的成就是举世无双的。本章介绍的城市中，伊斯兰教城市有四座之多。它们分别是：麦加——穆罕默德的出生地及伊斯兰教的圣地；大马士革——倭马亚王朝的首都同时也是整个穆斯林世界的首都，直至公元750年被阿拔斯征服；巴格达——阿拔斯王朝建立新政权之地，被阿拔斯王朝的哈里发统治了500年；科尔多瓦——逃亡的倭马亚王朝王子阿卜杜勒·拉赫曼修建大清真寺的城市。科尔多瓦大清真寺竣工于公元8世纪末，是当时世界上最豪华的清真寺。

本章所涉及的两座古代中美洲城市也许不那么为人所知。第一座城市是特奥蒂瓦坎。据近年的一本旅行指南所介绍，在特奥蒂瓦坎的两个大金字塔——太阳金字塔和月亮金字塔，发生过挖人心脏来拜神的事情。这两座金字塔也是墨西哥最壮观的景象之一。然而，我们往往会忘记特奥蒂瓦坎不仅是个祭神之地，也是个繁华之都——在大约400年的时间里，特奥蒂瓦坎都是美洲最大的城市。另一座城市是蒂卡尔，它是座相对较小的城市，位于现代的危地马拉。迄今为止，玛雅人和印加人是所有前哥伦布时代的民族中最富有才华的，都不用提他们美丽的艺术和象形文字，单是说他们建筑背后的故事就足以让人惊叹。

如果说特奥蒂瓦坎是美洲最大的城市的话，那么长安，一座人口超过100万的城市，就是当时世界上最大的城市了。长安在现代叫作西安。在去参观西安著名的秦始皇兵马俑的外国游客之中，很少有人会意识到这座城市也曾是唐朝的首都，而唐朝堪称古代中国的黄金年代。如果有人在公元7世纪出生，那么长安肯定是他出生地的最佳选择。

流经巴格达境内的底格里斯河一景。这幅画创作于1468年,但不妨想象一下巴格达在1258年被蒙古人攻陷之前的样子。在阿拔斯王朝数位哈里发的统治下,巴格达成了穆斯林世界的伟大都城,它也是《一千零一夜》中很多精彩故事的发生地。

从月亮金字塔顶部所看到的太阳金字塔。太阳金字塔是特奥蒂瓦坎最大的建筑物，也是美洲最大的建筑物之一。太阳金字塔的建造过程分为几个阶段，最终于公元225年建成。它的边长为226米，算上其顶部神庙的高度，总高度为75米，而顶部的那座神庙如今已经被损毁。看着以远方山峦为背景的太阳金字塔，我们不难发现，这座金字塔的建造者当初就是想把它造得像一座大山。

特奥蒂瓦坎

众神诞生之地

苏珊·托比·埃文斯

众神的起源……在特奥蒂瓦坎。

——贝尔纳迪诺·德·萨阿贡，1569年

特奥蒂瓦坎不仅是众神诞生的地方，更是时间的发源地，据16世纪记录了这座伟大城市衰落后的1000年的资料所说，它的鼎盛时期大约是在公元100—500年，那时，它在很多文化中都被奉为圣地，距其1600多千米的玛雅人就对它十分崇敬。无论从字面上还是从现代的角度来看，特奥蒂瓦坎都是一座国际化的城市：它是连接天地的世界之轴，它还是座高度发达、多民族会聚的都城。住在特奥蒂瓦坎的人里既有来自350千米外瓦哈卡阿尔万山的，也有来自200千米以东墨西哥湾低地的。特奥蒂瓦坎商人运送的货物遍布古代墨西哥和中美洲，而与特奥蒂瓦坎有关的标志物也被各地的统治者视作权力的象征。

特奥蒂瓦坎的城市规模是与它的影响力相称的。这座城市的面积超过了20平方千米，其人口在公元400年的时候达到了约12.5万。它一直是美洲最大的城市，直到1500年前后才被阿兹特克帝国首都特诺奇提特兰取代。特奥蒂瓦坎呈网格状的金字塔区以及它的公寓区所体现的现代性是该城城市规划的一大特色，这也与新旧大陆很多古城蜿蜒复杂的街道布局形成了鲜明的对比。特奥蒂瓦坎的土木工程规模浩大，它主要街道的定位以及纪念性建筑的精准面积都反映了这些建筑的选址对融入自然环境和周边的宗教信仰氛围的注重。

特奥蒂瓦坎的统治者和设计者或许是打造了一座适合神灵居住的城市，但这座城市的起源——特奥蒂瓦坎山谷却是个不起眼的地方。之所以这样，部分原因是因为当地恶劣的气候。特奥蒂瓦坎山谷处于半干旱地区，在这里种植作为主食的玉米比较勉强。这个地区天气寒冷，海拔2240米，冬季经常出现霜冻。不过，特奥蒂瓦坎山谷也有一个不可多得的优势：它拥有丰富的泉水。早期的聚落正是在泉水周边发展起来的。在公元前的最后一个世纪，这个聚落发展成了一个大的城镇，它的人口在1万左右。

特奥蒂瓦坎装饰瓶的特色在于它是个很坚实的三足瓶。和特奥蒂瓦坎城市中的壁画风格一样，这些装饰瓶也是在所涂的灰泥上绘有图案。图中的这个瓶子展现了一个装束特别的官员，他的头巾很鲜艳，头上长长的、蓝绿相间的羽毛来自一种罕见的热带飞鸟——绿咬鹃，这样的头巾也说明了这个官员的级别颇高。他举着一把黑曜石刀在身前，刀尖上挂着的人心还在滴血。

△ 羽蛇神是一个在中美洲被普遍信奉的神祇。特奥蒂瓦坎的羽蛇神金字塔是该城的第三大金字塔。羽蛇神头雕像是金字塔底端反复出现的造型，图中的蛇头从羽毛状的边框中显露出来，可以让人联想到中美洲文化中特有的占卜镜，它的边框也是羽毛状的。羽蛇神的内涵很复杂，它所象征的事物包括了创造力、风调雨顺、统治权、军事力和献祭。特奥蒂瓦坎羽蛇神金字塔的底下埋着数以百计被用来献祭的人的尸体，这正呼应了羽蛇神所蕴含的献祭之意。

▽ 特奥蒂瓦坎人生活的公寓区都是宽大、方形的平房，公寓区里有好些院子，院子周围是一连串的起居室。这些公寓区因住客富裕程度的不同而产生了巨大差异，这也反映了大城市多样化的社会等级。图中的羽蝶宫规模宏大、地理位置优越，就位于月亮金字塔的西南部。羽蝶宫算是最好的公寓区之一，它在完工时还添加了一些很不寻常的细节，比如方石柱上的浅浮雕。住在羽蝶宫的住客可能是在月亮金字塔内从事宗教活动的祭司。

特奥蒂瓦坎山谷形成了墨西哥谷东北部的狭长地带，它也是墨西哥谷这片高原最寒冷、最干旱的区域，而这片高原温暖潮湿的西南部如今便是墨西哥城所在的地方。在墨西哥城的地下埋着很多早期的聚落，其中就包括了比特奥蒂瓦坎更早发展壮大成重要城市的奎奎尔科。由于奎奎尔科地处火山地带，这种地理位置让它在2000年前就注定难逃被喷发的火山吞没的厄运。果然，后来的一次火山喷发将奎奎尔科彻底掩埋在了地下，它在地下埋得实在够深，以至于现代考古人员必须使用凿岩机才能挖掘出奎奎尔科那座高达20米的金字塔。

在那次严重的火山喷发之后，特奥蒂瓦坎的人口出现了激增。大部分学者认为这两个事件是相互关联的。奎奎尔科的难民跑到了特奥蒂瓦坎并成为当地的劳动力，而正是这些劳动力在特奥蒂瓦坎人的领导下根据一个以特色景观和天堂为参照的方案建造了多个金字塔。在特奥蒂瓦坎有一条纵贯南北的亡灵大道，这条大道的名字源自阿兹特克人，他们认为这条道路两旁的建筑都是坟墓，所以给它起了这个名字，但其实那些建筑只是进行宗教仪式的台子。亡灵大道的最北面是月亮金字塔，从北往南走5千米，便会经过太阳金字塔和堡垒区。堡垒区是位于大道东侧的巨大围院，其中最壮观的建筑就是羽蛇神金字塔了。亡灵大道作为一条游行通道，它的指向有点北偏东。它的轴线与从太阳金字塔下方的一个洞穴里所看到的朝西的景观相垂直,顺着这个景观就能在8月13日这天看到它指向日落方向的地平线,而公元前3114年的8月13日这一天,被特奥蒂瓦坎人、玛雅人以及中美洲的其他民族看作宇宙的开端。

建造太阳金字塔、月亮金字塔和羽蛇神金字塔耗费了数百年,在这个过程中大部分特奥蒂瓦坎的居民都住在简陋的棚屋里。长久以来,羽蛇神金字塔都被视为一个重要的、具有纪念意义的墓葬建筑,特奥蒂瓦坎的其他金字塔很可能也具有同样的价值。不过,作为三座金字塔里最后一个竣工的建筑,羽蛇神金字塔的建造代价极其高昂:上百人作为祭品被埋在了金字塔之下。羽蛇神金字塔建成后不久,它精致的正面外观就被极为朴素的建筑给挡住了,这么做仿佛就是要抹去它的图案和它曾以活人献祭的过去。

在这些金字塔都建成之后,特奥蒂瓦坎人开始关注起民生、农业等更为实际的问题,他们着手处理的事情包括解决住房和完善供排水系统。他们新建了大约2000个带有围墙的公寓区,这些公寓区依照城市的网格系统整齐排列。根据总体规划,每个公寓区都会建成方形,平均边长60米,外墙无窗,内部分成了几组房间,各组房间都以一个露天院子为中心。有些证据表明,这些露天院落群是在公寓区之前就已经存在的住宅单元的遗迹,当时很多家庭集中住在这里,每个院子都住着不同的人家。

这个衣着华丽的陶瓷人像站在"剧院式香炉"之上,之所以叫剧院式香炉,是因为它复杂的装饰显现出了一种戏剧化的效果。图中的陶人明显身居高位,他的特征被盖在他嘴上部分破裂的蝴蝶形面具给淡化了,这种效果与特奥蒂瓦坎的艺术风格相一致,特奥蒂瓦坎对此类人像的艺术作品更注重展现普通的官吏,而非达官显宦。

这些公寓区在建筑材质和住户的物质生活水平等方面差异甚大。亡灵大道小区是公寓区中最大的一个,它的边长超过了300米。它很可能是特奥蒂瓦坎统治者的行政办公之地。而在社会谱系的另一端,则是围着庭院建起来的破旧连体房,就比如,位于特奥蒂瓦坎最南端的特拉津加公寓区。规模和品质处于亡灵人道小区和特拉津加之间的是精美的宅邸,比如萨夸拉、特潘提特拉和泰提特拉。有的公寓区,比如绿咬鹃蝴蝶小区和堡垒区,也许是祭司的住所。

公寓区及其周边的排水系统似乎与公寓是在同一时间建设的,这套系统也显示出特奥蒂瓦坎在城市规划方面的先进性。它不仅保障了城市居民的健康,还将城市的泉水引流至干枯的田地,如此一来,这些田地的作物产量就比那些位于山上、依赖于降雨的田地的产量要高出好几倍。这些改进举措和活动可能发生在城市人口生存基础的关键时刻。特奥蒂瓦坎的艺术具有强烈的意识形态色彩,它们从主要表现象征雨水的羽蛇神转向象征泉水的美洲豹。有着特别意义的艺术作品是特奥蒂瓦坎公寓区内墙上的壁画,其中刻画了许多超自然的事物以及衣着华美的政府和宗教官员。在泰特提拉公寓区,有一

幅壁画描绘了一只身着帝王服的美洲豹，它面对一座神庙，似乎在为宝物吟唱或祷告，而从那座神庙里涌出的水汇入了运河中，灌溉了成片的农田。

壁画中美洲豹的服装和神庙的装饰都巧妙地利用了在中美洲具有重要宗教意义的珍贵材料。神庙的正面覆盖着美洲豹豹皮，而美洲豹豹皮也可能用来盖在帝王宝座上。装饰了美洲豹嘴和爪子的卷轴圆盘也装饰了神庙，圆盘代表古代墨西哥所有材料中最宝贵的玉。神庙的顶部和美洲豹的头上都饰有长长的绿色羽毛，这些羽毛是稀有的热带绿咬鹃的尾羽。

如果玉、美洲豹皮以及绿咬鹃的羽毛都是从几百英里之外的地方带来的，那也许就得归功于跑长途贸易的商人。特奥蒂瓦坎的商人从中部高地带来了一种半透明绿色的火山玻璃，它在整个中美洲都很珍贵。此外，商贩们还会带着具有特奥蒂瓦坎风格的陶瓷器皿，一些器皿上涂有灰泥并绘有图案，看起来仿佛是小型壁画。除了交易货物，特奥蒂瓦坎的商人还会跟人们交流观点，他们会聊起时间的循环、统治者的合法地位以及重要神祇的支配地位等话题。在玛雅人所处的低地地区的几座主要城市，尤其是在蒂卡尔和科潘，都有证据表明特奥蒂瓦坎对公元400年玛雅人的直接影响。曾有一个有特奥蒂瓦坎背景的人成功当上了玛雅帝国的君主，这可能也与特奥蒂瓦坎的影响力有关。虽然这位君主在位时期很短，但在特奥蒂瓦坎这座古代中美洲第一城市没落之后的数百年里，源自特奥蒂瓦坎的关于权力的符号和象征，仍然被玛雅人沿用。

特奥蒂瓦坎的衰落发生在一场大火之后。大约在公元500年，这场大火毁坏了亡灵大道边上的纪

念性建筑。不管是由于内部叛乱还是外敌入侵,这场大火都摧毁了特奥蒂瓦坎至关重要的仪式中心。城市的人口减少至从前人口的一小部分,空旷的仪式中心周边的几个社区成了所有人集中生活的地方。这些社区在后来又存在了数百年,而如今它们是围绕着特奥蒂瓦坎世界文化遗产的现代小镇。

特奥蒂瓦坎壁画艺术的风格在现代人看来可以说是个奇幻的另类。我们习惯了能够使我们聚焦的各种色调和亮度。然而,这幅壁画中的美洲豹和临水的神庙似乎只是背景的一部分。它所传达的信息对一个特奥蒂瓦坎人来说相当明确:没有水来灌溉我们的农田,我们就会死,因此我们崇拜守卫泉水的美洲豹。

特奥蒂瓦坎 79

蒂卡尔

玛雅文明的熔炉

西蒙·马丁

> 我们翻越了一座座高山。
> 尽管山上的一些建筑处在很高的位置，而且我也没什么体力了，但我还是艰难地爬到了那个地方，走进那些建筑之后我意识到它们是公寓。而除了公寓之外，山上还有各式各样的旧式建筑。这些建筑像是修道院，走廊很小，有很多带有屋顶的起居室……建筑内部刷了石膏，显得很白。
>
> ——安德烈斯·德·阿文达尼奥，1696年

1696年，西班牙的方济各会修士安德烈斯·德·阿文达尼奥在玛雅丛林里无意中走进了一片巨大的废墟。阿文达尼奥所经过的地方其实包括了很多破落城市的荒凉遗址，但最符合他上文表述的城市是蒂卡尔，而他也是第一个发现蒂卡尔遗址的欧洲人。

如今，拥有很多标志性建筑的蒂卡尔已经成了古代玛雅文明的缩影。从图书封面到钞票，到处都能看见过度倾斜的蒂卡尔金字塔拔地而起、刺破林莽的图案——这种景象实在奇异，以至于它甚至出现在了最早的《星球大战》电影里。蒂卡尔是现代的危地马拉引以自豪的标志地，它也逐渐成为现代玛雅人的象征。如今在蒂卡尔，玛雅人被允许进行宗教仪式以及献祭。

有关蒂卡尔的正式报告直到19世纪才出现，

蒂卡尔的统治者控制着玛雅古典时期最重要的国家之一。图中这尊小巧的陶像刻画了一位不知名的蒂卡尔国王，他身上的华丽服饰——奇异的羽毛、纺织物和玉石都是蒂卡尔统治者曾经穿戴过的。这尊陶像其实是个香炉盖。香炉中含有柯巴脂（一种透明树脂），它具有香气，是烧香祭拜所用的原料。

而当宾夕法尼亚大学博物馆于1955年在蒂卡尔开始发掘工作时，蒂卡尔的大部分区域仍然未经勘察。在历经了超过14次田野工作之后，蒂卡尔遗址的规模和复杂性已然明朗。挖掘出的深沟揭示了蒂卡尔的早期历史，而一项测绘工程绘制出了蒂卡尔的外部界线。后来的考古工程，尤其是由危地马拉政府实施的工程则更为全面、准确地揭示了蒂卡尔的原貌。长久以来，学界认为蒂卡尔只是个宗教仪式中心，也就是说，它仅仅是丛林深处与世隔绝的一片神庙，几乎没什么人居住在那里。然而，经过勘探绘制而成的地图却颠覆了这种观点。据地图所示，数千户人家围绕蒂卡尔一个中心区域呈辐射状分布，这形成了一个低密度城市模型，而类似的模型在玛雅世界比比皆是。众多的蒂卡尔人并不是生活在丛林里，而是生活在有玉米、豆类、南瓜、果园以及有用的树林的可耕作地域中。

人类在蒂卡尔居住的历史有1800年，而最早有人在蒂卡尔生活是在公元前800—前600年，当时的蒂卡尔不过是三个村子，两个村子在山上，一个村子在沼泽边。直到大约公元前300年之后，山上才出现了大型建筑——北卫城和失落世界区的巨大平台及平地广场，这些建筑也表明蒂卡尔是一个重要的地方。但即便如此，几百年来，比起一些更大的城市，如纳克贝、廷塔尔、米拉多尔，蒂卡尔还

19世纪的时候有一些探险家到访过蒂卡尔，而这些人中精力最充沛也最足智多谋的，当数英国探险家阿尔弗雷德·珀西瓦尔·莫兹利。在1881年和1882年，莫兹利发现了茂密丛林中壮观的金字塔，并拍下了照片。这张一号神庙的照片正是由莫兹利所拍摄的。他是1000年来第一个将蒂卡尔展现给世界的人。

是相形见绌。直到大约公元200年，也就是所谓的玛雅古典时期，蒂卡尔才进入繁盛期。这个新的时代标志着玛雅文化出现了重要转折，许多主要定居点遭到遗弃，一系列新特征——特别是刻有史料的纪念碑——出现在了像蒂卡尔这样得以继续发展的城市中。

北卫城渐渐变成了安葬蒂卡尔国王的墓地，而它前面的大广场则成了蒂卡尔的中心。蒂卡尔高大的寺庙金字塔都是建于公元7世纪，其中一些是安置国王遗体的圣地。如此众多的寺庙金字塔创造出了更加引人注目的天际线。同时，一系列可通往城市更远地方的堤道也修建完成。在大广场南侧的是中央卫城，作为主要王宫，它拥有众多厅室，其中的庭院总是不断地被翻新修饰。中央卫城和另一个很可能是贵族住处的居住区围绕着城市内核形成了一个环。在蒂卡尔外围有一条由土墙防护的长度超过了25千米的沟渠，尽管这一设计明显具有防御性，但整个沟渠缺口太多，其南面毫无防线可言。显

然，这个工程是应某个特殊时期的需求而动工的，但后来方案取消，工程也就不了了之了。

在蒂卡尔由石灰岩构筑的纪念碑以及其他一些特色建筑上经常刻有铭文，不过人类直到20世纪七八十年代才读懂这些铭文。如今，我们可以重新梳理蒂卡尔的历史，并在考古文献与真实历史间建立重要的联系。我们可以将玛雅古典时期的蒂卡尔王朝的起源追溯到公元100年前后，当时创立该王朝的人是亚克斯·厄布·祖克（Yax Ehb Xook，意为"鲨鱼的第一步"），而继他之后的王朝统治者起码有28人。关于蒂卡尔王朝的早期统治者我们所知甚少，不过到了第十四代国王"查克·托克·伊查克（Chak Tok Ich'aak，意为"威武豹爪"）之时，我们便知道当时蒂卡尔已与中美洲遥远的特奥蒂瓦坎的势力建立了深厚联系。一些铭文提到了在公元378年的某一天，一个名叫希亚吉·卡克（Sihyaj K'ahk'，意为"火已燃起"）的人来到了蒂卡尔，铭文同时还提及了查克·托克·伊查克的逝世。这些事件似乎宣告了蒂卡尔当时政权的终结。一年之后，一个新的国王在希亚吉·卡克的帮助下即位。在画中，新国王和希亚吉·卡克这两个大人物总是身着墨西哥中部特有的奇异服装。也正是在这一时期，蒂卡尔出现了大批带有特奥蒂瓦坎风格的艺术和手工艺品。这位第十五代国王的父亲的名字非常像特奥蒂瓦坎人的名字，他甚至就可能曾是特奥蒂瓦坎的统治者。

上述事件也促使蒂卡尔在将近200年的时间里保持繁荣并成为一方霸主。然而，这并不意味着蒂卡尔在其他玛雅王国中就不存在对手了。公元562年，蒂卡尔第二十一代国王瓦克·钱·卡维尔（Wak Chan K'awiil，意为"双鸟"）遭遇了一次重大失败，当时的最大的受益者和可能的对手是神秘的"蛇王国"，该王国的首都曾经是齐班切，它在公元7世纪初迁都卡拉克穆尔。战败后，蒂卡尔王朝为了夺回霸主地位与卡拉克穆尔政权展开了旷日持久的争斗。终于，蒂卡尔第二十六代国王贾萨·钱·卡维尔（Jasaw Chan K'awill，意为"天雨"）赢得了胜利，他在公元695年征服了卡拉克穆尔。随后，蒂卡尔王朝迎来了一个黄金时代，贾萨·钱·卡维尔的儿子亚京·钱·卡维尔（Yik'in Chan K'awill，意为"太阳天雨"）于公元743年击败了秘鲁，于公元744年征服了纳兰霍，这两个国家都是卡拉穆克尔政权的主要盟友，而它们的国王也都成了亚京·钱·卡维尔的阶下囚。

然而，也就是过了一两代人的时间，蒂卡尔便再次走向衰落，成了公元9世纪早期衰败的玛雅城邦之一。此后，蒂卡尔的人口迅速减少，包括纪念碑在内的建筑工程纷纷停工，施工仅仅在城市外围的一些小地方继续，当地的领主造了些小石碑，以与蒂卡尔王室同样的封号标榜自我。经过很长一段时间，在公元869年，一座纪念碑才在蒂卡尔的大广场上建成，这也是蒂卡尔的最后一块纪念碑。而此时，蒂卡尔已算是"日薄西山"了。到了公元900年，蒂卡尔彻底沦为一座弃城，只有几户人家还占着房舍没走。

如今，蒂卡尔的遗址位于一个小型国家公园内，它也是当地的热门景点。游客以及旅游业带来的收入能否挽救蒂卡尔遗址外更为广阔的热带雨林，恐怕只有等时间来验证了，不过目前的情况不容乐观。危地马拉北部的大片自然保护区是美洲豹、貘、金刚鹦鹉以及很多其他珍稀物种的天堂，但受到森林砍伐和土地清理的影响，这片热带雨林正在迅速消失。也许因为离得太远，我们听不到电锯砍伐树木发出的声音，但如果有一股微风不合时宜地携烟雾而来，那么整片地区都将被烟雾所笼盖。

图为如今的蒂卡尔中部一景，图中可见刺破林莽、高达47米的1号神庙。该神庙于公元734年前后建成，其中埋葬着蒂卡尔的伟大国王贾萨·钱·卡维尔。1号神庙左侧已毁坏的建筑是北卫城最高的部分，北卫城是蒂卡尔王室的墓地，而蒂卡尔王朝的起源可以追溯到公元前350年。

君士坦丁堡

基督教的东方之都

约翰·朱利叶斯·诺里奇

> 皇帝（君士坦丁）行进在庄严队伍的前列，领导众人划出未来城市的边界线。圈入的范围越来越大，直到随从们都看得目瞪口呆，他才停下脚步。
>
> ——爱德华·吉本，1776—1781年、1788年

在公元1000年末，君士坦丁堡不仅是当时世界上最大的城市，也是最负盛名的城市。对许多人而言，君士坦丁堡几乎是一个神话般的存在。尽管在西欧没几个人见过这座城市，但每个人都听说过它惊人的财富，那里有富丽堂皇的教堂和宫殿、庄严隆重的礼仪，以及威武尊贵的皇帝。在君士坦丁堡，皇帝们都被称为像耶稣门徒一样的人。

如果按照罗马、米兰、亚历山大港或安条克的标准来衡量，君士坦丁堡并不算是一座古老的城市。它是君士坦丁大帝于公元330年建立的，这一时间只不过比公元1000年早了600多年而已。君士坦丁大帝总是不太信赖罗马这个地方，那时，基督教已经在罗马帝国广泛传播，共和派那一套传统和异教的习俗变得无处容身。与此同时，罗马也越来越跟不上希腊进步新思想的步伐。君士坦丁本能地感受到文明的中心已经不可逆转地移向了东方，而意大利则已沦为一潭死水。

作为昔日希腊的殖民地，拜占庭赋予了君士坦丁堡一个完美的地理位置。它控制着通往亚洲的要道，占据着一片广阔、呈三角形的海角的最东端。它的南面是普洛庞提斯海（如今被称为马尔马拉海），东北面有一条开阔的、可航行的、被称为金角湾的深水湾。这个金角湾长约8千米，它既是一个天然的大海港，也是一个几乎无法攻破的天然要塞。即使是从海上发动攻击也很难攻克金角湾，因为马尔马拉海本来就有两条狭长的海峡作为其天然屏障：一条是南接地中海的赫勒斯滂海峡（即今天的达达尼尔海峡）；另一条是向东北延伸至黑海的博斯普鲁斯海峡。不过，为了提防任何仍可能设法突破这些天然屏障的敌舰，拜占庭人还准备了一条巨大的铁索，这条铁索可以在必要的时候拉起来以封锁海湾。

君士坦丁堡的一个确实需要加以防御的地方就是它西面的近陆地区。早在公元5世纪初，这里便建起了巨大的城墙。这段城墙从马尔马拉海一直延伸到了金角湾的上游。时至今日，它仍然是世界上最壮观的城墙。城墙上黄褐色的塔楼裂痕斑斑，有时还会破碎，算是见证了它在16世纪所承受的攻击。历史上，这段城墙只有一次被敌人突破，那便是在1453年，而那次城墙被攻破也意味着拜占庭帝国的陷落。

自打君士坦丁大帝迁都君士坦丁堡的那一刻起，便开始出现了一个奇妙的过程：迁入希腊世界的罗马帝国逐渐变得希腊化。公元530年左右，查士丁尼皇帝重新编撰的法典还是

▷ 这幅近现代的插图摘自15世纪勃艮第朝圣者贝特朗东·德·拉·布罗基里埃所著的游记《海外航行》，它描绘了1453年君士坦丁堡的陷落。当时，君士坦丁堡遭遇了长达两个月的围城。尽管这张图对君士坦丁堡的刻画并不完全精准，但它展现了金角湾的屏障以及土耳其士兵调运船只绕过屏障的场景。

Le siege du grant turc auec ij. deses pncipaulx conseilles
Le siege du capitaine gnal de la turquie

圣索菲亚大教堂的内景宏伟壮观，这座由查士丁尼皇帝所建的教堂于公元532年动工，不到6年便落成了。1453年，奥斯曼帝国军队攻陷了君士坦丁堡，之后，圣索菲亚大教堂被改造为一座清真寺，并增添了多种元素，比如宣礼塔、一座圣龛，以及刻有伊斯兰文字的大奖章。1935年，该清真寺成了一座博物馆。

用拉丁语撰写的，但在当时，拉丁语已不再具有生命力，查士丁尼皇帝或许是罗马帝国最后一位能够流利讲拉丁语的皇帝。奥古斯都和哈德良古老帝国还继续存在着，拜占庭人还自称并且自视为罗马人，不过，它已经变得面目全非。希腊语是大众所使用的语言，后来很快它也成了法庭和政府办公用语。因此，在离千纪更替还很早的时候，君士坦丁堡就已经是一座彻底希腊化的城市了。君士坦丁堡也是一座虔诚的基督教城市，其教会对罗马教宗表面敷衍，实际上奉行的是东正教的礼仪习俗。

　　拜占庭帝国宗教礼拜仪式的中心是圣索菲亚大教堂。这座教堂并非献给一个女性圣徒，而是献给了"神圣智慧"。它是由查士丁尼皇帝在公元532年的一场暴乱之后建成的。在那场暴乱中，血流成河，教堂的前身乃至整个城市的中心都沦为了一堆冒着青烟的灰烬。公元989年，君士坦丁堡发生了一次大地震，圣索菲亚大教堂在此后进行了一番大规模的修复。即便遭遇重创，圣索菲亚大教堂在当时仍然是基督教世界最大的宗教建筑，同时它也是世界上最伟大的建筑奇观之一。它有个浅浅的碟形穹顶，穹顶周边环绕着40个窗洞，这个穹顶在当时也是最高、最宽大的。圣索菲亚大教堂在基督教世界的这种"至高无上"的地位持续了很久，直到15世纪，塞维利亚大教堂才取代它成为新的基督教世界的最大教堂。重要性仅次于圣索菲亚大教堂的是圣伊莲娜（神圣和平）大教堂，它位于圣索菲亚大教堂的东北面，和圣索菲亚大教堂同样华丽。此外，还有一座圣塞尔吉乌斯与圣巴克乌斯教堂。尽管从建成时间上而言，这座教堂比圣索菲亚大教堂和圣伊莲娜大教堂都早，并且拉文纳的圣维塔莱教堂就是以它为原型而设计的，但它却相对没有那么重要。而如今，它变成了小圣索菲亚清真寺。

位于圣索菲亚大教堂南廊的"祈愿图"马赛克画展现了圣母玛利亚、基督和施洗约翰的形象，它被视为该教堂描绘人物形象的马赛克画中最精美的作品之一。

在君士坦丁堡，宗教的重要性无与伦比。宗教对每个拜占庭人来说都意味着生命。"如果你问一个拜占庭人换零钱"，尼撒的格列高利（公元4世纪的神学家、教父）写道，"他会跟你讲一段关于圣父与圣子关系的哲学。"有关神学的争论总是在君士坦丁堡各地不断上演，就连君士坦丁堡赛马场里的两大阵营——蓝党和绿党，也在基督是一性还是二性的问题上存在分歧。通常情况下，这些争论都无伤大雅，但有时也会导致一些灾难性事件，比如圣像破坏运动。公元8世纪和公元9世纪，无数的圣像、壁画和马赛克画在这场运动中遭到了毁坏。君士坦丁堡教会与罗马教会的分歧在此后的岁月里愈演愈烈，到了1054年，双方的决裂已至无法挽回之局面。

自君士坦丁大帝执政以来，君士坦丁堡大皇宫就一直位于城市的东北角，毗邻圣索菲亚大教堂和君士坦丁堡赛马场。后来在君士坦丁堡大皇宫的基础之上建立起来的奥斯曼帝国皇宫即今天的托普卡帕宫，与君士坦丁堡大皇宫基本处于同一位置，只不过后者的面积要比它大很多。与托普卡帕宫一样，君士坦丁堡大皇宫不仅是一座宫殿，它其实是一个庞大的建筑群，其中包含了大约20个独立的建筑和几座教堂，甚至还有自己的小港口。这些建筑中有一座"大厅之官"，公元9世纪的时候，西奥菲勒斯皇帝还在这座宫殿里安装了他的著名机械玩具——一棵金色法国梧桐树，树枝上挂满了镶着宝石的鸟，这些鸟会定时鸣叫。此外，还有一座由西奥菲勒斯皇帝的第二任继任者巴西尔一世建的"新教堂"（今已损毁），该教堂的大片镀金穹顶在离得很远的海上都能看得见。在教堂的圆形大厅中央，有一幅灿烂耀眼的马赛克画，描绘了"万物主宰"耶稣的形象。而置有圣像、用来分隔教堂内殿的屏帏则由金银打造，且镶满了宝石。100年之后，科穆宁王朝的皇帝们在布雷契耐（位于君士坦丁堡西北部的一个郊区）为自己建造了一座新的壮丽的宫殿，那里的城墙一直延伸到了金角湾。不过在公元1000年的时候，绰号为"保加利亚屠夫"的巴西尔二世仍将他的皇宫留在了这片古老的土地上。

至少对那些小康之家而言，生活在君士坦丁堡很可能会比生活在世界上其他城市要舒适。君士坦丁堡是个富裕之城，它处于世界贸易路线的交会点上，因此，在君士坦丁堡的商店和市场几乎没有你买不到的东西。城里的主要街道在夜里还是灯火通明。在夏季，城市的供水是源源不断的，这样的奢华条件也总是能够让游客惊叹。早在公元375年，瓦伦斯皇帝就建了一座大型高架渠，它为城市供水的时间长达1500年。500米长的高架渠保留至今，穿过了今天的阿塔图尔克大道。从前，君士坦丁堡的水就都储存在这座高架渠里。此外，城里还有一些高级的蓄水池用于储水，这其中最古老的蓄水池如今被称为"有1001根柱子的蓄水池"，它可以追溯到君士坦丁大帝的年代。而最壮观的蓄水池是查士丁尼皇帝主持建造的"地下水官"，它几乎就在圣索菲亚大教堂的正对面，至今仍是伊斯坦布尔的奇观之一。

在公元1000年的时候，巴西尔二世的执政期还有25年的光景。巴西尔二世丑陋、肮脏、庸俗、刻薄得近乎病态，他对随权力而来的额外实惠毫不在意，根本不像个拜占庭人。然而他对教会和国家的掌控却是无孔不入。他同时也是拜占庭帝国有史以来最杰出的将领之一。他毫无魅力可言，也没人爱戴他。作为一个没什么朋友的单身汉，巴西尔二世唯一关心的是他的帝国的繁荣昌盛。也难怪拜占庭帝国在他的统治下进入了鼎盛时期。

麦加

伊斯兰教的圣城

多丽丝·贝伦斯-阿布赛义夫

自古代以来，麦加一直是阿拉伯半岛的主要城市，它坐落在层峦环抱的山谷里。麦加之所以能够享有盛名和威望，是因为这里是先知穆罕默德的出生地，但其实它在古代就是一座圣城，据《古兰经》记载，城中的圣殿——天房（Ka'ba 的意思是"立方体"）是由先知亚伯拉罕建造的。这个天房很可能在麦加诞生之前就已经存在了，但尚未有考古证据可以证实这种观点。在天房附近有一处圣泉，麦加的神圣性也许正是源自这个圣泉。在麦加这么一个炎热、干燥的地方，圣泉想必是非常受人欢迎的。

天房位于麦加圣寺——禁寺的中央。禁寺的名字"Haram"在阿拉伯语里是"神圣"的意思，作为一座清真寺，它是一个封闭的露天场地。天房看起来很朴素，没有窗户，是一个黑色的立方形建筑。它的高度为15米，四周围墙宽度从10米到12米不等，四个角分别朝着东、南、西、北四个方向。大门设在了东北面。天房里镶嵌着一块黑石，它其实是块镶嵌在银色底座上的陨石。

公元6世纪下半叶，麦加成了一处主要的商业中心。麦加的商人带着他们的商队从地中海出发，途经叙利亚，抵达印度洋；也可以经南阿拉伯和也门，抵达阿比西尼亚（埃塞俄比亚）。麦加的不同部落组成了一个部落联盟，但城里并没有形成一个中央政府。从公元5世纪开始，古莱士部落便成为联盟中最强大的族群，先知穆罕默德正是来自这个部落。古莱士族人都是厉害的商贾，他们控制了麦加，并掌管了天房。

公元570年，穆罕默德出生在麦加的一个商人之家。大约在公元610年，穆罕默德宣称自己奉安拉的启示，开始创传以信仰一神为中心的伊斯兰教。当时，他是一个名叫海迪彻的女商人的经理人，而海迪彻后来成了他的妻子。作为一个新的宗教，伊斯兰教并未得到所有人的接纳，一些担心伊斯兰教会引起政治和社会变革的人对它进行了抵制。公元622年，穆罕默德带着他的信徒迁徙至远在麦加北方的麦地那。而他迁徙的这一年也成了伊斯兰历纪年的元年。在麦地那的那些年里，穆罕默德一直在和麦加人作战，他最终攻克了麦加，使麦加成了信奉伊斯兰教的城市。麦地那保留了穆斯林公社的首都地位，而麦加，或者更确切地说，麦加城里的天房成了穆斯林做礼拜时面对的方向。一生之中到麦加朝觐一次，这是伊斯兰教的五大支柱之一。

公元632年，穆罕默德逝世。此后，穆罕默德最初的四个继任者——"四大哈里发"相继执掌了势力范围逐渐扩张的穆斯林公社。其中，第二代哈里发欧麦尔和第三代哈里发奥斯曼都于在位时期修筑了堤坝来保护麦加免受洪水的破坏。公元661—750年，大马士革成了倭马亚王朝的首都。倭马亚王朝的首任哈里发穆阿威叶来自麦加，他对麦加城格外关心，他的继任者们也同样如此。不过，穆阿威叶的儿子耶齐德并未赢得古莱士部落的支持，获得了麦加各方势力支持的阿卜杜勒·伊本·祖拜尔公然反对耶齐德，并自命哈里发。公元682年，倭马亚王朝的哈里发阿卜杜勒·马利克最终击败了祖拜尔。

> 麦加的中心地带是禁寺和天房，朝圣者将这座城市围得水泄不通。如今的麦加城里高楼林立，即便它仍然依循着古代传统，但它的样子已和古时候大相径庭。

凡有条件的穆斯林，一生之中应至少到麦加朝觐一次，这是伊斯兰教的五大支柱之一。麦加朝圣乃一年一度的活动。过去，在现代交通工具出现之前，大批车队会在包括大马士革在内的重要地点集结，从那里穿越沙漠到达麦加，如此一来，朝圣者在途中便能够感到安全、相互照应。这幅图可追溯到1237年，它取自阿拉伯诗人——巴士拉的哈里里所著的《哈里里辞赋集》，描绘的是骑在骆驼和马背上与乐师相伴的朝圣者。

在战争中，一场大火摧毁了天房，因此天房不得不被重建。

公元8世纪初，哈里发瓦利德在禁寺周围建起了拱廊，使它的外观一直保持至今。在经历了现代的巨大改造之前，几百年来，禁寺拱廊附近的房屋和礼拜堂一直是麦加这座城市的特色。穆罕默德时代就已经存在的天房是伊斯兰教唯一一个不断按照其原始构造进行维护和修复的古迹。按照古代传统，在每年朝圣季期间，用来覆盖天房的幔帐都要被更换一次。

倭马亚王朝时期，麦加贵族虽然失去了政治地位，却享受着迅猛扩张的穆斯林帝国所创造的荣华富贵，他们与诗人、乐手为伍，过着体面的生活。阿拔斯王朝的哈里发，以及后来接替他们掌权的马穆鲁克王朝、奥斯曼帝国的君主们都对麦加给予了慷慨资助，使天房成为一个更为完善的圣地。穆斯

在这本很可能绘制于突尼斯的1551年的航海图册中,麦加是世界的中心。如图所示,麦加的中心是天房,圆圈周围壁龛中的名字是40座信奉伊斯兰教的主要城市名,而此图为这些城市的穆斯林明确了礼拜的朝向。在伊斯兰世界的各个地方,确定礼拜朝向是件极其重要的事情。

林世界的统治者和资助人设立了招待所、学院和房舍来容纳那些虔诚的教徒,并为来自各地的朝圣者提供了住宿和基础设施。麦加人逐渐适应了这种由政府资助的生活,他们除了做些和朝圣相关的营生,很少参与其他经济活动。

尽管麦加始终没有成为哈里发所居住的城市或一国之都,但它一直拥有着独特的地位,而这种地位也延续到了今天。

大马士革

绿洲之城的荣光

巴纳比·罗杰森

> 大马士革历经世间沧桑，依然存活于今日。她曾目睹过一千个帝国的消亡，而在她湮灭前，她还将看到另外一千个帝国的陷落。
>
> ——马克·吐温，1869年

大马士革位于圣山卡西恩山之下，它面朝沙漠，得到了一条近乎神奇的河流的灌溉；说这条河流近乎神奇，是因为它发源于一个本是干旱之地的山脉。大马士革的东边是一片广袤的高原，绵延着叙利亚沙漠。上百条商贸车队会途经那里，往东北可抵达幼发拉底河沿岸的城市和亚洲的贸易市场，往南和往东则可通往埃及、也门和东南亚岛屿的港口。而正是那条为大马士革提供了水源的神奇河流——巴拉达河（古时称"阿巴纳河"）滋养了绿洲上的果林和芳香花园，也使大马士革在这个具有战略性意义的地理位置上得以生存。

对大批涌向大马士革的伊斯兰教朝圣者而言，大马士革弥漫着"天堂的味道"。伟大的摩尔人旅行家伊本·朱拜尔曾写道："天堂若在人间，它必然是大马士革。天堂若在天上，那么大马士革就是它在人间的翻版。"先知穆罕默德在年轻的时候曾路过大马士革，但他满足于远眺这座城市，而没有被它的绚丽之景所诱惑。

大马士革的公民觉得他们所在的城市是世上最古老的，因为他们知道该隐就是在卡西恩山上将亚伯杀害的，而先知亚伯拉罕也是在大马士革见到了向他显圣的上帝。此外，公元1世纪的时候，原本迫害过基督徒的扫罗也正是在前往大马士革的路上受耶稣点化，这才转变成了圣保罗——早期基督教会伟大的创建者之一。因此，在大马士革都有与这些人物相关的圣地。而大马士革还拥有许多其他神圣遗迹，比如施洗约翰的头颅、先知胡德之墓、穆罕默德的女儿栽娜卜和鲁卡娅的陵墓，当然，还包括了诸多酋长的墓地。1000多年来，每年大批前往麦加朝觐的人都会在大马士革的城墙外会合，准备集体穿越沙漠（历史上最后一次以这样的团队形式从大马士革出发去麦加是在1864年，此后穆斯林往往乘船从红海南下至吉达，再由吉达转至麦加）。后来，经考古发现的西亚古城埃勃拉、埃及古城阿玛尔纳以及古巴比伦时期两河流域的城邦马里等地的宫廷文献也都证实了大马士革拥有令人惊叹的古老文明。这些文献，不管是用埃及文字还是用美索不达米亚的文字书写，当中出现的大马士革的名字都和它今天的阿拉伯语写法一模一样。而同样出现在文献中并且与现代阿拉伯语拼写一致的阿拉伯语"太阳"一词，或许也和大马士革一样古老。

从一开始，大马士革的管理者就知道要随政治风向而动，他们更关注贸易、文化、生活以及宗教。大马士革真正的对外关系其实与古代世界的那些霸主其实无关，倒是与黎凡特的古代贸易城市有关，

大马士革热闹的集市上，一个小贩正向来大马士革大清真寺朝圣的人们贩卖香水和珠子项链。位于清真寺西南面的尖塔（清真寺的宣礼员向穆斯林宣布祷告时间的地方）属于埃及风格的建筑，它是由开罗的马穆鲁克王朝的苏丹凯特巴伊在1488年添造的。尖塔的基座是古罗马-拜占庭时期的角楼，图中将尖塔框在视线内的拱门是由罗马皇帝塞普蒂米乌斯·塞维鲁在公元2世纪末新建的。塞维鲁出身于北非，他娶了一位叙利亚的望族之女为妻。

比如佩特拉、贝鲁特、杜拉欧罗普斯、埃梅萨、巴勒贝克、巴尔米拉和阿帕米亚等，不过这些古老城市中很少有能像大马士革一样长存于世的。

  大马士革城由九道城门围成了一个不规则的矩形。和许多叙利亚的城市一样，大马士革城中也有一条贯穿全城的游行大道，它在《圣经·新约》的四福音书中被称为"直街"。直街的西门是献给朱庇特的门，它直通东门，即古老的太阳门。直街北面还有另一条游行大道，它通向的是位于城市中央的封闭式圣地。在城市中央本来有一座献给暴风雨神巴力哈达的古代神庙，它后来演变成了一个更为华丽宏伟的神庙区，希腊人在那里供奉着宙斯，而罗马人则在那里供奉着朱庇特。公元2世纪末，罗马皇帝塞普蒂米乌斯·塞维鲁（他娶了一位聪慧过人的、祖上家族为叙利亚大祭司的女人为妻）精心重建了大马士革的柱廊、走道和神庙区周围的圣地。他的工程至今还保留着，只不过罗马皇帝狄奥多西在公元4世纪末的时候拆除了神庙，新建了一座献给施洗约翰的大教堂。

尽管在信仰琐罗亚斯德教的波斯萨珊帝国与信仰东正教的拜占庭帝国之间不断爆发边境战争，但叙利亚仍然在中世纪早期得到了繁荣发展。在今天的波斯特拉、哈马、阿勒颇等城市周边还密集分布着以石头建造的古城镇，它们便是叙利亚繁盛历史的佐证。公元6世纪末至7世纪初，希拉克略统治下的拜占庭帝国和霍斯劳二世执掌的萨珊帝国曾展开恶战，而战争之后的政局出现了翻天覆地的变化，也揭开了大马士革历史上崭新的一页。

20世纪时，大马士革的城区经过一番改造后已经扩展到了卡西恩山的山坡上，大部分此前受巴拉达河滋养的绿洲花园也都成了城中的居住区。尽管大马士革城市规模大幅扩大，大清真寺依然是这座古城中最重要的建筑。清真寺中部的穹顶下有一个主壁龛，它朝向圣地麦加，为穆斯林祷告指明了方向。清真寺东南面的塔楼（图右侧）建在了古罗马-拜占庭时期的基座之上，它由角楼和角楼上方的尖塔构成。角楼是倭马亚王朝时期的建筑，而尖塔则是后来在奥斯曼帝国时期添造的。

公元634年，中东大地上突然出现了一支阿拉伯骑兵部队，这支部队由中部阿拉伯各部落联盟所调集的兵力组成。军中人人都信仰先知穆罕默德所宣传的教义，并且他们都怀揣着掠夺之心。大马士革的当权者通过参与商队贸易，对发生在阿拉伯沙漠的事了如指掌，他们敞开大门，让大马士革成了第一批欢迎阿拉伯人的叙利亚城市之一。两年后，在沙尘暴肆虐的仲夏，拜占庭帝国的野战部队在持续三天的耶尔穆克河战役（公元636年）中被阿拉伯骑兵剿灭，这场战役的结果也证明了大马士革当权者当初的选择是多么明智。

当托罗斯山脉成为伊斯兰政权与拜占庭帝国的新边界（大致与今天叙利亚、土耳其之间的边界线相同）后，大马士革的地位变得更为显赫。它不仅控制了经沙漠直接通往伊斯兰城市麦加与麦地那的路线，而且距离新边界很近，同时又很安全，这使它成了阿拉伯人的大本营。此外，在地理位置上，大马士革还是守卫北部叙利亚沙漠高原的绝佳地点，那里有世界上最优质的战马。与大马士革相比，同一地区那些曾经是权力中心的城市不久便都失去了往日的光彩。

伊斯兰政权的第二代哈里发欧麦尔是个在宗教方面极端拘谨的人，他亲自挑选了穆阿威叶担任叙利亚的军事领导人，而在穆阿威叶的治理下，大马士革呈现出一派欣欣向荣之象。诚然，穆阿威叶是位杰出的领袖，但选他执政却是出乎寻常的。因为穆阿威叶的父亲是伊斯兰教创立之前的麦加的领导人艾布·苏富扬，苏富扬一

△ 大马士革大清真寺院子内墙墙面上的马赛克画是中世纪早期留存至今的奇观之一。起初，在整个清真寺的祷告大厅里也都装饰了马赛克画。图中的这组马赛克画从工艺上来说当然是拜占庭式的，但从创意上而言，则完全属于伊斯兰风格。该画仿佛将不完美的世界抛之脑后，把目光投向了一处田园般的风景，图中的绿色、蓝色、金黄色相映成趣，极其和谐美好。

▽ 大清真寺院子的地上铺的是大理石，这里如今是什叶派穆斯林的一处热门圣地，因为它存放着伊斯兰教的殉教圣徒侯赛因（先知穆罕默德的外孙）的头颅。历史上，侯赛因在战死后，他的首级被当时倭马亚王朝的伊拉克总督送到了大马士革，并被展示于一个壁龛之内。大清真寺所在的地方之前曾坐落着一些古代神庙，这也证明了大马士革悠久的城市历史。

直都反对伊斯兰教的传播。此外，效忠穆阿威叶的人里不乏原拜占庭帝国的官员和保守的阿拉伯贵族。公元644年，穆阿威叶的堂哥奥斯曼当选为伊斯兰政权的第三代哈里发，穆阿威叶也随之拥有了更大的权势，他的权力之大让他后来足以煽动起一场反对第四代哈里发阿里的内战。公元661年，阿里遭到暗杀，穆阿威叶最终确立了他在迅猛扩张的伊斯兰帝国中的统治地位。在不到30年的时间里，大马士革便从叙利亚省的一个城市发展为倭马亚王朝的首都，而倭马亚帝国的疆土从突尼斯延伸到了阿富汗。

在倭马亚王朝大马士革的国际化宫廷中，不仅有昔日拜占庭帝国和波斯萨珊帝国的旧臣、来自也门和埃及的学士，还有阿拉伯帝国的舞女、诗人和游牧猎手。这一时期出现了一位通晓多种语言的学者，即大马士革的圣约翰，他的父亲是个信奉基督的倭马亚王朝财务官。倭马亚王朝的大马士革大清真寺也在这一时期诞生，它是由哈里发瓦利德（公元705—715年在位）主持修建的，它所在的地方原先是一所基督教堂，该教堂在当时作为一处祈祷之地一直被基督徒和穆斯林共用。

为了建造这座大清真寺，瓦利德投入了倭马亚王朝7年的收入。他重新利用了古代的封闭式圣地，还将拜占庭的工艺和建筑形式与库巴清真寺（由先知穆罕默德建造的世界上首座清真寺）的风格相融合。大清真寺里的马赛克画金光灿烂，它所描绘的一派田园风光一方面是受现实世界中巴拉达河的启发，而另一方面其更重要的灵感则是来自《古兰经》。

公元750年，阿里的支持者们终于推翻了穆阿威叶的倭马亚王朝。所有倭马亚家族成员都遭到追杀，他们的尸体被焚烧，宫殿被摧毁，墓地被铲平。只有倭马亚王朝的大清真寺——中世纪早期的奇观之一——幸免于难。一夜之间，曾是帝国之都的大马士革又衰变回了叙利亚的一座普通的贸易城市，而巴格达崛起成为新的伊斯兰世界之都。11世纪，十字军开始东征，掀起了一场腥风血雨，特别是在耶路撒冷沦陷之后，成千上万的难民躲到大马士革的城墙和全新的堡垒之后避难。正是在这一时期，大马士革的命运才迎来了新的发展契机。大马士革抵御了十字军的围攻，并在其埃米尔[1]萨拉丁的支持下重新收复圣地。

---

1 其名称源自阿拉伯文的"amir"，意思是指"统率他人的人"或"国王"。其最初有军事统帅的意思，最早用于哈里发派驻在外的军事统帅及各地总督，亦作为最高级贵族称号。——编者注

长安

唐朝都城

熊存瑞

> 百千家似围棋局,十二街如种菜畦。
>
> 遥认微微入朝火,一条星宿五门西。

——白居易(公元772—846年)

长安地处关中,位于陕西省南部,渭河谷地的中部,是中国历史上最辉煌的朝代之一——唐朝的首都。公元8世纪早期,长安的面积达到了84平方千米,人口超过了100万。在当时,长安是世界上最大的城市,也是中国的权力中心,城中的文化生活丰富多彩,商业贸易繁荣兴盛。

在唐朝之前,西周(公元前1046—前771年)、秦朝(公元前221—前206年)、西汉(公元前206—公元8年)的国都都曾设在关中地区。关中地区在汉朝的战略重要性是显而易见的。一方面,该地区有崇山峻岭作为天然屏障,守军一方可以轻易击退来自东面的敌人。另一方面,关中地区所处的渭河谷地丰饶肥沃,由关中地区还可通往西南面富饶的四川盆地,因此,若意图征服中原以及其他地区,关中地区便是一块有力的跳板。

随着由西汉外戚王莽建立的过渡朝代——新朝的灭亡,以及定都于洛阳(位于今天河南省)的东汉的建立,汉代的长安城便失去了它的首都地位。在其后的几百年里,长安也断断续续地做过一些王朝的都城,但那些王朝只控制了部分地区。

隋朝(公元581—618年)建立后不久,隋文帝于公元582—583年在汉长安城的东南面建了一座名叫"大兴城"的都城,这个名字源自隋文帝在称帝前的封号——大兴郡公。隋朝被唐朝取代之后,大兴城又被更名为"长安",为了与汉朝的长安城区分,它后来被称为"唐长安城"或"隋唐时代的长安城"。

唐长安城的建造者在建城过程中依循了两条传统。首先,他们按照古代的做法,将宫城置于城市的最北部。其次,在划分各功能区的时候,他们试图遵循《周易》中对乾卦六爻的解释,将其与主导长安城的东西走向的六条土岗相匹配。不过照此布局,集市南面的区域乃《周易》中的"九五之尊"之地,凡人不能住在这里,因此城市建造

1080年的一块石碑碑拓上所显示的兴庆宫示意图。位于宫城东南部的兴庆宫是由唐玄宗(约公元712—756年在位)所建,直到安史之乱之前,兴庆宫都是唐玄宗主要的住处。唐朝的其他皇帝,有的住在宫城,有的住在长安的大明宫,还有的则住在长安东面的洛阳。

者们在那里修建了一座寺庙和一座道观,用来镇住此处的王气。

长安城的形状为矩形,它的城市道路系统呈网格状,这种布局是中世纪时中国国际化都市的一个典型规划风格。皇宫位于宫城的中央,而宫城以南则是皇城,那里是百官衙署所在之地。城市中部有两个矩形的集市,它们处于宫城和皇城的南面。长安城里有100多个里坊,它们占据了城市的大部分空间。每一个里坊都好像一座微型城市,许多巷子、围墙、坊门纵横相连。这些里坊由长安城的若干大街分割而成,完美地体现了城市的网格状规划风格。能够凸显长安城轴对称布局的是中央的南北通道,它始于北端的宫城,是一条集中了主要宫廷建筑的虚拟中轴线。中轴线自宫城往南进入皇城时,变成了一条实体街道,它继续向南延伸的部分就是将长安城划分为东西两半对称的朱雀大街。从隋朝至唐朝,长安城的大体布局基本保持不变。但一个主要的变化就是添造了两个宫殿群,一个是建在北城区的大明宫,另一个则是由城市东北部的兴庆坊全坊及其邻坊改造而成的兴庆宫。

据估算,公元609年隋朝统治下的长安的人口不到50万。由于隋末唐初的动乱,长安的人口乃至中国其他城市的人口无疑都有所减少。公元742年,长安的人口总量达到了100万,但在安史之乱(公元755—763年)期间及之后,长安的人口再度锐减。大概在公元9世纪初,它的人口才恢复到安史之乱前的水平。

大约在公元9世纪70年代末,阿拉伯旅行家伊本·瓦哈卜来到了长安。他特别留意了满是水的沟渠,沟渠的两岸绿树成荫、高楼鳞次栉比。同时,长安城巨大的规模、宽阔的中央街衢以及庞大的人口也给他留下了深刻的印象。正如一些文献资料和考古发现所示,长安城最显著的特点或许就是它的宽广。城内最宽的两条街是宫城南面的横街(宽度达441米)和朱雀大街(宽度为150~155米)。另外,长安城建立的时候,封闭起来的空间要比实际能利用的空间大。除非在两个集市的某些地方,因为店铺过于密集可能会造成拥挤,否则长安城内从来不会出现拥堵的问题。

长安城内建筑的大小和质量各不相同。最大的建筑要数大明宫的含元殿,它长76米、宽41米,也

在大明宫遗址发现的一件可追溯到唐朝的鎏金铜质走龙。在中国文化中,龙是一种象征帝王的威严神物,这在《周易》的一些篇章中就有所体现。20世纪70年代,在长安的兴化坊遗址(西安的南郊)出土的一批金器中,有一些小金龙就和图中的文物很类似。

长安 99

只是散布于三个宫殿建筑群的数十个宫殿建筑之一。在居民区,达官贵人家的房子往往都是宽宅大院。隋朝时期,有两个皇子,他们的宅邸都有一个里坊那么大。在唐朝,最大的民宅属于唐朝大将郭子仪(公元697—781年),他家的宅邸占地约14公顷(0.14平方千米),郭子仪和他的家属、随从等3000人都住在里面。平民百姓住在位于西城和南城的简易民居里,那儿的地价相对便宜。一个普通宅邸通常包括一个正厅和两间厢房,周围会有个花园,在那儿可以种些花草、树木和蔬菜。

很多文化名人都居住在长安,比如杜甫(可谓是中国历史上最伟大的诗人)、李白(出生于中亚的浪漫主义诗人)、白居易(最受欢迎的唐代诗人)以及画家阎立本、李思训(最杰出的山水画画家)和吴道子。长安属于典型的国际化都市,很多外国人都会选择在那里长期居住,这些外籍居民中有聂斯脱里教徒、摩尼教徒、琐罗亚斯德教徒、印度怛特罗密教徒、朝鲜和日本的学生以及粟特的商贩等。而他们当中的佼佼者包括菲鲁兹王子(波斯萨珊帝国国王伊嗣埃三世的儿子)、日本人阿倍仲麻吕、朝鲜新罗国的崔致远(他们都是卓越的诗人,也都在唐朝为官)以及将怛特罗密教传入中国的印度高僧善无畏。

长安开明的文化氛围在唐武宗(约公元840—846年在位)时期遭到了破坏。这个皇帝迷信道教,他在公元843—845年间,对外来宗教,尤其是佛教施行了一系列措施。日本高僧圆仁法师曾目睹当时针对宗教场所和宗教人士的残酷行径,对此他深感震惊。公元881年,农民起义领袖黄巢率军攻陷长安,长安因此遭到了毁灭性的破坏,从此再也没能恢复往日的荣光。后来的那些试图复兴长安的举措也没能阻止长安在公元904年被毁灭的命运,那一年,军阀朱温决定向东迁都,并下令有计划地拆毁长安的宫殿、衙署和民居。

△ 《明皇幸蜀图》(局部),展示了唐玄宗携爱妃及一干随从在安史之乱时入蜀避难的场景。手握重兵的唐朝将领安禄山起兵作乱,自封为帝,率军攻向长安,迫使唐玄宗弃城逃亡。

▽ 唐长安城是一个国际化的都城。这幅出土自章怀太子墓(章怀太子于公元684年被其母武则天废杀,他死后被追加官爵,公元706年以盛大仪式重新下葬)的壁画,展现了到访大唐的外国使节在宫中进献贡品的场景。

100　公元第一个千年

巴格达

与阿拔斯王朝的哈里发

多丽丝·贝伦斯-阿布赛义夫

> 巴格达城区在底格里斯河两岸形成了两个巨大的半圆……无数的郊区绵延在河岸之上,其中遍布着公园、花园、别墅和构造精美的走廊以及别致的清真寺和浴场。
>
> ——雅古特·阿尔·哈马维,1224年

巴格达是阿拉伯伊斯兰古文明在古典时代的缩影,也是在公元8世纪至13世纪处于辉煌和成就顶峰的穆斯林世界的首都。此外,巴格达也是《一千零一夜》中许多精彩故事的发生地,在这些故事中掌管巴格达的人是阿拔斯王朝第五代哈里发哈伦·拉希德。和其他伊斯兰城市一样,巴格达的发展历程也反映了它的统治者的权势和他们的命运变迁。1258年,巴格达被蒙古军队摧毁,这一事件致使伊斯兰历史,尤其是阿拉伯世界的历史出现了断层。

巴格达是由阿拔斯王朝第二代哈里发曼苏尔于公元762年在底格里斯河西岸建立的城市。阿拔斯王朝推翻了曾以大马士革为首都的倭马亚王朝并打算在更靠东、离他们在伊朗和伊拉克的大本营更近的地方设立都城。经过对战略、气候和经济等方面的考量,曼苏尔精心挑选了都城的位置。他将巴格达称为"和平之城",寓示这个地方一派和谐,如同天堂一般。欧洲的旅行者经常将巴格达和巴比伦混淆,但巴格达是伊斯兰世界的一座新城(尽管"巴格达"这个名字在伊斯兰教创立之前就已经存在了,并且曾属于一个小型聚落)。

中世纪的阿拉伯历史学家为我们提供了关于巴格达更详细的描述和史料。它围绕着一个坚固的圆形城市而建,这个建筑方案在古代近东就已经很有名了。在圆城的中央有一片空地,那里有哈里发的王宫,王宫的绿色穹顶高达48米,非常壮观,穹顶的上方有一尊骑兵雕像。王宫的旁边有一个大清真寺和一个行政区域。

环绕着这个中心建筑群的街道网络与外围砖砌防御墙的四个等距城门相连。这些街道被专门设计成能按等级顺序容纳居住区、市场以及露天场所。圆城的最南端是巴格达的商业中心,而圆城北部则是军事基地。曼苏尔以及他之后的哈里发都在底格里斯河东岸建造了宫殿,并设立了军事区,东、西两岸之间通过浮桥相连。起初,巴格达只有圆城是有城墙围护的,但经历了军事动荡后,哈里发穆

阿拔斯王朝统治下的巴格达是座知识与文学的殿堂。这幅图展现的是巴格达图书馆内的一群学者,学者后方墙上的层层壁龛内放置着皮面装帧的书籍。这幅图其实是《哈里里故事集》手抄本里的一幅插画,由伊斯兰艺术家瓦希提在1237年绘制。

△ 阿拔斯王朝时代，伊斯兰文明进入了全盛时期。图为穆塔瓦基勒执政时期通行的钱币，钱币上刻有穆塔瓦基勒的肖像。穆塔瓦基勒是阿拔斯王朝最伟大的哈里发之一，他于公元847—861年在位，他掌权时，阿拔斯王朝的首都已迁往萨迈拉，而迁都的诱因是土耳其雇佣军在巴格达频频制造骚乱。

▽ 阿拔斯王朝时代的建筑在如今的巴格达已所剩寥寥。现存建筑中有一座宫殿，它被认为是哈里发纳西尔建造的。这座宫殿的特色是它的庭院周围有装饰着壁龛或精美钟乳拱的拱廊。拱廊下有一些房间，这些房间的门口也都呈尖拱状。

斯塔因（约公元862—866年在位）在东岸的城区也修筑了堡垒。一个在古代开凿而成的、连接了幼发拉底河和底格里斯河的运河系统为这座城市提供了水源。很多石桥跨越在运河之上，这些运河是巴格达城市景观中的一个特色，并且在巴格达的社会生活中发挥了重要作用。除了这些运河之外，巴格达的其他运河都在地下。

公元814年，哈伦·拉希德的两个儿子马蒙和阿明之间的争斗引发了内战，巴格达圆城被损毁并遭到弃置，后来逐渐被周边的城市聚落吸收利用。

巴格达曾有一段时间不是阿拔斯王朝的首都。那是在公元836年，为了避免正统的阿拉伯部队与新组建的土耳其雇佣军产生冲突，哈里发穆阿台绥姆迁都到了新建的城市萨迈拉。公元892年，当时的哈里发将首都迁回巴格达，并住在了东岸的一座宫殿内。东岸后来扩展成了巴格达城中的一座宫城，那里的几处宫殿和府邸之内，庭院、池塘、花园一应俱全，甚至还包含了一座动物园。1095年，哈里发穆斯塔兹尔在东岸的宫殿区外围修筑了围墙。此后的几百年里，围墙一直在被维护和修复。

从地域规模上讲，阿拔斯王朝治下的巴格达堪比君士坦丁堡。现代的历史学家们估算出巴格达的占地面积在5000公顷（50平方千米）至7000公顷（70平方千米）之间，但他们尚不确定巴格达的人口规模，只给出了一个28万人至150万人的范围。得出上限为150万人的依据是有资料显示巴格达有1500家浴场，而每一家浴场可以服务200户五口之家。当别的大城市中就只有一座可供穆斯林集体祷告的清真寺的时候，巴格达城里已经有6座这样的清真寺了。

巴格达是座一流的大都市。它的统治阶级以及城里的军队、官僚、商贾、手工艺者、知识分子和学者共同创造了它丰富多彩的城市文化。这些人国籍不一、民族各异，体现了阿拔斯王朝社会结构的多元性。阿拔斯王朝的掌权离不开伊朗人和来自中亚的土耳其雇佣军的支持。在巴格达，除了本地的基督徒，还生活着犹太教徒和琐罗亚斯德教徒。而巴格达的名望和财富不仅吸引了整个穆斯林世界，也让其他国家和地区的人心驰神往。

由于历代哈里发及其朝臣对文化事业的慷慨资助，巴格达成了宗教学术和世俗学术的中心，在未来的几百年中，它都对伊斯兰文明产生了影响。神学、法学（尤其是伊斯兰教逊尼派教法学派中的哈乃斐学派和罕百里学派）、历史编纂学、语法、自然科学、纯文学以及艺术和手工艺都在巴格达得到了繁荣发展，这些学科的知识也从巴格达传遍了整个穆斯林世界。

由哈里发马蒙（约公元814—833年在位）设立的学术机构"智慧堂"在翻译希腊科学理论方面做出了突出贡献。人们不仅可以在清真寺和自己的家里，还可以在许多公共图书馆和半公共图书馆里学习或钻研学术。这些图书馆得到了社会名流和学者的捐助，是用于研究宗教学术和世俗科学的场所。巴格达同时也是医学知识的中心。在公元9世纪和公元10世纪，巴格达城里建造了大量的医院。

巴格达除了是中世纪穆斯林世界的知识殿堂，还是穆斯林世界的商业中心。它繁华的市场和奢华的商品给《一千零一夜》里的很多故事提供了灵感。它在经济上的繁荣得益于其城市腹地发达的农业和一张巨大的贸易网，该贸易网不仅盘活了穆斯林帝国内部各个地区，还建立起它与其他国家和地区的联系，可以触及印度洋、中国、非洲、大西洋和欧洲。巴格达的市场按照贸易种类划分了区域，并受官方监管。市场上汇集了来自世界各地的商品。此外，这个市场还扮演了产品制造中心和金融交易中心的角色。

巴格达的鼎盛时期在公元10世纪上半叶，当时的几任哈里发在底格里斯河畔辉煌的宫殿里过着优越的生活。公元945年，统治着伊朗西部、由什叶派建立的布耶王朝占领了巴格达，剥夺了阿拔斯王朝哈里发的政治权力。1055年，布耶王朝被同样来自伊朗的塞尔柱土耳其人推翻。塞尔柱人信奉逊尼派，他们后来通过创办伊斯兰经学院来大力宣扬逊尼派教义。伊斯兰经学院这种机构是由塞尔柱王朝第三代苏丹马里克沙的宰相纳齐姆·穆尔克于1067年首创的，作为官办寄宿学校，它被视为学习宗教的标准机构，甫一出现便引发穆斯林世界各个地区的纷纷效仿。

当来自安达卢西亚的旅行家伊本·朱拜尔于1185年来到巴格达的时候，这座城市已经衰落了。洪水、火灾、民众起义和派系争斗让它伤痕累累，而终结了它光辉历史的是发生在1258年的一场劫难。那一年，蒙古军事统帅旭烈兀率部攻陷巴格达，推翻了阿拔斯王朝。旭烈兀还下令处死了阿拔斯王朝的末代哈里发。今天的巴格达已找不出任何实物能反映它昔日的圆城之貌了，城里仅有几处阿拔斯王朝留下的遗迹，其中包括由哈里发纳西尔（约1180—1225年在位）建造的一座宫殿和两座清真寺，由他在1221年修复的两道城门和一所由哈里发穆斯坦绥尔于1232年创办的伊斯兰经学院。

1258年，蒙古军事统帅旭烈兀的军队攻陷巴格达，还杀死了阿拔斯王朝的最后一代哈里发，该事件是伊斯兰历史的一个转折点。图中的这幅微型画是出自波斯历史学家拉希德丁编撰的《全球史》（14世纪末的版本），它描绘了巴格达的陷落。当时的一位历史学家将蒙古军队形容为"有如袭击羊群的狂暴饿狼……不断杀戮并散布恐慌"。

巴格达　103

科尔多瓦

摩尔人在西班牙的灿烂都城

多丽丝·贝伦斯-阿布赛义夫

> 科尔多瓦凭借四样东西超越了世界上的其他都城。这其中包括了横跨瓜达尔基维尔河的古罗马桥和大清真寺……而最伟大的一样就是知识。
>
> ——艾哈迈德·伊本·穆罕默德·马喀里,16世纪初

公元750年,首都位于大马士革的倭马亚王朝覆灭,倭马亚王朝王子阿卜杜勒·拉赫曼为躲避那场针对其族人的屠杀,逃至西班牙,并在那里建立了一个新的倭马亚王朝(后倭马亚王朝)。由此,科尔多瓦迎来了一段光辉岁月。公元8世纪初,阿拉伯人占领科尔多瓦之后,宣布这座城市为安达卢西亚的首都,"安达卢西亚"在阿拉伯语中指的是穆斯林治理的西班牙地区。定都于科尔多瓦的后倭马亚王朝一直持续到1031年。当后倭马亚王朝灭亡后,科尔多瓦出现了一个共和国性质的政权。该政权维持了60年后被阿尔摩拉维德王朝取代,而阿尔摩拉维德王朝又在1148年被穆瓦希德王朝推翻。1236年,经过光复运动[1]中的一场战役,卡斯蒂利亚国王斐迪南征服了科尔多瓦,这也使科尔多瓦失去了它的特殊地位:无论对基督教还是伊斯兰教而言,它都曾是地中海世界的重要城市之一。

在将近500年的时间里,尤其是在公元10世纪,科尔多瓦就如同一座文明的灯塔。当时的科尔多瓦政通人和,并且可能是世界上最具包容性的城市。它是个文化大熔炉,在总数超过10万的人口中会聚了阿拉伯人、柏柏尔人、伊比利亚人(汪达尔人与西哥特人)以及犹太人。作为后倭马亚王朝的宫廷所在地,科尔多瓦恰似一个文化中心,展现出了灿烂繁荣的文化,这让它盖过了当时所有欧洲王朝的首都。和巴格达的宫廷相似,科尔多瓦的宫廷也吸引了很多外国学者。在这种氛围之下,科学、医学、哲学、诗歌与艺术都取得了重大成就。公元10世纪末,当时的哈里发哈卡姆二世在科尔多瓦建造了一个图书馆。该馆是伊斯兰世界最大的图书馆之一,据估测,它的藏书量超过了40万卷。科尔多瓦的市场以其奢华的商品闻名,在这些商品中尤其出名的要数纺织品、珠宝、皮制品、兵器和象牙雕刻的工

图中象牙盒上所雕饰的图案描绘了科尔多瓦欢乐的宫廷生活,盒子上还刻有阿卜杜勒·拉赫曼三世的儿子穆吉拉的名字。阿卜杜勒·拉赫曼三世于公元929年自封为哈里发,他成功团结了以前敌对的派系,开创了后倭马亚王朝一个繁荣的黄金时代。他在位期间,艺术领域和包括医学在内的科学领域都取得了辉煌成就。

---

1 指公元8—15世纪,西欧伊比利亚半岛北部的基督教各王国反对穆斯林势力,逐渐收复失地的运动。

科尔多瓦大清真寺在公元8世纪动工开建,连续数任哈里发都对它进行了扩建。在这张外观图中,大清真寺那些相互平行的走廊及其起伏的屋檐看上去平淡无奇,我们丝毫没办法凭此感受其内部的恢宏。大清真寺最显著的特色完全不是伊斯兰风格的,而是继基督徒在1236年征服科尔多瓦很久之后于16世纪初在寺内建造的一座欧式教堂。对于这一改造,神圣罗马帝国皇帝查理五世不以为然。

艺品。科尔多瓦的书市也是世界上最著名的书市之一,它同时还是印刷和出版的中心。极具影响力的哲学家、通晓多种语言的伊本·鲁世德,也就是欧洲基督徒口中的"阿威罗伊斯"就曾在这座城市生活和工作过。除了科尔多瓦的城墙之外,如今科尔多瓦城里就仅存一处后倭马亚王朝的遗迹,那就是大清真寺,它现在是一所基督教堂。

大清真寺是阿卜杜勒·拉赫曼一世(前文提及的,躲避阿拔斯王朝追杀的拉赫曼王子,约公元756—788年在位)在即位30年之后主持修建的。大清真寺所处的地方原本有座圣文森特教堂,拉赫曼一世下令将它拆除(他也批准基督徒新建一座教堂来替代圣文森特教堂)。在拉赫曼一世去世的前一年,大清真寺才完全建成。拉赫曼一世后来的哈里发们相继对这座清真寺进行了扩建,前后四次扩建也彰显了该建筑在后倭马亚王朝时代的重要性,它也成了处于穆斯林统治下的西班牙的一个缩影。唯一可以媲美科尔多瓦大清真寺的是大马士革大清真寺,而与后者一样,科尔多瓦大清真寺也遵循了穆罕默德时期清真寺的建筑传统:庭院相当宽大,而院子的一边有个礼拜殿。

科尔多瓦大清真寺既体现了叙利亚倭马亚王朝时代的建筑特征,也彰显了自己的特色。大清真寺

科尔多瓦大清真寺的壁龛前是这个基于交叉肋拱之上的八角形穹顶。在角落里，小型的叶状尖拱支撑着窗户。大清真寺的整体构造体现了西班牙的穆斯林建筑师的最高成就。它的建筑风格在几百年后为意大利北部秉持巴洛克风格的建筑家们提供了灵感。

礼拜殿的叠层拱券效仿了西班牙的罗马高架渠的样式，而拱券呈马蹄形，这又是西哥特的建筑风格。大清真寺里有很多风格各异的石柱和柱头，它们都是战利品，来自君士坦丁堡、亚历山大港和尼姆等地的古老建筑。最终建成的礼拜殿有19条走廊，这些走廊与清真寺的主墙相互垂直，从中央比较宽的一条走廊可以通往祷告壁龛。同样垂直于主墙的，还有清真寺内的一个教堂的正厅。起初，清真寺的庭院里是没有拱廊的，清真寺里也没有宣礼塔。后来，阿卜杜勒·拉赫曼二世（约公元822—852年在位）将清真寺往南做了一番扩建。公元956年，阿卜杜勒·拉赫曼三世扩建了庭院，并在北墙新增了一座宣礼塔，这座宣礼塔成了今天教堂塔楼的一部分。而在经过哈卡姆二世（约公元961—976年）的扩建之后，大清真寺才真正成为一处雄伟壮观的古迹。扩建后的礼拜殿殿深104米，殿中有个瑰丽的祷告壁龛，它的3座拱顶上都装饰着由拜占庭工匠打造的玻璃马赛克。公元978年，后倭马亚王朝高官曼苏尔又在北面增建了8条走廊,并相应地扩建了庭院。

科尔多瓦大清真寺不仅具有宗教职能,还是召开政治会议、审理案件以及讲学的地方。在大清真寺旁有一座城堡,它是后倭马亚王朝的王宫,也是王朝的行政中心。科尔多瓦城中有一条贯穿城市南北轴线的主干道,它可以通往瓜达尔基维尔河。科尔多瓦的城区也包括了城墙以外的一些区域,城区的132座塔楼和13道大门都是由阿卜杜勒·拉赫曼一世建造的,拉赫曼一世还在西郊建了另一座王宫。除了河畔地带,城墙外到处都有宅邸和郊区。在瓜达尔基维尔河和城墙之间有一个码头,它既是供大众娱乐的场所,也是能展现王权的地方。阿卜杜勒·拉赫曼三世在科尔多瓦以西6千米的宰赫拉城建了新的王宫兼行政中心,这也促使科尔多瓦的城区在西面得到了进一步扩张。而在东边,曼苏尔建了一座名为"扎希拉"的新的宫城。

大清真寺内石柱林立,蔚为壮观。这些石柱都是源自君士坦丁堡和亚历山大港等地的古老建筑,石柱之上的叠层马蹄形拱券是由红、白两色石头交替砌成的。清真寺实质上就是礼拜殿,其中设有朝向麦加的祷告壁龛。在伊斯兰世界的不同地区,清真寺在样式上有着很大差别。就科尔多瓦大清真寺而言,其叠层拱券效仿的是罗马高架渠的建筑样式,而拱券呈马蹄形又属于西哥特的建筑风格。

当基督徒占领了科尔多瓦之后,大清真寺就被改造成了一座基督教堂。1523年,基督徒在大清真寺礼拜殿中央建了一个唱经楼,其中布置了屏风、祭坛和唱诗班席,这对大清真寺造成了不可修复的破坏。诚然,在大清真寺所经受的整体改造中,唱经楼只占了很小的一部分空间,来访者很可能会将它忽略,继续去欣赏大清真寺里其他地方保留下来的古貌。不过,人们难免会赞同神圣罗马帝国皇帝查理五世写给科尔多瓦执政者的话:"你们所建的东西随处可见,而你们所毁坏的却是世上独一无二的。"

摩尔人在科尔多瓦建造的城墙和城门都被保存到了今天,而基督徒征服科尔多瓦后打造的许多教堂和宫殿也都有各自的亮点。19世纪的历史学家罗德里戈·阿马多尔·里奥斯曾写道:"科尔多瓦已陷入衰败之境,那里的人总在怀想过去的荣光。"放在今天,这句话也仍是有道理的。

中世纪世界

约翰·朱利叶斯·诺里奇

当我们的故事讲到公元1000年的时候，世界上有四个大洲都出现了伟大的城市。在随后的500年里，这些城市均获得了惊人的发展。在意大利北部，威尼斯和佛罗伦萨代表了文艺复兴早期的伟大城邦，单单这两座城市就为西方文明的发展做出了巨大贡献。而在意大利南部，诺曼人建立的西西里王国尽管只是昙花一现，却也在历史的长河中留下了璀璨篇章。地中海的三种灿烂文明——拉丁文明、希腊文明和阿拉伯文明被西西里王国兼收并蓄，能做到这一点的少之又少，实乃前无古人，后无来者。在阿尔卑斯山北部，中世纪的巴黎是一座欣欣向荣的大都市；吕贝克以及汉萨同盟的其他城市在俄罗斯、斯堪的纳维亚和波罗的海各国开展贸易；克拉科夫是当时欧洲最大国家的首都，那里有一所大学，它吸引了来自欧洲各国的学生。

彼时，欧洲的最北部尚不为人知，但对地理学家而言，欧洲的其他地区都已不再是秘密。商人和使节往来于欧洲列国，当时的欧洲地图也比较精准。另外，对于欧洲之外的大陆，还没有人能够绘制地图。即便欧洲人知道有哪些大陆的存在，但它们也仍然没有被探索开发过。在非洲，开罗作为伊斯兰的学术中心已经是一座声名显赫的城市。此外，开罗的几所清真寺都是当世杰作，它们为这座城市增色不少。即便如此，当时几乎还没有西方旅行者造访过开罗。本章所介绍的另外两座非洲城市——贝宁和廷巴克图在欧洲人心中就是个传说。不过，即使欧洲人不了解这两座城市也无损于它们的伟大。同样的话也可以用于形容本章提及的两座美洲城市——特诺奇提特兰和库斯科，欧洲人对它们闻所未闻。事实上，直到中世纪的最后10年，欧洲人才发现美洲大陆。特诺奇提特兰是阿兹特克帝国的首都，这座城市唯一的遗迹是在大约40年前于墨西哥城大教堂附近发现的寺庙金字塔。西班牙军人贝尔纳尔·迪亚斯·德尔·卡斯提略曾参与并记录了西班牙人征服墨西哥的过程，从他的文章中我们也能感受到特诺奇提特兰的伟大。库斯科也曾被西班牙征服者攻陷，这座城市还经历过几次大地震。不过，城内相当多的古老印加建筑还是保存了下来，这些建筑都体现了高超的石匠技艺。在库斯科附近的萨克萨瓦曼城堡，人们更能感受到石匠的造诣之深。这一切都使我们相信库斯科昔日也是一座出类拔萃的瑰丽之城。

对于本章所介绍的另一座城市，一位诗人曾写道："傍晚我们沿着清冽的泉水一路愉快前行，茫茫沙地上留下了我们巨大的身影，声声驼铃轻轻地打破静谧，回响在通往撒马尔罕的金色旅途中。"哪怕没有英国诗人詹姆斯·埃尔罗伊·弗莱克的诗句，也没有什么比撒马尔罕——由一代天骄帖木儿建立的帝国之都、帖木儿陵墓所在的城市——更让人心驰神往的地名了。中亚草原地区不像是个能滋生出伟大城市的地方，更别说在那里冒出一个当时世界上最富裕繁华的城市之一了。现代撒马尔罕的大部分地区都被苏联的野兽派建筑破坏了原貌。殊不知，15世纪撒马尔罕的美可是让游客叹为观止的。而在今天，人们还是可以寻找到一些当年之美的痕迹。

最后我要说的是吴哥。它是一座隐匿于丛林中的城市，几百年来欧洲旅行者对它是一无所知。直到150年前，它才被发现。也许，正是因为吴哥的隐秘性和广袤地域，它才从未被人类有意破坏。吴哥最大的敌人是它周遭的丛林，丛林环境逐渐破坏了建筑地基，使建筑物出现断裂，有时候这种环境会像巨蟒一样将建筑完全吞噬。在吴哥的鼎盛时期，这座城市吸引了数以千计的印度教徒和佛教徒前来朝圣。如今，和许多城市一样，吴哥当局不得不应对日益发展的大众旅游业，这种产业对城市造成了愈加严重的破坏。同时，吴哥当局还要处理夜间盗窃的问题。越来越多的小型装饰性雕塑不翼而飞，但一周之后它们却出现在了曼谷的古玩店里。

这幅图出自著名插图手抄本《贝里公爵的豪华祈祷书》，该手抄本是由林堡三兄弟在1412—1416年绘制的。图中的农民正在田间耕种冬季的作物，他们的不远处是巴黎坚固的城堡、王宫——卢浮宫，这座城堡的遗迹如今就位于现代卢浮宫博物馆的地下。

中世纪世界 111

吴哥

高棉人的荣耀之城

迈克尔·D.科

> 这些令人惊叹的作品……在建造过程中,建造者的耐心、毅力和才华似乎已经发挥到了极限,只是为了给子孙后代留下他们力量和文明的证明。
>
> ——亨利·穆奥,1864 年

19世纪60年代,法国探险家亨利·穆奥"发现"吴哥之后,这座位于柬埔寨西北的中世纪城市便惊艳了西方世界。吴哥藏身于茂密的热带丛林里,它的古庙遗迹虽然凋敝,却依然宏伟惊人,这不禁让穆奥和其他旅行者好奇,到底是何人建造了吴哥,又是什么导致了它的衰落。"吴哥"这个名字是个现代高棉语词汇,表示的是梵语中的"首都"。吴哥古代名字的意思是"荣耀之城",这个名字用在鼎盛时期的吴哥头上很是贴切。当时的吴哥处于国王阇耶跋摩七世(约1181—1215年在位)的统治之下,是一个巨大的城市综合体,也是高棉帝国的行政中心,这个帝国的疆土覆盖了东南亚的大部分陆地。

吴哥地处平原,地势略有起伏,它的北面和西北面是荔枝山,南面是东南亚最大的淡水湖——洞里萨湖。洞里萨湖的水源主要来自荔枝山的泉水和湄公河的支流。每年5月至11月中旬是季风季(雨季),在这期间,洞里萨湖的深度和宽度都会达到极值,而到了冬季的枯水期,洞里萨湖的深度会减少3/4。时至今日,洞里萨湖仍然为高棉人提供着丰富的渔产。这片湖对吴哥居民而言,还是一座主要的蛋白质仓库。水稻是吴哥的主要作物。

吴哥这座城市是在公元802年之后建立的,当时的国王阇耶跋摩二世宣称自己为"宇宙之君",他将都城设在了位于今天吴哥城的东南部。在那里,阇耶跋摩二世及其后来的国王修建了许多国寺。这些国寺既是献给神祇(主要是湿婆、王室守护神)的,也是献给祖先的。国寺的建筑规划遵循了印度教的传统范例:中央的神庙以砖块或砂石建造,象征神圣的梅鲁峰(神话中位于喜马拉雅山脉的印度教神祇居所),四座小型神庙分布在它的两侧,五座神庙的布局整体呈梅花形。在每个这样的寺庙群周围都有一个直线形的壕沟,它象征环绕梅鲁峰的汪洋大海。

公元9世纪末,耶输跋摩一世将吴哥王朝的都城向西北迁至距离原址20千米的地方,并且自负地以自己的名字命名了新都(新都城的名字有"受荣耀庇护"的意思,它字面上的意思是源自"耶输跋摩")。

12世纪初,苏耶跋摩二世建造了吴哥窟。吴哥窟无疑是世界上最大的宗教建筑,在很多人看来,它也是世界上最美的宗教建筑。吴哥窟供奉的是毗湿奴(印度教三大主神中的"维护"之神),自吴哥城没落之后,吴哥窟一直由佛教僧侣打理。长期以来,它都吸引着虔诚的佛教徒和印度教徒前来朝圣。不管是在吴哥王朝时代,还是在今天,来自西方的信徒们都是徒步抵达吴哥窟的。他们由堤道越过宽大的壕沟,进入三道四边形回廊中的第一道回廊。他们会顺时针绕回廊外侧一周,来欣赏回廊上壮观的浮雕,

视线向东的吴哥窟航拍图。吴哥窟建于12世纪上半叶,该宗教建筑被献给了毗湿奴,他是印度教的三大主神之一,也是吴哥的国王苏耶跋摩二世的守护神。吴哥窟位于一个人工岛上,岛屿周围是一个巨大的矩形壕沟。

浮雕上所表现的内容大多取材于诸如《罗摩衍那》和《摩诃婆罗多》这样的印度史诗，也有的表现的是关于宇宙起源的故事。吴哥窟的五座塔楼呈梅花形分布，高度逐层增加。最中央的塔楼很可能曾经有镀金装饰，它供奉着毗湿奴的神像，由婆罗门祭司管理，婆罗门祭司相当于神祇和信徒的中间人。

我们对吴哥的认知有一部分是源于目前已知的世界上仅存的一本由同时代的人所著的关于吴哥的见闻录。这部见闻录的作者是一个名叫周达观的中国人，他来自当时的元朝首都——元大都（今天的北京），是一名商务使节。此人于13世纪接近尾声的时候在吴哥待了差不多一年。他在那部语言生动的见闻录中所描述的吴哥其实不是广义范畴的吴哥，而是吴哥的内核——吴哥通王城，即阇耶跋摩七世统治下的巨大王国的政治与宗教中心。吴哥通王城呈正方形，其外围有一条护城河和高大的城墙，城墙各边边长为3千米。吴哥通王城全城有五座壮观的城门，城门之高足够一头驮着人的大象穿行而过，每座城门塔上都有一尊佛像，每尊佛像都面带神秘的笑容。根据周达观的记载，位于西面（一个不太吉利的方位）的城门是处决犯人的地方。在吴哥通王城的中央有一座巴戎寺，它是阇耶跋摩七世的国寺。巴戎寺是一个庞大的建筑群，其中遍布着塔身刻有四面佛像的高塔和大乘佛教的佛龛。据周达观描述，位于巴戎寺最中央的那座塔贴有金箔，在巴戎寺内还列有八尊金佛。

巴戎寺的西北方向坐落着吴哥王朝的王宫。与那些为供奉不朽神祇而建的壮观寺庙的石结构不同，王宫是一个庞大的非永久木结构建筑群，顶上覆有黄色琉璃瓦，主室的屋顶用的则是铅瓦。至于这座王宫究竟有多大，我们从以下这些数字中可以有所体会：这座宫殿中除了住着国王的5位夫人以及她们的随从人员，还有后宫三千至五千佳丽、官员、宫廷舞女和乐师。白天会有2000名宫女在宫中服侍，晚

吴哥窟的5座砂岩塔很可能曾经被金箔覆盖。图中，从西面望向砂岩塔，它的第三层回廊刻满了浮雕，浮雕的内容或取材于印度教的神话和史诗，或表现的是王室巡游。

上她们会各自回家。王宫中有5个王室浴场和1所宗祠，相传国王每夜都会与宗祠里的"蛇妃"同寝。王宫的窗户为金框，窗户旁边还设有镜子，这种设计布局体现了标准的东南亚风格。国王的衣着相当华贵，他头戴金冠，腰间所挂的珍珠差不多有3磅（约1.36千克）重。此外，他还戴着金戒指和金手镯。在向他叩拜的觐见者眼中，他一定是相当令人敬畏的。国王出宫时总是会带着一把黄金"圣剑"，这把圣剑是柬埔寨的护国之宝。

王宫的正东面有一处巨大的检阅台，表面刻满了战象和骑兵的浅浮雕。国王及其王族成员正是在这个检阅台上观看国家重大庆典的，比如盛大的阅兵式和民众游行，甚至还有焰火表演，以及在一年一度的人口普查期间进行的族长游行。检阅台的北侧有一个被称作"癞王台阶"的地方，它如今被认为是王室的火葬场。

阇耶跋摩二世堪称柬埔寨最不知疲倦的建设者，他还笃信大乘佛教。在阇耶跋摩二世主持修建的建筑中，有3个位于广义范畴的吴哥城内、带有护城河和围墙的建筑群，人们判断它们可能是佛学院。每个佛学院内都驻有数千名佛学院官员，以及各种仆从（包括舞者）、平民和奴隶。国王会指派地方给予佛学院财政支持，这笔资金可以养活佛学院里的所有人。以极为富庶的塔布隆寺为例，受命供养它的村庄不少于3000个，这些村庄想必分布在高棉帝国的各个角落。

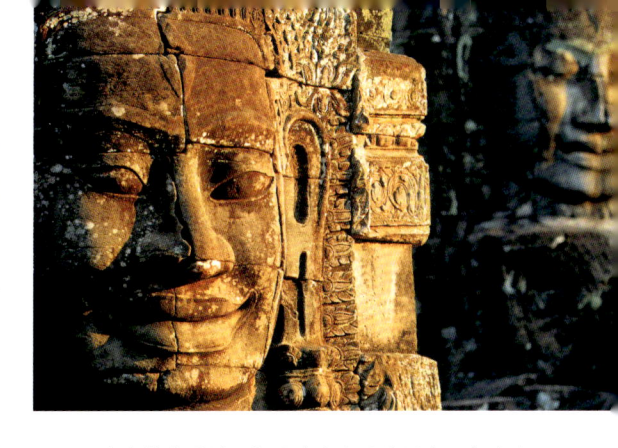

△ 巴戎寺是吴哥国王阇耶跋摩七世的国寺。寺内多座佛塔的四面均刻有神秘的笑脸雕像。关于这些笑脸，有不同的解读。有人认为它代表了印度教三大主神之一的梵天，也有人认为它代表的是阇耶跋摩七世本人。

▽ 巴戎寺的浮雕展现了吴哥城市生活的方方面面。图中的浮雕所表现的是集市场景，我们可以看到中国的商人和一个屋顶覆盖着瓦片的房子。吴哥的大部分贸易似乎都是与中国开展的。

吴哥城内没有货币，但这并没有阻碍贸易的流通。生活在吴哥城里的商贾似乎以中国人居多，周达观曾详细描述过这些人，在巴戎寺的浮雕上甚至也有关于中国商人之家的生动刻画。尽管在湄公河下游航行不易，但吴哥的外贸仍然进行得风风火火。吴哥当地的一些产品，比如珍贵的翠鸟羽毛、犀牛角、象牙等都出口到了国外，这些产品换来了产自中国的货物，比如丝织品和青瓷。

吴哥究竟是座什么样的城市？吴哥的人民住在什么地方？当初建造吴哥的6个巨型蓄水池的目的是什么？100年来的考古和艺术史研究只关注了吴哥的寺庙和铭文，却仍未能给出上述问题的答案。不过，近年来的地面勘查、雷达探测以及考古发掘显示，大部分吴哥居民生活在人工池塘旁的高脚茅草屋里（正如周达观所记载），其周边随处可见稻田，那一片都属于广阔的低密度城市地带，而蓄水池则是庞大的、国家官方管理的灌溉系统的一部分，确保了全年的水稻收成。环境的恶化和暹罗军队的不断入侵必然对吴哥造成了严重的破坏，而历经600年荣耀的吴哥城为何最终没落则依然是一个不解之谜。

吴哥　115

塔布隆寺是由阇耶跋摩七世打造的三大大乘佛教建筑群之一，寺内曾容纳数千名僧人。当时控制吴哥的法国当局放弃了对塔布隆寺的修复，参天古树的巨大树根在寺内各种建筑间穿延缠绕。

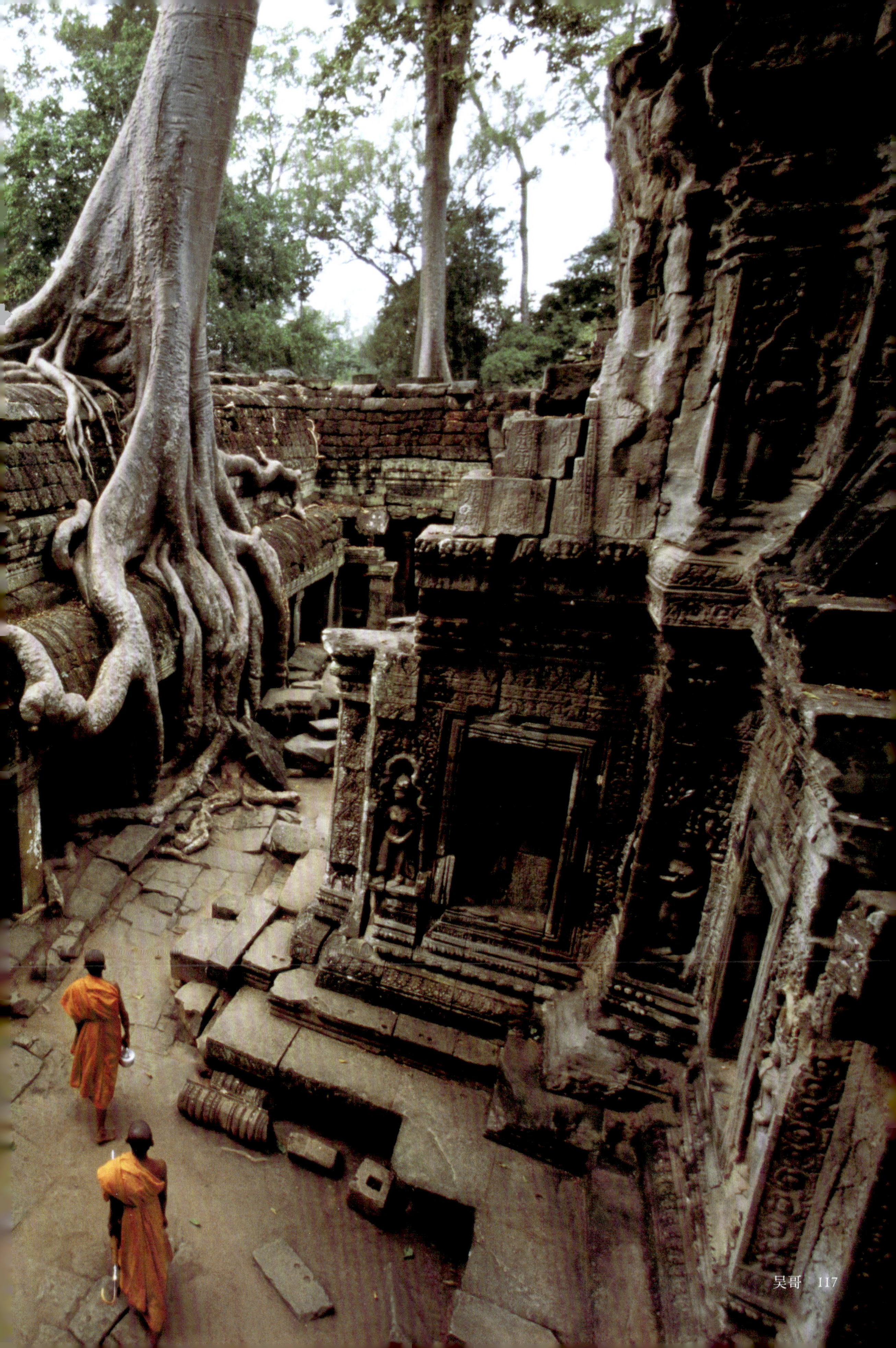

巴勒莫海军元帅圣母教堂的一幅马赛克画，描绘的是基督为罗杰二世加冕的场景。西西里在11世纪末被诺曼人占领，罗杰二世（他的父亲罗杰一世满足于西西里大伯爵的头衔，不曾加冕为王）的在位时间为1130—1154年。海军元帅圣母教堂中装饰了一些当时世界上最精美的马赛克画，这些马赛克画都是由拜占庭的希腊工匠制作的。

巴勒莫

地中海的诺曼宝石

约翰·朱利叶斯·诺里奇

> 国王的宫殿散布在环绕着城市的山间，好似珍珠挂在妇人的脖子上。不论是在花园中，还是在宫廷里，国王都怡然自得。他究竟有多少座宫殿和楼宇、瞭望塔和观景台呢？……他到底给多少所修道院慷慨划拨了土地呢？十字架非金即银的教堂又得有多少座呢？
>
> ——伊本·朱拜尔，1184—1185年

在12世纪中叶的所有欧洲城市中，巴勒莫无疑是最灿烂耀眼的城市之一。当诺曼人征服西西里的时候，巴勒莫就已经是个繁荣的商业都市了。彼时，巴勒莫城中的居民人数在25万左右，城里的宗教建筑数量惊人——大约有300座清真寺和300座教堂。此外，城里还有不计其数的市场和会聚了工匠和手艺人的街道。围绕着巴勒莫的不仅有伊本·朱拜尔笔下的群山，还有公园和游乐花园。城里泉水潺潺、溪水淙淙，这样的情境对崇拜圣泉的穆斯林而言是非常亲切的。

1015年，在意大利南部便已经出现了诺曼人的身影。那时，一名伦巴底王公在阿普利亚大区圣天使山的神殿里与一群以朝圣者身份进入意大利南部的诺曼人搭上了线。他提出了一个让这些诺曼人难以拒绝的建议：如果能有几百个诺曼人加入伦巴底的军队，一同打击占据意大利的拜占庭势力，那么，他们将轻松地为自己在意大利南部赢得大面积领土。这样的诱惑确实无法抵挡：在随后的500年里，源源不断的年轻而不羁的诺曼探险者向南翻越阿尔卑斯山。到了1050年，诺曼人几乎已征服了阿普利亚大区和卡拉布里亚大区全境。由于不满诺曼人的肆意掳掠，教宗利奥九世于1053年率领一支部队试图驱逐诺曼人，但是他被击败而且沦为俘虏。6年后，利奥九世的第三任继任者尼古拉二世又与诺曼人结了盟，他封诺曼人的领袖罗伯特·吉斯卡尔为阿普利亚、卡拉布里亚和西西里公爵。

尼古拉二世给罗伯特·吉斯卡尔封爵的时候，诺曼人还没踏足西西里，当时的西西里仍处于阿拉伯人的统治之下，所以尼古拉二世此举明显是鼓动罗伯特出兵夺取西西里。1061年，罗伯特和他的弟弟罗杰向西西里岛发起了攻击，这比他们的同胞发动黑斯廷斯战役还早了5年。西西里岛上的居民一部分是希腊人，另一部分是阿拉伯人。战争过程表明，西西里是块异常难啃的骨头，罗伯特和罗杰直到1072年才征服了巴勒莫，而"征服者"威廉只用了几周的时间就拿下了英格兰。不过，诺曼人征服西西里的结果更具有戏剧性。显然，只要西西里岛上信仰不同宗教、说不同语言的3个民族能够团结于一个国家之中，那么从长远角度来说诺曼人就取得了成功。而在罗伯特回到他的内陆封地之后，这一惊人伟业最终由罗杰一世和他的儿子罗杰二世成就。

这对父子在很多方面都不太一样。罗杰一世是个彻彻底底的诺曼人；而生于西西里、母亲是意大利人的罗杰二世则属于意大利南方人，是个东正教徒。罗杰一世对他大伯爵的头衔已经心满意足，而

△ 巴勒莫的诺曼王宫大体保存完好，其中的宫廷教堂在建筑风格上完美融合了拜占庭式、罗马式和阿拉伯式等不同的艺术形式。宫廷教堂的木质天花板是由效力于诺曼人的阿拉伯工匠打造的，天花板上布有星形图案和钟乳石状装饰。在那些钟乳石状装饰上，雕刻着花卉、动物和阿拉伯文字。

▽ 巴勒莫宫廷教堂的墙壁上满是精美绝伦的拜占庭式马赛克画。从教堂正厅和耳堂的交叉口可以望见图中所示的画面，它的顶部是个八角形的穹顶，穹顶上的马赛克画一直延伸到了一个耳堂之上，马赛克画描绘了耶稣和诸位圣徒的形象，以及一些有关耶稣生平的场景，比如耶稣降生、耶稣受洗和耶稣显圣。

罗杰二世（在1127年继承了哥哥对内陆封地的统治权后）则渴望登上王位。3年后，由于教宗的选举出现了分歧，罗杰二世乘机选择支持两个候选人中较弱的一方，而作为回报，这名教宗不惜答应为罗杰二世的加冕赐福。于是，在1130年的圣诞节，罗杰二世在巴勒莫的教堂加冕为王。而正是在这一天，巴勒莫开启了它的黄金时代。

说到罗杰二世的西西里王国，首先从治国上看，这个王国呈现出了井然有序之象。作为迄今为止世上最厉害的水手，希腊人承担起了指挥海军的重任，当时的海军基地就位于巴勒莫壮观的天然港口，而海军元帅则相当于王国的首相。值得一提的是，"海军元帅"一词源自流入西西里诺曼王国的阿拉伯语"emir albahr"，它的意思是"海上埃米尔"。西西里王国的经济事务自然是交由阿拉伯人负责，因为他们比任何民族都更精于数学。西西里岛的地理位置得天独厚，它位于地中海的中央，相当于一个十字路口和交易中心。凭借这样的地理条件，再基于西西里王国的妥善管理，西西里和巴勒莫很快就成了堆金积玉之地。罗杰二世这个人只追求完美，他也有足够的财力去实现完美的标准，我们从他留给世人的宏伟建筑就可以看出这一点。这些建筑中最令人惊叹的莫过于巴勒莫诺曼王宫中的宫廷教堂了。这座由罗杰二世于12世纪40年代主持修建的教堂完美地展现了西西里王国的辉煌。

巴勒莫宫廷教堂在设计上参考了西欧教堂的建筑模式。宫廷教堂中部有一个正厅，正厅两侧是过道和可通往圣坛的台阶。宫廷教堂的部分构造也体现了不同风格的混搭。教堂墙壁上满是拜占庭式的马赛克画，这些马赛克画显然是出自技艺精湛的希腊艺术家之手，类似的马赛克画在君士坦丁堡也可以见到。而教堂木质天花板上的钟乳石状装饰则完全属于伊斯兰教的风格，这种装饰有可能源于科尔多瓦或大马士革，是东方细木工的绝技。有一样事物不属于宫廷教堂，它其实都不在巴勒莫，而是在离巴勒莫往东有一段距离的海滨小城切法卢。但是，它作为西西里最具有创造力的艺术品，我们无法忽略它。它就是切法卢教堂后殿那幅描绘耶稣的巨型壁画，这座教堂也是罗杰二世主持修建的，而这幅耶稣壁画被很多人看作基督教艺术作品中最棒的一幅耶稣肖像。

罗杰二世不仅是个舍得花钱的资助人，他那位于巴勒莫的王宫无疑是12世纪欧洲最辉煌的王宫。中世纪，科学领域最广为使用的两种语言是希腊语和阿拉伯语，而在欧洲北部根本不可能学到这两门语言。如果一个学者非常想学希腊语，他可能会去君士坦丁堡；如果有学者渴望学阿拉伯语，他也许会定居在安达卢西亚；但对任何学者来说，如果他既想掌握希腊语，又想学会阿拉伯语，那么去巴勒莫便是他唯一的选择。12世纪40年代，罗杰二世已经在巴勒莫安置了大批来自基督教世界和阿拉伯世界最重要的学者、科学家、物理学家、哲学家、地理学家和数学家。在随后的时光里，罗杰二世会花越来越多的时间和这些人待在一起。

蒙雷亚莱修道院（"蒙雷亚莱"有"皇家山峰"之意）是由威廉二世（约1166—1189年在位）在一座可以远眺巴勒莫的山上修建的。这座修道院以及其中令人叹为观止的马赛克画是西西里艺术中的瑰宝。修道院的回廊有两大特色，一是回廊的柱头上雕刻着自然、神话和圣经中的场景，二是回廊属于双柱式，并且每个石柱上都饰有马赛克画。

罗杰二世于1154年逝世。他一过世，西西里王国就开始走下坡路。罗杰二世的儿子威廉一世的绰号叫"恶人"，虽然这个绰号名不副实，但威廉一世着实没有继承他父亲的干劲和远见。威廉一世的儿子威廉二世的绰号为"善人"，这个绰号同样不切实际。威廉二世也没有继承多少他爷爷的风范，倒是在建筑上投入了和他爷爷相当的热情。由他修建的蒙雷亚莱修道院距巴勒莫不到10千米，这座修道院几乎可与巴勒莫宫廷教堂和切法卢教堂相媲美。修道院的墙壁上布满了马赛克画，这些画占据的面积足有上万平方米。因为威廉二世和他的妻子琼（英格兰国王亨利二世的女儿）并无子嗣，所以后来王位被传于威廉二世的姑妈，也就是罗杰二世的女儿康斯坦丝。康斯坦丝嫁给了日后成为神圣罗马帝国皇帝的亨利六世，结果，诺曼人的西西里王国就归到了神圣罗马帝国的统治之下。诺曼人的西西里王国并不是经历了战败才宣告终结，它相当于是被拱手让出的。这个王国只持续了64年。

当诺曼人的西西里王国结束之后，巴勒莫也不再是从前的巴勒莫了。这座城市磨砺了康斯坦丝的儿子弗里德里希二世，他是神圣罗马帝国最伟大的皇帝，也是博学的君主，这种多才多艺的人物在200年后的文艺复兴时期才会大量涌现。弗里德里希二世逝世后，巴勒莫陷入时运不济的局面。当西西里成为那不勒斯王国的一部分时，巴勒莫便失去了它的首都地位，而且后来再也没有做回首都。如今的巴勒莫其实是座巴洛克风格的城市，虽然有些地方衰破得令人惋惜，但美丽依旧。巴勒莫的海湾被人称为"金壳"，这里的风景一如既往地迷人。罗杰二世的诺曼王宫也保存完好，它现在是西西里议会的办公地址。所以，或许我们也可以说，巴勒莫的一切都还在吧。

巴勒莫　121

开罗

伊斯兰文明的中心

多丽丝·贝伦斯-阿布赛义夫

> 1481年的6月17日是一个星期天，我们在这一天到达了开罗。我观察了开罗人和他们的行为。如果让我去写点什么来描述开罗的财富和人民，这些内容是一本书都装不下的。我发誓，哪怕罗马、威尼斯、米兰、帕多瓦、佛罗伦萨，甚至再添四座城市，把这些城市都叠加在一起，它们也不及开罗富有，它们的人口也只有开罗的一半。
>
> ——来自沃尔泰拉的拉比·梅苏莱姆

马穆鲁克王朝统治下的开罗是穆斯林世界的中心。用阿拉伯哲学家伊本·哈勒敦的话来说，它是一座"超越想象的城市"。罗马是马穆鲁克王朝的首都，而马穆鲁克王朝所统治的疆域不仅包括埃及，还包括了叙利亚、安纳托利亚南部的大部分地区，以及境内拥有麦加和麦地那两座圣城的汉志地区[1]。1258年，蒙古人攻占巴格达，并实施了屠城。之后，阿拔斯王朝迁都到了开罗。尽管阿拔斯王朝的哈里发此时已成了礼仪性元首，开罗也是个象征性的都城，但开罗在所有穆斯林心中仍是宗教和文化的中心。古代的孟斐斯作为埃及曾经的首都距离开罗很近。而与孟斐斯一样，开罗从地理位置上来讲也位于尼罗河三角洲的南部、上下埃及交界，因此它处在重要的贸易通道上。开罗的财富一方面源于印度洋和地中海之间利润可观的香料运输；另一方面源于其自身的农业发展，也因它坐落在受尼罗河每年泛滥而得到灌溉的肥沃黑土上。

实际上，我们今天所知道的开罗起初是两座相互独立的城市。其中一个是福斯塔特，它是公元641年阿拉伯人在征服埃及时创建的都城，后来，它的规模随着其周边卫星城镇的设立而得到了扩张。另一个是建于公元10世纪，位于福斯塔特北面，作为法蒂玛王朝宫城的"胜利之城"。马穆鲁克王朝时期，"胜利之城"逐步发展成为一座真正意义上的城市，并且渐渐地盖过了福斯

这盏珐琅镀金玻璃清真寺油灯上写着马穆鲁克王朝苏丹纳西尔·穆罕默德的名字。纳西尔于1341年逝世。他的统治时期很长，而且是一段盛世。这段时期也堪称开罗的黄金时代。纳西尔在开罗兴建了无数的纪念性建筑，他还号召他手下的重臣们也都这么做。他在建筑方面具有高明的洞见，在大兴土木时是将城市作为一个整体来考虑的。因此，他打造出的那些城市建筑并不仅是单一建筑个体的拼凑。

---

1 位于今天沙特阿拉伯西部的地带，因其辖区内有圣城麦加和麦地那而闻名。

塔特的风头。与建在尼罗河岸边的福斯塔特不同，"胜利之城"远在尼罗河运河的东岸，这条运河是尼罗河的支流，流经福斯塔特北部。12世纪，萨拉丁在开罗建了一座城堡，这座城堡相当于在福斯塔特和"胜利之城"之间搭起了一座"桥梁"。不过，这两座城市从未完全合并为一体。福斯塔特成了一个拥有港口的工业郊区，连接着开罗和上埃及，而"胜利之城"则享有法蒂玛王朝投入王室建筑的主要资金。开罗之所以能由福斯塔特—"胜利之城"这样的双城模式演变为马穆鲁克王朝的大都会，这与统治阶级加大对宗教和城市建设的投资有着密切关系。

许多由马穆鲁克人建造的雄伟的纪念性建筑构成了开罗天际线中的亮点。位于图中前景处的是盖尼巴伊清真寺的穹顶。该清真寺可以追溯到16世纪初，这个穹顶经过了精雕细琢，体现了石匠工艺。在盖尼巴伊清真寺的右侧是它的双顶式宣礼塔。而位于它后方左侧的是早期的伊斯兰经学院和苏丹哈桑清真寺，这座清真寺建于1356—1363年，是当时最大、最引人注目的清真寺之一。

马穆鲁克人在1250年建立王朝之后，通过挫败十字军、击溃蒙古军团巩固了自己的政权。他们开始专注于兴建一系列宗教建筑，其建筑项目的多元化和壮丽程度一时无两。由马穆鲁克人斥巨资修建的清真寺、伊斯兰经学院、修道院以及其他慈善性建筑成就了开罗建筑领域的一片盛景，这批建筑在开罗城市大规模扩张的同时，也体现出了一种远胜往昔的高雅。据估计，到了马穆鲁克王朝末期的时候，开罗的城市规模几乎已经达到了其原始规模的5倍，它的人口也有将近50万。开罗一直都是个国际化的大熔炉，在马穆鲁克人统治埃及之前，开罗城里就包含了穆斯林、基督徒（科普特人）和少部分犹太教徒。除此以外，城中还有土耳其裔和切尔卡西亚裔的马穆鲁克人、蒙古人、叙利亚人、非洲人、安纳托利亚人、伊朗人和中亚人。

也许，促使马穆鲁克王朝的开罗缔造辉煌的一个最重要因素，是贵族阶级与城市之间的关系。在13世纪下半叶和14世纪初，各苏丹及其朝廷重臣似乎竞相在"殿间大道"上打造重要的宗教建筑，而"殿间大道"是此前法蒂玛王朝"胜利之城"的中央地带。在诸多宗教建筑中，有苏丹卡拉温建造的一个建筑群，其中包括了一座陵墓、一所伊斯兰经学院和一家著名的医院，这家医院直到19世纪初一直都是前现代埃及的主要医疗机构。

苏丹纳西尔·穆罕默德（1294—1341年在位）的执政时间相当长。他在位时期，国力昌隆，而且他本人在建筑和城市建设领域颇有雄心。总体而言，纳西尔·穆罕默德在位的时期是开罗历史上的黄金时代。他和他手下的高官建造了无数座精美的清真寺，这些建筑扩充了开罗的城市范围，也构成了新城区的内核。尼罗河河道在14世纪初之前一直在向西转移，留出了新的可用于建设的空地。纳西尔在尼罗河运河之上额外建造了桥梁，连接了尼罗河西岸和开罗的主城区。尼罗河运河为开罗供应了饮用水。这条运河及其周边的池塘在夏季会受到尼罗河的灌溉，而在一年余下的日子中，它们都会处于草木兴盛的环境中，也因此，附近的区域成了住宅区的热门选址和休闲娱乐的好去处。在开罗的郊区，纳西尔建了一些广场。这些广场周围是高墙和住宅，内有花园和凉亭，是举办节庆活动的场所。

纳西尔在位时期兴建的工程还包括位于开罗东部和南部的宏伟陵墓，一些高官还在他们修筑的陵墓周边建了许多宗教建筑。纳西尔还改造了萨拉丁城堡，他在城堡内建起了新的宫殿和清真寺。萨拉丁城堡也许是中世纪最大的城堡，其中有宫殿、办公场所、营房、住宅和商店，从功能上而言，它已自成一座城市了。在纳西尔的时代，萨拉丁城堡充当了一个重要的经济区。在这里，马匹和武器的交易活跃，可以满足军事贵族、军队、王室宫殿以及王室清真寺的需求。正是在这一时期，著名的伊斯兰旅行家、作家伊本·白图泰来到了开罗，他形容开罗为"城市之母……统辖着辽阔行省和富饶土地，楼房如海浩瀚无边，瑰丽灿烂、举世无双"。

帖木儿在1400年对叙利亚的入侵极大地影响了马穆鲁克王朝的经济。除了这一影响外，在经历了一系列的自然灾害和动荡政局后，开罗的很多城区和市场或遭遗弃，或受损毁。不过，这些都没有影响到统治阶级大兴土木的热情以及城市建筑的品质。整个15世纪，各苏丹及其重臣都在不断为开罗的城市结构添砖加瓦。比如，苏丹法赖吉·伊本·巴尔库克建于沙漠的墓群就是第一个建在开罗城外的王室建筑，它也代表了那个时代最伟大的建筑成就。苏丹穆艾叶德在开罗北郊、沿着尼罗河运河造了一个新的用于休闲娱乐的建筑群（不过该建筑群在他执政期之内就被废弃了），并且号召他的朝臣们在建筑群附近修建府邸，以便当他移驾到那里的时候他们都能离他不远。他还在祖韦拉门附近建了一个宗教建筑群。祖韦拉门是建于法蒂玛王朝时期的开罗城门，穆艾叶德在祖韦拉门的上方建了一对引人注目的宣

这对宣礼塔是苏丹穆艾叶德在15世纪初建的墓群中的建筑。它们也是如今开罗最著名的地标之一。两个宣礼塔均建在了祖韦拉门的上方。祖韦拉门是先前法蒂玛王朝时期修建的城门，曾标志着开罗的南界。穆艾叶德在开罗的建筑工程方面毫不吝啬，他兴建了一些著名的纪念性的世俗建筑和宗教建筑。他所打造的墓群包括了一座清真寺、一所伊斯兰经学院和一座浴场。在已有建筑的顶部建造宣礼塔在当时很有挑战性，事实上，两座宣礼塔中，有一座在1418年被拆除过，一年以后得以重建。

礼塔，这对宣礼塔至今仍然是开罗的地标之一。

苏丹凯特巴伊（约1468—1496年在位）时期的开罗城市建筑规划体现了两个特色。一是凯特巴伊修建的墓地中精致的清真寺和神学院，二是对开罗重要宗教和世俗建筑较为全面的修复。通过修复和再造，凯特巴伊升级了原先的建筑，并使开罗的商业设施重新聚拢了人气。凯特巴伊全力改善着开罗的建筑遗产，而他手下的重臣们也在努力实现他们关于城市改造的宏伟蓝图。宰相亚什巴克·马赫迪和军队统帅阿兹巴克分别在埃及的东郊和西郊建造了当地的首批清真寺、宫殿、公寓和商店。从景观设计上而言，这些建筑显得非常大气。在马穆鲁克王朝末期，苏丹加瓦里在开罗中心建造了一个四周是市场和商业设施的极具创意的墓群。开罗的市场主要集中于法蒂玛王朝宫城"胜利之城"所处的位置，这些市场沿着城市的主街道分布，并一直延伸到萨拉丁城堡。开罗的公寓楼和清真寺的门口总是聚集着商铺和摊位，而在大型旅馆的一层则分布着一些市场或作坊，楼上是住所或其他作坊。

虽然马穆鲁克王朝在1517年被奥斯曼帝国占领后宣告灭亡，但是马穆鲁克历朝苏丹所留下的开罗却是当时世界上最大、最富有的城市之一，苏丹在开罗修建的许多建筑都是伊斯兰建筑中的瑰宝。今天，当人们走在开罗的小巷里，还能看到众多不同历史时期的遗迹。在漫漫历史长河中，开罗能够始终延续它的生命力，并维持繁密的城市结构长达几个世纪，它无疑是独一无二的。

这是一个经过修复、建造于1472—1474年的苏丹盖特贝的陵墓清真寺中的灯罩。盖特贝执政将近29年，他在位时正是建筑和装饰艺术的黄金时代。除了建造他自己的纪念性建筑，包括这个穹顶上有着华美雕饰的陵墓群，他还修复了许多开罗已有的建筑。他在艺术领域投入了大笔资金，这不仅推动了传统手工艺的复兴，也催生了众多格调优雅的建筑作品。

许多现代开罗的老城区和街道仍然留有中世纪的形式和感觉。在这座繁华的城市中，你不经意间就会看到不同时期的古迹。如今的哈利利可汗市场是开罗的一个相当繁荣的市场，当中的小巷错综复杂，林林总总的摊位上售卖着金属制品、皮革制品、玻璃器皿和木制品等物件。与马穆鲁克王朝时期的开罗一样，这些商品都是在各个作坊中制作完成的，而不同的作坊则分布于同一幢大楼内。

比比·哈努姆清真寺：这座奇伟的建筑是帖木儿为了打造世界上最伟大的清真寺而于1399—1404年建造的。它入口大门的高度超过了35米，寺内庭院的地面铺的是大理石。庭院四周是围廊，围廊的顶部由多个小穹顶组成，支撑着这些穹顶的是400多根大理石柱。不过在帖木儿逝世之前，比比·哈努姆清真寺就开始破损了。后来它又受到了地震的毁坏，逐渐被人遗弃。19世纪时，撒马尔罕的居民为了寻找建筑材料而掠夺了清真寺中的很多物品。沙俄军队还将清真寺用作马厩。如今，在经过彻底的修复之后，比比·哈努姆清真寺再一次成为撒马尔罕古城最壮观的建筑。

撒马尔罕

帖木儿的首选之城

科林·休布朗

我听过的所有关于撒马尔罕有多么美丽的传闻都是真的。

——亚历山大大帝，公元前329年

撒马尔罕这个名字，就像"廷巴克图"和"元上都"一样，会让人联想到一个遥远的、童话般的都城，至于这些城市到底在哪儿，人们并不清楚。在撒马尔罕衰落很久之后，也就是当它隐没于中亚荒凉沙漠的时候，德国作曲家亨德尔、诗人歌德、英国作家马洛、诗人济慈等人纷纷在作品中幻想这座城市。撒马尔罕的"金色之路"以及在它身后那个充满异域特色的独裁帝国都让它留名千古。

在所有的伟大城市中，撒马尔罕是离海洋最遥远的。它崛起于川流不息的丝绸之路，已知的最早的撒马尔罕居民是粟特人，他们是伊朗的一个民族，长于经商，是中亚贸易的垄断者。撒马尔罕是他们居住过的城市中最富有的。公元前329年，亚历山大大帝在攻占撒马尔罕后，赞叹这座城市美得不可方物。粟特人知书达理、见多识广，相传他们曾教授中国人制造玻璃器皿和酿制葡萄酒的方法。

公元712年，阿拉伯人占领了撒马尔罕，被征服后的撒马尔罕获得了一个新的特质——成了造纸中心（造纸术是由被阿拉伯人带到撒马尔罕的中国战俘传授的）。造纸术也正是从撒马尔罕传向了西方世界。虽然数百年来，撒马尔罕屡遭侵略，但是它展现出了强大的复苏力。1220年，成吉思汗的大军摧毁了撒马尔罕。而大约50年后，马可·波罗就称撒马尔罕虽物资匮乏，却已有复苏之气。不久之后，足迹遍布天下的旅行家伊本·白图泰仍然将撒马尔罕列为世上最美好的城市之一。

不过，在帖木儿出现之前，撒马尔罕的光环曾一度褪色。1366年，撒马尔罕臣服于帖木儿的铁骑之下。帖木儿是个名不见经传的突厥化蒙古人的首领。他身形魁伟却腿有残疾，因此他也被称为"跛子帖木儿"。撒马尔罕是帖木儿攻下的第一座城市，这是他最满意的一次征服，也是他选中的都城。撒马尔罕所处之地就是今天乌兹别克斯坦的沙漠地区，帕米尔山脉到这片沙漠附近就消失了。自古至今，撒马尔罕都矗立在富含金矿的泽拉夫尚河谷地，城中果园遍布，以苹果、香瓜和石榴而闻名。撒马尔罕周围的牧场和丘陵滋养了葡萄园、野生动物和肥壮的牲畜，棉花和小麦的收成也很好。

帖木儿正是从撒马尔罕这座乐园出发，在30多年间横扫亚洲。他通过一系列的战役摧毁了征途中的每一个国家和城市。他洗劫了大马士革、伊斯法罕、巴格达和德里；击溃了金帐汗国和奥斯曼帝国的军队。约有1700万人在他的征战下丧命。每当出征结束，他总是会回到撒马尔罕，并一同带回战利品和已臣服于他的工匠。这些工匠来自不同的文明，他们的技艺经数百年的传承而更为完善。在重建和进一步美化撒马尔罕的过程中，他们都派上了用场。

撒马尔罕由一座古代高原城堡不断向西北扩张，外围被周长8千米的城墙和护城河环绕。在帖木

△ 列吉斯坦广场：撒马尔罕古城的中心，伊斯兰世界最伟大的建筑之一。该广场三面都是伊斯兰经学院，其中包括了一座（位于图中左侧）由帖木儿帝国领袖兀鲁伯所建的华美的神学院。兀鲁伯是帖木儿的孙子，也是一位天文学家。

▽ 在这条美丽的"永生之王"墓群大道之下，安葬着帖木儿的家人和属下。陵墓的表面多以彩色陶瓷贴面为装饰，这在14—15世纪属于一项独特的陶艺设计。

儿35年的执政期里，撒马尔罕城内始终在大兴土木。骄纵的帖木儿以被他征服过的6座都城的名字命名了撒马尔罕的6条大道。这6条大道穿过果园密集的村庄、雄伟的城门和喷泉广场（广场周围是清真寺、神学院、花园和大型旅馆），最终交会于列吉斯坦穹顶广场。在这个巨大的广场上，有许多带有穹顶的建筑。臣服于帖木儿的波斯砌砖工和制陶师在撒马尔罕城里垒起了一片青蓝色的穹顶。这些穹顶的表面或光滑或带有棱纹，荫蔽着清真寺和陵墓。城里还云集了来自波斯的建筑师、画家、书法家；来自叙利亚的玻璃匠、织丝工；来自印度的银匠、珠宝匠；以及一批被扣押的科学家和学者。而在帖木儿的王宫中，安纳托利亚的枪械制造师和盔甲工匠在积极制造军备，为下一次出征做准备。他们打造军备所弄出的动静，震得连金库和档案库旁的拱顶都叮叮作响。

128 中世纪世界

在撒马尔罕乃至整个帖木儿帝国的行政部门中，总督和军队统帅等职位通常都是由突厥化的蒙古人担任，而财政和民生事务则由经验老到的波斯官员负责。管理撒马尔罕的人口所牵涉的层面极广。这座城市里的居民种族多样、信仰不一。既有奴隶，又有自由人。不仅有阿拉伯人，还有波斯人、摩尔人、印度人、亚美尼亚人以及信仰基督的少数群体。此外，世界各地的产品都沿着丝绸之路涌入撒马尔罕的市场上，这些产品包括了中国的玉器、印度的香料和俄罗斯的皮草。

撒马尔罕只用了几年时间便让它被赋予的一系列称号——"宇宙中心""精神花园""世界之镜"——变得名副其实。但事实上，它从来没有像唐代的长安或是现代的巴黎那样成为一座规模巨大的城市。卡斯蒂利亚王国的使节冈萨雷斯·德·克拉维霍曾访问过撒马尔罕。他痴迷于撒马尔罕的财富，估算它的面积比塞维利亚略大，人口约为15万。说到底，撒马尔罕引人惊叹的不是它的规模，而是它的国际化都市魅力，这种富丽堂皇的景象可以充分调动人的激情。

也许从来没有哪座城市完全是由某一个人创造的。成吉思汗仿佛鄙夷任何文明，因此就毁灭了它们。但是在将近200年后，帖木儿为了满足个人意愿却操控了艺术与科学。在撒马尔罕，帖木儿为自己（也可能是为上天）修筑了一个宏伟的建筑。他似乎想在这个建筑上凝聚并保存世界上的所有技艺。

这座世界上最奇伟的建筑便是比比·哈努姆清真寺。按照帖木儿的规划，它被建在市中心附近，配有49米高的宣礼塔。为了修建这座清真寺，帖木儿调集了数千名技艺精湛的工匠，还动用了95头印度大象负责将大理石运到施工现场。由于嫌清真寺的大门建得太慢，帖木儿处死了这

此图是帖木儿传记——《胜利之书》（由波斯历史学家沙拉夫丁撰写的皇皇巨著）中一幅插图的细节图，它绘于赫拉特，创作时间在1467—1468年。图中所展现的是1370年4月帖木儿在巴尔赫（古城，遗址位于今阿富汗北部）登基时会见群臣的场景。帖木儿在击败察合台汗国（其疆域跨越了现代中亚的大部分地区）大汗后自立为帝。在这次登基大典上，百官列队经过帖木儿的王座，向帖木儿行跪拜礼，并按礼仪往帖木儿的身上丢撒宝石。这一登基时刻标志着帖木儿帝王生涯的开端，在他的帝王生涯中，数百万生灵横遭屠戮，而他也创立了一个领土广袤却只是昙花一现的帝国。

个工程项目的总监。在施工现场，年迈且腿脚不便的帖木儿会在担架上挥舞手臂，把肉丢给他赞赏的工人作为奖励。建筑师们害怕自己重蹈总监的覆辙，很快就把清真寺给建好了。然而，在帖木儿去世之前，清真寺就出现了严重的破损。

作为撒马尔罕所仰仗的统治者，帖木儿其实是个长期神龙见首不见尾的人物。哪怕他已结束征战班师回朝，他也会选择在城外安营扎寨。城外有一个帖木儿的花园小区（帖木儿一共建了16个这样的小区），其中的宫殿和亭阁有些贴有中国瓷，有些装饰着壁画，壁画上草草地描绘着帖木儿经历的战事和他的喜好。还有的宫殿和亭阁周围是大型的公园，马儿若跑进公园可能会走丢。有时，帖木儿会在城外的营帐内接见外国使节，他的营帐建造得华丽壮观，屏障和帐顶上都悬挂着缀满宝石的丝绸。卡斯蒂利亚王国的使节克拉维霍曾称他见到了用黄金打造的桌子和镶满了璀璨珠宝的瓶子。他还描述过一次野蛮的宴会：席间，上菜的皮革盘子里盛满了羊头和马腿，这样一来，盘子实在太沉，侍者不得不在地上拖着盘子走。

1405年，帖木儿在他远征的路上逝世。他刚一撒手人寰，他的帝国就出现了分裂。成吉思汗的后人们虽然也分裂了蒙古帝国，但"蒙古和平"的局面还是维持了一个多世纪。而帖木儿帝国对于偏执的帖木儿过度依赖，所以他的离世给国家留下了一片混乱和令人困惑的状况。

在接下来的几百年里，撒马尔罕还是给这个世界留下了宝贵的遗产。在帖木儿的孙子兀鲁伯执政的那段时间里，撒马尔罕维持了它的显赫地位。兀鲁伯不仅是位君主，还是个天文学家。他在撒马尔罕建了一座天文台，有200多颗星星都是通过这个天文台发现的。而在赫拉特[1]，帖木儿的儿子沙哈鲁及其继任者们在宫中歌舞升平，他们给后世留下了几幅稀世的细密画、诗歌以及一批遭到毁坏的、雄伟建筑物的遗迹。最重要的是，撒马尔罕在1500年被乌兹别克人占领后，当时的君主帖木儿的第六代直系子孙巴伯尔流亡海外，他后来建立了印度莫卧儿帝国，在那里，富有帖木儿帝国特色的穹顶在泰姬陵中再次得到了完美的呈现。

今天，在撒马尔罕的高楼中，人们有时还会感受到穹顶上闪耀着光线。在列吉斯坦广场（19世纪末20世纪初英国政治家乔治·寇松爵士称其为"世界上最高贵的公共广场"）上，由兀鲁伯建造的神学院依旧耀眼绚丽。比比·哈努姆清真寺破损的遗迹也已逐步得到修复。更美妙的是，在通往帖木儿墓地群的神圣楼道上，以彩色陶瓷装饰的墓地大门仍然显得光彩夺目。在这片墓地群中埋葬的是帖木儿的家人和一些重臣。帖木儿本人葬于世界上最大的一口玉棺中，他的陵墓美得令人惊叹。

---

[1] 中亚古城，位于阿富汗西部，帖木儿帝国曾由撒马尔罕迁都于此。

巴黎

哥特式建筑的巅峰

克里斯·琼斯

> 巴黎是何等伟大的城市！我很渴望拥有那里的一座教堂，我要用推车将它直接拉回……伦敦，让它矗立于此。
> ——一首由英国国王亨利三世演讲的法国讽刺诗，13世纪60年代

14世纪初，居住在巴黎的人们将巴黎视为基督教世界最伟大的城市，这不无几分道理。巴黎的统治者底气十足，他们可以违抗基督教的最高精神领袖——教宗，并且不受任何责罚。巴黎的艺术和建筑领域洋溢着浓郁的哥特风，这使它在西欧自成一景。与欧洲其他重要学府相比，巴黎大学仿佛一轮冉冉升起的红日，它的光芒令群星黯淡。不过，巴黎的这种繁盛气象并非自古有之。在公元第一个千年中的大部分时间里，它在欧洲历史上只是一个小角色。

巴黎这座城市大概源于公元前200年。当时，一支名为"巴黎西人"的部落在塞纳河中的一座岛屿聚居，这座岛就是后来的西岱岛。巴黎曾被罗马人征服，而罗马人将它称为"卢泰提亚"，它由西岱岛向塞纳河两岸扩张，曾迎接过多位显贵人物，这其中就包括在公元前53年来访的尤利乌斯·恺撒。在大约400年后，"叛教者"尤利安，这位罗马帝国史上最后一个不尊崇基督教的君主，在巴黎境内被

巴黎大学走出了很多具有争议性的人物，其中一位便是神学家"贝纳的阿马尔里克"（约卒于1206年）。图中描绘了"贝纳的阿马尔里克"（左）讲学和被教宗（右）召见的场景。阿马尔里克的异端学说曾遭到谴责，在他死后，他的尸体还被人挖了出来，他的一些追随者被焚烧而死。此图出自14世纪中叶为法兰西国王约翰二世准备的法国国王史手稿。

他的士兵们高举在盾牌上拥立为帝。而在公元4世纪，已经具备一定知名度的巴黎，仍是个闭塞之地。它除了是个贸易站点外，几乎没有什么特别的地位。

当罗马人从他们的西部行省撤出后，巴黎的城市规模不断减小，后来缩减成了塞纳河上的一座堡垒型岛屿。取代罗马人占领巴黎的是法兰克人，在由法兰克人建立的墨洛温王朝的统治下，巴黎曾短暂地拥有过重要地位。由于巴黎自身的逐渐衰落，加上维京人的不断侵扰，它后来基本上沦为一座废弃之城。直到12世纪，巴黎才重新崛起。

巴黎的命运变化在很大程度上是因为卡佩王朝的数代国王自12世纪起将其作为长居之地。作为卡佩王朝的宫廷所在地及众多官员活动的舞台，巴黎在经济领域的发展不乏动力，它也成了法兰西王国政治生活的中心。圣殿骑士团覆灭时的可怕一幕就是在巴黎上演的。1314年，在法国国王腓力四世的监督下，圣殿骑士团最后一任大团长雅克·德·莫莱被宣判为异端分子，并处以火刑。腓力四世正是取缔圣殿骑士团的人。而在10年前，法兰西王国历史上的首次三级会议也是在巴黎召开的，当时腓力四世召开这一会议是为了在与教宗的斗争中赢得各阶层的支持。卡佩王朝的宫廷存在于巴黎的意义不仅是让巴黎人民感知政事，它还使一个贸易站点变成了一个足以与国王相匹配的都城。

由于不满巴黎城市街道散发出的恶臭，卡佩王朝先前的一位国王腓力二世的施政举措之一便

此图的上半部分描绘了公元3世纪的主教、殉道者圣丹尼斯（坐着的那位）的生活场景。圣丹尼斯在将基督教传至巴黎后，于蒙马特尔高地被处死。相传，他在被斩首后，手执自己的首级走到了现在圣丹尼斯修道院所在的地方。此图的下半部分展现了14世纪初的巴黎生活场景，比如一辆遮盖严实的马车正穿梭在巴黎铺砌过的街道上；还有在塞纳河上，商人们正在就船上的桶装酒讨价还价（同时还尝了尝酒的味道）。此图摘自完成于1317年的《圣丹尼斯传》插图手抄本。

是下令于1186年铺砌巴黎的街道。同时，鉴于占据诺曼底的英国人虎视眈眈，日益感到忧虑的腓力二世联手巴黎右岸地区的商人开启了一项艰巨的工程——在巴黎城区周围修筑城墙。这项工程在1190—1215年完工。不过，昔日的雄伟城墙在今天已所剩无几，只是在巴黎一个停车场的地下一层和某个不起眼的社区体育场边上才会瞥见古老城墙的端倪。在腓力二世构筑的防御体系中，最突出的建筑便是卢浮宫。这座大型城堡建于巴黎的西端，位于塞纳河畔，它的遗迹如今就掩藏在卢浮宫博物馆的地下。

132　中世纪世界

腓力二世改造巴黎的接力棒也传到了他继任者们的手中。由腓力四世主持建造的皇家大厅就很好地证明了这一点。这座大厅只有低层部分被保存至今。在这个巨大的封闭式礼堂中矗立着法国历代君王的雕像，他们仿佛在审视着那些管理政府事务的人。按12世纪初法国哲学家、神学家"扬登的约翰"的话来说，这些雕像的面容"极为逼真，以至于第一眼看上去会以为他们都是活人"。

在所有于巴黎开展的皇家建筑项目中，最富丽堂皇的莫过于西岱岛宫殿群中的圣礼拜堂了。当初，之所以要建这座皇家礼拜堂，是准备用它来珍藏由法国国王路易九世（圣路易）购得的耶稣圣荆棘冠。圣礼拜堂于1248年完工，其中最具特色的是它的高大彩绘玻璃窗。1000多面彩窗上表现了《圣经》中的故事和耶稣圣荆棘冠一路被运送至法国的过程。圣礼拜堂的设计元素被整个欧洲竞相效仿，英国国王亨利三世为之目眩神迷，于是当时一位风趣的人建议亨利三世应该把圣礼拜堂拖回伦敦去，正如本文开头引文中所说的那样。

卡佩王朝的王宫占据了西岱岛的西端，而与它媲美的是位于西岱岛东端、于1163年

圣礼拜堂的上层只限王室成员进入，这里最显著的特征是15面柳叶形彩绘玻璃窗。这些玻璃窗可追溯到1242—1248年，有2/3的玻璃被保存了下来。就在曾经供奉圣荆棘冠的圣龛背后，人们可以看到彩绘玻璃上刻画着耶稣的生平和耶稣受难的场景，大部分两侧的彩绘玻璃上则描绘着《圣经·旧约》中的故事。在这些彩窗之间，人们还可以看到象征着法兰西王室的莺尾花图案以及代表着路易九世的母亲卡斯蒂利亚的布朗歇的盾徽。

开始修建的哥特式教堂——巴黎圣母院。与圣礼拜堂类似，巴黎圣母院的亮点也是其壮观的彩绘玻璃窗，只不过它的彩绘玻璃窗是以玫瑰花窗的形式呈现的。

巴黎能够在中世纪晚期享有盛名得益于一系列因素，而在诸多因素中，最能帮助巴黎奠定其国际声望的是巴黎的大学。整个12世纪，一所附属于巴黎圣母院的大学获得了日渐高涨的学术声望，吸引了来自欧洲各地的学者。在最早一批来到这所大学的学者中，有一个名叫彼得·阿伯拉尔的人，他因对逻辑学所做出的贡献而声名大振。而同样使他出名的，是他与自己的学生埃洛伊兹之间的悲惨爱情。埃洛伊兹的舅舅后来出于报复心理派人将阿伯拉尔阉割，让这段师生恋显得更加曲折，而阿伯拉尔与埃洛伊兹的故事也是那个年代最著名的传说之一。

进入13世纪后，这所原本依附于巴黎圣母院的大学渐渐独立。它获得了来自王室和教宗的支持，

△ 西岱岛在长达2000多年的时间里一直都是巴黎的中心。西岱岛在地理意义上对世俗和宗教两种势力的划分，体现了中世纪传统的沿袭。在西岱岛东边占据主导地位的是教会，其标志性建筑便是巴黎圣母院。而在西岱岛西边，卡佩王朝的王宫如今已被现代的司法宫包含在内。

◁ 巴黎圣母院是由12世纪的巴黎主教莫里斯·德·苏利发起修建的旷世杰作。人们今天所看到的巴黎圣母院，其大部分外观其实源于19世纪的修复。但不管怎样，它西面的宏伟外观，连同那里装饰精美的门廊以及旧约时期的国王雕像，仍然是教会势力的经典标志。

逐步发展为塞纳河左岸地区重要的高等学府。随着学校师生人数越来越多，一批学院相应诞生，其中最著名的是创建于1254年的索邦学院，名字源于它的创始人罗伯特·德·索邦，他是王室教堂的神职人员。当巴黎树立了它作为欧洲首要学术之地的声望后，巴黎的学者们也参与讨论起了基督教世界的问题。不过，正如教宗约翰二十二世所领教到的那样，巴黎的神学家们一旦觉得教宗的观点不够正统，可是连教宗都敢驳斥的。

大批学生和学者的聚集带动了巴黎许多行业的发展，而在这些行业中，最依赖于巴黎大学的是图书业。巴黎的人口虽然在迅速增长，但羊皮纸制造者、抄写员和装订工却只占一小部分。当阿伯拉尔在12世纪初来到巴黎的时候，巴黎的人口似乎才区区3000人。而大约200年后，巴黎的人口升至20万人，这也让巴黎成为当时西方最大的城市。

在从事誊写和图书装帧的匠人活跃于巴黎的同一时期，巴黎人很得意于自己的城市能拥有雕塑家、画家、盔甲制造者，还有格外令他们称赞的面包师。1323年，已是一所大学校长的"扬登的约翰"就曾称巴黎的面包师"天赋异禀、才艺卓绝……他们做的面包精致可口到了不可思议的程度"。这位"扬登的约翰"还曾对巴黎城中不计其数的楼厦和市场上琳琅满目的商品感到惊叹。巴黎的商人充分利用了塞纳河带来的商机，他们的商业活动使巴黎的经济充满了活力，而一手推动形成这一局面的，是巴黎城中最重要的居住者——国王。1182—1183年，正是腓力二世在将犹太人驱逐出他们的领地并占有其资产后，着手开拓右岸地区的土地，同时开始建设被称为"大堂"的封闭式市场。

如今，位于现代巴黎中心的巴黎圣母院仍是最能够反映出这座城市中世纪辉煌历史的地标。不过，由于黑死病的肆虐以及后来英国军队的兵临城下，巴黎的那段辉煌到了14世纪中期便悄然无踪了。

吕贝克

及汉萨同盟的其他城市

威廉·L. 厄本

你们是领主！

——神圣罗马帝国皇帝查理四世对吕贝克议会如是说，1375年

1143年，荷尔斯泰因的伯爵阿道夫二世在特拉沃河中的一座岛上建了一个城堡和一座有城墙防护的城市。早在他建城之前，这座岛便已经有人居住了。此岛是个贯穿南北的交通枢纽，对于渔民和航行进入波罗的海的商人，它拥有一个绝佳的港口。这种地理位置就其发展商贸而言颇为理想，然而这一优势也令不少外敌眼红，它也因此屡受敌人破坏。

阿道夫二世建立的吕贝克确实遭遇了不幸。建成后不到两年，吕贝克的部分地区就被聚集在附近的文德人焚毁。两年后，教士维切林成了吕贝克附近城市奥尔登堡（文德人主要的聚居地）的主教。他成功地让文德人信仰了基督教，这也为吕贝克能够吸引外地农民和市民创造了条件，这些外来者中有的是来自像佛兰德（今天的荷兰和比利时部分地区）这样遥远的地方。尔后，强大的萨克森公爵"狮子海因里希"在1158年占领了吕贝克。他向吕贝克的商人开放德国北部，并协助奥尔登堡主教将辖区迁到吕贝克。在他的首肯下，第一届吕贝克政府也得以组建。由于自1180年起开始出现的政治争斗，吕贝克的公民曾先后处于神圣罗马帝国皇帝弗里德里希"巴巴罗萨"和丹麦国王的统治之下。直到1226年，在丹麦的权力被摧毁后，吕贝克才成为一座自由的帝国直辖城市。此后，吕贝克的公民开始自治，并自由地铸造钱币、开展贸易。

吕贝克的商人先驶向波罗的海东部，十字军正在那里征服普鲁士和立窝尼亚，而后他们还会航行至瑞典，然后再抵达俄罗斯，他们一路上会带着佛兰德服装、德国铁器以及采自吕贝克附近盐矿的盐。吕贝克与汉堡开展贸易是通过陆路，而与不来梅的生意往来则是通过水路。吕贝克的商人卖的是出自波罗的海和挪威的鱼、俄罗斯的蜡和皮草、波兰的谷物和普鲁士的木材。他们在瑞典哥得兰岛的维斯比贸易港尝到了通过建立国际商会开展合作的巨大甜头。1356年后，这一商会便经常在吕贝克召开会议，探讨成员城市所共同面临的问题。各成员城市相互承诺在商品重量上绝不掺假，让彼此都能享受低廉的税收和公道的市场费用，每个成员城市都有权使用其他成员城市的住房、仓库和银行，可以享受当地的医疗服务，并可以去当地的宗教场所参与宗教仪式。吕贝克的法律开始被波罗的海沿岸的一些新兴城市所沿用，而吕贝克的货币制度在波罗的海沿线地区占有主导地位，这些因素都大大提高了吕贝克的威望，它也发展为仅次于科隆的德国第二大城市。

这样一个由70到170个城市组成的没有严格定义的组织自豪地宣称自己为"自由汉萨城市"。"汉萨同盟"这一称谓在13世纪中期首次出现，但直到后来才被普及。只有当联合行动显得十分必要的时候，

汉萨同盟的成员才会相聚议事，他们成功地击退过海盗，为自己的商船争取到了税收豁免权，还有力应对了潜在的竞争。他们坚决支持垄断同业公会和贸易，只要他们自己是垄断者即可。贷款对于他们发展商务至关重要，联营的商业模式比单干的风险小了不少。在汉萨同盟成员之间，不同城市生意伙伴的通婚也极为普遍。汉萨同盟的商人在国外各地开设工厂、旅馆、教堂和仓库。诺夫哥罗德、伦敦、卑尔根、科隆、布鲁日和其他一些城市都特别划出一片区域供汉萨同盟的商人使用，商人们在其中可受到保护，不被骚扰。同时，他们还享有司法公正的权利。

14世纪，吕贝克城里随处可见由砖头搭建的多层房屋、坚固的仓库以及装饰华丽的教堂和福利中心。农民和游客可以在大型餐吧、旅馆享受服务。作为城市公共生活中心的市政厅有着华丽的陈设和装修，它是北方文艺复兴建筑中的杰作。吕贝克的市场上遍布着摊位，有些街道的名字就代表了该街道上进行的主要买卖，比如鱼

附着于一份德国贸易文件上的汉萨同盟蜡封戳。每个蜡封戳都属于相应的汉萨同盟成员城市。蜡封戳上常见的图案是船只和商贸活动。

贩街、铜匠街、屠夫街和制铃人街等。每一个行当都有自己的同业公会，人们将从这些同业公会中选举出24人担任吕贝克议会的议员，而在这24人中又将选出4人出任吕贝克的市长。

吕贝克城里偶尔会爆发劳工骚乱，工人们抱怨商人在生意中抽成太多，并且掌握了过多的政权。其实对每一个汉萨同盟城市而言都存在着这样的情况，如果这些城市想保持独立、繁荣发展，那么工人们反映的问题都在所难免。

1375年秋，神圣罗马帝国皇帝查理四世对吕贝克展开了为期11天的访问。这次访问后来成了一段被人津津乐道的传说。比起人们记忆中的任何其他神圣罗马帝国皇帝，查理四世显得更老成、更强壮、更坚定，但是他很需要钱。他带的随行人员人数极多，这不禁让吕贝克的老百姓担心让这些人过城门会不太安全。他爱好收集纪念物，如果他开口讨要一些纪念物的话，吕贝克议会又该怎么办？查理四世尝试着用好话来哄吕贝克的议员，而当议员们听到他想要钱之后，他们的回应大都是些漂亮的场面话。查理四世当时住在市政厅，他的皇后被安排住在了市政厅对面的大楼，吕贝克议会专门在这两栋

楼之间搭了一座廊桥。相传吕贝克的百姓会一直观望，希望看见查理四世从自己住的地方出来走到皇后的窗前。有一天晚上，皇后把查理四世给关在了外面，直到围观人数越来越多，皇后才不得已打开了窗。查理四世离开吕贝克的时候收获了一笔财富，但是这笔钱并没有达到他的预期。

世上没有什么事物是永恒的，汉萨同盟也不例外。面对各地领主，汉萨同盟不再能够保护其成员的利益。而每遭受一次损失，想要维护余下的成员城市就变得更难。同盟城市可以对别国实施贸易禁运，也可以筹组海军，但是它们没办法组建陆军。对同盟城市而言，永远阻止竞争对手进入自己的市场或者跟英国和荷兰的大型商船一较高下，也越发成了不可能的事，而这些都构成了它们最致命的弱点。16世纪的宗教改革运动进一步加大了汉萨同盟的压力，比方说在斋戒日，鱼肉的需求量会大减。而在"三十年战争"[1]期间，很多汉萨同盟的城市遭到了劫掠。汉萨同盟的最后一次正式会议于1669年召开，但只有吕贝克、汉堡和不来梅仍然是自由汉萨城市，它们的这种地位一直保持到了19世纪。

德国文豪托马斯·曼有部小说叫作《布登勃洛克一家》，它的副标题是"一个家族的没落"。在这部描绘了19世纪生活的著作中，读者可以看到吕贝克作为自由城市的最后几十年是怎样的一番景象。吕贝克公民因自己以及汉萨同盟创造的成就而充满了自豪感，这种自豪感在今天是显而易见的。比如德国最大的航空公司汉莎航空（Lufthansa，该德文字面意思为"空中的汉萨同盟"）的名字就不禁让人回想起汉萨同盟在海上叱咤风云的岁月。如今，吕贝克是一处世界遗产地，同时也是一座热门的旅游城市。

吕贝克城市的早期风景。驶近吕贝克的水手会先看到防御港口的炮垒，接着能看到城中著名的教堂，站在高处则依稀可以看到远处的市政厅和市场。

---

[1] 发生于1618—1648年，一场由神圣罗马帝国的新教诸侯与天主教诸侯的矛盾而引发的多个欧洲国家卷入的大规模混战。

克拉科夫

北方的文艺复兴城市

亚当·查莫斯基

> 托伦养育了我,克拉科夫则以艺术熏陶了我。
>
> ——哥白尼

在中世纪晚期,克拉科夫是欧洲最大国家的首都。它身后的王朝幅员辽阔:北起波罗的海,南至黑海,西起亚得里亚海海岸,东距莫斯科不过数百千米。而作为王朝的中心,克拉科夫对外界而言充满了吸引力。这种吸引力可从克拉科夫市内巨大的主广场一窥端倪。这个主广场同时也是欧洲最大的市场,其中矗立着一座12世纪的勃艮第罗马式教堂、一座14世纪的德国哥特式教堂和一所融合了多种风格的全盛哥特式市政厅。在广场周围,富商的宅邸随处可见,这些宅邸的建筑风格不禁让人联想起一些意大利城市中的宫殿。在克拉科夫有一座方济各会的教堂叫作圣母大殿,它显著的特色是其中饰有三联雕刻的祭坛。该祭坛是由16世纪德国著名雕塑家法伊特·施托斯设计完成的,它是中世纪北方最伟大的艺术杰作之一。而圣母大殿的壁画从风格上来说则明显受到了中世纪晚期意大利画家乔托的影响。克拉科夫的街道总是熙熙攘攘,行人的服装体现了不同国家和地区(如法国、佛兰德、德国和奥斯曼土耳其)的特色。你还可以在街头听到各种语言,比如德语、意大利语、亚美尼亚语、意第绪语(中世纪东欧、中欧犹太人使用的语言)、鲁塞尼亚语(1699年以前立陶宛大公国的官方语言)和匈牙利语。

克拉科夫源于瓦维尔山,这座岩石构成的山冈可以俯瞰维斯瓦河。围绕着克拉科夫的起源还流传着一则勇士屠恶龙的传说,有的人倾向于认为屠龙者是克拉科夫的建城者及国王——英勇的克拉库斯,也有人倾向于相信真正的屠龙英雄是一个机智的鞋匠。瓦维尔山上有一处10世纪的城堡和教堂遗址。据记载,克拉科夫在公元965年是一个重要的贸易中心。它在1040年成为波兰王国的首都,但是直到被尊为"大帝"的卡齐米日在1333年即位,它才迎来了自己的黄金时期。这段时期对整个波兰而言也是一段盛世。气候变暖为波兰的农业发展提供了有利条件,而且在1348—1349年肆虐欧洲、使欧洲某些地区人口减半的黑死病在大体上并未波及波兰,波兰还从因疫情而遭到政治迫害、迁居过来的大批犹太难民的身上有所获益。

这幅约创作于1587年的版画是依照一幅哥白尼的素描完成的,而那幅素描的作者是16世纪的瑞士画家托比亚斯·施蒂默。尼古拉·哥白尼出生在一座位于波兰维斯瓦河下游的汉萨同盟城市——托伦。1491年,哥白尼进入克拉科夫的雅盖隆大学学习天文和数学。他比伽利略更早地论述了"日心说"。在他的天文学著作《天体运行论》中,哥白尼提出地球是围绕太阳运行的,只不过由于担心受到宗教裁判所的迫害,他称这种观点只是一种数学假设。

卡齐米日大帝为克拉科夫的繁荣创造了所有的良好条件。他编纂了法典，规范了货币制度，兴建了基础设施。克拉科夫城中涌现了许多新建筑，外围还筑起了新的城墙。1364年，在克拉科夫诞生了一所大学——雅盖隆大学，这座学府也成了继创办于14年前的布拉格查理大学之后的中欧第二所大学，它比绝大多数德国大学成立得还要早。

继承卡齐米日大帝王位的是他的外甥——匈牙利国王路易一世（安茹的路易），而路易一世又将波兰国王的王位传给了他的女儿雅德维加。雅德维加后来嫁给了立陶宛大公，由此为波兰联合其东部大片领土并发展成为一个强大的国家打开了局面。雅德维加的丈夫是以瓦迪斯瓦夫二世的名号而获得加冕的波兰国王，他在1410年的格伦瓦尔德（坦嫩贝格）战役中击败了条顿骑士团。而5年后，他的外交官在康斯坦茨会议中发挥了重要作用。在瓦迪斯瓦夫二世执政时期，英格兰国王亨利五世也曾向他示好。瓦迪斯瓦夫二世的儿子是卡齐米日四世，他在接见奥斯曼帝国苏丹穆拉德二世的使团时会佩戴嘉德勋章。波兰在16世纪的国王西吉斯蒙德·奥古斯都是卡齐米日四世的后人，他的母亲出身于米兰的斯福尔扎家族，是法兰西国王弗朗索瓦一世的表姐，也是神圣罗马帝国皇帝查理五世的一位近亲。西吉斯蒙德·奥古斯都曾考虑与英格兰国王亨利八世的妹妹玛丽·都铎达成婚事，但后来娶了哈布斯

▽ 圣母大殿的唱经台原先是生活在克拉科夫的德国人唱经的地方。该唱经台建于1355—1365年，拱顶建于1442年。1889—1891年，在修复圣母大殿期间，波兰画家扬·马泰伊科设计了教堂里的多彩壁画装饰。关于圣母大殿有一个传奇故事，说的是在鞑靼人入侵克拉科夫时，圣母大殿钟楼的号手发现敌军逼近，便吹响号角发出警报，但他随即被弓箭射死。时至今日，圣母大殿的钟楼每隔一小时就会响起哀怨的号角声，曲调会在中途中断，以纪念那位牺牲的号手。

◁ 圣母大殿主祭坛上三联雕刻的细节部分展示了圣母与多位使徒的形象。这组雕刻是由法伊特·施托斯完成的，它可以追溯到1477—1489年。

堡王朝的一位公主为妻。

到了15世纪中期，克拉科夫已经发展成了一个文化大熔炉。那里的居民总数不到1.5万人，所以它算不上是座特别大的城市，但是它所焕发的活力却丝毫不逊于任何一座大城。在随后的几百年中，人们见证了克拉科夫的学术、文化政治活动的大爆发，它也借此在欧洲城市中牢牢占据了主流地位。当时，不少波兰人会去国外留学。1480年，一个波兰人担任了巴黎大学的校长。而到了1500年，意大利的帕多瓦大学中有1/4的学生是波兰人。与此同时，克拉科夫大学也不断吸引着其他国家的学者，有些学者甚至是从英国和西班牙远道而来。意大利人文主义者圣吉米尼亚诺的菲利波·博纳科尔西（他更广为人知的名字是"卡利马科斯"）于1472年在克拉科夫谋得了一份教职。博纳科尔西欣喜地发现，由于克拉科夫的邮政业务相当发达，他可以定期与佛罗伦萨的政治家洛伦佐·德·美第奇以及皮科·德拉·米兰多拉保持通信。1473年，印刷机在克拉科夫开始应用，这比威尼斯晚了4年，比伦敦早了3年，而印刷机的出现也意味着博纳科尔西不会再缺书看了。1488年，德国人文主义者康拉德·策尔蒂斯也来到了克拉科夫，他创办了一个文学学会，这个机构中常常会出现女诗人的身影。

雅盖隆大学的玛伊乌斯大学堂。15世纪90年代，一些古老的建筑连接在了一起，庭院被环绕的柱廊所装饰。这里也是雅盖隆大学最初的校址之一。作为波兰的第一所大学，雅盖隆大学长期保持了其"欧洲顶尖学术中心之一"的地位。15世纪，它的在校学生人数已经达到八千至一万。雅盖隆大学开设了世界上第一个数学与天文学教授职位。校内至今还保留有一间炼金房和一个建于16世纪的装饰得富丽堂皇的大厅。雅盖隆大学校门上刻着一句格言：理智胜于蛮力。"二战"期间，校内许多珍贵的藏书都被纳粹偷走了。如今，校内有一座博物馆，其中收藏了一个1510年的地球仪，上面首次标出了美洲的位置。

克拉科夫吸引策尔蒂斯的是他可以在雅盖隆大学声名显赫的数学和天文这两个学系任教。有许多人都痴迷于这两门学科，他们认为数学和天文是打开极限真知之门的钥匙。据说，浮士德博士[1]就曾在雅盖隆大学学过这些专业。1491年，一个名叫尼古拉·哥白尼的学者进入雅盖隆大学学习，这个来自托伦的青年学生日后将会发表他伟大的天文学理论。

雅盖隆大学中有个回廊环绕的"大学堂"，它可以追溯到1494年，看起来就像是牛津校园建筑的

---

[1] 德国民间传说中的人物。相传浮士德为了获得无尽的知识，与魔鬼订约，放弃了基督教信仰，出卖了自己的灵魂。

北欧版。克拉科夫的一些城市建筑还体现了佛兰德风格和德国风格，尤其是城里由砖头建造的哥特式教堂、城墙以及城门。不过到了15世纪末，最大的影响来自南方——匈牙利，尤其是意大利。

　　统治波兰的雅盖隆王朝的领土与威尼斯共和国的领土是接壤的，因此意大利和波兰之间的交流极为频繁也就不足为奇了。涌入波兰的不仅有人文主义思潮，还有文艺复兴的艺术。1502年，雅盖隆王朝的王位继承人西吉斯蒙德王子从意大利旅行归来的同时，还带回了佛罗伦萨的建筑家弗朗切斯科·菲奥伦迪诺。4年之后，西吉斯蒙德王子已成为国王西吉斯蒙德一世，他委派菲奥伦迪诺重建位于瓦维尔山上的哥特式皇家城堡。城堡的重建工程在菲奥伦迪诺去世后由另一位佛罗伦萨的建筑家巴尔托洛梅奥·贝雷西接手。贝雷西为西吉斯蒙德一世设计的葬礼教堂于1531年建成，该教堂乃是阿尔卑斯山以北最早同时也是今天保留最完好的文艺复兴建筑之一。在菲奥伦迪诺和贝雷西之后，其他一些同样来自托斯卡纳的建筑师也来到了克拉科夫。他们改造了克拉科夫的城市景观，在克拉科夫周边的郊区建起了一座座文艺复兴风格的别墅。

　　瓦维尔山上的波兰王宫在当时已是欧洲最绚丽的宫廷之一，这里以其经常举办盛大展览和音乐会而闻名。中世纪的中欧曾出现过一些重大变革，而克拉科夫正是见证这些变革的中心。在15世纪下半叶，波兰的议会制度发展迅猛。而在1505年，*Nihil Novi*（拉丁文，字面意思是"没有什么是新的"）法案使波兰议会成了唯一具有立法权的机构。议会是波兰贵族阶级的喉舌，这些统治波兰的贵族不仅操心有关个人权利的事务，还关注着穆斯林和犹太人的问题。所以当宗教改革运动在波兰发生时，它没有像其他地方的宗教改革运动那么血腥，也就不奇怪了。当时的克拉科夫是其他国家宗教异见者和政治异见者的避难之地，也是上演争论的焦点地带，还是文学作品的主要出版地，许多宗教和政治文学正是从波兰刊印而传遍整个欧洲的。

　　但是，波兰民主制度的发展反而造成了克拉科夫的衰落。自1569年起，波兰议会所在地迁至华沙。20多年后，波兰的宫廷也转移到了华沙。不过，克拉科夫的建筑、大学、图书馆和艺术品则都被保留了下来。

威尼斯

地中海霸主

约翰·朱利叶斯·诺里奇

> 此地容不下背信弃义的勾当……不管是无情的娼妓还是放肆的娘娘腔都得低调做人,在这里是不存在偷窃、暴力或者谋杀的。
>
> ——彼得罗·阿雷蒂诺[1]对安德烈亚·格里蒂[2]如是说,1530年

15世纪初,威尼斯正处在权力的顶峰。1000年前,这座城市不过是内陆大城市的人为躲避蛮族入侵的简单的避难所;而到了15世纪,威尼斯已是地中海的霸主,世界上最强大的贸易国,它的商业殖民地延伸到了中东,甚至还扩展到了远东地区。威尼斯的海军舰队和商船船队都装备精良,威尼斯兵工厂里的1.5万名工人每隔几天就能打造出一艘配备齐全的船。此外,威尼斯的财富还呈现出稳步增长的态势。当时在欧洲的其他地区,封建制度的地位仍然不可动摇,贵族阶级的地位是基于土地所有权之上的,贸易则受人轻视。而在没有封地的威尼斯,人们尊崇的是事业。因此,将威尼斯的贵族称为"商业巨头"是很准确的,而"商业"和"巨头"这两个词在别的地区则总是一个相互矛盾的概念。

那么,威尼斯如此成功的原因是什么呢?主要原因有三个。第一个原因是威尼斯偏安一隅。在整个中世纪,意大利的内陆不断成为战场。在西罗马帝国灭亡以及蛮族的反复入侵之后,意大利出现了无法挽回的分裂局面,各方势力针锋相对。相互角力的阵营有教廷、拜占庭帝国、查理曼大帝及其继任者们建立的查理曼帝国、意大利北部大城市(如米兰、维罗纳、帕多瓦)、意大利北方的海上城邦共和国(如热那亚、比萨)和南方的海上城邦共和国(如那不勒斯、阿马尔菲和加埃塔)等,这份名单

威尼斯没有民主制度,权力都把持在大家族的手中。这些大家族的成员又组成了大议会,而大议会的成员总数超过了2000人。在实际生活中,"十人委员会"负责日常政务。该机构于1310年设立,其委员由大议会选举产生,任期为6个月。总督位列"十人委员会"之中,图中坐在中间位置上的人物便是总督。

---

1 意大利文学家。
2 当时的威尼斯总督。

一幅德国木刻版画中所展现的1486年的威尼斯。相较于亚得里亚海，这幅版画的作者显然更习惯刻画莱茵河，他情不自禁地在这幅版画的背景中添上了山脉。不过，他在版画中央的前景处完美地呈现了总督府以及位于它后方的圣马可教堂及其钟楼。画中的码头周围挤满了各式各样的船只，让人联想到威尼斯的主要致富之道。

还可以列出很多。然而，威尼斯却置身其外，它那离岸3000米的浅水水域就防御性而言比深水区更为有效，相当于一条巨大的护城河，保护着威尼斯，让它免受虎视眈眈、肆意妄为的邻邦的侵扰。倚仗这片水域，威尼斯可以全然不顾意大利的局势，把目光投向东方：君士坦丁堡、黑海、东印度群岛以及中国。在那里，威尼斯所经手的丝绸、香料、黄金、皮草以及东方的奴隶贸易为其聚敛了财富。

第二个原因是威尼斯政通人和，这一点要归功于它了不起的政体。公元727年，威尼斯宣布独立，脱离了拜占庭帝国的统治。自那时起，威尼斯便选择了一条共和国的道路。意大利北部存在着其他一些伟大的城市，历经多年发展，这些城市实际上是由某个大家族掌控的，比如美第奇家族控制着佛罗伦萨；斯福尔扎家族和维斯孔蒂家族统治着米兰；贡扎加家族把持着曼托瓦；埃斯特家族治理着费拉拉。但威尼斯却不存在这种情况。在威尼斯，人们对于这种一家独大的畏惧几乎是病态的。不过，在威尼斯也并不存在民主制度。1298年，非贵族成员已经不能进入威尼斯共和国的大议会了，而所有有资格进入大议会的贵族的名字随后都被登记在了威尼斯共和国的贵族名册"黄金簿"上。与此同时，威尼斯也在力求确保这些大家族成员的权力不至于过大，这也导致了选举总督的方法变得相当奇怪而复杂。更奇怪的是，一旦当选后，总督本人其实并无实权，他手上的权力可能比现今英国女王的权力还要小。实际上处理政务的是各种名称不详的委员会，其中多数委员会任期只有几个月，这些委员会都是通过多数投票制来决策的。因此，在威尼斯的政治历史上，没有出现过可以只手遮天的大人物。威尼斯共和国在1797年被拿破仑所灭，但在此之前的700年左右的时间里，威尼斯共和国的政体都坚如磐石。

威尼斯能够获得成功的第三个原因有些另类，而且它没给威尼斯落下什么好名声。这个原因就是第四次十字军东征。1201年，十字军高层向威尼斯求助，希望威尼斯能够提供足够的舰船运送十字军抵达战场。威尼斯方面同意了，并且额外派出自己的一支部队随军出征。然而，十字军却偏离了原定的东征目标——埃及和耶路撒冷，转而攻打基督教城市君士坦丁堡。1204年，君士坦丁堡遭到十字军的洗劫，城中大部分地区被毁，拜占庭帝国原先的希腊皇帝被驱逐，取而代之的是十字军中的一个法

在大运河入口处的水边矗立着总督府，它是威尼斯的标志性建筑，也是威尼斯的骄傲。总督府始建于1348年，在1577年的大火之后，部分曾被重建。它的正面外观并未追求完美对称，但仍然体现了明快与优雅。它的一层是坚固的拱廊，二层是"威尼斯哥特式"的凉廊，三层是粉色和白色相间的样子。中央是装饰华丽的阳台（建于1404年），供总督亮相。每年冬季，威尼斯周边的河水都会定期泛滥，总督府所在的整个地区都会被浸没于水中，而泛滥的洪水从长远来看，也对威尼斯城构成了威胁。

兰克人，而在这个法兰克暴徒的王朝统治下，君士坦丁堡满目凋敝。50年后，希腊人卷土重来，收复了君士坦丁堡，却发现他们从前的帝国之都已经惨淡凋零。

　　拜占庭帝国的这次损失让威尼斯从中受益。因为根据与十字军的协议，威尼斯占得了君士坦丁堡以及整个拜占庭帝国3/8的领土，并且可以在拜占庭帝国全境开展自由贸易。而威尼斯的两个主要竞争对手——热那亚和比萨，在拜占庭的地盘上却尝不到一丝甜头。在君士坦丁堡，威尼斯将圣索菲亚大教堂周围的整个城市中心区域据为己有。在从威尼斯潟湖至黑海的这片广阔区域，威尼斯建立了一个港口网络，它所覆盖的地区包括了希腊大陆西岸、整个伯罗奔尼撒半岛、爱奥尼亚群岛、基克拉泽斯群岛的部分岛屿、色雷斯沿海地区以及战略位置极为重要的克里特岛。也正因此，威尼斯总督获得了一个如雷贯耳而又名副其实的称号——"拜占庭帝国八分之三的领主"。

　　威尼斯在14世纪的境遇要比它在13世纪的情况艰难得多。这个时期出现了两次革命，尽管这两次行动都愚蠢得可怜。此外，还有一位总督因罪被处死，这也是威尼斯历史上唯一一个被明正典刑的总督。14世纪下半叶，黑死病每隔几年就会无情地袭扰威尼斯，威尼斯的人口也因此大幅减少。更糟糕的是，奥斯曼土耳其人入侵了欧洲并迅速占领了巴尔干半岛。不过，威尼斯在商业上所取得的巨大成功也让它在这一时期享有国际威望。它在西欧的贸易地位也极其稳固，所以它的一举一动都足以影响整个西欧。

　　与此同时，在威尼斯日益增长的财富中，有大笔收入都被用于城市发展。1400年，威尼斯的运河数量甚至比它今天的运河数量还要多。许多运河后来都被填平了，而参与填平运河的船与现代的贡多拉[1]颇为相似。当时，圣马可大教堂虽然仅有300年的历史，但已有两样东西让它引以为傲。一是教堂门前的四尊铜马雕塑，它们是第四次十字军东征期间威尼斯人掠夺来的战利品；二是教堂的早期罗马

1　独具特色的威尼斯尖舟，轻盈纤细、造型别致。——编者注

威尼斯　145

△ 建于13世纪的达莫斯托府（中部偏左）是大运河上最古老的府邸之一。1432年，著名的探险家阿尔维斯·达莫斯托即出生在这座府邸。达莫斯托府后来成了一家著名的旅店，神圣罗马帝国皇帝约瑟夫二世就曾下榻于此。几百年来，达莫斯托府历经沧桑，好在近年得到了修复。

▽ 傲立于圣马可大教堂西门前的四匹铜马有着神秘的历史和坎坷的遭遇。第四次十字军东征被威尼斯人无耻地从耶路撒冷转移，使得君士坦丁堡于1204年被十字军占领。时任威尼斯总督恩里科·丹多洛在君士坦丁堡赛马场中发现了这四尊铜马雕像，于是将其作为战利品带回了威尼斯。关于这四尊铜马像到底是古希腊的艺术品还是古罗马的艺术品一直存在争议，有一种说法认为它们曾矗立于一座凯旋门的顶端。没有人知道真正的答案。图中的四尊铜马像为原物，它们后来被收藏于圣马可大教堂内，如今位于大教堂门前的四尊铜马像其实是复制品。

式钟楼，尽管当时圣马可广场其余三面的建筑尚未建好，总督府还差最后一点装饰就能完工。至于其他建筑，大部分哥特式的教堂和宫殿也已就位。不过50年后，这些哥特式建筑都将被仿造古典风格的文艺复兴建筑所取代。

威尼斯对未来的信心，由一个它的其他对手都不具备的巨大优势所支撑，这个优势就是威尼斯是坚不可摧的。纵然威尼斯也拥有陆地，但它终究是属于大海的。海洋保护了它，也使它变得富有。1400年，威尼斯已经拥有了3300艘船和3.6万名水手。没有哪座意大利大城市敢说它能像威尼斯那样，在将近1000年的时间里牢不可破；也没有谁能够拥有与威尼斯一样多的财富。威尼斯比它所有的竞争者都更接近东方市场，那里的奢华物品曾令整个欧洲为之痴迷，而欧洲对于这些商品的需求也变得愈加强烈。另外，对于海洋赋予威尼斯的优势，它的对手或许偶尔可以向威尼斯发起挑战，但从长远来说，它们是永远无法与之抗衡的。此外，威尼斯深受外界信任。它建立了一个跨越半个地球的贸易网，而且即便它讨价还价的时候相当执着，也不影响它交易公平的美名。威尼斯人有着坚韧、勤奋、果敢的特点，他们内心对财富有着根深蒂固的尊重，并且怀有获得财富的无限雄心。威尼斯人很讲纪律，这既是他们的长期（贸易）经验培养出的一种品性，也是国法的要求。

因此，威尼斯公民自视甚高就一点都不会让人意外。他们中的大多数人或许对治国理政没有话语权，不过意大利内地的公民与他们相比，情况也谈不上优越。只要能把威尼斯管理得当，就算广大公民自身影响不了政治，现有的政体也终究要好过由一个野心勃勃的残暴专制者由着性子独掌大权。如果生活在这个文明世界中最富裕、最安全、最有秩序、最美丽的城市的代价是无法参政，那么威尼斯人随时都会欣然接受。

佛罗伦萨

美第奇家族的光辉荣耀

查尔斯·菲茨罗伊

> 整个佛罗伦萨都沉浸在艺术与和平的欢乐之中,它力求招徕文人雅士,丰富城市的藏书,点缀城市的妆容,让乡间也变得硕果累累。
>
> ——希皮奥内·阿米拉托,1647年

佛罗伦萨在历史上占据着特殊的地位。文艺复兴运动正是从这个意大利小城邦开始的,这场运动改变了我们对世界的认知。佛罗伦萨坐落在托斯卡纳中部的阿诺河上,在中世纪逐渐强盛了起来,扩张范围超越了最初的罗马人定居地。它在12世纪成为一个独立的城市公社,到了1300年,它已经是欧洲最大的五座城市之一。它的财富主要源自银行业和羊毛纺织业。"弗罗林"金币就是根据这座城市的名字而命名,它成了整个欧洲的标准金币。

中世纪的意大利政局动荡,教宗派与皇帝派之间的内战延续了多年,而佛罗伦萨属于教宗派的阵营。与被专制者或贵族小集团统治的邻邦不同的是,佛罗伦萨的中产阶级在公民生活中发挥着重要作用,而代表了佛罗伦萨最重要的贸易机构的行业公会则管理着不断发展的城市。佛罗伦萨的政府由九名成员组成,其中有六人分别代表城市中的主要行业公会,有两人代表小行业公会,而另外一人则担任首席执政官,这九名成员每两个月都会选举一次。

中世纪的佛罗伦萨同时也是一个著名的文化中心。13世纪和14世纪,这里诞生了才华横溢的艺术家齐马布埃和乔托,以及中世纪意大利文学领域最伟大的人物——作家但丁、彼特拉克和薄伽丘,他们三位都精通古典文化。到了14世纪晚期,佛罗伦萨已经发展成为欧洲的学术和艺术中心。当时,"人是万物的尺度"这一人文主义理念日益引起人们的兴趣。人文主义者们从古代世界汲取灵感,他们不仅视古罗马和古希腊的艺术、文学为人类的最高成就,还将佛罗伦萨看作罗马的继承者以及自由的捍卫者。

1400年左右,佛罗伦萨的政治和经济实力逐渐增强,与此同时,一种新的艺术风格也发展了起来。1402年,威武的米兰公爵率军入侵佛罗伦萨,但佛罗伦萨人成功地守住了城市。为了庆祝这场胜利,佛罗伦萨开启了涉及多件重要艺术品的城市美化工程。以古典原型为基础的自然主义风格应运而生,这种风格最初出现在雕塑领域。15世纪早期,佛罗伦萨的艺术界有三位天才型的领军人物,他们分别是建筑家布鲁内莱斯基、雕刻家多那泰罗和画家马萨乔。布鲁内莱斯基花了十二年的时间研究古罗马的遗迹,后来发明了透视学,并设计了佛罗伦萨大教堂的巨大圆顶,他也是世上第一个采用大圆顶风格的建筑家,而这种建筑风格后来成为经典。多那泰罗和马萨乔都对自然和古典艺术有着细致的观察,受这种观察的影响,他们作品中的人物都极具写实性,对人物心理层面的刻画也都十分生动。新观念

△ 在佛罗伦萨大教堂中有一幅描绘但丁的壁画，这幅壁画的作者是佛罗伦萨画家多梅尼科·迪·米凯利诺。在画中，但丁——这位意大利最著名的诗人站在了他的家乡佛罗伦萨的城墙之外。城墙上方，由佛罗伦萨建筑师布鲁内莱斯基设计的佛罗伦萨大教堂的圆顶以及旧宫（佛罗伦萨市政厅）的塔楼清晰可见。画中的但丁身着粉袍，头戴桂冠，左手拿着一本已被翻开的、属于他自己的伟大作品——《神曲》，他的右手指向的是《神曲》三部曲中的场景，位于壁画左下方的画面生动描绘了地狱和炼狱之景，在它们之上，则是天堂的欢乐之象。

◁ 这幅画现存于旧宫，作者是意大利著名艺术家乔治·瓦萨里。瓦萨里在画中描绘了科西莫·德·美第奇的形象，科西莫站在画面左侧，他腰间的钱袋十分显眼。画中的他否定了由菲利波·布鲁内莱斯基设计的圣洛伦佐教堂的模型，因为他觉得这一方案过于富丽堂皇，容易引起其他公民的嫉妒。布鲁内莱斯基是当时最伟大的建筑师，科西莫的否决让他一气之下毁掉了手中的模型。尽管方案被拒，瓦萨里还是在画的背景处描绘了已经在辛勤建造教堂的工人。

148 中世纪世界

1498年5月28日,弗拉·吉罗拉莫·萨沃伏纳罗拉,佛罗伦萨此前四年的实际统治者及其两名追随者被烧死在领主广场上。这幅画的创作者是某个不知名的艺术家,从画中我们可以看到,当火焰已经吞噬萨沃伏纳罗拉三人的时候,广场上的佛罗伦萨人正在各自处理着日常事务。

不光在艺术界大行其道,在政界也享有主导地位。一些人文主义学者,比如科卢乔·萨卢塔蒂和著有《佛罗伦萨史》的莱奥纳尔多·布鲁尼,都曾担任过佛罗伦萨共和国的大臣。

1434年,当被流放的精明商人科西莫·德·美第奇返回佛罗伦萨后,他便夺取了政权,成为佛罗伦萨的无冕之王。在科西莫于1464年逝世之前,他始终保持着自己的地位。作为教宗的御用银行家,他利用自己的影响力说服自己的朋友教宗尤金四世,于1439年将大公会议的举办地放在了他的家乡佛罗伦萨。在此会议期间,尤金四世与拜占庭皇帝约翰·帕里奥洛格斯进行了会晤。虽然这次大公会议未能统一希腊教会和拉丁教会,但它鼓励了一些早已积极收集古典手稿的佛罗伦萨人文主义者继续投身于对古希腊文明的研究之中。杰出的人文主义者莱昂·巴蒂斯塔·阿尔贝蒂把佛罗伦萨这种思潮的转变描述为:从将艺术视为神学真理象征性表达的中世纪艺术观,到基于科学自然主义的新人文观。

佛罗伦萨 149

科西莫·德·美第奇不仅是个老练的政治家及商人，还是个慧眼如炬的艺术资助人。布鲁内莱斯基、多那泰罗、建筑师米开罗佐、画家弗拉·安杰利科、菲利波·利比以及保罗·乌切洛都曾为他创作过属于文艺复兴时期的不朽名作。其实，科西莫是个谦逊的人，他住在一所典型的佛罗伦萨府邸里，该府邸的外观具有防御性，而内部有一个可以采光的庭院。这所府邸相当于美第奇家族的大本营，一层是办公区和仆人的生活区，会客室位于主楼层，各个会客室中的墙面上都装饰着壁画和挂毯，只有几扇窗镶着玻璃。在当时，玻璃还属于很珍贵的物品。府邸的较高的楼层置有厨房和家族次要成员的房间。

佛罗伦萨的文艺复兴在科西莫的孙子"伟大的洛伦佐"的仁慈统治下达到了巅峰。洛伦佐天资聪颖并且多才多艺，但他并不是个成功的银行家。1478年，他还险些被对手帕齐家族暗杀，他的弟弟朱利亚诺在那场暗杀中被刺死。不过，洛伦佐是个深受民众爱戴的统治者。他利用自己的个人魅力和外交天赋主宰了佛罗伦萨政坛，还解决了意大利各地的争端。

作为一名颇有建树的诗人，洛伦佐与信奉新柏拉图主义的哲学家马尔西利奥·菲奇诺、皮科·德拉·米兰多拉是亲密的朋友。米兰多拉曾试图将以希腊哲学家柏拉图的著作为代表的古典哲学与基督教哲学相调和。在洛伦佐执政时期，佛罗伦萨的视觉艺术持续着繁荣之势。深受新柏拉图主义影响的画家桑德罗·波提切利、画家韦罗基奥、列奥纳多·达·芬奇和年轻的米开朗琪罗等人都贡献了令欧洲同时代人为之惊叹的大作。

佛罗伦萨的黄金时代随着洛伦佐的离世戛然而止。在接下来的四十年中，佛罗伦萨的政局极为动荡。1494年，法国人入侵意大利，美第奇家族随之被驱逐出佛罗伦萨。其后的四年间，佛罗伦萨由狂热的多明我会教士吉罗拉莫·萨沃伏纳罗拉领导的神权政体统治，直到佛罗伦萨人民厌倦了他清教徒式的统治，在领主广场上当众烧死了他。1498—1512年，佛罗伦萨又一次成了共和国，但实际上它只不过是法国和西班牙用来跟意大利角逐的棋子。

今天的佛罗伦萨：位于图片前景处的古桥一直是阿诺河上最重要的桥梁，时至今日，古桥两岸依旧遍布着售卖皮革和珠宝的店面。

1512年，美第奇家族恢复了在佛罗伦萨的统治，当时掌管美第奇家族的是洛伦佐的儿子乔万尼，他即将成为教宗利奥十世。不过，美第奇家族这次的执政期没有持续很久。1527年，在罗马之劫后，美第奇家族再一次遭到驱逐。为此，美第奇家族的教宗克雷芒七世的盟友——神圣罗马帝国皇帝查理五世——派大军围困佛罗伦萨，1530年，在经历了一场惨烈战役后，佛罗伦萨被攻陷，美第奇家族也得以重返佛罗伦萨。在1531年接管佛罗伦萨的美第奇家族成员是亚历山德罗·德·美第奇。1537年，亚历山德罗遭人暗杀，他的远亲科西莫成了佛罗伦萨新的统治者。精明的科西莫治政有方，他于1569年成为托斯卡纳大公。16世纪的美第奇家族是中世纪意大利势力最大的家族，家族中在这一时期出了三位教宗和两位法国王后，由此奠定了它在欧洲的煊赫声名。

　　虽然佛罗伦萨的政局很不稳定，但是艺术在这里却依旧兴盛。16世纪的第一个十年，列奥纳多·达·芬奇、拉斐尔和米开朗琪罗都在佛罗伦萨从事着艺术创作。米开朗琪罗那富有英雄气概的巨大裸体雕塑《大卫》在1505年甫一亮相，便立刻被当作佛罗伦萨城市的象征。意大利著名艺术家乔治·瓦萨里在其艺术史巨著《艺苑名人传》（1505年）中认为达·芬奇、拉斐尔和米开朗琪罗三人是第一拨超越了古希腊、古罗马伟大艺术家的人，他们代表了艺术领域的最高成就。而在这三位艺术巨擘之后，画家蓬托尔莫、布龙奇诺，雕塑家切利尼和詹博洛尼亚也都在佛罗伦萨进行创作，他们四位作为文艺复兴晚期"风格主义"流派的大师，影响了整个欧洲艺术。

　　当然，佛罗伦萨的天才不仅局限于视觉艺术领域。这座城市还诞生了政治家和史学家弗朗切斯科·圭恰迪尼与尼科洛·马基雅维利，前者在1530年完成了他的权威史学著作《佛罗伦萨史》，后者则在《君主论》中倡导了对权力的使用。当时的佛罗伦萨已经是个地图绘制中心。有一位佛罗伦萨航海家名叫亚美利哥·韦斯普奇，他是第一个意识到哥伦布所发现的是个新大陆的人，而美洲也正是以他的名字命名的。

　　美第奇家族的最后一位直系后裔是安娜·玛丽亚。安娜于1743年逝世，临死前她将美第奇家族所有的精美藏品都永久地赠予了佛罗伦萨这座城市。得益于她的慷慨，我们今天还能在佛罗伦萨看到那些伟大的艺术作品，尤其是那些属于15世纪（佛罗伦萨黄金年代）的珍宝，而这些艺术杰作也正是当初为了美化城市而启动的项目。我们借此体会到了佛罗伦萨这个作为人文主义摇篮的小城邦对世界所产生的巨大影响。佛罗伦萨的文艺复兴也极大地推动了后来欧洲文明的发展：基于对古典世界的深入研究，艺术得到了重生。同时，人成了宇宙的中心。

贝宁

西非的祖辈之城

帕特里克·达林

> 贝宁对我而言有一种难以解释的非凡魅力……每个去过那里的人都会将它铭记于心。
>
> ——西里尔·庞奇，1892年

位于尼日利亚南部的贝宁又被称为"爱的城市""烦恼之乡""强大王者及大贝宁之城"。那里的青铜、象牙艺术品品质卓越，曾令19世纪末的西方世界为之赞叹，而当时的西方甚至不承认非洲的黑人文明。

贝宁城是由埃多人建立的，语言学家们认为这些讲埃多语的人是在大约8000年前南迁到贝宁所处的热带雨林地区的。大约在2000年前，那里的居民掌握了冶铁技术和种植芭蕉的方法，这促进了当地的人口增长，也长久维持了当地社群的发展。居民们在农田周围挖出了深深的壕沟，用以防范丛林大象在夜间可能造成的破坏。随着时间的推移，他们的聚落逐渐壮大，创下了绵延1.6万千米的纪录。这个纪录也表明，在大约1000年前，由于土地资源短缺，人们纷纷往西部移居。到了13世纪，新聚落的领地中就包含了贝宁城的雏形。

这批移民把他们的古老信仰也引入了新家，他们的信仰与乡村的人文景观有关。按照他们的习俗，对于新建立的村庄，村民们在开始建屋、耕作或是行房之前，总会搭盖"永恒的"森林神庙。森林神庙将现实世界与精神世界相隔离，只有女人才能踏足其中。当时的小型部落都会崇拜英雄般的神祇，这种崇拜带有地域性。贝宁也算是小部落之一，整个贝宁社会一开始就接纳了移民们所崇拜的神祇，这也促成了贝宁成功的多元化发展。贝宁的统治者还创造了属于自己的精神支柱，在体现他们信仰的神庙里，路面尽是破碎的陶片，此外还设有用来填埋供奉给土地的祭品的深坑。

贝宁神庙的碎陶路面或许让贝宁与围绕圣城伊费的神话产生了联系，那个流传甚广的神话讲述了伊费城邦的起源。碎陶路也预示了13世纪末贝宁王朝的到来。贝宁王朝的国王被视为神，他们的宫殿体现了一种蟒蛇崇拜，这种信仰以及其他的一些信仰行为给贝宁王朝抹上了更为浓重的神秘色彩。据放射性碳定年法对贝宁城墙以及贝宁敌对王国乌多的城墙的测算，两国大概都在14世纪初巩固了政权，这一时间与伊费的古典时期（13—14世纪中期）碰巧重合，在当时，伊费被视为尼日利亚的宗教中心。而也正是在14世纪，出现了精致的自然主义青铜艺术品和赤陶艺术品。

15世纪中期，贝宁国王的哥哥埃韦尔发起政变，他袭击了贝宁并纵火焚城。后来，埃韦尔成了新的国王，即埃韦尔一世。他下令驱逐了贝宁城原先崇拜的英雄神祇，增厚了城墙，又在九座城门下埋置了护身符。他还设立了行政委员会和高级宫廷协会（该部门负责国王的服装和象征王位的宝器），这两个机构帮他树立了自己作为神而拥有的王权地位，并协助他履行了典礼职责。他作战时会将他的部队分成9个兵团包围敌军,这一战术让贝宁声威大震。数以千计的战俘沦为奴隶,被发配到王国各地,每年都要进贡山药和棕榈油。在埃韦尔一世的统治下,贝宁的格局从根本上得到了重整。

16世纪的欧洲人乐于拿贝宁同他们自己的城市相比较。他们注意到贝宁那令人记忆深刻的20米厚的城墙、人头攒动的宽阔街道、满是食物和药品的熙熙攘攘的市场,以及用像红色大理石一样闪耀光芒的蜗牛壳装饰的泥墙。根据17世纪来访贝宁的游客的记录,贝宁城内约有40家同业公会,所涉及的行业包括木雕业、染色业、编织业、制陶业、打铁业、铸铜业和垫席制造业。这些游客还注意到贝宁所有的活儿都是女人在干,男人则四处闲逛,喝着棕榈酒、抽着烟。

贝宁王宫占据了大部分城市面积。它的围墙有6米高。王宫好似一个迷宫,其中错综分布着露天庭院、仓库、守卫森严的女眷生活区以及能容纳数百名宫中侍从的宿舍。宫中的地面很光滑,是由进口的粉色花岗岩铺设而成的。此外,宫里还有12

贝宁的一块铜铸牌匾上雕有贝宁王宫入口的样子,牌匾上刻的蟒蛇则反映了当地古老的蟒蛇崇拜。在对贝宁王宫的考古发掘中曾发现过一尊铜雕蛇头。牌匾中还雕刻了贝宁武士与16世纪的葡萄牙人,正是葡萄牙人将火器传入了贝宁。

米高的塔楼,每一座塔楼的顶部都雕有一尊巨大的青铜蛇头或一只展翅翱翔、夺目的青铜鹦。宫中的长廊都挂着精美的青铜牌匾,牌匾上的雕刻呈现了古代人的功绩和礼仪活动的场景。

17世纪初,贝宁国王埃亨布达结束远征,在归国时因沉船事故溺水而亡,此后,贝宁国王就不再是可以领兵作战的武士国王,而是被束缚在了每年超过200场的国家级宗教仪式上。后来,宗教仪式中出现了活人献祭的行为。宽阔的阿克帕帕瓦大街两旁摆放着尸体,贝宁王宫周围遍布头骨。1897年,为阻止英军入侵,无数的活人被用于献祭,这让贝宁背上了"血城"之名,但这样的名号安在贝宁头上其实是不公平的。

英军最终还是征服了贝宁城。他们发现了贝宁王宫内安置祖先祭坛的圣殿:在一堆铁铃铛和古代石斧中,历代先王的青铜头像格外显眼。这些头像都戴着出席仪式才会佩戴的红珊瑚项链和头饰,而每一尊头像顶部还嵌有巨大的象牙,象牙上也雕刻着精美绝伦的图案。每年,人们都会向这些头像进献祭品。西方世界对这些艺术瑰宝赞不绝口,但很多人却忽略了贝宁真正的伟大之处:在奇妙的宇宙中,贝宁是最后一个将古老信仰付诸实践的非洲伟大城邦。而它的古老信仰是源于全人类对于生命长存的追求。

廷巴克图

沙中之城

巴纳比·罗杰森

> 盐来自北方，黄金来自南方，但神的道和智慧的宝藏来自廷巴克图。
>
> ——萨赫勒地区的俗语

廷巴克图位于撒哈拉沙漠南端，是一座极富传奇色彩的古城。它距离尼日尔河北岸仅15千米，四周尽是荒漠。非洲以外的人首次意识到廷巴克图的存在是在14世纪，当时，廷巴克图是马里帝国的重要城市。马里帝国信仰伊斯兰教，该国君主穆萨一世曾前往麦加朝圣，他的随行队伍携带了大量源自西非的黄金，一路上他都挥金如土。关于廷巴克图乃黄金之城的传说便由此诞生。此后，旅行家、作家和外交官纷纷动身前往廷巴克图，去这黄金的发源地一探究竟，但他们都失望而归。现实中的廷巴克图是座典型的萨赫勒贸易城市：由泥砖建成，在干燥的沙漠气候中久经风沙，因此它永远也达不到人们对它的预期——一座藏身于撒哈拉沙漠沙丘废墟中的神秘黄金城。

在马格里布的中世纪史学家和游记作家中，出生于摩洛哥丹吉尔的伊本·白图泰、出生于突尼斯的伊本·赫勒敦和出生于格拉纳达的莱奥·阿非利加努斯（哈桑·法西）都曾提到过历史上的廷巴克图，后两位还受摩洛哥苏丹指派专门到访过廷巴克图。莱奥·阿非利加努斯曾记录道："富有的廷巴克图国王有许多金盘子和金权杖，其中有些重达1300磅（约585千克）。国王的骑手多达3000人。此外，还有大批医生、法官、祭司和学者为国王效力。"

18世纪晚期，法国与英国之间的较量延伸到了中非，这其中的一部分原因是两国都想发现作为黄金之源的廷巴克图。一些具有竞争关系的协会也各自派出探险队去探寻这座城市。苏格兰探险家蒙戈·帕克考察了尼日尔河，并留下了文字记载，但他并未抵达真正的目的地。另一位苏格兰探险家戈登·莱恩成了世界上第一个到达廷巴克图的欧洲人，他的路线是从的黎波里出发，南下穿越撒哈拉沙漠。不幸的是，他于1826年在廷巴克图的城墙外遭到谋杀。一年之后，法国探险家勒内·卡耶从塞内加尔出发到达廷巴克图，并记录下他的所见所闻。卡耶的记述是世界上第一份由欧洲人撰写的有关廷巴克图的文字资料，但是这份资料的学术性不强。欧洲人撰写的第一份廷巴克图学术报告诞

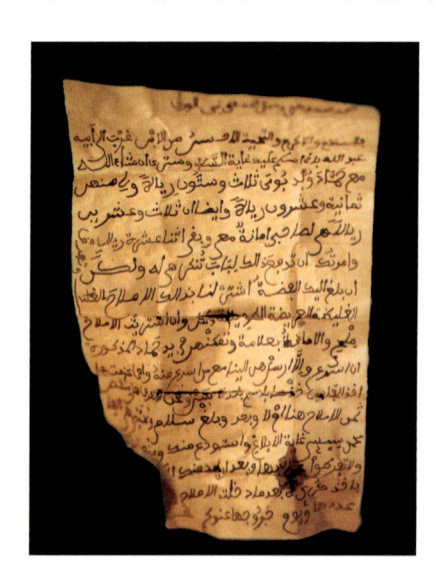

廷巴克图一间图书馆内收藏的一份有关食盐贸易的文件。陶代尼的盐矿是廷巴克图商人手中主要的资源之一。这个位于撒哈拉沙漠西部深处无水地带的矿场环境恶劣，巨大的岩盐是由奴隶负责开采的。在过去，这些岩盐是通过庞大的骆驼商队运到廷巴克图，然后再运到南方展开贸易，现在的情况仍是如此。

旺加里图书馆的馆藏手稿主要源自廷巴克图著名学者穆罕默德·巴加约科·旺加里（1523—1593年）的私人收藏。如今，在马里和毛里塔尼亚可能仍有400家归属于私人的家庭图书馆。而当年，在廷巴克图的清真寺以及流动性的学校里，人们会抄写从安达卢西亚和北非的城市购得的书籍。

《加泰罗尼亚地图集》[1]的细节图,位于图片右侧的是马里帝国的君主穆萨一世。图左有一个骑着骆驼、戴着面纱的图阿雷格人,在他的左侧有一座帐篷搭建的城市,那是西方人心中撒哈拉沙漠里王城的模样。贯穿此图中部的是北非阿特拉斯山脉的山脊。

生于1854年,这份条理分明的研究报告出自德国探险家海因里希·巴尔特之手。巴尔特指出了有关廷巴克图的一些重要事实,比如城中有若干族群(桑海人、图阿雷格人、富拉尼人与曼德人);有三座具有重要历史意义的清真寺——建于14世纪的津加里贝尔清真寺、建于1440年的西迪·叶海亚清真寺和建于15世纪的桑科雷清真寺(它的前身更为古老);还有一座由摩洛哥人在16世纪建造的卡斯巴城堡。1894年,在距巴尔特的报告过了差不多一代人的时间后,法国将军约瑟夫·霞飞(当时的军衔是少校)带兵占领了廷巴克图。

廷巴克图真正的历史和财富直到当地的法国殖民统治结束之后才通过大批书籍显露出来,这些书都是经生活在廷巴克图的学者们耐心誊抄并保存下来的,是他们私人图书馆的藏书。学者们的手稿中谈到了廷巴克图在11世纪的建立,起初它只是图阿雷格游牧民的宿营地,营地的中央有一口井,"廷巴克图"这个名字就是"沙丘中的水井"的意思。它在11世纪逐渐发展为一个贸易中心,吸引了来自北非各地的穆斯林商人。因为廷巴克图就处在尼日尔河北岸沙漠的沙丘上,这让当地人觉得他们也身在伊斯兰教地区,贸易、婚姻和宗教崇拜活动都应遵循伊斯兰教法。在廷巴克图清真寺的院子里,人们常在背阴处学习《古兰经》、先知穆罕默德的圣训、伊斯兰教的历史、阿拉伯语语法及评注。与廷巴克图相比,更南边的一些大型贸易城市和政治中心则深受与王权有关的习俗影响,比如饮酒和佩戴金

---

[1] 中世纪最重要的地图集,绘制于1375年。

饰，至于血祭，那就更不在话下了。

于是，廷巴克图就这么自觉地成了西非的穆斯林城市。在西非数以百万计的人中，大部分人不信奉伊斯兰教，因此廷巴克图显得有些特立独行。廷巴克图的地理位置让它可以从岩盐贸易中获益，这些岩盐由奴隶在陶代尼的盐矿中开采、凿刻，之后用于交换金粉、黑奴、乌木、象牙和鸵鸟毛。也许就连廷巴克图的商人自己都不知道黄金确切的发源地在哪儿，他们得到的砂金粉都是别人过去在林中空地淘金淘来的，具体的淘金地点位于靠近尼日尔河和塞内加尔河上游源头的赤道森林。

廷巴克图后来处于马里帝国的统治之下，这个帝国由孙迪亚塔·凯塔于1235年建立。孙迪亚塔的孙子穆萨一世（"穆萨"有"伟大"的意思）以他的财富震惊了世界，甚至导致埃及的黄金价格暴跌。结束麦加的朝圣后，为了建设美好帝国，穆萨一世把很多学者、建筑师和手稿都带回了国内。受穆萨一世的指派，安达卢西亚建筑家、学者阿布·伊沙克·萨赫利于1327年建造了桑科雷清真寺及其附近的王宫。这一时期的廷巴克图在财富和学术上达到了全盛，但整个萨赫勒地区有300座城市，而廷巴克图只是其中之一罢了。诸如瓦拉塔、塔德迈卡、卡巴拉和迪亚这样的萨赫勒城市或许曾接纳过王室和四处巡游的学者。学识的传播在14世纪极具流动性，整个图书馆的书都是装在红色的小山羊皮书袋里，由骆驼运送的。老师和他的学生们也都漂泊不定，四处迁移，而每逢市场开放和年度节日，帐篷会在几周内如雨后春笋般涌现于各个城镇，但在一年中余下的时间里，一半的城镇都处于空荡荡的状态。

到了15世纪，主张领土扩张的桑海帝国君主桑尼·阿里对马里帝国发动战争，于1468年征服了廷巴克图。100多年后，统治摩洛哥的萨阿德王朝苏丹艾哈迈德·曼苏尔派兵出征桑海帝国，这支部队的统帅是西班牙人胡达尔，在他的指挥下，摩洛哥人击败了桑海帝国的部队，并将主要基地设在了廷巴克图。这些摩洛哥军人在廷巴克图与桑海人通婚，他们的后裔被称为"鲁马人"。鲁马人对廷巴克图的统治持续到18世纪中期。其后，廷巴克图由不同的苏丹统治，这些苏丹彼此素来不和，有的苏丹依赖的是图阿雷格人的骑兵，有的苏丹则借助的是富拉尼人的骑兵。再后来，廷巴克图落在了法国人的手里。

像廷巴克图这样的城市，它的商业命脉可以说在几个世纪以前就已经断了，因为在15世纪，海上交通线就已经取代了内陆的商队贸易路线。第一批葡萄牙商人便由海路率先抵达了廷巴克图，在他们之后，法国人、荷兰人和英国人也纷至沓来。在过去的400年中，能让廷巴克图存在于世上的既不是金粉，也不是奴隶，而是传承千年、令它倍感荣耀的伊斯兰教学问，以及经过细心保存、遗留至今的数千卷手稿。

古老的廷巴克图街景与桑科雷清真寺。嵌入墙体结构的木制脚手架加固了桑科雷清真寺宣礼塔的土墙，这一设计有助于宣礼塔的维护，也让桑科雷清真寺有了一个"栖枝"式的外形。这种外形是撒哈拉沙漠地区清真寺的典型特色。

廷巴克图这座城市兴起于跨越撒哈拉沙漠的商队贸易。当地人在文化上主要是受像图阿雷格人、摩尔人和富拉尼人这样的游牧民族的影响，他们对农业没有什么兴趣。

廷巴克图

库斯科

印加王城

布莱恩·S.鲍尔

> 库斯科城是神明安居的家园,因此这里的每一泓泉水、每一条路、每一道墙都蕴藏着秘密。
>
> ——胡安·波洛·德·翁德加尔多,1571年

印加帝国是美洲新大陆上最大的帝国。历史上,安第斯山脉上曾形成过一系列复杂社会,而印加帝国可谓安第斯文明的最终章。它起源于秘鲁中南部的山区,后来不断拓展疆域,其领土跨越了秘鲁西部的高地和南美海岸,最终的版图从如今的哥伦比亚一直延伸到了现代的智利。1532年,在西班牙人入侵印加帝国的时候,以库斯科为都城的印加帝国就已经统治着至少800万人口。据传,在西班牙人兵临城下之前,印加帝国已历经11位君主,而库斯科正是这些帝王祖先的家园。

库斯科位于一座丰饶的大山谷的北端,地处两条小河之间。印加人在河岸筑造了围墙,并在城内以及城外为这两条河开凿了水道,河水会从平坦的铺路石上流过。印加人还在两条河上建起了许多桥梁,每年在河水交汇之时,他们都要供奉祭品。鼎盛时期的库斯科容纳了超过2万居民,另外还有数以千计的人住在遍布于山谷的大型村庄中。库斯科不仅是印加帝国的王室所在地和政治中心,还是整个印加帝国的地理中心和宗教中心。

印加帝国最著名的圣殿,被西班牙人称为"太阳神庙"的科里坎查坐落在库斯科城中心的一处高

在西班牙人入侵印加帝国的时候,印加帝国已历经11代君主,上至曼科·卡帕克,他是神话传说中库斯科城的建立者;下至瓦伊纳·卡帕克,在印加帝国所有君主中,他堪称最后一位当之无愧的王者。印加帝国的古代君主们并未留下任何原始肖像,不过在西班牙殖民统治时期的秘鲁,仍然出现了很多非写实的帝王画像,比如图中的这几幅。

160 中世纪世界

地之上，靠近两条小河的交汇处。科里坎查翻译过来是"黄金围场"的意思，这个名字是源于当初神庙的外墙上装饰的金片。太阳神庙由石块建成，这些石块切割细密，以此看来，印加人以石匠工艺而闻名也是实至名归。印加帝国在库斯科会举办一些重要的王室仪式，而太阳神庙便是各种仪式的焦点场所。

太阳神庙外围是巨大的围墙，它其实是由多个献给不同神祇的神庙，以及神庙工作人员的宿舍和储藏祭品的库房组成的。所有这些建筑和庭院构成了一个壮观的建筑群，它在库斯科城市中央占据了显著位置，在很远的地方也能瞧见。西班牙人在其关于印加帝国最早的记录中描述了太阳神庙的镶金外墙，这也使外界将美洲新大陆想象为巨富之地。

太阳神庙对印加人的重要性不容小觑。印加人认为他们的帝国是由四大行政区组成的，这四个行政区又是以太阳神庙为中心向四面辐射的，因此太阳神庙象征着宇宙中心，是宇宙中最神圣的地方。在西班牙攻占库斯科不久后，多明我会接管了太阳神庙，并开始在太阳神庙所在的地方修建教堂和修道院。如今，将近五百年过去了，太阳神庙仍受多明我会管理。

除了太阳神庙外，库斯科的中央广场也是举办仪式的重要场所。每年有好几次，数以千计的人都会聚集在中央广场，参加经过精心筹备的盛大节日活动，并一睹王室的风采。这些节日包括夏至、冬至以及八月播种玉米和五月收获玉米的庆祝仪式。每逢这些节日庆典，库斯科帝国历代先王的木乃伊就会从他们各自的宫中被移出，按照其执政顺序列于中央广场上。

包围着中央广场的众多府邸中也包括印加帝国古代君主的宫殿。库斯科的城市中心还有一些供奉着不同神祇的神庙和无数的皇家仓库，以及各式各样的国家机构与设施。在这些建筑中有一个叫"太阳贞女宫"的大型建筑群，里面生活着数百名女性，她们为帝国效力，奉献一生。

△ 库斯科著名的"十二角石"（又名"十二边形石"，在一段印加古墙上）。参观现代库斯科的游客时常惊叹于库斯科城中许多印加古城墙的精湛工艺。这些古城墙所采用的石块都是在采石场经过粗切后，用绳子拖到库斯科的施工场地的，石墙工程当初由印加的建筑师负责监督，主要劳动力是平民，因为在印加帝国，他们需要履行劳动义务。

▽ 库斯科的多明我会教堂立于太阳神庙的石墙上方，此处的石墙呈弧线形，是有名的印加古墙。这座教堂和许多西班牙殖民统治时期建立的库斯科教堂一样，在1650年和1950年的两场大地震中遭到了严重损坏。如今保存下来的库斯科古墙，大部分都不曾受到那两次地震的影响。

库斯科 161

库斯科及其周边还有很多规模较小的神圣场所。实际上,整座库斯科城都被认为是神圣的,当游客们走在山隘间第一眼望见库斯科的时候,他们就开始祈祷和献祭了。库斯科附近有300到400座神庙,其中的大部分神庙向库斯科辐射,形成了42条辐线,就好像以太阳神庙为轴心的车轮上有42根辐条。这个神庙群被称为"库斯科辐线系统",近年来成为学界研究的主题。

位于库斯科城外,但仍在库斯科山谷内的最重要的场所就是巨大的萨克萨瓦曼堡。它处于一座可俯瞰库斯科城的陡峭山峰之上,从这里望向山谷,风景十分壮观。经考古发掘到的和在地面收集到的瓷器表明,萨克萨瓦曼堡可追溯到前印加时期,而在印加帝国的统治下(约1400—1532年),这一建筑群得到了大幅扩建。如今是美洲大陆上最雄伟的古迹之一的萨克萨瓦曼堡,是数以千计的工人苦干了几十年才建成的。萨克萨瓦曼堡城墙所用的石头常常有很多边,在前工业时期的建筑用料里,这种石头也是最大的石材之一。各个多边的石块完美地拼接在一起,此等精确度是其他古代文明从未展现过的。鉴于萨克萨瓦曼堡所在之地远远高于库斯科,再加上这里有呈阶梯状的巨石围墙,人们时常把它当成一座要塞。不过,早期关于库斯科的文字记录则表明萨克萨瓦曼堡内还包含了一座太阳神庙以及不计其数的库房。

鼎盛时期的库斯科城建立在一个被狭窄街道分隔、由许多大型建筑群组成的松散的网格系统上。建筑群的坚固围墙体现了上乘的石匠工艺,一些石墙高达四五米。有一些外墙被保留了下来,今天我们依然能看到。建筑群中曾经包括了数百个小型建筑,它们中的大多数也是由石头建造的。

当西班牙人自己瓜分了这些建筑群,并按欧洲传统开始改造库斯科之后,几乎所有的小型建筑都遭到了毁坏。库斯科城的大部分地区是在1650年的大地震后重建的,许多新的西班牙建筑建在了重要的印加建筑和广场的原址之上。不过,还是有足够多的印加原始建筑被保留了下来。1983年,库斯科被联合国教科文组织列入世界文化遗产名录,而那些印加时代的建筑则证明了库斯科的入遗是当之无愧的。如今,每年都有超过100万的游客到访库斯科,去欣赏那里壮观的古迹。

雄伟的萨克萨瓦曼堡遗址位于库斯科城外的一座高山之上,从这里可以俯瞰库斯科。印加时期的萨克萨瓦曼堡是一个庞大的建筑群,但西班牙人在攻陷库斯科后,将萨克萨瓦曼堡作为采石场,利用这里的石头来重建库斯科城。如今,萨克萨瓦曼堡遗址内仅存的也就是那些不易搬运的巨石。

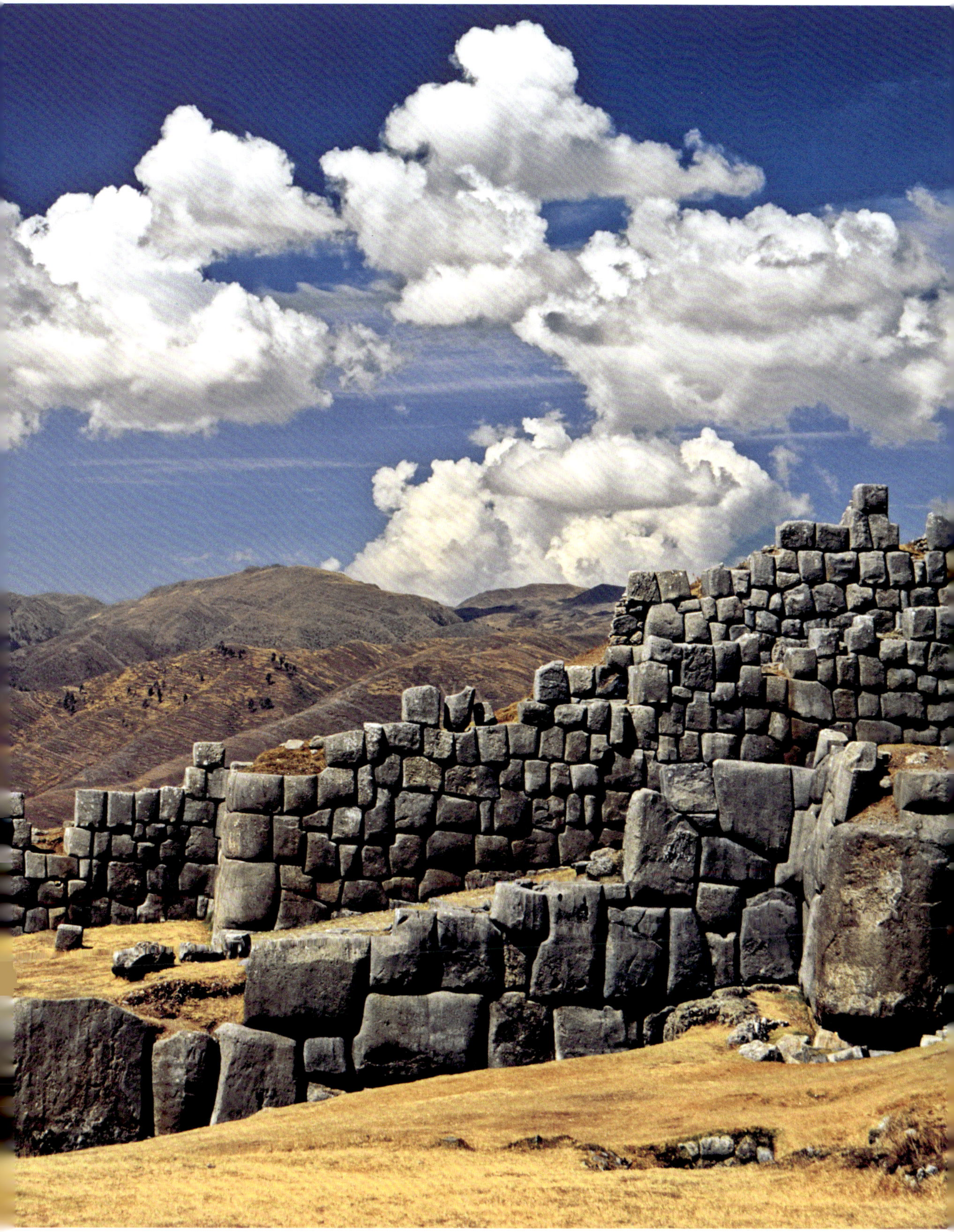

特诺奇提特兰

湖中的阿兹特克城市

苏珊·托比·埃文斯

> 当我们看见有那么多城镇和村庄都建在水中……还有可以直接通往墨西哥（特诺奇提特兰）的堤道的时候，我们都惊呆了。我们都说这儿就像阿马迪斯[1]传奇里的奇观一样……耸立于水中的巨塔都是用石头砌成的。队伍里有些战士甚至还问我们所见到的这些是不是梦。
>
> ——贝尔纳尔·迪亚斯·德尔·卡斯蒂略，16世纪60年代

阿兹特克帝国首都特诺奇提特兰是一座湖中岛城，那里的湖水湛蓝、波光粼粼，岛上翠柳成荫。这座城市就好似一个草木茂盛的天堂，一点也不像西班牙征服者们那满是尘土的故乡。现代的超级大城墨西哥城就是在特诺奇提特兰的废墟上建起来的，但二者看起来很不一样。不过，和墨西哥城相同的是，特诺奇提特兰在它所处的年代也是美洲最大的城市。它的城区面积约有13平方千米，生活在城区和郊区的居民总数超过了10万。1521年，也就是贝尔纳尔·迪亚斯随西班牙军队的指挥官埃尔南·科尔特斯入侵特诺奇提特兰两年之后，特诺奇提特兰在长达3个月的围城战役中遭到了损毁。因为未能将这块宝地完好地交给他的国王，科尔特斯曾经深感遗憾。

特诺奇提特兰的美是用阿兹特克帝国的财富换来的。当时，阿兹特克帝国的版图从太平洋扩张到了大西洋，至少有500万人要向帝国进贡。帝国的维护和发展需要军政官员和神职人员，他们中的大部分人在特诺奇提特兰城里的宫殿、仓库和宗教建筑中办公。特诺奇提特兰的城市中心是一个举行宗教仪式的场所，因为那里的建筑宏伟，它如今被称为大神庙区。此前连接特诺奇提特兰岛和内陆的堤道变成了从主方向通往这片区域的宽阔大路。因此，大神庙处在一个世界之轴上，标志着地球水平面与由天堂和地狱的许多层组成的垂直轴的交叉点。大神庙区的周围分布着特诺奇提特兰的其他重要古迹：大广场（如今也被称为"中央广场""宪法广场"）位于大神庙的南面，在它的东边是阿兹特克帝国国王蒙特祖玛二世的巨大宫殿，而大广场则相当于这座宫殿的公共入口通道。每天，600位朝臣都会集中在宫中的庭院等待国王的驾临，他们一边闲聊，一边享受宫中的表演和丰盛食物。在大广场对

图中的头饰很可能是阿兹特克帝国国王蒙特祖玛二世本人的，它主要是用从热带进口来的大量稀有的绿咬鹃的羽毛做成的。阿兹特克人很珍视似乎能象征生命的物品，比如轻轻摇曳的羽毛和光芒闪耀的黄金。

---

[1] 著名骑士小说《高卢的阿马迪斯》中的主人公。该小说首次推出于14世纪初，在16世纪的西班牙广为流传。

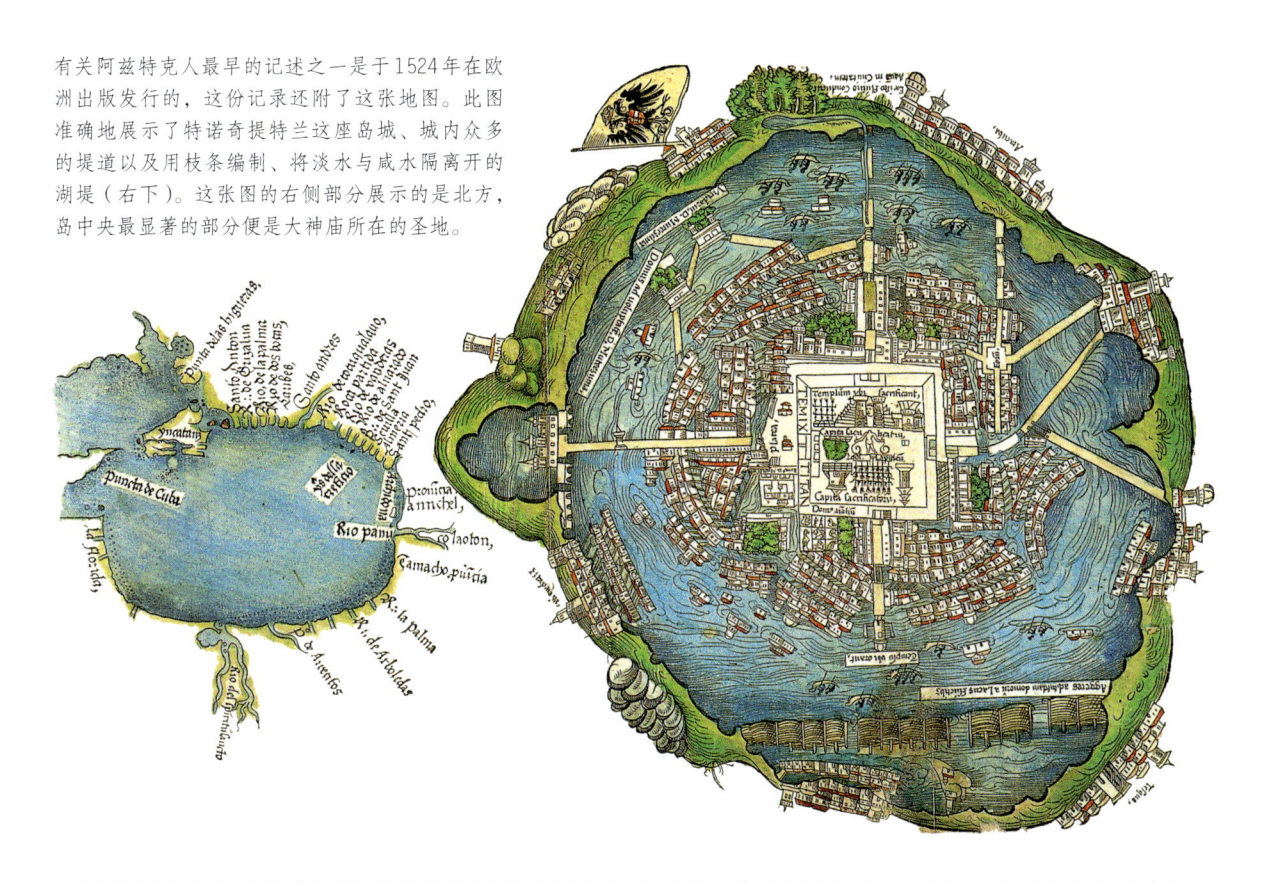

有关阿兹特克人最早的记述之一是于1524年在欧洲出版发行的，这份记录还附了这张地图。此图准确地展示了特诺奇提特兰这座岛城、城内众多的堤道以及用枝条编制、将淡水与咸水隔离开的湖堤（右下）。这张图的右侧部分展示的是北方，岛中央最显著的部分便是大神庙所在的圣地。

面的是只向年轻贵族们开放的学校和行政部门的办公场所。在大神庙区的西面有一座更为古老的宫殿，科尔特斯和他的人曾住在那儿，他们和蒙特祖玛二世以及阿兹特克的贵族一起度过了几个月的宫廷生活，直到1520年，他们与阿兹特克帝国兵戎相见。

再往西面延伸一点是阿兹特克帝国存放贡品的仓库，这些仓库所处的地方很像个公园。除了放置贡品外，这里还安置了从帝国各地找来的动物，动物们的栖息地还特意仿照着它们原先所处的自然环境建造。在大神庙的东面是另一个动物园，那儿饲养着世上最凶猛的野兽。

有钱有势的阿兹特克人以及外国势力——那些在特诺奇提特兰设有外交机构的盟友，都觉得特诺奇提特兰是个极其显赫的地方。贝尔纳尔·迪亚斯曾记录道："这些建筑都矗立在淡水湖中，你通过堤道就可以走到那里。"他还说这些房子里"满是斗篷、布料……黄金和羽毛工业品"。这其中的大部分物品是作为贡品或奢侈品流入城里的。特诺奇提特兰自身也是名优产品的重要生产中心。出自特诺奇提特兰的上等织物都是由城里的贵妇和她们的仆人在宫殿和府邸中制作的。只有有钱人家享有一夫多妻的特权，而且这种特权本身就相当于一张致富许可证，因为经过编织而成的斗篷是一种商品交换的媒介。其他一些精良商品，比如珠宝和羽毛工艺品，也都是由上流社会的专业人士在府上制作完成的。

在特诺奇提特兰岛的北面，还有一座略小一点的城市特拉特洛尔科。它和特诺奇提特兰是同时创建的，其创建者和创建特诺奇提特兰的阿兹特克人是同一种族的不同分支。特拉特洛尔科因长途贸易而变得特别富有，以至于它成了阿兹特克人眼中诱人的资源，最终被并入了特诺奇提特兰。特拉特洛尔科商会由彼此存在亲缘关系的平民家族组成，这些商会成员既从事贸易活动，也扮演着外交角色。

偶尔，在执行贸易任务时，由于最早的一拨商人在过去尚未结盟的地区建了阿兹特克人的山头，双方的遭遇会升级为军事性侵略。他们甚至可能会主动挑起争端，方便他们的国王找到一个发兵的借口。这些商人在自己的地盘上以富有和排外著称。不过，他们很少在公共场合露富。他们住的大型宅邸同时也是个仓库，从外观看，这些宅邸朴实无华，根本不会引起旁人的嫉妒。当特拉特洛尔科并入特诺奇提特兰之后，这些商人依旧富有而活跃，当然，也效忠起了新君。

实际上，"特诺奇提特兰"是一个复合词，各个元素组合起来描述了一个如此经典的场景，以至于这个图案成了现代墨西哥国旗的中心图案：一只嘴里叼着蛇、立在一棵从岩石中长出来的仙人掌上的雄鹰。特诺奇提特兰的阿兹特克人声称他们就是在看到这样的景象时才意识到他们来到的这个沼泽遍布的湖中岛是一片乐土。历史上，这批阿兹特克人更可能是因为内陆地区已经人满为患才被允许定居此地的。他们的领主一方面想要安抚他们，另一方面也想在军事行动中利用这些蛮勇的家伙。特诺奇提特兰公认的建城日期是1325年，而城中的第一个建筑也许就是大神庙，当时它只是一座附着一个茅屋的夯土平台，茅屋里存放着阿兹特克人的守护神。大神庙前后经历了六轮重建，在196年后，它令西班牙人为之惊叹。如今，大神庙的遗址是一座考古公园内最引人注目的地方。

大神庙的反复重建讲述的是灾害引发城市不断更新的故事。历史上，特诺奇提特兰曾多次遭到洪水破坏。1449年，为保护城市不受因湖水上涨而引发的洪灾的影响，一条14.5千米长的湖堤修建完成。15世纪50年代，由于连年饥荒，特诺奇提特兰的统治者不得不开仓放粮，不过，老百姓也要付出相应代价：必须参与到公共工程服务中，尤其是大神庙的第四期重建和王宫的扩建。在一场地震后，王宫在1475年再次被重建。1487年，为纪念大神庙第五期重建工程的完工，特诺奇提特兰城内上演了一场古代墨西哥有史以来最盛大的庆祝活动，数以万计的民众参与其中。在大神庙的主祭坛之上，甚至还有很多活人被用来献祭。此外，为了响应这次庆祝活动，官方还推出了一些城市美化项目。

照片中，大神庙交叠的台阶将我们带回到了14世纪晚期，也就是大神庙首次重建的时期。往东南方向看，可以看到大神庙是怎样被埋在墨西哥城市中心之下的。

1499年，特诺奇提特兰再度遭受洪水的重创，而此番重建之后的城市惊艳了西班牙人。蒙特祖玛二世的王宫很可能是这次城市重建的成果之一，它处在如今墨西哥国家宫（墨西哥联邦政府所在地）的地下，也就不可能再进行考古发掘了。在这一时期，特诺奇提特兰周边的岛屿成了蒙特祖玛二世的休闲乐园。1519—1526年，科尔特斯曾给西班牙国王查理五世写过五封信，描述了他在美洲探险的经历。其中的一封信于1524年在欧洲出版发行，随信刊发的还有一幅特诺奇提特兰地图，该地图展示了位于特诺奇提特兰西南部的"蒙特祖玛二世的逍遥宫"。宫殿的环境美丽奢华到了极致，我们可以想象宫廷晚间聚会的场景：湖水中闪烁着火把的光焰，空气中弥漫着夜来香、烧木头的烟味以及烟草的味道，而宴会则充满了欢歌笑语。

　　1519—1520年，西班牙人和阿兹特克人分享了数月的宫廷生活的乐趣。从西班牙人征服墨西哥后瓜分土地的速度可以清楚地看出，占有土地让他们更加快活。地

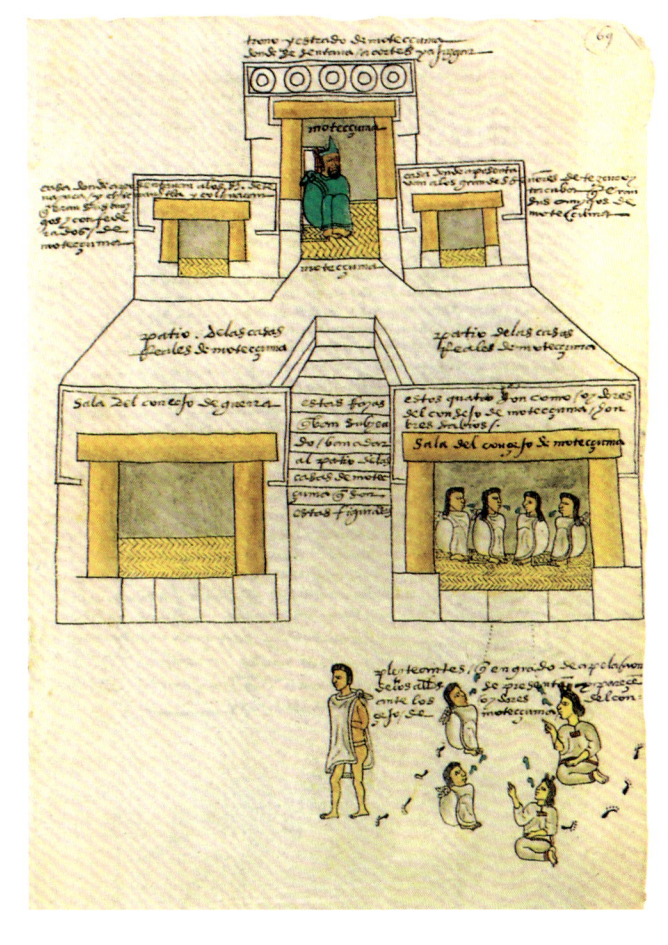

蒙特祖玛二世的宫殿中，蒙特祖玛二世位于图中最上方，他的议臣们正在较低层的房间议事。画面的前部是正在进行激烈讨论的两男两女（画中从他们嘴里冒出来的就是他们的发言内容），他们是辩护案件的诉讼人。

理位置得天独厚的特诺奇提特兰之所以能成为阿兹特克帝国的首都，取决于一系列因素，而这些因素也促使科尔特斯重建这座城市，并让它成为新西班牙[1]的首府。诚然，特诺奇提特兰易受洪水侵扰，而且那里的居民需要通过引水渠从内陆地区获取淡水。但是这座城市具备防御能力，它在湖中的这一地理位置以及庞大的、覆盖全城的运河系统极大地促进了交通运输的发展。排水工程将城市周围的沼泽改造成了多产的农场（它们被称为"流动的花园"，但是这个名字其实并不适当）。而有限的可用土地资源反倒推动了特诺奇提特兰城市化的进程，让它最终成为一座发达的城市。同周边城市相比，特诺奇提特兰的人口密度和建筑密度更高，那里的人很擅长手工艺，也精于经商和从政。从阿兹特克帝国一直到今天，特诺奇提特兰这座独特的城市诞生了许多胸怀大略的成功者，他们常常为自己是世界之都的公民而倍感荣幸。

1　西班牙殖民美洲时期创建的总督辖区，是西班牙帝国领土的一部分，其首府设于墨西哥城。该辖区地域极广，包含了属于北美、中美、亚洲和大洋洲的部分国家和地区。

早期现代世界

约翰·朱利叶斯·诺里奇

在本书的第三章和第四章之间的时间段里，也就是15世纪晚期的那些年，两件几乎同时发生的事改变了世界的政治史和经济史：一是欧洲人发现了美洲大陆；二是欧洲人发现了经过好望角前往东印度群岛的航道。这两件事带来了一些重要变化，比如说，里斯本作为地理大发现时代的关键城市，其重要性大幅提升；而不再是昔日重要的国际航道的地中海，其地位则相应地下降，直到400年后苏伊士运河开通，它的地位才得以重升。

在中世纪晚期，如果人类没有在航海和造船领域取得惊人的进步，上述两个伟大发现都是不可能产生的。在随后的几百年里，航海技术和造船技术的发展持续突飞猛进。在1500年，水手仍然是真正的勇士，他们每一次航行都还得冒着生命危险。而到了1800年，水手们就可以信心十足地在世界各地的海洋乘风破浪了。随着时间的推移，人类填补了越来越多原先地图上的空白区域。世界变得不再神秘，人们也不再相信类似"金身人"[1]和"祭司王约翰"的传说。此时，世界上的每一座伟大城市都已众所周知。

那么，到底有哪些伟大的城市呢？让我们先说说一些帝国的首都。中世纪的欧洲只有两个著名的帝国：位于西面的神圣罗马帝国和位于东面的拜占庭帝国。神圣罗马帝国起初是由查理曼大帝建立的法兰克帝国，后来演变成了德意志帝国，而在这一时期统治神圣罗马帝国的是奥地利的哈布斯堡家族，当时的帝国首都位于维也纳。不过在16世纪末，在沉迷炼金术的皇帝鲁道夫二世执政期间，神圣罗马帝国的首都暂时迁到了布拉格。拜占庭帝国于1453年被土耳其人征服，它此前的首都君士坦丁堡更名为伊斯坦布尔，继续作为奥斯曼土耳其帝国的都城。而伊斯坦布尔如今也是世界上唯一一座作为帝国首都时间长达1500多年的城市。

这一时期，第三个帝国即俄罗斯帝国已然成形。1703年，彼得大帝开始打造他的新首都——圣彼得堡。与此同时，在遥远的东方，另外四个帝国首都也已显露锋芒，它们分别是：波斯萨非王朝的伊斯法罕、印度莫卧儿帝国的阿格拉、中国明朝的北京以及日本的京都。京都一直都是日本天皇所居住的城市，它在17世纪享受着艺术和文化领域新的巨大繁荣。在17世纪至18世纪，位于西面的墨西哥城尚未成为一座帝国之都，整个墨西哥仍然是西班牙的殖民地。不过，建在曾经环绕阿兹特克帝国首都特诺奇提特兰的大湖（湖水现已干涸）河床之上的墨西哥城，其规模和辉煌程度足以与欧洲各国的都城媲美。

说回欧洲，文艺复兴时期的罗马有点让人吃惊，当时的罗马教廷愤世嫉俗、踌躇满志，持续给信徒们树立一个模棱两可的表率形象。接下来我们的焦点会转向北部：首先会介绍阿姆斯特丹，17世纪的荷兰人所爆发出的艺术和商业天才几乎无可匹敌；然后，我们会说到斯德哥尔摩和哥本哈根；最后，我们会介绍不列颠岛，这也是本书首次提及这个地区。关于17世纪的伦敦，我们会谈起莎士比亚、塞缪尔·佩皮斯（英国日记作家，曾任英国海军部部长）、伦敦大瘟疫、伦敦大火以及克里斯托弗·雷恩爵士（建筑设计师）。关于18世纪的爱丁堡，我们会聊到在这座城市诞生的多位英才，比如经济学家亚当·斯密、哲学家大卫·休谟、建筑师罗伯特·亚当和约翰·亚当以及诗人罗伯特·彭斯。这些人也都是苏格兰启蒙运动的代表人物。爱丁堡新城彰显了新古典主义的优雅，而新城也正是苏格兰启蒙运动思想在建筑和城市设计领域的体现。另外，在爱尔兰，都柏林也许起先在政治领域没有那么突出，但是它在文化和文学领域却是独树一帜。许多年以后，它还在欧盟扮演了重要角色。

---

[1] 传说"金身人"所在之地是个遍地黄金的城市。16世纪，西班牙征服者在听说这些故事之后，曾想方设法想找到这个"金身人"，但都无功而返。

17世纪荷兰著名画家彼得·德·霍赫创作的《庭院中的音乐聚会》(1677年)的细节图。从图中的拱门望去，可以看到阿姆斯特丹运河边上的漂亮房子。图中的运河很可能就是位于阿姆斯特丹市中心的皇帝运河。

早期现代世界 171

里斯本

地理大发现时代

马林·纽伊特

我担心里斯本会在肉桂的飘香中变得荒凉。

——萨·德·米兰达，约1533年

里斯本是由罗马人在位于塔霍河北岸的一座山上建立的，在那里可以远眺当时西欧最壮丽的天然港口。这座城市在大约500年间一直由摩尔人统治，城里还有大量基督徒（莫扎勒布人）和犹太教徒。1147年，英格兰十字军攻占了里斯本，而它随后也成了新兴的葡萄牙王国的首都。到了14世纪，它已发展成一个重要的商业中心，威尼斯人和热那亚人都曾利用此地开展与北欧的贸易。

一座围绕里斯本、包含了77座塔楼和34座城门的新城墙（费尔南多城墙）仅历时两年便于1383年修建完毕。同一年，葡萄牙国内爆发了反抗卡斯蒂利亚王国的起义，里斯本的行业协会在起义中发挥了重要作用。起义的领袖、阿维什骑士团大团长若昂被推举为葡萄牙国王，里斯本不得不去抵抗卡斯蒂利亚王国军队的围攻。再后来，里斯本成了一个强大并且不断扩张的国家的中心。若昂一世在罗西奥广场中央建了一座城堡式的宫殿，而他的得力干将努诺·阿尔瓦雷斯·佩雷拉则创建了宏伟的哥特式卡尔莫修道院。其他一些重要的机关单位也于里斯本设立，比如存放档案的"档案塔"、最高法院以及1460年之后从葡萄牙的拉古什搬迁至里斯本的"几内亚之家"（后来被称为"印度之家"）——它是专门管理葡萄牙海外扩张事务的机构。在里斯本，造船业和枪械制造业也大为红火。大部分15世纪的海上探索之旅是从里斯本出发开启远航的。

在里斯本做工匠的摩尔人和犹太人形成了各自的大型社区，在他们的社区里分别建有清真寺和犹太教堂。1391年，卡斯蒂利亚王国发生了针对犹太教徒的屠杀，部分犹太难民逃往里斯本，使里斯本的犹太人人口出现了增长。尽管葡萄牙国王历来对犹太人持包容态度，但为了与卡斯蒂利亚王国缔结王室婚姻，葡萄牙国王曼努埃尔一世在1495年还是决定驱逐犹太人。大量聚集于里斯本的犹太人倒是没有被驱逐，他们在被强令接受洗礼、改信基督教后，获准继续留在葡萄牙，同时还得到了一个承诺：在接下来的20年中他们不会再受到迫害。然而在1506年，里斯本还是发生了针对已经改宗的犹太人的迫害，许多犹太人在这场为期一周的暴乱中丧生。曼努埃尔一世怪罪于里斯本的官方，狠狠地削减了里斯本在政治上所享有的特权。

1497年，瓦斯科·达·伽马从里斯本出发，开启了他通往印度的伟大航程。到了1505年，里斯本已经取代威尼斯，成了欧洲最主要的东方香料市场。达米昂·德·戈伊斯，这座城市的第一位历史学家故意否定了威尼斯的海上霸主地位，将里斯本和塞维利亚称为"海上女王"。因为曼努埃尔一世每年可以从香料贸易中大赚一笔，所以法国国王弗朗索瓦一世轻蔑地称他为"杂货商国王"。这位杂货商国王为了美化自己的王国首都可谓不吝重金。1500—1505年，一座新的王宫于里斯本的海滨建成。据戈伊斯描述，除了这座新王宫之外，另有7座纪念性建筑让里斯本跻身欧洲最华丽城市之列，这七座建筑分别为：仁慈堂、万圣皇家医院、用于接待外国使节的埃斯陶斯宫、公共粮仓、海关大楼、"印度之家"以及军械库。军械库存放了4万套盔甲和装配于200艘战舰、维护葡萄牙帝国之威的火炮。曼努埃尔一世带着从印度带回的大象穿街过巷，他曾打算举办一场犀牛对战大象的斗兽表演，然后把犀牛作为礼物送给教宗。

为了保卫里斯本的港口，葡萄牙建筑师弗朗西斯科·德·阿鲁达和迪奥戈德·阿鲁达兄弟俩于1514—1519年建造了一个优雅而坚固的葡萄牙晚期哥特式（又称"曼努埃尔式"）建筑——贝伦塔。它还是通往里斯本的礼仪之门。

在里斯本的贝伦区，沿着塔霍河顺流而下8千米的地方，一个巨大的圣哲罗姆派修道院建筑群和一座守卫塔霍河入口的堡垒已经动工。这些建筑的风格为晚期哥特式（曼努埃尔式），这是一种葡萄牙特有的风格。这一时期的里斯本是一个地图制作中心。通过对地图的绘制，欧洲的知识分子开始了解非洲和东方。一些作家，比如吉尔·维森特、萨·德·米兰达、加西亚·德·雷森德、贝尔纳丁·里贝罗以及身为哲学家伊拉斯谟之友的达米昂·德·戈伊斯纷纷入宫效力，这让里斯本的宫廷不仅是一个文艺活动中心，还成了欧洲文艺复兴时期最充满才思的宫廷之一。1536年，葡萄牙设立了宗教裁判所，其位于里斯本的法庭管辖了包括西非、巴西和大西洋各岛屿在内的地区。从那时起，火刑便成了里斯本司空见惯的事情，而处刑现场常常设在皇宫外的大广场上。到了1550年，里斯本作为人文文化中心的时代已经一去不复返了。

葡萄牙的奴隶贸易将大量的非洲人带到了里斯本，这些人在里斯本受洗成了基督徒，并逐渐承担起低下的工作。他们有自己的协会，而他们的主人会在大街上将他们贩卖或是安排他们从事卖淫活动。到了16世纪中期，非洲奴隶的人数可能占到了里斯本人口的1/10。聚居于里斯本的外国商人，尤其是意大利商人，运送商船前往东方，并售卖从那里带回的香料、丝绸、棉花、漆器和瓷器。

尽管里斯本是一个重要的行政和基督教中心（17世纪初，里斯本的教士已多达3500人，比造船厂的人力还多），但里斯本的特殊性归因于它的港口。1578年，葡萄牙国王塞巴斯蒂安一世在里斯本的港口集结了一支由800艘战船组成的舰队，这些战舰将塞巴斯蒂安一世和他的陆军运到了摩洛哥，后来塞巴斯蒂安一世本人在摩洛哥的阿尔卡塞尔吉比尔战役中殒命。接替塞巴斯蒂安一世王位的红衣主教恩里克于1580年1月逝世，由于他并无子嗣，他的外甥西班牙国王腓力二世趁机称王。在腓力二世的指令下，阿尔瓦公爵率领的陆军与圣克鲁斯侯爵率领的舰队相会于里斯本，而曼努埃尔一世的外孙，即意欲夺取王位的安东尼奥则将他的部队分散在里斯本城外的阿尔坎塔拉。腓力二世直到1583年才住

里斯本 173

这幅16世纪的里斯本城市平面图出自由德国地理学家格奥尔格·布劳恩和佛兰德画家弗兰斯·霍根伯格制作的《世界城市地图集》。图中的城墙清晰可见，城区向西面延伸，河中挤满了船只。瓦斯科·达·伽马正是从里斯本出发，开始了他的远航。16世纪的很多海上探险之旅都是以里斯本为起点的。同样由里斯本出发开启征程的，还有西班牙无敌舰队。

进里斯本的王宫，他显然是考虑将里斯本作为他庞大帝国的首都。然而，里斯本在16世纪末暴发了两次瘟疫，数千民众丧生，腓力二世定都里斯本的打算由此搁浅。

腓力二世想要建立大西洋的海上霸权，而里斯本是他这个计划中的重要一环。1588年，西班牙"无敌舰队"的150艘战舰正是从里斯本整装出发，在梅迪纳-西多尼亚公爵的率领下远征英国。次年，由弗朗西斯·德雷克率领的英国舰队袭击了里斯本，但德雷克的舰队并未贸然驶入塔霍河。而另一边，由英军将领约翰·诺里斯率领的陆军则焚烧了里斯本的郊区，不过，这支部队也未能突破里斯本的防御。英国人在这场战争中的损失相当于上一年西班牙无敌舰队的损失。

在腓力二世的王国里，里斯本是第二重要的城市，它也一直是腓力二世的海军基地以及驶向东方的商船的调度中心。尽管瘟疫频繁暴发，但这座城市的人口还是从1521年的6.6万增长到了17世纪初的16.5万。在腓力二世统治时期，里斯本建起了许多壮观的教堂，而这些教堂在一定程度上反映了里斯本的富裕和重要性。建于阿尔法马区山坡上的圣文森特教堂和建在巴里奥-阿尔托区的耶稣会的圣罗奇教堂所采用的建筑样式是当时最新潮的风格主义。随着布吉奥堡的建立，通往港口的路的防御性得到了进一步加强，想从海上攻破里斯本基本成了不可能完成的任务。17世纪，已改信基督教的犹太人再次遭到迫害，这些"新基督徒"中的大批商人家庭纷纷逃离里斯本，而里斯本那时也不再是欧洲对东方的贸易中心了，阿姆斯特丹和伦敦取代了里斯本的地位。

罗马

与文艺复兴时期的教廷

查尔斯·菲茨罗伊

既然上帝赐予我们教宗之职,那么就让我们享受它好了。

——教宗利奥十世在就职时所说,1513年

随着公元5世纪西罗马帝国的灭亡,罗马的地位就体现在罗马教宗的权力上。但在14世纪,罗马的教宗们迁居至阿维尼翁,随后又出现了天主教会大分裂(1378—1417年)。另外,罗马的两大豪门奥尔西尼家族和科隆纳家族因宿怨而争战不休,导致罗马城变得乌烟瘴气、残破不堪,早已不具往日的荣光。直到1420年,出身科隆纳家族的教宗马丁五世回到罗马,这座城市才从它历史上最黑暗的时期之一中走了出来。

罗马在15世纪中缓慢复兴。马丁五世以及他后续的两位教宗尤金四世和尼古拉五世都重建了罗马的教堂、修复了喷泉和高架渠,还清理了满大街成堆的垃圾。此前肮脏、衰败的罗马逐渐变成了一座遍布美丽的文艺复兴宫殿的城市。与此同时,这几位教宗也都试图恢复罗马作为天主教中心这一无可争议的地位,并弥补教会分裂对罗马造成的损害,尽管教宗庇护二世——一位杰出的人文主义者和热情的古文物研究者——未能成功发起反对土耳其的十字军东征,后者已在1453年占领了君士坦丁堡。

对这一时期的教宗而言,不论他们个人素质如何,要想重新树立自己宗教领袖的地位都不大容易。作为教宗国的统治者,他们也插手了意大利的世俗政治。人们普遍认为教宗们都是腐败的人。与世袭的君主不同,一个人在当选教宗之时往往已经年迈,他得趁自己还在世、权力基础尚在的时候赶快给他的家人、追随者捞些好处。因此,教宗卖官鬻爵和任人唯亲的现象就变得普遍起来。很多文艺复兴时期的教宗都有私生子,他们对自己的私生子会大加赏赐。波吉亚家族出身的教宗亚历山大六世(1492—1503年在位)是个足智多谋,但毫无节操、贪图享乐的西班牙人。他担任教宗的那些年被看作是一个堕落时期。其间,人们认为亚历山大六世的儿子切萨雷下令谋杀了自己的弟弟和妹夫。而另有传闻说亚历山大六世的女儿卢克雷齐娅毒害了她的许多情人,不过这个说法相对缺乏依据。

为纪念圣彼得大教堂奠基而制作的奖章,它的设计者是金匠克里斯托弗罗·卡拉多索。这枚1506年的奖章表现出了圣彼得大教堂的庞大规模,同时也反映了教宗尤利乌斯二世和他的建筑师布拉曼特设计这座教堂的勃勃雄心。圣彼得大教堂建了100多年才最终落成。

△ 这幅画描绘的是修建中的新的圣彼得大教堂，它的作者为荷兰画家梅尔滕·范·海姆斯凯克。圣彼得大教堂是文艺复兴时期最伟大的教堂，但它的施工进程相当缓慢。此画所展现的是1546年米开朗琪罗作为设计师接手工程时大教堂的样子。直至1564年逝世，米开朗琪罗始终都在为大教堂的完工而不懈努力着。

▽ 这幅大约创作于1477年的画描绘的是教宗西克斯图斯四世任命巴尔托洛梅奥·普拉蒂纳为梵蒂冈图书馆馆长的场面，它的作者为意大利画家美洛佐·达·弗利。普拉蒂纳是位杰出的人文主义者，画中的他跪在西克斯图斯四世面前。西克斯图斯四世坐在教宗宝座上，他的身边是他的四个侄子。站在普拉蒂纳和西克斯图斯四世中间、身着红衣的是西克斯图斯四世的侄子朱利亚诺·德拉·罗韦雷，也就是日后的教宗尤利乌斯二世。

不管这些教宗具有怎样的品德，事实证明，他们在对待艺术的时候都是开明的赞助人，而且他们将罗马改造成了欧洲最伟大的城市之一。他们的主要住所是梵蒂冈的教宗宫。15世纪70年代后期，教宗西克斯图斯四世在教宗宫内创建了梵蒂冈图书馆。当时，西斯廷教堂新建于教宗宫内，西克斯图斯四世指派佩鲁吉诺、波提切利、基尔兰达约以及其他一些托斯卡纳的顶尖艺术家去装饰这座教堂的墙壁。20年后，在教宗宫内的波吉亚寓所，画家平图里基奥为亚历山大六世创作了一组令人赏心悦目的壁画。而在罗马城里，豪门的贵族和主教们也建造了一系列壮观的文艺复兴式宫殿，其中就包括了文书院宫。文书院宫始建于1486年，修建这座宫殿的资金源于西克斯图斯四世的甥孙、红衣主教拉法埃莱·里亚里奥从另一位红衣主教弗朗切斯科·奇博那里赢得的赌资。

亚历山大六世的继任者尤利乌斯二世被证明是艺术史上最伟大的赞助人之一。1506年，尤利乌斯二世以惊人的魄力命令他最爱的建筑师布拉曼特拆除了原来由君士坦丁大帝建立的圣彼得教堂，并着手重建一座新的圣彼得大教堂。新的圣彼得大教堂是整个文艺复兴时期最宏伟的建筑，由米开朗琪罗设计的尤利乌斯二世的陵墓，就安置在圣彼得大教堂中央的巨大穹顶之下。1508年，年轻的拉斐尔受尤利乌斯二世指派在后者位于梵蒂冈的私人寓所内创作了一组精妙绝伦的壁画，这个寓所也被称为拉斐尔画室。而在附近的西斯廷教堂，米开朗琪罗也开始在教堂的天花板上创作一系列壮观的人物画像，这些画像描绘的都是《圣经·旧约》中的场景。拉斐尔画室和西斯廷教堂的伟大艺术作品启发了一代又一代欧洲乃至全世界的艺术家。

罗马在艺术上的成就登峰造极，但它在政治上的局面却难以与其艺术的辉煌媲美。意大利有一些经济富裕的城邦，它们在政治上并不统一。这种形势

由意大利天文学家伊尼亚齐奥·丹蒂为梵蒂冈图书馆创作的壁画。这幅关于罗马的壁画名为《世界之首》。位于画面左下方的是圣天使堡和尚未建成的圣彼得大教堂。在画面的中部偏右，可以看到大角斗场。文艺复兴时期的罗马城坐落在奥勒良皇帝于公元270年修建的古罗马城墙之内。除了圣彼得大教堂，其他伟大的纪念性建筑全部属于古迹。比如大角斗场、万神殿、圣天使堡以及各式各样的石柱和方尖碑。城墙之内一半以上的区域都遍布着田野和花园。

△ 1508—1512年，米开朗琪罗在西斯廷教堂的天花板上创作了一系列巨大的人物画像。这些画所表现出的人物的力量和复杂性超越了以往任何画作，包括之前由画家波提切利、佩鲁吉诺等人在西斯廷教堂墙上创作的壁画。一代人之后，年迈的米开朗琪罗又在西斯廷教堂祭坛的墙壁上创作了令人肃然起敬的壁画——《最后的审判》。

▽ 圣彼得大教堂的穹顶内景。该穹顶由米开朗琪罗设计，后来由贾科莫·德拉·波尔塔修建完成。穹顶下方矗立着由贝尔尼尼建造的青铜华盖。这尊精致的青铜华盖亮相于1633年，它的石柱呈螺旋状，立于主祭坛之上。人们认为圣彼得的遗体就安葬在青铜华盖的下方。

诱使法国和西班牙在15世纪90年代入侵了亚平宁半岛。罗马教廷为保自身独立发起了抵抗，但越来越力不从心。恺撒·波吉亚打了一些胜仗，而强悍坚韧的尤利乌斯二世则下定决心将外敌驱逐出意大利。

尤利乌斯二世的下一任教宗是追求安逸、出身于美第奇家族的利奥十世。比起战争，利奥十世更喜欢外交。在利奥十世任职教宗期间（1513—1521年），他最爱的艺术家拉斐尔与助手们联手创作了一系列艺术精品。但必须通过买卖圣职来为他的奢侈习惯买账，加上重建圣彼得大教堂的花销不断增加，这些事激起了民众广泛的抗议并引发了马丁·路德在德国的宗教改革活动。在利奥十世的堂弟克雷芒七世任职教宗期间，罗马教廷与新教徒的争端使教廷受到了严重威胁。1527年，神圣罗马帝国皇帝查理五世的军队野蛮洗劫了罗马城，克雷芒七世仓皇逃离，惊险地保住一命。大批才华横溢的艺术家也逃离了罗马，这也宣告了"文艺复兴盛期"这一黄金时代的终结。

尽管罗马最终又迎来了和平，但罗马之劫引发的恐惧感过了很久才消散殆尽。罗马教廷根本无力抗衡西班牙国王的强大军事力量，而罗马的世俗权力也影响甚微。但正如历史上多次出现的情况那样，在如此黑暗的时期，罗马这座"永恒之城"再一次展现出惊人的重生之力。罗马在艺术上的重生主要是通过米开朗琪罗的作品来反映的，米开朗琪罗在罗马度过了他人生的最后30年。此外，在宗教领域，罗马也获得了重生，它成了"反宗教改革"的信仰中心。

出身于法尔内塞家族的保罗三世的教宗生涯反映了这种重生的新局面。保罗三世在年轻的时候有过私生子，还盖了座巨大的法尔内塞宫，而修建法尔内塞宫的钱则是他漂亮的妹妹朱莉娅作为教宗亚历山大六世的情妇所得。在担任教宗时，保罗三世于1545年召开特伦特会议（直到1563年才闭幕），号召对抗新教。他还确立了耶稣会的合法地位，让耶稣会当起了"反宗教改革"的先锋。耶稣会的主教堂由建筑师贾科莫·巴罗奇·达·维尼奥拉设计，它专门为布道而建，其装饰风格奢华艳丽，后来被整个天主教世界的教堂所效仿。

　　保罗三世向来欣赏米开朗琪罗，他说服已到暮年的米开朗琪罗出任圣彼得大教堂重建工程的设计师并重新规划卡比托利欧山上的府邸。米开朗琪罗还为西斯廷教堂的祭坛绘制了壁画《最后的审判》。这幅极具震撼力的画作反映了罗马之劫后普遍存在的阴沉忧郁情绪，耶稣在画中以一个愤怒的法官形象示人。这种情绪的另一种体现是，教宗保罗四世（1555—1559年在位）维护宗教裁判所并将犹太人限居于犹太区。

这张照片展现了从米开朗琪罗设计的圣彼得大教堂穹顶到圣彼得广场的景象。以一尊古埃及方尖碑为中心的圣彼得广场（1656—1567年）是贝尔尼尼最伟大的建筑作品。贝尔尼尼设计了圣彼得广场的两个半圆形柱廊，它们与圣彼得大教堂的外观相连，仿佛一双拥抱着信徒的巨大手臂。

　　"反宗教改革"并没有完全摧毁文艺复兴的精神。为教宗尤利乌斯三世建造的朱莉娅别墅、为杰出的红衣主教而建的美第奇别墅，以及蒂沃利的埃斯特别墅，都充满了古典主义风格，可以追溯到16世纪下半叶。由圣腓力·内里创建的祷告堂会崇尚视觉和音乐的美感（英文中的oratorio——清唱剧，便是由祷告堂会的英文"oratory"一词衍生而来），对罗马的艺术生活产生了重要影响。

　　16世纪末最重要的一位教宗是西克斯图斯五世。在1585—1590年他担任教宗的这短短几年内，他成功地让罗马改头换面。作为一名天才的城市规划师，西克斯图斯五世在改造罗马的过程中争分夺秒、毫不懈怠。他修复了城市的供水系统和桥梁，后来又规划建设了一批又长又直的街道和中央有喷泉和方尖碑的星形广场。他还对教宗的宫殿进行了扩建。西克斯图斯五世在位时期，由米开朗琪罗设计的圣彼得大教堂的巨型穹顶终于建成，当时距离米开朗琪罗逝世已有二十多年。而当西克斯图斯五世去世的时候，他已经将罗马变成了基督教世界最现代、最美丽的城市之一。

　　罗马在艺术领域的主导地位一直延续到了17世纪，当时的画家卡拉瓦乔、安尼巴莱·卡拉奇和雕塑家吉安·洛伦佐·贝尔尼尼创造了一种新的、名为"巴洛克"的艺术风格，这种风格之后传遍了整个欧洲。18世纪中期，罗马又为新古典主义运动提供了灵感。参与了"大旅行"[1]的年轻贵族们纷纷涌入这座城市，他们在那里收集古董、研究罗马的伟大古迹和在文艺复兴盛期的艺术作品，而罗马在当时已重登欧洲艺术之巅。

1　17世纪和18世纪欧洲年轻贵族参与的一种泛游欧洲的传统旅行，持续时间数月到几年不等，它的主要价值是帮助这些贵族青年了解古希腊、古罗马以及文艺复兴时代的文化遗产。罗马是"大旅行"的关键目的地之一。

罗马　179

伊斯坦布尔

苏丹的城市

杰森·古德温

> 据我所知，没有哪个国家能比这个国家（奥斯曼帝国）更让人感到幸福；它备受上帝的眷顾，和平与战争尽在其掌握之中。那里黄金丰富、人烟浩穰、船多舰广、臣民顺从。任何国家都无法与之相比。
>
> ——威尼斯大使的报告，1523年

1453年5月29日是一个星期二，那天，奥斯曼帝国苏丹穆罕默德二世骑着马进入了君士坦丁堡——伊斯兰神话中的"红苹果"。接下来的故事流传甚广：穆罕默德二世首先来到了圣索菲亚大教堂（神圣智慧教堂），出于谦恭，他下了马，在头上撒了一抔尘土，然后下令将圣索菲亚大教堂改为清真寺。按照惯例，攻城的一方如果遭遇反抗，那么他们在拿下城池之后就可以随意劫掠三天。不过，穆罕默德二世大概在第一天结束的时候就叫停了劫掠行为。那天夜里，他徜徉在王宫中，低声吟诵着一首波斯古诗中的诗词："夜枭在阿弗拉西亚布[1]的塔楼号叫，蜘蛛在恺撒的宫殿织网。"那一年，他二十一岁。

奥斯曼帝国征服伊斯坦布尔（当时虽然改成了这个名字，但"君士坦丁堡"一名仍被帝国内外广泛采用，并且一直沿用到1932年）后，这座城市迎来了复兴。它再一次成为一个兴旺、辽阔的帝国的首都，它的人口出现了急剧增长。此前逃离的希腊人被邀请"回家"，穆罕默德二世在欧洲征战期间所获得的俘虏也在金角湾沿岸重新定居了下来。1492年被逐出西班牙的犹太人在这里找到了安身之所，其后被逐出格拉纳达的阿拉伯人同样也在这里有了落脚之地。穆罕默德二世将土地分给了他的部下，并鼓励他们修建清真寺或将教堂改为清真寺，而这些被改造的教堂将与周围的伊斯兰建筑融为一体。伊斯坦布尔社会采用了一种名为"米列特体系"的制度，在这种制度下，每一个宗教群体实际上都享有宗教自治，受各自的宗教权威管理。只有当遇到刑事案件时，各宗教群体才会将案件移交奥斯曼帝国法庭审理。

东正教教士乔治·斯科拉里奥斯是西方教会的坚决反对者，他于1454年1月1日被穆罕默德二世亲自任命为君士坦丁堡的普世牧首。在当时的一道敕令中曾明文规定"任何人都不得惹恼或打扰他"。一开始，圣使徒教堂被设为斯科拉里奥斯的主教座堂，但他的主教座堂最终定在了位于今天费内尔区的圣乔治教堂。此外，穆罕默德二世还任命霍瓦基姆为亚美尼亚教会的大主教，摩西·卡普萨利为犹太教的大拉比。半自治的加拉塔地区是热那亚人的聚居地，该地区在穆罕默德攻陷君士坦丁堡两天后投降，当地大部分城墙在战争中遭到了破坏，连著名的加拉塔瞭望塔也被削下了好几米。不过，当地的居民仍然能够保持自治，享有贸易、旅游以及财产权。在随后的数百年中，奥斯曼帝国针对非穆斯

---

[1] 伊朗神话中图兰（位于中亚的一个历史区域）最杰出的君主。

一份16世纪的德国手稿，描绘了"征服者"穆罕默德二世骑马进入伊斯坦布尔的场面。圣索菲亚大教堂变身为一座清真寺，标志着伊斯坦布尔开始伊斯兰化。不过，伊斯坦布尔依然是一座国际化的城市，它体现了奥斯曼帝国民族和宗教的多元化。

林民众的政策并没有发生改变。

　　1463年，为了给穆罕默德二世建一座专属于他的清真寺，圣使徒教堂被拆除。而这座清真寺就是法提赫清真寺。如今的伊斯坦布尔有许多雄伟的清真寺，它们的穹顶和宣礼塔构成了这座城市壮观的天际线。在这些清真寺中，法提赫清真寺是最早建成的。法提赫清真寺连同它的一些附属楼不仅是祷告之地，也是城内伊斯兰生活的中心。整个清真寺的建筑群包含了八所伊斯兰经学院、一所救济院、一家医院、一间公共厨房、一家旅舍、一所小学、一间图书馆、一座浴场、一个市场和一座墓地。其中的市场很大，根据市场内的情况也可以看出流通于博斯普鲁斯海峡的贸易情况。在市场中有两百八十家商店、三十二个作坊和四间仓库，这些门面的收益被用于维护其他机构。伊斯坦布尔其他地方的一些身居显位的人也会出资修建建筑群，捐赠款虽不多，但数额相似，每个建筑群都成了相应地区的象征。

这幅创作于1584年的画展示了托普卡帕宫内建筑和花园的景观。托普卡帕宫是奥斯曼帝国苏丹及其庞大家族的居所，也是不断扩张的奥斯曼帝国的行政中心。光是在宫内厨房干活的厨师就有约1000人。

穆罕默德二世在老拜占庭市场的基址上建了个室内大巴扎，那是个位于伊斯坦布尔第三座山丘（伊斯坦布尔和罗马一样，也是建在七座山丘上的城市）之上的大型商场。他还在金角湾的尽头、一个叫作"埃于普"的地区修筑了一个清真寺建筑群。在那里，牺牲于公元674—678年阿拉伯人围攻君士坦丁堡时的先知穆罕默德的旗手的遗体，奇迹般地被重新发现。因此，埃于普成了穆斯林世界最神圣的地方之一，在土耳其人眼中，它的神圣地位仅次于麦加和耶路撒冷。从那以后，每一任苏丹即位之时，都会在旗手的墓地旁举行佩戴"奥斯曼之剑"的仪式，这个仪式相当于帝王的加冕礼。

沿海地区和内陆地区重新统一；连接奥斯曼帝国亚洲区域和欧洲区域，以及黑海和地中海的枢纽功能重新恢复；加上受"奥斯曼和平"的庇佑，伊斯坦布尔展现出了勃勃生机，不断发展壮大。一支由两千头骡子和骆驼组成的庞大商队每个月都会从波斯和叙利亚抵达伊斯坦布尔。那里很欢迎西方的商人来做生意，来自当时已知世界的奢侈品都涌入了城中，许多物件还被送入了王宫，比如来自东方的丝绸和香料，来自北方的皮草和琥珀。

在壮观的清真寺、宫殿和市场之间贯穿着狭窄蜿蜒的街道。街道上有许多木房子，它们特别容易着火，尤其是当人们在屋子里拿锅煮东西的时候。但至少老百姓的锅里是不缺食物的，尽管民居杂乱，可民众的饮食都被安排得妥妥帖帖。在市场监管人员和管理所有贸易和生产的公会的作用下，商品价格受到了严格控制。得益于一套由征粮、收贡和食品预订等内容组成的复杂的食品制度，在这座地域从多瑙河覆盖到尼罗河，从克里米亚扩展至匈牙利平原的帝国中，城市里的食物充足而便宜。比如在1577年，巴尔干地区没有宰杀一只羊，所有的羊都被送到了伊斯坦布尔。17世纪中期的伊斯坦布尔，人们每年会吃掉700万只羊，每个月会吃掉1.8万头牛，每天会吃掉250吨面包，而其中有1/10的量是在王宫里消耗的。每年，载于2000艘船上的谷物和其他粮食都会被运送至金角湾沿岸的仓库里。

△ 伊斯坦布尔蓝色清真寺内墙用到的伊兹尼克陶瓷的细节图。这种制陶工艺在16世纪达到了很高的水准，不过后来逐渐绝迹。

▽ 伊斯坦布尔大巴扎：如今是一个大商场。在大巴扎最辉煌的时期，它还是一个生产奢侈品和日常生活必需品的大型制造厂。

伊斯坦布尔因富有而辉煌。这里有兵工厂，它铸造的战舰控制着黑海和地中海东部海域；这里有著名的土耳其近卫军，他们是欧洲的第一支常备部队；这里有托普卡帕宫，这座宫殿在1481年，也就是穆罕默德二世在位的最后一年才差不多建好，从托普卡帕宫的亭子、院子和绿树成荫的花园里可以眺望博斯普鲁斯海峡。托普卡帕宫就像个石头搭起来的营地，容纳了大批厨师、园丁、近卫军和官员。宫中还设有一所宫廷学校，奥斯曼帝国的精英统治阶层自小就会在这里接受教育。奥斯曼帝国的苏丹是他所处时代最伟大的君主，围绕着他有一套复杂的规矩。他的仆人都用手语交流，这能更好地维持一种庄重而令人紧张的沉默氛围。他从来不参加每日大臣们商讨国事的会议，而是隔着屏风来听他们讨论，外国使臣会被两位侍从抓着手肘带到大臣中充当观众。

在不到100年的时间，伊斯坦布尔的人口达到了50万，这其中穆斯林只占少数。不过，随着苏莱曼大帝（1521—1566年在位）开始对他的帝国首都实施改造，伊斯坦布尔便成了一座非常具有伊斯兰风格的城市。奥斯曼帝国的苏丹出手大方，他们总是慷慨赏赐财物，这也引得他们的下属纷纷效仿，以捐赠的形式在城市里建起了喷泉、桥梁、清真寺和学校。

苏莱曼大帝是幸运的，因为他的手下有一位人才是奥斯曼帝国历史上最伟大的建筑师，此人就是锡南。锡南很可能出身于安纳托利亚的一个信仰基督教的家庭。当苏莱曼大帝在1538年任命他为奥斯曼帝国建筑总监的时候，他已经是一位成绩卓著的工兵军官了。他最初接手的工程之一是一个清真寺建筑群，苏莱曼大帝想把这个建筑当生日礼物送给他的皇后罗克塞拉娜，以制造惊喜。在结束这个项目之后，锡南又在帝国境内各地完成了多个工程，其中约有85个建筑至今仍矗立在伊斯坦布尔，其中清真寺占了22个，包括建在第3座山丘之上、于1557年完工的苏莱曼清真寺。就在锡南建造苏莱曼清真寺期间，他还为罗克塞拉娜修建了一座美丽的公共浴场。另外，他还改进了伊斯坦布尔的供水系统。

苏莱曼大帝的统治让奥斯曼帝国达到了巅峰。1610年，因内部的漂亮瓷砖装饰而得名的艾哈迈德三世的蓝色清真寺标志着规模宏大建筑的终结，直到19世纪，帝国的苏丹们才在博斯普鲁斯海峡沿岸建起了欧式风格的宏伟宫殿。

如今，伊斯坦布尔依然存在，带着它所有的优雅；在巴尔干地区和中东各地古老清真寺和宅邸的墙上你仍可以看到它：城市里遍布山丘、亭阁、柏树和宣礼塔，飞机在细长帆船（奥斯曼贡多拉）掠过的水面上从容升起，仿佛瞥了一眼人间天堂。

阿格拉

泰姬陵的城市

埃巴·科赫

多么美好的城市啊！它仿佛一个芳香四溢、鲜花初绽的花园。城市里的建筑如柏树一样高耸入云。

——阿布·塔利布·卡利姆曾如此赞美阿格拉，17世纪30年代

莫卧儿帝国第五代皇帝沙·贾汗（1628—1658年在位）的史官阿卜杜勒·哈米德·拉霍里在官方史书中曾记载了一件事：1643年（按伊斯兰历法算，就是1052年）的2月6日，一座熠熠生辉的陵墓——泰姬陵——终于建成了。泰姬陵，作为莫卧儿帝国最宏伟的陵墓，也是沙·贾汗最爱的皇后蒙塔兹·马哈尔的陵墓，它没有建在一个特殊或者著名的地方，而是与首都阿格拉的城市景观融为了一体。

阿格拉在1505年洛迪王朝的苏丹迁都于此之前就存在很久了。20年后，当作为帖木儿后裔的突厥化蒙古人在印度建立莫卧儿帝国的时候，阿格拉成了他们的第一个首都，而河畔花园城市的属性便是阿格拉的显著特色。这些突厥化蒙古人来自中亚，他们当初是以喀布尔为据点出征印度的。由于他们习惯居住在规划整齐的花园里，所以莫卧儿帝国的缔造者巴布尔和他的属下纷纷在阿格拉可用水

从花园中央看向泰姬陵的主体陵墓和它两侧的宣礼塔。清真寺和米赫曼卡纳（或礼堂）的圆顶，这两个原始建筑群的元素分别出现在图中左、右两侧树木的上方。

源——人们称之为潺潺的大河亚穆纳河、贾姆纳河或扬河——的两岸设计花园。巴布尔等人创造性地将此前规则式花园的概念应用到了一个河畔的场景之中。在阿格拉的花园设计方案里，主建筑被建于一座可眺望亚穆纳河的平台上，而花园则朝向陆地而建，所有建筑的两侧都建有塔楼。如果从船上或者河对岸望向这个河畔花园，会看到一片亭台楼阁、绿树繁花交相辉映的灿烂景象。

这些花园构成了莫卧儿帝国皇室和等级最高的贵族的居所，而阿格拉这座城市从整体上也反映了莫卧儿帝国的人早先就是以花园为居的。从意识形态的角度来说，阿格拉还象征着在沙·贾汗的妥善治理下，印度所呈现出的繁盛面貌。沙·贾汗在即位后将阿格拉更名为"阿克巴拉巴德"，它的意思是"阿克巴的城市"，之所以取这个名字是为了纪念他的祖父阿克巴。但是这个新名字并没有被长久地沿用下去。在沙·贾汗所处的时代，阿格拉已经是亚洲最伟大的城市之一了——既是陆路和水路贸易的要道，也是圣贤和学者云集之地。1638年，德国旅行家曼德尔斯洛曾估测，阿格拉"至少有两个伊斯法罕那

这幅图出自17世纪晚期的莫卧儿细密画或德干细密画。图中，一名贵族正在一个通风的、可以远眺阿格拉的亚穆纳河畔的亭子里欣赏乐师的演奏。视线越过点缀着各式各样船只的亚穆纳河，可以看到一连串的河畔花园。

么大"。其他一些旅行家也认为阿格拉是世界上最大的城市之一。透过沙·贾汗的史官穆罕默德·萨利赫·坎博华丽的辞藻，我们可以了解到阿格拉给那个时代的人留下的印象：

> 在那令人惬意的大海（亚穆纳河）两边，美轮美奂的楼宇和花园彼此间隔不远，相映成趣……花园似乎是相互连通的……那种想在天堂的花园里漫步的念头已完全被抛诸九霄云外……因为出身高贵的王子和其他有名的埃米尔宽敞的府院、美丽的楼阁，已经是天堂花园里的景象了。

阿格拉花园的特色也令法国医生弗朗索瓦·贝尼耶印象深刻。贝尼耶曾于1659年生活在阿格拉，他是莫卧儿帝国宫廷最杰出的观察者之一。他发现尽管阿格拉不像沙·贾汗的新城沙贾汗纳巴德（今天的旧德里，建成于1648年）那样拥有整齐、宽阔的街道，但是阿格拉的花园景观弥补了这一不足，如贝尼耶所说："郁郁葱葱的植物……在这样一个炎热、干燥，眼睛总是在青翠中寻求放松和休息的国度里，这样的景致恰恰给人们带来了一种奇妙的乐趣。"

类似的河畔花园设计还出现在了其他两个穆斯林国家的首都。在奥斯曼帝国首都伊斯坦布尔，皇家及非皇家的郊区花园别墅分布在博斯普鲁斯海峡沿岸；而17世纪，在萨非帝国的首都伊斯法罕，花园式寓所被建在了扎扬达河的两岸。然而，阿格拉花园紧密、系统、有序的规划——明显地体现了莫卧儿帝国特有的逻辑——不同于这些较随意的安排。

阿格拉还有一个独特之处就是它的郊区河畔花园其实形成了城市的核心，而城市的大部分街道、空地则位于河畔花园的西边。沙·贾汗为阿格拉河畔花园以外地区的发展也做出了一番努力。1637年，他下令在河畔花园的西面建造一座八角形的市场（如今已不复存在），该项目得到了他最疼爱的女儿贾汗纳拉的资助。这个市场连接了集宫殿、城堡于一体的阿格拉堡和一座新的、供穆斯林集体祷告的贾马清真寺。不过，即便在这个市场建成之后，城市的重心依然是在河畔地带。莫卧儿帝国的文人和来自欧洲的观察者们认为在远离河畔的地方没什么事物是值得一提的。

作为印度最伟大、神圣的河流之一，亚穆纳河是阿格拉的水运干线，它将所有的花园连在了一起。

从亚穆纳河对岸的西南方向所看到的亚穆纳河左岸的一片风景。离岸最近的地方有两座塔楼，它们同属于一座花园，而关于花园的主人有两种说法：一是莫卧儿帝国第四代皇帝贾汗吉尔时期的贵族赫瓦贾·穆罕默德·扎卡里亚；二是沙·贾汗时代的拉合尔总督瓦齐尔汗。在这两座塔楼之间，是一个已毁坏的亭子。亭子后方有一处无名陵墓，而它的身后还有一座更大的陵墓，它属于沙·贾汗的宰相阿夫扎尔汗·设拉子。

阿格拉　187

在这条宽阔的水路上，人们可以乘舟游览，从一个花园式寓所或陵墓到达下一个花园式寓所或陵墓。当沙·贾汗想去泰姬陵或者某个皇室成员或贵族的府邸时，他就会乘船从阿格拉堡的宫殿出发。阿格拉最著名的花园是沙·贾汗的女儿贾汗纳拉从她母亲蒙塔兹·马哈尔处继承的花园。沙·贾汗的宫廷诗人对这座花园赞不绝口，外国贵宾也会被带至此处一饱眼福。1638年5月，沙·贾汗正是在贾汗纳拉的花园里以炫目的烟花表演接待了伊朗使臣亚德加尔·贝格。

能够在河畔附近住下的，只有莫卧儿帝国的皇族和最具影响力的要员。不过，皇帝的儿子、女眷以及帝国的贵族们只是在生前可以拥有他们的花园式寓所，在他们死后，这些房产都要归皇帝所有。皇帝要么是将这些宅邸留为己用，要么就是将它们赐给别人。一批土生土长的拉杰普特人[1]在莫卧儿帝国政府担任要职，他们享受到了比突厥化蒙古人更好的待遇，拥有可以继承土地资产的权利。拉杰普特人拉贾·贾伊·辛格是斋浦尔附近阿梅尔王国的君主，后来成为莫卧儿帝国的高级将领，沙·贾汗当初就是从他手中得到了用于建造泰姬陵的土地。为了获得这块地，沙·贾汗将四间阿格拉的宅邸赐给了拉贾·贾伊·辛格。

如果花园式寓所原先的主人于花园场地上修建了陵墓，那么房产的所有权可以继续归家庭所有。因此，为了避免房产被皇帝收回，越来越多的贵族开始在亚穆纳河河边修建陵墓。如此一来，殡葬建筑也成了河边地带的特色。当年的河边建筑规划中得以保留至今的主要也就是那些陵墓了，其中的杰出代表要属"国之栋梁"陵墓（建成于1628年），它是由莫卧儿帝国第四代皇帝贾汗吉尔的皇后努尔·贾汗所建。努尔·贾汗同时也是沙·贾汗的继母，她出身于波斯贵族家庭，权势强大。"国之栋梁"陵墓所用的建筑材料是镶嵌有宝石的白色大理石，这座陵墓也被看作是草图版的泰姬陵。其他代表性陵墓还包括沙·贾汗的哥哥苏丹·帕尔韦兹的陵墓；伊朗贵族阿夫扎尔汗·设拉子的陵墓（这座陵墓表面贴有拉合尔风格的瓷砖，阿夫扎尔汗曾担任拉合尔总督）；以及蒙塔兹·马哈尔的妹夫加法尔汗的陵墓。

在所有的陵墓中，最出名、最富丽堂皇的一座陵墓当然就是泰姬陵了。泰姬陵不仅是一座花园中的陵墓，代表了莫卧儿帝国殡葬建筑的最高水平，它还是一个由众多建筑组成的、具有多种功能的大型综合建筑群。在穆斯林世界里，唯一可以与泰姬陵相比的就是奥斯曼帝国的大型清真寺建筑群，后者也包含了建造者的陵墓，不过那些陵墓相对较小，在规划布局方面也没那么规则、整齐。

泰姬陵的整个陵园呈长方形，分为两个主要区域：陵墓区和"世俗区"。这种分区反映了伊斯兰教对精神生活领域和物质生活领域的辩证思想。处于陵墓区的是主建筑群，它包括了两侧有清真寺和礼堂的主体陵墓、花园和壮观的正门。主建筑群前方有两个附属建筑群，首先是起到过渡作用的前院，它的两侧是陵园服务人员的住宿区、附属陵墓和集市街，而后则是一个完全由世俗的市场和旅舍构成的建筑群。所有的这些附属设施都既实用又正规，它们的布局与陵墓区内的建筑规划颇为相似。而在陵墓建筑群中为外国商人和游客添加城市化的居住区也使17世纪法国珠宝商、旅行家让·巴蒂斯

---

[1] 指的是融合了众多部族、主要分布在印度中北部的土地所有者。16世纪中期以后，多位部族首领效忠莫卧儿帝国，一些拉杰普特的贵族还与莫卧儿帝国的皇帝联姻。莫卧儿帝国后来能进入全盛时期，也得益于拉杰普特人的支持。

特·塔韦尼耶对泰姬陵的评价显得格外中肯，他说："全世界都应该来欣赏并且赞颂它的辉煌。"

当沙·贾汗于1648年迁都新城沙贾汗纳巴德（旧德里）的时候，阿格拉便开始走向了衰落。统治阶级遗弃了这座河边之城，而阿格拉的普通居民接管了它。亚穆纳河及其河岸成了居民生活的中心，游泳成为阿格拉一种非常盛行的活动，社会各阶层的人，无论是来自哪个宗教群体，不管是老是幼、或贫或富，都会参与其中。

在英国人于1803年占领阿格拉之后，阿格拉的河畔花园仍在继续衰败。20世纪和21世纪，随着阿格拉的不断扩张，这座城市在莫卧儿帝国时代的大部分景观已被人遗忘。为了引水灌溉，亚穆纳河的上游建起了大坝，亚穆纳河的水位也随之下降，如今这条河流受到了严重污染。亚穆纳河的河畔曾经是最优越的地方，但现在却被当作公厕，人们会把垃圾倒在那里，还会在那里非法赌博。不过，如果有人想一睹泰姬陵的原貌、欣赏莫卧儿帝国的花园城市，在亚穆纳河上乘船而游依然是一种可行的方式。

从亚穆纳河上看到的泰姬陵建筑群。米赫曼卡纳或礼堂（左）、主体陵墓和清真寺（右）位于被塔楼环绕的河畔平台之上。

伊斯法罕

阿巴斯一世与萨非王朝

斯蒂芬·P. 布莱克

> 他们说伊斯法罕有"半个世界"那么大。这种说法其实仅仅形容了半个伊斯法罕。
>
> ——伊斯坎德尔·孟希,约1615年

伊朗萨非帝国的新首都伊斯法罕不光让波斯的诗人为之倾倒。对于让·夏尔丹这样的欧洲旅行家,伊斯法罕是"世上最伟大的城市之一",堪与巴黎和伦敦相媲美。这座城市由萨非帝国君主阿巴斯一世(约1587—1629年在位)于1590年建立,其后它的规模不断扩大,城市建筑也越来越壮丽。

萨非帝国(1501—1722年)是统治早期现代中东和南亚的三个帝国之一,其他两个帝国分别是印度的莫卧儿帝国和疆域覆盖了安纳托利亚、巴尔干半岛、黎凡特以及北非的奥斯曼帝国。萨非帝国的建立者伊斯玛仪一世(约1501—1524年在位)一直是萨法维苏菲兄弟会的首领,这是一个主要由土耳其部落组成的神秘组织。伊斯玛仪一世称自己为"神选定的人",是先知穆罕默德的女婿阿里的转世再生,还是真主在凡间的化身。伊斯玛仪一世的追随者们对他的使命深信不疑,他们先是击败了盘踞在大不里士的白羊部落联盟[1]势力,不久之后又控制了伊朗高原。

伊斯玛仪一世当然是充满魅力的开国之君,不过真正为萨非帝国奠定制度基础的是伊斯玛仪一世的曾孙阿巴斯一世。为对抗来自土耳其部落酋长的军事挑战,阿巴斯一世扩充了王室亲兵中骑兵的兵力。新组建的骑兵中包括了不少侍从和奴隶,他们对君主高度忠诚。为了筹资供养这支规模增大了的卫队,阿巴斯一世着手进行了一系列经济改革。他将一些部落领袖手中的农田收归王室所有,又招募了一群亚美尼亚商人来负责丝绸的出口贸易,还同荷兰东印度公司、英国东印度公司订立了贸易协议,从中获利颇丰。此外,阿巴斯一世虽不像他的曾祖父那样身附神圣光环,但他促进了什叶派的支派十二伊玛目派的传播,修建了清真寺和伊斯兰经学院,对知名什叶派教士委以要职,还出资操办了伊斯兰教什叶派的仪式和典礼。

阿巴斯一世的肖像(细节图)。这幅画创作于1618年,作者为17世纪的莫卧儿画派肖像画家比尚·达斯。阿巴斯一世是萨非王朝最伟大的君主,他在位时实行经济改革,同时稳固边疆、重整贸易,并扶植什叶派以树立自己的权威。此外,他还在伊斯法罕建立了帝国新都。

---

1 土库曼人的部落联盟。

△ 阿巴斯一世着手在伊斯法罕建造了一座配得上萨非帝国的首都。按照他的理念，新城的中央是一个巨大的广场，即世界典范广场。这座广场既是一个繁荣的市场，也是娱乐、体育竞技和宗教游行的舞台。世界典范广场的特色是4座大门，每座大门都通向一座宏伟的建筑，其中一座建筑便是帝国清真寺（见图中左侧），它的墙上镶嵌着精美的彩色瓷砖，据说建造这个清真寺一共用了47.5万块瓷砖。

▷ 位于世界典范广场西面的阿里卡普宫是通往巨大王宫的入口，它同时具备行政中心和谒见大厅的功能。带顶棚的大阳台被用作观景平台，可以观赏下面广场上的表演。广场上有一对可能是阿巴斯一世下令修建的马球比赛门柱，如今人们还能看到它们。

谢赫·卢特法拉清真寺位于阿里卡普宫的正对面，是属于阿巴斯一世私人的清真寺。阿巴斯一世主要的改革举措中有一项是将伊斯兰教什叶派推为国教，他鼓励什叶派学者来到伊朗，谢赫·卢特法拉就在其中。

就在他进行制度改革的过程中，阿巴斯一世决定建立一个新的首都。伊斯玛仪一世当年曾建都于大不里士，他的儿子塔赫马斯普一世后来又迁都于加兹温，而阿巴斯一世则选择了伊斯法罕，它更靠近伊朗的中心区域，也更靠近历史上阿契美尼德帝国（公元前559—前330年）的首都波斯波利斯古城。1590年，新都围绕着古老的哈伦－维拉亚特广场开始营建，阿巴斯一世最初的规划以城市的翻新为主。但1602年，当阿巴斯一世击败乌兹别克人，收复赫拉特之后，他将城市的中心移到了位于伊斯法罕绿洲西南角的一个古旧花园。新城中心的"世界典范广场"（又名伊玛目广场）以四座纪念性大门为特色，它们分别占据广场的四面，通往四座宏伟的建筑，每一座大门都是新近开始的改革的象征。

阿里卡普宫（高贵之门）位于广场的西面。这座六层建筑具备了多种功能：通往王宫的入口；接待外国使节和官员的谒见大厅；可观赏低处景观的高架阳台。王宫就位于阿里卡普宫后方，它是个巨大的建筑群，其中包括了府邸、礼堂、花园、马厩和寓所。王宫中有两座建筑格外引人注目：四十柱宫和八重天宫。阿巴斯一世所拥有的府邸和寓所全都规模庞大、金碧辉煌，其中住着大批侍从，这既体现了王族势力变得更为强大，也反映了王室击败土耳其部落酋长们的不易。

世界典范广场北端最突出的建筑是可以通往帝国市场（加萨里亚市场）的加萨里亚市场大门（帝国之门）。帝国市场其实是一条连接起新旧广场的长长的、带有拱廊的街道，作为城市经济的核心地带。它在17世纪60年代才最终形成。和阿里卡普宫一样，加萨里亚市场大门不仅是它名字所暗示的那样。它是个五边形双层半圆体建筑，步入其中你会发现一个带有喷泉的庭院。它的低层贴有五颜六色的正方形瓷砖，而它的高层则装饰着许多巨幅彩画，这些画的主题包括了狩猎归来的阿巴斯一世、战胜乌兹别克人的阿巴斯一世、一群正在宴饮的欧洲人，以及射手座的画像，因为伊斯法罕这座城市是在射手座的日期区间内兴建的。在帝国之门低层凸出的壁架上，珠宝商、金器商和服装商会展示他们的货物；而在高层的阳台上，帝国的乐手会在日落和午夜时分奏响军乐。帝国之门彰显了王室在伊斯法罕的经济发展取得开门红的过程中所起到的关键作用。当阿巴斯一世重整经济之时，他所掌握的越来越多的资源让他可以施行强有力的经济刺激举措：修筑道路、开设商铺和旅馆，以及为城里的商人、工匠和艺术家提供一个成熟的市场。

世界典范广场上的另外两个大门都是通往清真寺的。广场东侧的大门通向谢赫·卢特法拉清真寺。它在世界典范广场奠基之后就立刻开始动工，是广场四面的四座宏伟建筑中最早建成的。谢赫·卢特法拉是一位来自黎巴嫩、说阿拉伯语的什叶派穆斯林，他在以他名字命名的清真寺中主持宗教事务——既是牧师也是讲师。谢赫·卢特法拉深受阿巴斯一世赏识，他从王室金库直接领取薪俸，是阿巴斯一世所倡导的十二伊玛目教派的积极推广者。

位于广场南面的雄伟大门通往的是伊斯法罕最重要的宗教建筑——帝国清真寺。这座清真寺的两侧建有宣礼塔，正中凹进，与对面的加萨里亚市场大门成对称之势，入口处有一个小型水池。为了不让马和其他动物入内，清真寺的入口处还横了一条铁链。帝国清真寺是伊斯法罕城中可供穆斯林集体祷告的地方。在世界典范广场上，帝国清真寺建筑群的规模仅次于王宫。据说，该建筑群里一共有1800万块砖头和47.5万块色彩明丽的瓷砖。它包含了两个伊斯兰经学院、四座宣礼塔和一个用于在盛夏避暑的地下室。帝国清真寺作为阿巴斯一世改变民众信仰运动的象征，被献给了伊斯兰什叶派（十二伊玛目）中最后一代伊玛目、世界末日时的救世主马赫迪。在清真寺内那个指明祷告正向的壁龛上方，有一个柜子，其中含有两件圣物：阿里·礼萨（十二伊玛目中的第八代伊玛目）手中的《古兰经》和侯赛因（第三代伊玛目）沾满血迹的衣袍。清真寺的穹顶由瓷砖而建，覆盖了清真寺中央的祷告区域，人们在几千米外就能看见它。

世界典范广场及其四面的纪念性建筑标志着一个迅速扩张的城市的中心。1670年，伊斯法罕的人口已将近50万。伊斯法罕的辉煌象征了阿巴斯一世的帝国所达到的巅峰，它的规模不断扩大，建筑越来越宏伟，直到与诗人的夸张描述相吻合。不过，伊斯法罕的光辉岁月在50年后便结束了。17世纪晚期，萨非帝国爆发了一场财政危机：丝绸的出口下降，而从印度的进口量以及王室开销却持续增长。萨非王朝的末代君主苏丹·侯赛因（约1694—1722年在位）缺乏应对这种局面的精力和能力，所以当1722年阿富汗的吉尔扎伊人包围伊斯法罕的时候，萨非帝国根本毫无防备。长达半年的围城之战给居民和建筑造成了沉重的打击，侵略者进入城市，砍掉了君主的头。在随后的一连串破坏中，萨非帝国走到了尽头。

在阿巴斯一世时代，萨非帝国的经济之所以能够成功，贸易起到了重要作用。当时来自世界各地的（比如欧洲、俄罗斯和印度）商人会集于伊斯法罕。这幅17世纪的版画展现了伊斯法罕的市场，其中帐篷扎堆、商贩成群。

北京

及紫禁城

弗朗西丝·伍德

> 北京……如此之大，城里的事物如此奇妙……我都不知该从何说起。
>
> ——费尔南·门德斯·平托，1614年

16世纪和17世纪，没有一个旅行者在靠近北京的时候不会被矗立于华北平原上的巨大灰色城墙所震撼。葡萄牙探险家费尔南·门德斯·平托声称他于16世纪中期在北京待了两三个月，他曾记述道："环绕城市的内外城墙都由料石建造……在巨大的城墙之内，中国人向我们保证，有3800座佛塔和寺庙。"波斯历史学家哈菲兹·阿卜鲁曾在1420年随帖木儿帝国使团访问中国，并出席了北京皇宫的落成大典，他当时看到了正在修筑的城墙：

> 这座城市极其壮丽……由于它还在建设之中，它的城墙周围有10万根搭成了脚手架的竹竿，每一个竹竿都有2米多长。由于天刚拂晓，城门还未开，各国使节都得从正在修建的塔楼入城。

在明朝定都北京之前，北京已有2000多年的建城历史了。1420年，明朝的第三个皇帝朱棣（因其年号为永乐，又被称为永乐皇帝）正式下诏决定将国都由南京迁至北京。今天的人们还能够看到明代北京城的部分景观。

明太祖朱元璋在南京建造了都城，并将他的皇子们分派到遥远的地方封为藩王。朱元璋的第四个儿子朱

天坛祈年殿始建于1420年，1751年曾被修缮，但在1889年遭雷击而焚毁，随后再次得到修复。尽管祈年殿的某些构造发生了改变，但每次重建大体上都能忠实于它的原貌。祈年殿建在一个3层高的白色大理石平台之上，殿内有28根支撑屋顶的红色巨柱，柱上雕有飞龙图案。祈年殿的藻井刻有龙凤浮雕，龙象征着皇帝，而凤则代表着皇后。每年皇帝都会在这里举行祭祖祭天的仪式。

棣，也就是后来的永乐皇帝，就藩北京（当时是北平），那里曾是蒙古人建立的元朝的首都。在靖难之役以1402年南京大火和明朝第二任皇帝（朱棣的侄子）的死而宣告结束后，永乐皇帝决定迁都至北京，那里也成了他的军事根据地。迁都北京还具有一定战略意义，因为南京距离当时仍存在争议的蒙古边境太远，而蒙古边界就在北京的北面。早在迁都之前，北京外城墙的修建工作就已经开始了，元朝时期修建的城墙仍然容易受到蒙古人的攻击，于是，明代工匠对旧城墙进行包砖处理，将北城墙向南缩进。北京城的南部直到1533年才筑起城墙，而那个时候，北京已是熙来攘往，寺庙、饭馆和娱乐场所比比皆是。在所有城墙修筑完毕后，明代北京城的占地面积达到了62平方千米。

有一种说法认为，随着元朝的灭亡，作为元朝首都的北京便也好运散尽了。朱棣对此观点嗤之以鼻。自1406年起，他就下令为北京的皇宫采集建筑材料。京杭大运河的疏浚让这项工作顺利了不少，因为建筑材料和粮食都可以通过大运河运到北京。1404年，约1万户居民从山西省迁到了北京，充实了北京的人口，还有从东南亚俘获的7000名工匠组成的一支庞大的劳动力大军。北京的皇宫直到1416年才正式动工。那时所有的建筑材料已经到位，包括从全国各地采集来的梓木、榆木、橡木、樟木和楠木等木材，产自山东和苏州的地砖，以及从各地购得的红黏土、黄黏土、金叶。

永乐皇帝朱棣在15世纪初迁都至北京。紫禁城的街道规划是在他执政时首次制定的，他还修建了许多主要的寺庙。图中的永乐皇帝身穿一件宽松、低领、肥袖的皇家黄色的明代长袍，头戴一顶黑色乌纱帽，坐在宽敞、雕刻华丽的御座上。

紫禁城是一个皇宫建筑群，南北长约1000米，处在明代北京的中轴线上，这条中轴线从天坛一直往北延伸到城北的城楼。紫禁城中大约有9000个房间，外墙为深红色。紫禁城内的重要建筑都建在精雕细琢的白色大理石台阶上，屋顶都铺有黄色的瓦片。法国传教士金尼阁是最早见识过紫禁城风采的西方人，他在17世纪早期曾如此描述道："皇族的御用颜色是黄色，而皇帝的服装上绣着各式各样的龙纹……皇宫的屋顶用的也是黄瓦，而且也刻画着形形色色的龙的图案。"紫禁城内的三大殿是皇帝处理政务、举行典礼的地方，而内廷则集中分布了多座寝宫，里面住的是后宫佳丽和侍奉她们的太监。

位于北京城南的天坛始建于1420年，是举行皇家仪式的最重要的建筑。除了天坛外，皇帝每年还会去先农坛、日坛、月坛和地坛（建于16世纪初）进行祭祀活动。皇帝被视为"天子"，所以天坛在这些祭坛中意义最为重大。按照传统，皇帝在每年冬至和正月上辛日都会从紫禁城出发前往天坛。皇

在北京一座瓮城内的集市上,商贩们各自摆好了摊位,他们卖的主要是器皿、扇子、砚台和书籍。在画面上方,有个盘腿而坐的人在看书,他面前的白布上堆放了许多蓝色布面的书籍。他的右手边有个背着红色布包、拿着小手鼓的小贩。头戴乌纱帽(左右有帽翅)的官员在集市中闲逛。

帝的车队一路向南,而走在队伍最前列的是几头大象。

  庙宇数量的增多反映了明朝新都的发展壮大。1401年,北京城北部大概有40间庙宇,而到了1550年,那里将近有250间庙宇。这些庙宇主要是佛教寺庙和道观,另外也有一些体现其他信仰的庙,比如城隍庙和供奉战神关羽的关帝庙。庙宇不仅是宗教崇拜的场所。每逢当地神祇的诞辰,北京城里就会举办庙会,艺人表演杂技和飞刀,魔术师带着受过训练的老鼠和猴子前来,流动商贩在这里摆摊。此外,庙宇的院子还会被开放为集市。门德斯·平托曾留意到:"北京每个月有120个公共场所举行庙会活动。有人算过,光一天就有4场庙会……各条街道上都有出售特色商品的店面,而那些商品中包括了大量的丝绸、锦缎、金织物、亚麻布、棉织物、黑貂皮、白鼬皮、麝香、芦荟、瓷器、金银、珍珠、金粉和金锭……珊瑚、玛瑙、水晶……生姜、甜角、肉桂、胡椒、小豆蔻、硼砂、蓼蓝、蜂蜜和蜡。"这些商品大部分都是用船运到北京的,通常走的是京杭大运河这条线,而且它们来自全国各地,比如其中有产自苏州的御用丝绸、出自景德镇的瓷器,以及产自福建将乐的西山纸[1]。

---

1 福建省将乐县龙栖山地区生产的毛边纸,在2008年入选中国第一批国家级非物质文化遗产扩展项目名录。——编者注

1550年，除了皇帝之外，北京还有100多万居民。富人在北京城北的湖畔建了坚固的宅邸，在华北平原西北面的西山盖了别墅；而穷人则只能挤在狭小灰暗的四合院里，这些院子排布在穿插于主街之间的棋盘式小巷中，正如一句俗语所形容的"多如牛毛"。每年北京的人口都会出现膨胀。一方面，数以千计的考生会涌入北京参加科举考试；另一方面，来自全国各地的商人也会进京从事商贸活动，他们在京逗留期间会住在他们本省设于北京的会馆里。

　　明朝太监郑和曾率船队到达了东南亚、印度和非洲，从他带回北京的奇珍异品中不难看出当时中国明代的国力。郑和第五次下西洋是在1419年回的国，他这趟为北京的皇家动物园带回了狮子、豹子、单峰驼、鸵鸟、斑马、犀牛、羚羊以及长颈鹿等异兽。其中，长颈鹿尤其让永乐皇帝龙颜大悦。外国使节也纷纷到访北京。1420年，哈菲兹·阿卜鲁记录到日本使节和卡尔梅克使节出席了紫禁城的落成大典。据哈菲兹·阿卜鲁记述，在紫禁城建成数月之后，也就是在1421年的5月，紫禁城内那三座由"青金石石柱支撑"的大殿遭遇雷击，继而发生大火，火势凶猛如"点燃了十万个火把"。三大殿后来得到重建，并改用了更为吉利的名字。在随后的日子里，外国使节依旧源源不断地来到紫禁城，向皇帝进献贡品，这样的局面一直保持到了明末。而访问明朝的外国使臣中包括了1520年首次来华的葡萄牙使团，以及1601年首次到访紫禁城的耶稣会传教士利玛窦。从明朝永乐时期一直到1912年清朝灭亡，紫禁城始终是中国的皇家宫苑。

京都

快乐庭园和朱红色宫殿

莱斯利·唐纳

> 夏天的时候,当你从清水寺的西门眺望京都,你可以看到长长的密集成排的白墙仓库,在朝阳的照耀下,这座城市闪闪发亮,让人觉得仿佛身在一个雪天的清晨。静谧的松林和逍遥云间的飞鹤体现了这个时代的安逸……无论人们从事什么行业,在早晨和傍晚,他们的厨房中都会升起袅袅炊烟。
>
> ——井原西鹤,1686年

在京都千年历史中的大部分时期,京都只是被称为"都",而这其中有几百年,日本的政治中心转移到了别的地方。不过,京都仍然是日本天皇的居住地,天皇被认为具有神圣血统,因此京都也成了一座圣城,被尊为日本的首都。

京都是由桓武天皇于公元794年建立的。桓武天皇选择定都于此,是因为它是一块风水宝地:京都所处的广阔盆地三面环山,山上树木繁茂;东面和西面与波光粼粼的河水接壤。桓武天皇当时将这座城市命名为"平安京",而诗人们则将它称为"紫峰清溪之城"。平安京是模仿中国唐朝的充满传奇色彩的首都长安而建造的,其街道布局呈网格状,天皇的皇宫建在城北,罗生门守卫着城南。

平安京内建有许多朱红色的宫殿。王公贵族们常常乘坐着装饰华丽的牛车驶过林荫大道,他们整日赋诗、炼香,为了追求佳人而耗费心机。这种繁花似锦的文化在一部不朽的文学作品中得到了体现,那就是世界第一部长篇小说《源氏物语》。《源氏物语》的作者是11世纪平安时代的一名女官,她在书中描写了宫廷贵族骄奢淫逸的生活。

1194年,日本历史上的第一个幕府政权已然确立。平安京在战乱中毁于大火。到了16世纪,昔日的平安京已被称作"都",而当时天皇的经济状况已经极度窘迫。

1600年,德川家康在关原合战中击败了敌对大名[1],结束了日本长达400年的群雄割据局面。天皇封德川家康为征夷大将军,实际上承认了他日本霸主的地位。

随着时局归于和平,日本也迎来了兴盛之势。德川家康以江户城为根据地。江户起初只是个小渔村,渐渐发展壮大,后来它的名字成了"东京"。作为一座圣城,京都仍然是日本的首都,贵族、商人和艺人会聚于此,自平安时代的黄金时期之后再没出现过的异乎寻常的文化大繁荣由此开启。德国医生恩格尔贝特·肯普弗曾于1691年到访京都,他觉得在这个人口约为300万的城市"集中了日本所有的工艺和贸易"。

为了巩固政权,德川家康启动了一个庞大的建设工程。他命令那些战败于他的大名在京都为他建一座壮观的城堡(名为"二条城")。格子天花板、雕刻精美的横梁、镀金的墙壁,二条城以其奢华

---

[1] 日本古时对封建领主的称呼。——编者注

壮丽的庭院让日本的贵族阶层为之赞叹。但是在这位新贵将军炫耀财富的时候，贵族们却发展出了一种截然不同的风格。茶道是那个时代的特色艺术形式，它追求的是简单质朴。但讽刺的是，这种简单质朴的境界，往往需要奢侈的投入才能实现。奔赴茶道的人通常是从踏上布满鹅卵石的小径开始，他会来到一间小巧朴素的茶室，此时他需要屈身通过茶室十分狭窄的入口。茶道中的每一件器具：从樱桃木做的小勺到茶碗，都是艺术品。

能够完美地体现茶道精神的建筑是桂离宫，其中的园林设计在当时被认为是有史以来最优美的。桂离宫的中央有一片大湖，岸边的小路曲径通幽，引着游人经过树林、果园、石灯笼和布满青苔的小桥。整个世界——山川、丘陵、海洋——都以微缩的形式呈现在园中。每一个细节都是精心设计的，每一棵树、每一块石头都被巧妙地放置，以丰富或者遮掩一处景观。桂离宫的建造者智仁亲王常会坐在观月台上，品尝带有苦味的绿茶。

与此同时，京都的普通百姓也在享受着他们的生活方式。这种生活方式远远谈不上高雅，它低俗、喧闹而又有趣，还催生出了日本的一些非常经典、极受欢迎的艺术。在当时的和平年代，商人变得极为富有，但他们仍是底层社会中地位最低的人，因为人们觉得无商不奸。江户幕府出台了一系列法令，禁止商人露富。由于商人不得购置豪宅和

△ 位于京都西南部的桂离宫是在1620年前后由后阳成天皇的弟弟智仁亲王建造的。桂离宫的景观错落有致，游客置身其中，仿佛走入了一个微型的世界。桂离宫的茶室建筑风格各异，不同的茶室可以带给人不一样的心情。图中的石桥、洲浜一景模仿的是京都著名的沙洲、位列日本三景之一的"天桥立"（其他两景分别是宫城县的松岛和广岛县的宫岛）。石桥的后方的茶室名为松琴亭，这个名字让人联想起清风拂过桂离宫松林间时响起的松涛之声。

▽ 作为德川家族的权力象征，雄伟的二条城是由战败于德川家康的大名奉德川家康之命出资修建的。德川家康以此来确保这些大名都再没有时间和财力去组建武装。二条城始建于1603—1611年，于1626年由德川家康的孙子德川家光建成，也是在他的领导下达到了如今的辉煌。除了其用大量金叶装饰的会见厅，二条城以它的"夜莺地板"而闻名，人走在上面，它便会吱吱作响，所以即便是脚步最轻盈的闯入者也会被发现。会见厅的木镶板上绘有高雅的图案，每幅画都出自不同的艺术家之手。二条城里的花园是由庭院设计大师小堀远州建造的。

京都

一名艺伎在托盘上表演户外茶道。首先,她会折叠红色丝绸洁方(茶巾)擦拭茶具,茶具本身可能就是非常古老且极具价值的艺术品。接着她会用开水将茶碗加热,打开茶罐,用樱桃木做的小勺取三勺半上好的绿茶放入碗中。然后她会在碗里倒入温水,并用茶筅搅拌茶汤直至生出泡沫。客人在品茶的时候,一碗茶要分三口半喝(呷三口后,最后半口啜饮发出"啧啧"声)。茶道是日本禅文化影响日常生活的一种体现,它是一种仪式化的活动,每个动作都得按部就班。

华服,他们便纷纷转向游廊(妓院集中的地区)、歌舞伎剧场及其他"不良场所"去挥霍钱财,寻欢作乐。而这些花街柳巷也迅速成了极具诱惑力的场所。在京都的岛原游廊,商人们会为妓女倾尽其财,因为那些妓女往往要榨光商人身上最后一枚铜板才肯接客。

在鸭川沿岸的花街一带,狂欢从来没有停止过。那里的卖茶姑娘在招待客人的时候会载歌载舞,而如果客人身上的钱足够的话,她们还会提供更多的服务。在绘画作品里,人们身着喜庆的衣袍在大街上跳舞,成群结队地去看各种表演,比如木偶、摔跤、杂耍以及吞剑等。

歌舞伎剧场也在这一带发展了起来。最早的一批歌舞伎是妓女,她们以表演舞蹈和喜剧小品的形式来招揽顾客。由于歌舞伎盛行的同时常有借机卖淫的现象,为遏制不良风俗,江户幕府禁止女性公开表演歌舞伎,歌舞伎演员因此也就仅限于男性。歌舞伎演员的社会地位其实比商人还要低,但这不妨碍他们受到大众的追捧。这种极其生动活泼的文化被永久保存在了木版画和像井原西鹤和江岛其碛这样的幽默作家的小说中,后者本身就是花街的常客,深谙花街之道。

18世纪初,江户成了当时世界上人口最多的城市。尽管如此,京都仍然控制着与文化、潮流和精神相关的一切事物。江户的富人会到京都祇园的新娱乐区享受迷人的艺伎的陪伴。京都也仍是天皇所居住的城市。19世纪中期,当西方国家以武力胁迫日本打开国门的时候,京都是最严格禁止进入的。1868年,在经历多年内战后,江户幕府倒台。倒幕派将政权交给天皇,天皇移居江户,而江户则改名为东京,成了日本的正式首都。

不管怎样,京都依旧是日本的文化中心,它在"二战"期间还躲过了美国原子弹的袭击。如今的京都正在打一场反对混凝土蚕食城市空间的新战争。20世纪末,在京都还建成了一座新的大型火车站。所幸在高墙背后,京都的宫殿、寺庙和园林都还完好无损。这座城市仍然坐落在紫色的山川和清澈的溪流之间;艺伎们仍然踩着木屐,嗒嗒地穿行在两旁是黑色木屋的幽暗街道上。

《快活屋》（细节图，波士顿美术馆，登曼·沃尔多·罗斯收藏），创作于宽永末年（1624—1644年），作者不详。画中的妓女们斜倚在装有格栅的展示房间内，她们身怀才艺且要价甚高。嫖客们经过屋外，隔着窗格和姑娘们聊天或者挑选他们最中意的美人。这幅浮世绘反映的就是当时花街柳巷的文化。

布拉格

鲁道夫二世的魔幻之城

科林·埃默里

> 布拉格不会放开我们中的任何一个。这个老太婆长着一双利爪，我们必须屈服，否则……
> ——弗朗茨·卡夫卡写给奥斯卡·波拉克的信，1902年1月12日

布拉格一度是欧洲的政治中心，经历过一系列风云变幻后，如今的它享受着安逸和宁静。它以一种平静的心态展现着它的美丽：最糟糕的时期已经过去，它的公民已经赢得了一个稳定的未来。布拉格的哥特式和巴洛克式建筑杰作是这座城市的财富，它们正逐渐得到同情的修复，并慢慢从过去的忽视中解脱出来。伏尔塔瓦河上布拉格的建筑景观是欧洲最秀丽的风光之一，不过，布拉格引人赞美的地方可不仅是它的外表，了解它生存和繁荣发展的历程同样十分重要。

布拉格被称为"金色布拉格"，这个名号自有它的道理。城里的大部分的黄褐色灰泥墙在阳光的照耀下闪闪发光。透过伏尔塔瓦河上升起的薄雾，望向城内上百座尖塔，你将收获欧洲最美的景色之一。在布拉格，你可以感受到它的城市风格由中世纪的哥特式转变为了反宗教改革运动时期的巴洛克式，而且这种巴洛克风格的表现形式五花八门。在神圣罗马帝国皇帝查理四世（约1346—1378年在位）的统治下，布拉格作为神圣罗马帝国的首都曾拥有过一段光荣的岁月，也正是在这段时期，著名的查理大桥修建完毕，布拉格城堡的防御工事得到了巩固，而在老城则出现了带有尖顶的哥特式建筑。

蒂恩圣母教堂那两个锯齿状的尖顶与圣尼古拉斯教堂那光滑的穹顶形成了鲜明的对比，二者在建筑风格上的差异也体现了历史与神学的较量，而也正是这种较量塑造了这座城市。在中欧，天主教与新教素有冲突，布拉格就是这场冲突的主战场。人们在布拉格为殉道者建了纪念碑，而很多殉道者的死都与捷克斯洛伐克人对待异见者的独特手段有关，这种手段当然不是枪决，而是把人从城市的高窗扔出。1421年，宗教改革者、新教徒扬·胡斯的信徒就曾将几名天主教教徒从市政厅的窗户扔出楼外。1618年，因不满神圣罗马帝国对新教徒的限制，新教的贵族将几个保守的帝国官员从布拉格城堡的窗户给扔了出去。

如今的布拉格中心整齐地分成了四个历史城区，其中的城堡区和小城区位于伏尔塔瓦河的西岸。城堡区可以追溯到公元9世纪，它占据高地，在它的石崖上可以俯瞰整个城市。从布拉格城堡到伏尔塔瓦河的那段地势较低的斜坡就是小城区。特别值得注意的是，在布拉格的城市中心，至今还有阶梯式的花园和果园。在伏尔塔瓦河东岸的河湾地带，原本有两座城镇，现今它们都被吸收为布拉格的城区了。其中最靠近伏尔塔瓦河的是老城区，它可以追溯到11世纪。呈月牙形环绕在老城区外围的便是新城区，它诞生于14世纪。在困难和贫穷的环境中，这些历史城区被保存得极为完好。到了19世纪，布拉格城内新增了大量建筑，其中，除了少部分有趣的新艺术运动时期的建筑和富有创新性的分离派

建筑外，大部分建筑都不甚起眼。而在一段时期，捷克斯洛伐克当局在布拉格远郊建造了大量的灰板楼，这些风格样式统一的建筑成了执政者心中理想的"规范化乐园"。

　　布拉格于20世纪晚期的政治繁荣与16世纪鲁道夫二世（1576—1612年在位）执政时期的知识复兴一样引人注目。1575年，波西米亚等级会议选举年轻的鲁道夫为波西米亚国王（次年他又成为奥地利大公和神圣罗马帝国皇帝），会议要求鲁道夫的父亲——神圣罗马帝国皇帝马克西米利安二世要确保鲁道夫能留在布拉格并学习捷克斯洛伐克语。1583年，鲁道夫二世决定将帝国首都由维也纳迁往布拉格，如此一来便可以远离奥斯曼帝国的持续性威胁。恐怕很少有人会想到鲁道夫二世后来会迷恋布拉格城堡，以至于过上了深居简出的日子，也很少有人会料到他那极其独特的宫廷将吸引大批来自欧洲各地的艺术家和学者。鲁道夫二世或许让布拉格在政治和文化上成了一个重要的城市，但他的宫廷却让与他同属哈布斯堡家族的其他统治者们摸不着头脑。1606年，维也纳的大公们曾如此描述他："陛下（鲁道夫二世）只对巫师、炼金术士、喀巴拉派（犹太教神秘主义教派）教士以及其他诸如此类的人感兴趣。他为了搜罗宝物、获取秘密，用损招打击对手，向来不吝重金……他还有整整一屋子的魔法书。他一直在极力背弃上帝，也许将来他会信奉别的神。"

① 游走于新艺术风格和装饰艺术风格的穹顶、圆顶和尖顶带领人们开启了一趟从中世纪到巴洛克的建筑之旅。布拉格的大量的教堂让这座城市的天际线仍然完好地保存着。图中前景是十字军骑士教堂的穹顶。

② 黄金巷：鲁道夫二世在布拉格城堡的周围为炼金术士和金匠建了一排小巧的房屋。在这些小屋里，炼金术士和金匠会做实验来制造长生不老药。

③ 查理大桥始建于1357年，竣工于1402年。直到19世纪，它仍是伏尔塔瓦河上唯一的桥。

布拉格　203

鲁道夫二世用那个时代的奇珍异宝填满了布拉格。他是个狂热的收藏家，曾命人翻越阿尔卑斯山将意大利的名画带来。他对复杂的自动装置非常着迷，另外还命人专门制作了天文图和天文模型。鲁道夫二世最宝贵的财富其实是人才，德国天文学家约翰内斯·开普勒、丹麦天文学家第谷·布拉厄、近乎神话般存在的英国传奇占星学家约翰·迪伊和意大利哲学家焦尔达诺·布鲁诺都受邀来到了布拉格。常驻于鲁道夫二世宫廷的艺术家之一是意大利画家朱塞佩·阿沁波尔多，他所画的人物头像风格奇特：头像都是由水果、花朵和蔬菜组合而成的，而这种风格很符合鲁道夫二世的怪异品位。阿沁波尔多为鲁道夫二世创作的头像也反映出了这位皇帝的贪婪性格及占有欲：在他的奇珍异宝中，有一只渡渡鸟、一只独角兽的角和诺亚方舟上的一些钉子。鲁道夫二世或许是个古怪、固执的家伙，但正是他让布拉格告别了中世纪，走到了文艺复兴思想的最前沿。

今天在布拉格，鲁道夫二世仍然很有存在感，他赋予了这座城市难以摆脱的神秘感。游览黄金巷——一条沿着白塔附近城堡的墙壁、有很多小巧房子的街道，你可以感受一下当年鲁道夫二世的炼金术士和金匠为他打造宝物和研制长生不老药的地方。如果用一个词来代表布拉格的核心气质，那就是"魔幻"。布拉格有很多保存完好的城区和建筑，通过它们你可以感受到不同思想文化之间的碰撞，欧洲已经没有几座城市可以做到这一点了。在布拉格，你可以从中世纪的城堡漫步到巴洛克式的宫殿和剧场，其中有一家剧场还是莫扎特的歌剧《唐璜》的首演之地。如今，捷克共和国作为探索欧洲城市理念的中心，它的复兴所带来的喜悦正将近代的黑暗历史驱逐出去。

意大利画家朱塞佩·阿沁波尔多创作的鲁道夫二世肖像。阿沁波尔多在1562—1587年曾担任神圣罗马帝国的宫廷画师。在这幅画中，他以水果、蔬菜和花朵为元素将鲁道夫二世画成了罗马神话中的四季之神——韦尔图努斯。此画生动地反映了鲁道夫二世对科学、知识和艺术的热爱。

阿姆斯特丹

与荷兰共和国

西蒙·沙马

> 于是在阿姆斯特丹,土耳其人/基督徒/异教徒/犹太人混杂之地,一个教派中心发展兴起,不同宗派多如铸币厂造出的硬币,在这所宗教银行里,没有宗教看上去很怪异,任何宗教观点在这里都具有信用,还可以彼此交换。
>
> ——安德鲁·马韦尔,1653年

阿姆斯特丹是一个奇迹。它仿佛来自另一个世纪——更确切地说,是来自1640年,就像是被捞进时间之网里的一条活蹦乱跳的鳕鱼,只不过这条鳕鱼格外美味。除了位于亚得里亚海潟湖内的另一座运河帝国威尼斯,世上没有哪座城市可以再像阿姆斯特丹这样神奇地把人带回美妙的过去了。比起威尼斯,阿姆斯特丹的河流和历史更温柔、更平静(或者说它的执政者更智慧)。20世纪荷兰政府对须德海展开的围海造地工程创造出了东弗莱福兰大片可耕种、可居住的土地,消除了洪水的威胁(但这同时也导致了一系列新的社会问题和生态问题。尽管阿姆斯特丹不会再被淹没于海中,但那里的海洋

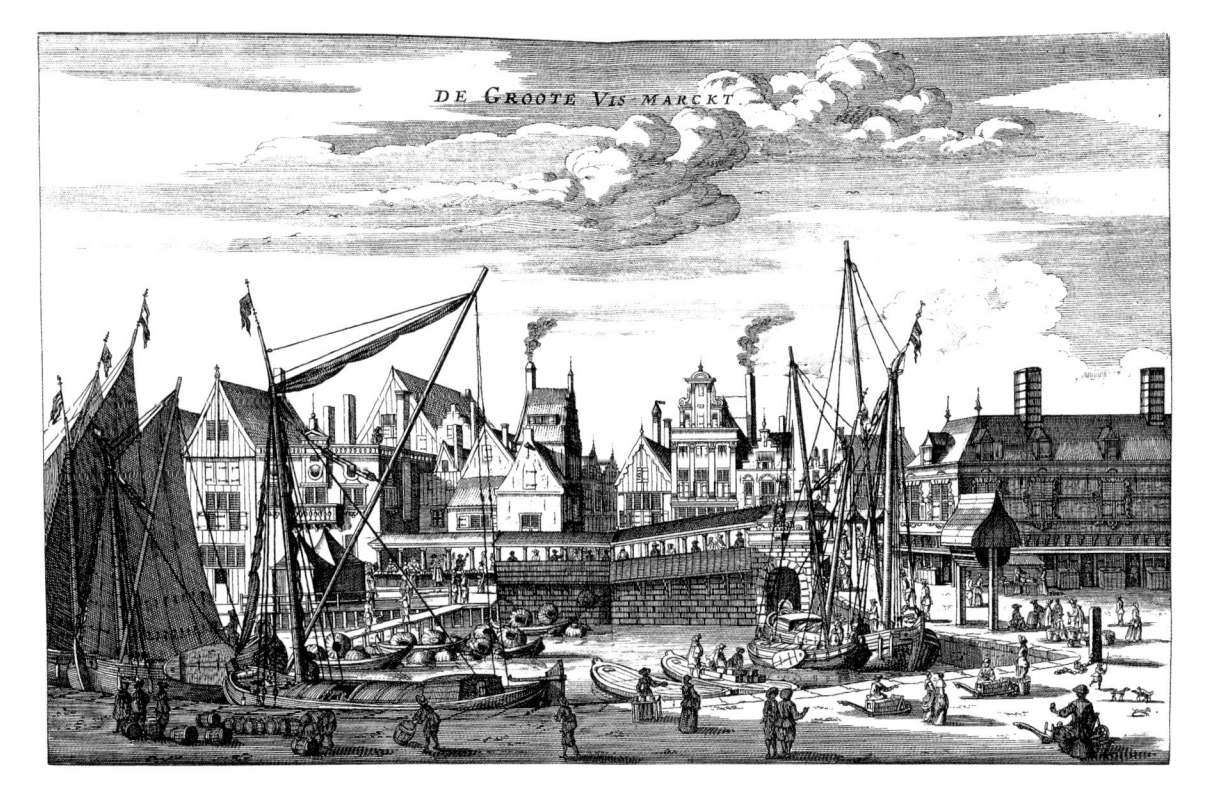

17世纪的阿姆斯特丹是一个世界性的商业中心,全球各地的奢侈品和主流产品都能在那里买到。此图为一幅版画,出自荷兰作家奥尔费特·达佩尔写于1663年的关于阿姆斯特丹的史书。

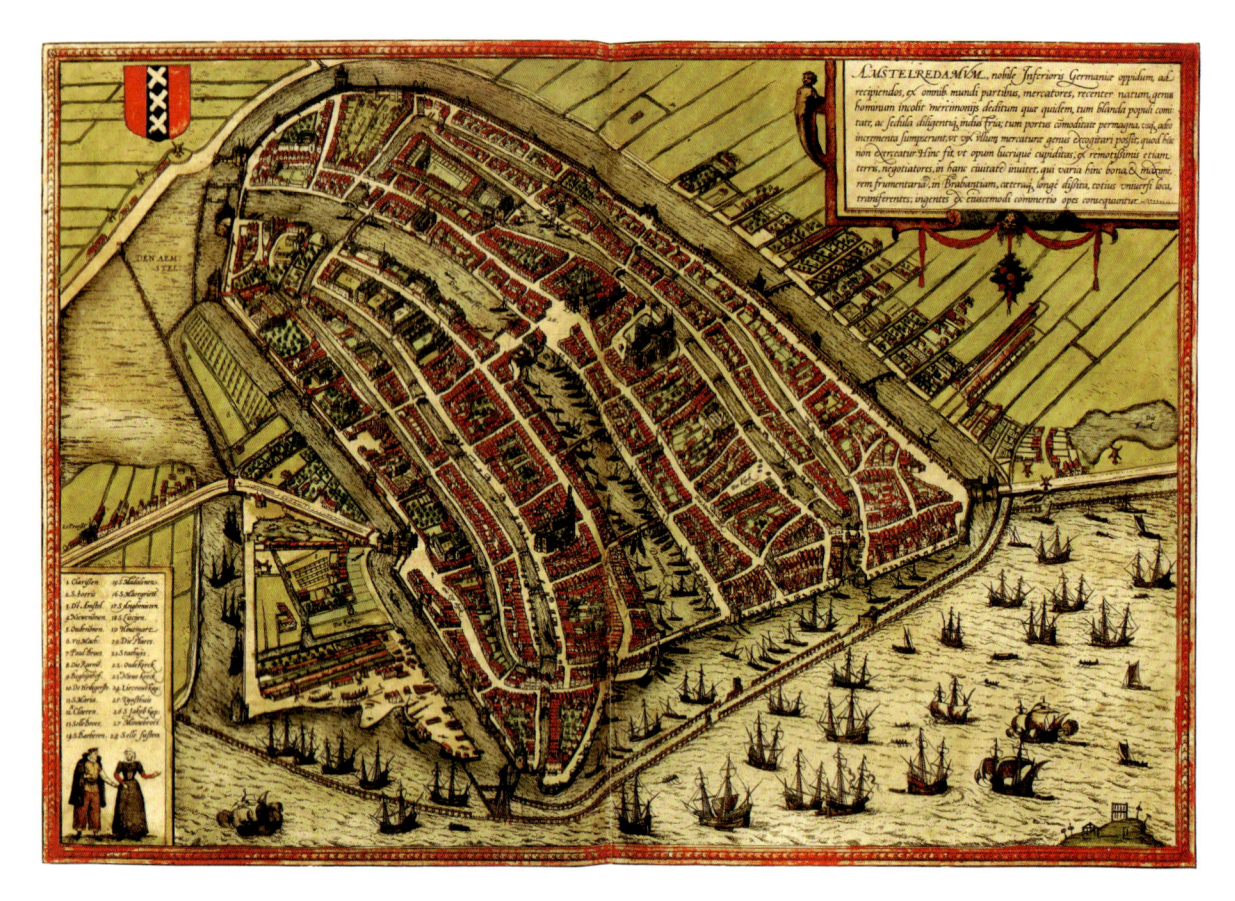

一幅阿姆斯特丹的平面图，出自1572年出版的、由德国地理学家格奥尔格·布劳恩和佛兰德画家弗兰斯·霍根伯格制作的《世界城市地图集》。图中阿姆斯特丹这座四面环水的水上小城尚未规划出它那合理的半圆形运河系统。

生态平衡却受到了严重破坏）。阿姆斯特丹总能将你拽入时光的长廊里，这是因为在世界上所有的城市中，阿姆斯特丹迅速积聚了财富，而当走到这一步的时候，它见好就收，没有冒进。1600年前后，阿姆斯特丹的人口为3万。100年之后，它的人口为20万。但到了1900年，它的人口还是20万，或者甚至略少于20万。

阿姆斯特丹素来有着低调的名声，但这一点其实名不副实。它虽然不是拉斯维加斯，但一有机会总会炫耀一番，就好像它没那么相信自己的运气似的。第一部全面赞颂阿姆斯特丹不为人知的伟大财富、荣誉和自由的著作是由荷兰历史学家约翰内斯·蓬塔努斯所撰写的《阿姆斯特丹城市史》，此书出版于1614年，而当时的阿姆斯特丹还没形成气候。24年后，也就是在1638年，阿姆斯特丹正式接待了到访的法国王太后玛丽·德·美第奇，玛丽当时遭到了她儿子路易十三及其政府的疏远，而在法国政府中占有主导地位的人是红衣主教黎塞留。信奉天主教的佛兰德画家彼得·保罗·鲁本斯以玛丽为主题描绘了一组精美绝伦的寓言画。画中的玛丽全知全能、尽善尽美，是个近乎神一样的人。在浮岛、巡游队列和宴会上，欢迎她的场面包括了凯旋门的仪式、焰火表演和化装舞会。

很快，和大多数于17世纪荷兰黄金时代来到阿姆斯特丹的人一样，玛丽·德·美第奇也开始忙起了购物，并且像个老手一样和当地的商人砍起了价。阿姆斯特丹确实已经发展成了一个世界性的商业

1639年，阿姆斯特丹议会决定在水坝广场上建一座新的市政厅来取代原来的那座中世纪的市政厅。新的市政厅将更能体现阿姆斯特丹的地位和影响力，并展示出这座城市的艺术成就。当选为新市政厅设计者的是荷兰建筑师雅各布·范·坎彭，他于1640年开始打造这座占典主义风格的宏伟建筑。著名的艺术家们以反映了商业概念和良好政府概念的绘画和雕塑作品装点了新市政厅的里里外外。在这幅荷兰画家雅各布·范德乌尔夫特的画作中，已经建成了的市政厅俨然是广场上最显眼的建筑，而它不久便被誉为"世界第八大奇迹"。

中心，所以她这个王太后根本不需要再去别的地方买她想要的东西，比如东方的香料和瓷器、美洲带有香味的烟草、伊比利亚的钢和皮革（虽然荷兰当时在与西班牙交战，但这并不影响西班牙商人在荷兰做生意）、土耳其的地毯、波斯的丝绸、俄罗斯的貂皮，也许甚至有皇家动物园中需要的珍奇动物，像是荷兰画家伦勃朗所画过的狮子和大象。

然而，阿姆斯特丹令人惊叹的财富是建立在供应17世纪欧洲庞大的日常需求之上，而不是奢侈

阿姆斯特丹　207

品贸易上。当你能在阿姆斯特丹买到马六甲的丁香或巴西的翡翠之前，阿姆斯特丹已经为远近的市场提供了小麦、黑麦、铁、腌鱼、亚麻布、盐、焦油、大麻和木材。如果你来自其他国家的城市，比如英国的诺维奇或者德国的奥格斯堡，你为什么偏要跑去阿姆斯特丹购物，而不是等着货物直接从原产地用船运到你的城市呢？因为你知道阿姆斯特丹的商品应有尽有而且价格更为便宜。可这又是为什么呢？因为阿姆斯特丹的商人明白在市场上占据主导地位的关键是转变海运模式。所以他们利用自己积累的资本（阿姆斯特丹外汇银行成立于1609年，那一年荷兰与西班牙签订了为期12年的休战协议）建立了一个四通八达的海运和散装运输网络。阿姆斯特丹的商人预购了整个挪威林区的木材，波兰的黑麦也是如此，作为回报，那些处境艰难的土地所有者可以立即拿到钱。木料和大麻——打造一支船队的必备材料——被分派到了阿姆斯特丹周边的卫星城镇和北部乡下的农村里。每个城镇和农村都有擅长造船的某一特定环节：比如赞河一些地方擅长木工，另外一些地方擅长铸锚，还有一些地方则擅长制作船帆和帆布。阿姆斯特丹的商船在设计上要求有尽可能多的载货空间，并且能容得下较少的船员。以此为标准设计出的商船部件随后通过驳船运到了艾河和阿姆斯特尔河沿岸的造船厂内。无论是远航去波罗的海、白海，还是去地中海，荷兰商船队的货运成本都低到让其他国家的商船队无法与之竞争。于是，全世界的人都来到阿姆斯特丹购物，感受这座为满足人们欲望而建造的城市的浮华。

不过，有些人也可能是为了自由而来到阿姆斯特丹的。荷兰人看着阿姆斯特丹发展成了一个世界性的城市——为那些被限定在贫民区（犹太人居住区）或是只被允许过着掩人耳目日子的犹太人、基督教门诺宗教徒和穆斯林提供生存空间，世界上再没有哪个城市能像阿姆斯特丹这样容得下他们了，这对于开展生意也是有好处的。尤其是这些人中的西班牙裔犹太人，他们从半辈子作为马兰诺[1]的西班牙世界带来了一个庞大的人脉和商业关系链：从大西洋殖民地的烟草和蔗糖贸易到马格里布的大型集市。在阿姆斯特丹，他们成为巨贾，还被允许在这座信仰基督教的城市里修建壮丽的犹太教堂和漂亮的住宅，这都是他们在威尼斯不可能做到的事情。在其他方面，阿姆斯特丹也成了一个自由中心——自由出版中心和国际图书贸易中心。

当荷兰建筑师雅各布·范·坎彭设计的位于水坝广场之上的阿姆斯特丹市政厅以及它的手持橄榄枝、象征和平的少女雕像和圆形大厅竣工时，海德科珀家族、德赫拉夫家族、巴克尔家族和策韦尔家族等阿姆斯特丹豪门中的摄政者是否深信这一切将永远持续下去，深信一个伟大的商业帝国将免受傲慢法律的影响，即使不知何故那些法律导致了经常被他们拿来与自己做比较的同类——迦太基、推罗以及年代更近的威尼斯的衰落？如果只要把生意做好就是一座无可匹敌的世界性城市保持永恒的秘诀，那么他们对维持阿姆斯特丹的影响力也就充满了信心。事实上，情况并非如此。阿姆斯特丹的巨大财富招来了不少"邻居"的嫉妒、畏惧和憎恶。就连在荷兰共和国和荷兰省议会内部，都有很多人看不惯阿姆斯特丹摄政者们的骄横跋扈。这些人希望共和国能够成为陆军强国，而阿姆斯特丹方面则坚持共和国应当成为海上霸主。这些人同时还认为，阿姆斯特丹的实用主义思想对于建设一个安全的国家是一个负累。1650年，尼德兰联省执政官、奥朗日亲王威廉二世更是派兵攻打阿姆斯特丹，意图迫使

---

[1] 亦称马兰内，特指为逃避迫害而被迫改信基督教，但私下仍信奉犹太教的犹太人。——编者注

在阿姆斯特丹的中心地带，尽管传统与现代和谐共存，但那里并没有摩天大楼。这座城市也一直都是自由、包容之地，自17世纪以来，开放的异质性就是阿姆斯特丹文化的中心。

阿姆斯特丹的摄政者服从自己的政治主张。不过，老天爷至少暂时眷顾了阿姆斯特丹。威廉二世的军队在大雾中迷了路，围攻都还没开始，威廉二世就突然病故了。趁此良机，荷兰省推翻了执政官体制，这也确立了"自由荷兰"分权而治的传统。

阿姆斯特丹并没有遭遇迦太基式的突然毁灭（尽管在1672年，法国国王路易十四的军队与英国海军联合进攻荷兰共和国，差一点就让它陷落了）。如果你在18世纪中叶来到阿姆斯特丹的话，你也许会留意到当地出现了更多的乞丐和站街的妓女，教养院里也都挤满了人。而当穷人变得更穷的时候，富人们则以更为国际化的方式炫耀着财富。比如他们建在运河边上的宅邸，外墙都加了石材饰面，并且带有山墙、壁柱和法国式双开门等设计；有的富人甚至戴上了假发，还会雇意大利的歌唱家来唱自己爱听的曲子。不过，就本质上而言，阿姆斯特丹人的那种酒足饭饱、纵情欢闹的生活方式还是和从前别无二致。或许伏尔泰对这个能自由出版他作品的国度有些不敬，他称荷兰是个充满"运河、暴民和鸭子"的地方。但在自由出版这件事上，荷兰还是体现出了真正的伟大、勇气和商业之道。

直到漫长、局势严峻的法国大革命以及拿破仑统治时期，阿姆斯特丹才一时光环尽失，陷入困境之中。这一时期的阿姆斯特丹变成了黄金时代的摄政者根本无法想象的样子：穷困潦倒、卑躬屈膝。拿破仑征服荷兰后建立了名为"巴达维亚共和国"（1795—1806年）的附庸国，在此期间阿姆斯特丹曾出现过一阵高涨的爱国热情，公民们似乎想从摄政者手中夺取城市的控制权。然而，当阿姆斯特丹屈从于法国军事需求的残酷现实越发明显时，人们的乐观主义情绪便湮没在了世俗生存的绝望里。阿姆斯特丹确实委曲求全了，但在受命于拿破仑的那个全员皆兵、注重军需的年代，它也在推动着荷兰进步。19世纪，郁金香、木鞋、滑冰者、圆火炉、烙饼和街头风琴在阿姆斯特丹这个欧洲的闲适角落里随处可见，这一切都让它显得古里古怪。

"二战"结束后，阿姆斯特丹再度焕发出清新的一面。随着当地的一场技术革命，阿姆斯特丹的风格也在眨眼间从宁静可爱转换成了现代主义。古雅不见了，取而代之的是锐利。突然之间，阿姆斯特丹处在了设计、建筑、绘画和写作等领域的前沿。在保持自身丰富特色的同时，它再一次陶醉于包容世界各国文化的氛围里。

墨西哥城

美洲新大陆的乌托邦

菲利普·费尔南德兹－阿迈斯托

> 这座城市看似懒散，可它却是由火山所铸就。
>
> ——何塞·埃米利奥·帕切科，1976年

在一幅由美洲最时尚的画家创作于1695年的画中，一座火山隐约见于墨西哥城中央广场的后方，这仿佛在提醒人们，墨西哥城的壮丽全拜上帝所赐。这幅画其余的部分都在彰显着墨西哥城的伟大。网格状的货摊和商场用秩序和几何结构衬托出周围的荒野。中央广场周边的建筑雄伟华贵，这也契合了那个年代尊崇文明与自然的理念。画面的前景处出现了精英阶层，他们乘坐着漂亮的马车，举止招摇，炫耀着他们的财富、地位和欧洲品位。在一处喷泉周围，聚集着取水的人，整齐分布着当地商贩们的茅草摊铺，而当地的女人们——许多穿着欧式的衣服——则坐在时髦的伞下。

在整个新西班牙的殖民时期，墨西哥城的艺术家和作家们意欲通过作品将墨西哥城的城市风格和卓越的形象展示给外界。大约在克里斯托瓦尔·德·比利亚尔潘多创作中央广场画像的同时，墨西哥编年史家阿古斯丁·德·贝当古曾将墨西哥城的教堂比作罗马的教堂，将修女院比作里斯本的修女院。在贝当古眼中，墨西哥城是"美洲新大陆的首都，是一座规模庞大、空间广阔、街道宽敞、人烟阜盛的帝国之城"。贝当古还做了一些更为大胆的类比，他称墨西哥城为"新的耶路撒冷"，是"基督教世界里最虔诚、最仁慈的城市"，从审美角度而言，它与欧洲城市不相上下，从道德角度而言，它比欧洲城市更胜一筹。

另外，比利亚尔潘多的画还真实地反映出随着城市的冒进发展而出现的社会问题。未被同化的北美土著、乞丐、麻风病患者和下层阶级的人大量出现在他的油画里，在当时拥有10万人口的墨西哥城里，这些人都是被社会抛弃的对象。当墨西哥的阿兹特克帝国于1521年灭亡的时候，作为征服者的西班牙人在同一个地方开启了他的统治——在海拔2285米，离大海最遥远的山谷中建立都城。对一个海上帝国的首府来说，这是个让人惊讶的选择，毕竟它离西班牙有数千千米，而且从西班牙出发，平均来说，得经历两个多月的海上航行才能抵达墨西哥城。

通过拆毁阿兹特克帝国的大部分建筑，从零开始重建，西班牙人以此方式来强调与阿兹特克人的过去决裂。而西班牙人所建的新的宏伟建筑，在墨西哥城当地人眼中代表了一种新的美学。这些建筑大量采用了拱门的设计，这是一个颇为大胆的选择，因为拱门并不牢固，而墨西哥城又是一个频繁发生地震的地方。有三个因素似乎可以让西班牙人实现他们的各种大胆计划：一是明显的天意使然，尽管有重重险阻，却依然能够成事；二是墨西哥城的环境很新奇，能够激发西班牙人的创新灵感；三是人口稠密地区里的大量劳动力才刚刚开始体验欧洲人带来的陌生疾病造成的灾难性影响。

1554年，在西班牙人征服阿兹特克帝国不到一代人的时间后，刚成立不久的墨西哥皇家教会大学（今天墨西哥国立自治大学的前身）新来的一位教授在他撰写的一本旅行指南中描述了墨西哥城的建设成果。他想象自己正领着一位游客参观。"通往墨西哥城的路上是多么令人神清气爽啊，"这位想象出来的游客惊呼，"所有的房屋都很豪华，而且建筑工艺精湛，这是世上最富有、最高贵的城市才应该有的建筑。"在总督和他的朝臣们装饰华丽的阳台上俯瞰，喧闹、车水马龙的街道仿佛是个市场。被教授想象出来的游客还说道："在我心里，天上和人间都没有任何事物可以与城市广场媲美。"而这位教授笔下的"城市广场"指的就是墨西哥城中央广场。

　　夸张的描述源于惊讶的感受。那本旅行指南中的游客几乎不敢相信在墨西哥城的一座大教堂里还完整保留着一支演唱原始音乐的唱诗班（现实的确如此。该唱诗班表演曲目中的圣歌是以土著语言演唱的，而且他们完美运用了欧洲流行的复音唱法）。当作者（那位教授）带着游客经过治疗天花的医院，"同时供奉着密涅瓦、阿波罗和缪斯的神庙"，以及分别为混合了西班牙人和当地人血统的男孩和女孩设立的学校时，作者期待的是游客目瞪口呆的反应。渐渐地，墨西哥城里越来越多奇异、新鲜的元素得到了展示——首先是当地的土著居民，接着是市场上的本土食物。"（这些食物的）名字闻所未闻！"游客再次惊呼道，"还有从来不曾见过的水果。"

△ 灿烂辉煌的国王祭坛是墨西哥城主教座堂中的祭坛之一。该祭坛上装饰着绘画、塑像以及贴有金箔的精致雕塑。国王祭坛出自西班牙建筑师、雕塑家赫罗尼莫·德·巴尔瓦斯之手，建成于1737年。它的墨西哥式巴洛克建筑风格被称为丘里格拉风格。

▷ 墨西哥城中央广场上的主教座堂是拉丁美洲最大、最古老的教堂，它建在从前阿兹特克的一个神庙之上。主教座堂历经两百多年才正式建成，它融合了不同的建筑样式，比如文艺复兴风格、巴洛克风格和新古典主义风格。同墨西哥城的其他建筑一样，王教座堂也是建在古老的湖积平原床上。由于过度开采地下水，墨西哥城出现了地面沉降的现象，虽然近些年末墨西可城当局采取了一些措施来处理这个问题，但墨西哥城的地面仍在缓慢下陷。

◁ 由墨西哥画家克里斯托瓦尔·德·比利亚尔潘多于1695年描绘的墨西哥城中央广场。美洲新大陆为欧洲模式的城市提供了机会，城市可以在文艺复兴时期理性城市规划的基础上展开设计。在这幅画的前景处，欧洲人乘着马车、穿着华丽的服装，本地的商贩则坐在他们的摊位旁；在背景处，隐约可见波波卡特佩特火山。

墨西哥城 213

作者甚至对当时墨西哥城尚未完工的建筑也赞美有加。"当圣奥古斯丁府建成的时候，"他说道，"它将将成为世界第八大奇迹。"事实上，自16世纪60年代开始，一项大规模建筑工程便使墨西哥城变得更为美观。城市街道的路面在16世纪末全部铺设好，而墨西哥城主教座堂在17世纪20年代得到了重建，人们今天所看到的主教座堂内景就是当年重建的成果。

喜爱墨西哥城的人们似乎为这座城市奉上了太多溢美之词。他们认为美洲新大陆给墨西哥城的全新开始带来了机遇，而这一想法确实是相当鼓舞人心的。基督教教会人士期望能恢复教会的纯洁性，公民们则梦想着大家能重拾古代传统美德。这些想法进而又让文艺复兴时期城市规划的经典模式和理想在墨西哥城落地生根，而这种模式在欧洲是无法实现的。在美洲，理想主义者们可以运用古罗马建筑师维特鲁威的城市规划理念，在城市中设计出宽阔笔直的街道、形成直角的交叉路口、巨大的广场、按等级划分的地区，以及完美的几何结构。在欧洲人发现墨西哥之前，托马斯·莫尔就将他的"乌托邦"设在了美洲新大陆上。按照当时的主流审美，墨西哥城绝对是那个年代最完美的城市，其他殖民地城市，包括大部分北美的殖民地城市都以墨西哥城为城市规划的典范。

随后的发展遵循了最初的计划，这吸引了早期殖民地统治阶级的开明接班人。建筑师们变得精于设计抗震的建筑，但仍然存在一个尚未解决的大问题：由于建在湖积平原之上，墨西哥城时常遭遇洪水且日渐下陷。人们曾多次试图将湖水排干，但都未能成功。1789年，湖水最终被排干了，工程师们把这项工作誉为"有史以来最大的水利工程之一"，但即便如此，也不足以改变墨西哥城地面沉降的状况。

与此同时，有三个因素使墨西哥城在整个殖民地时期都保持着活跃的艺术和科学氛围。一是总督府的管理，二是有许多教团资助艺术创作，三是贵族阶层爱相互攀比。这些贵族的先人或是西班牙征服者，或是有王室背景。根据西班牙传统，他们不会生活在西班牙，而是得在殖民地的首府定居。19世纪初爆发的大规模起义最终为墨西哥赢得独立，但也让墨西哥步入了一个相对萧条的时期。不过，就在此前不久，德国地理学家亚历山大·冯·洪堡仍对墨西哥城大加赞赏，他称它是"迄今为止欧洲人在地球上建立的最棒的城市之一"。

伦敦

从复兴到复辟

A.N. 威尔逊

> 人们认为（圣保罗）大教堂的外观是完美的：美妙的穹顶，环绕的柱廊、围廊，以及顶部的圆球和十字架……如果说曾有那样一个时刻，人类的心可以充满可谅解的骄傲，那就是那个时候雷恩的心。
>
> ——H.H. 米尔曼，1868年

17世纪或许被看作伦敦历史的关键节点：在这一时期，伦敦由一座中世纪城市转变为了一座现代之城。这个结果一方面得益于伦敦大火之后的城市重建，另一方面则要归功于一批伦敦人所展现出的惊人才华。此外，伦敦不仅在建筑形态上产生了变化，它还成了塑造未来世界的两种力量的中心。

约翰·弥尔顿1608年出生在伦敦，莎士比亚也是在伦敦度过了自己的晚年。伦敦原本是个中世纪小城，它的人口一度膨胀到超过了可控范围。1500年，伦敦人口约为7.5万，到了1600年，它的人口达到了22万；而在1650年，这一数字飙升至45万。你就想象一下吧，这就相当于布鲁日或是索尔兹伯里这样的小城，要容纳现代的布鲁塞尔或伯明翰所拥有的人口，而且当时还不具备现代的卫生条件。莎士比亚的环球剧场建于1599年，可容纳将近3000名观众，然而剧场里却连个厕所都没有。英国作家塞缪尔·佩皮斯在伦敦大火发生前的一篇日记（记于1660年10月）中写道："下楼走到酒窖……我踩到了一大堆粪便，原来邻居特纳先生的茅厕已经满了，粪便溢到了我的酒窖里。"一位近代经济史学家曾指出，17世纪的伦敦人对污秽生活的容忍是他们能取得非凡成就的原因之一：他们并没有被充满恶臭的肮脏环境困扰，在贸易和创业活动方面，他们从大量的人口中获利。在同一时期的中国和日本，已经出现了复杂的垃圾收集系统，人类的粪便甚至尿液都被收集起来用作肥料，运到城外的农场。不过，东方人也把本可以用来赚钱的宝贵时间花在了清洗这件事上。相比之下，在1710年的英国，肥皂的销量则显示英国人每天用于清

弗朗索瓦·马佐创作的一幅关于奥利弗·克伦威尔的版画。克伦威尔掌权的那十年是伦敦历史上一段不寻常的时期。那个时候，许多娱乐活动被禁止，剧院被关闭，严格的道德规范被强制执行。

> 1616年荷兰雕刻家扬·菲斯海尔画的泰晤士河的细节展示。古老的圣保罗大教堂位于泰晤士河的北岸，而环球剧场则位于泰晤士河的南岸。

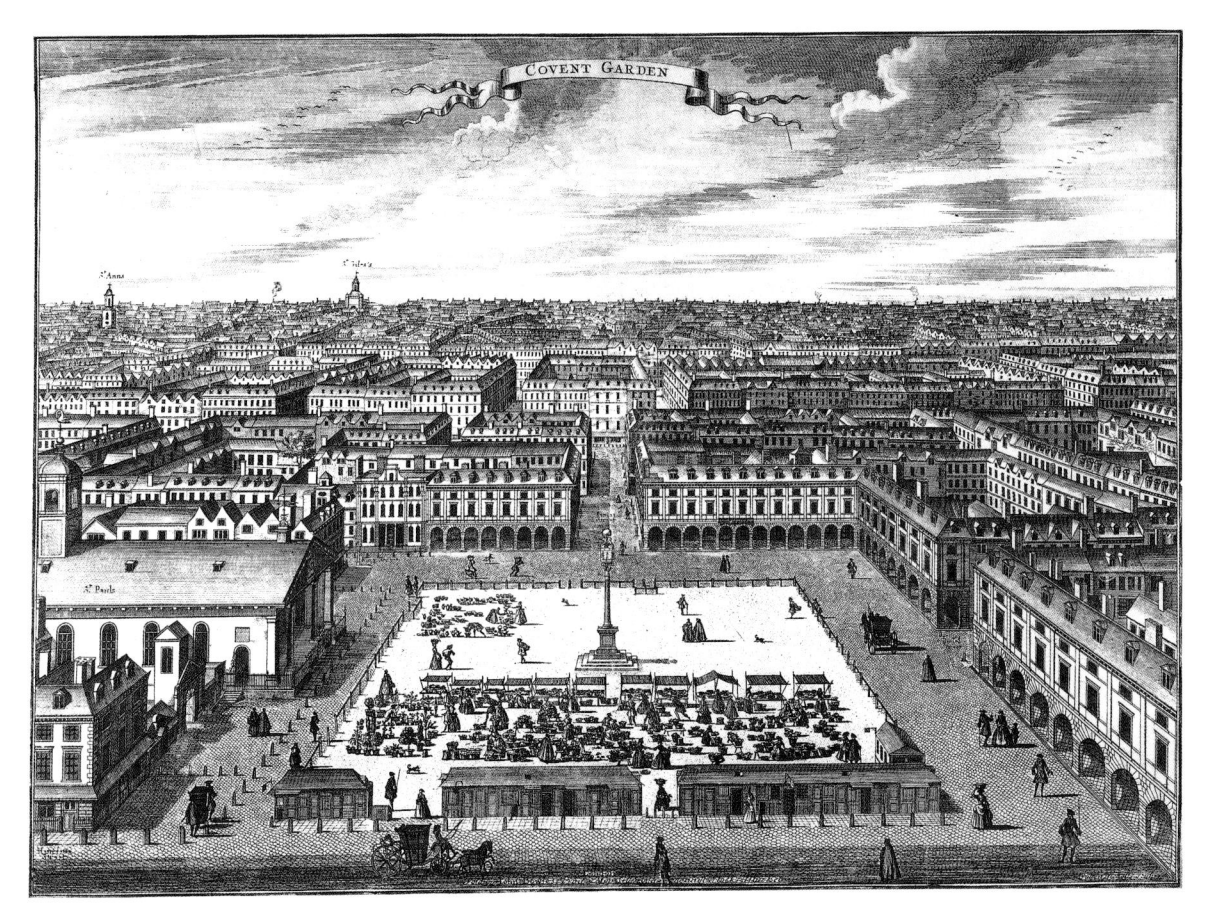

英国雕刻家萨顿·尼科尔斯大约创作于1728年的关于科文特花园的版画。科文特花园是由英国国王查理一世的御用建筑师伊尼戈·琼斯设计的，它模仿了欧洲大陆的最新的公共广场。

洗的水只有大约5.7毫升。

17世纪的前60年，伦敦都是座肮脏、拥挤的城市。英国历史学家约翰·斯托在他写于16世纪晚期的著作《伦敦概况》中，形容伦敦塔旁的圣凯瑟琳教区"周围全是小房子和不起眼的小屋。这些令人厌烦的房子里住着英国人和外国人，那里的居民数量比有些英国城市的人口还要多"。

正是在伦敦这个人满为患而又繁荣兴旺的城市，17世纪早期，新教得到了巨大的发展。在历史上，新教的发展往往也伴随着商业营利活动的开展。伦敦的清教徒不仅把持了一些市政机构，还控制了教堂，其中很多教堂的牧师都宣扬加尔文主义，他们要求各自教区的教徒不光在星期天，在平时也要来听他们用预定论理论对《圣经》加以解读。

与此同时，在17世纪20—40年代的威斯敏斯特，也就是在英国建筑学家伊尼戈·琼斯担任王室工程总监的时候，英国国王查理一世主导了一场建筑规划领域的复兴浪潮。林肯律师协会周边的帕拉第奥式建筑、皇后街、长亩街，以及白厅街上豪华的国宴厅、样式如同意大利广场的科文特花园都是在这一时期闪亮登场的。1649年1月，查理一世正是在奥利弗·克伦威尔和他在伦敦的支持者的命令下，从白厅街国宴厅楼上的窗户走向为处决他而搭建的断头台的。

伦敦 217

◁ 17世纪伦敦的街头生活丰富多彩，街上有许许多多的流动商贩兜售着他们的商品。这些人的叫卖声各具特色，足以区分彼此、招引顾客，而他们也成了一系列版画的主题。这幅版画就是个例子，它分别表现了一个卖年历的人，一个卖刀具、梳子和墨水壶的人，一个卖扫帚的人和一个卖厨房用具的人。

▽ 在伦敦大火之后的五十年中，克里斯托弗·雷恩爵士负责修建了新的圣保罗大教堂和数十个教区教堂，几乎每一座教堂都带有塔楼和尖顶。伦敦的天际线就是个建筑奇观，这让它有别于世上其他任何城市。但维多利亚时代以及后来的城市重建、"二战"期间的空袭，乃至摩天大楼的出现都深深改变了伦敦的天际线。

克伦威尔所领导的革命并没有因为1660年的斯图亚特王朝复辟而走向失败。虽然又有新王即位，但是英国无疑将成为一个寡头政治国家：英国没有再像法国那样走君主专制的路，掌握话语权的是贵族和商人集团的联盟。克伦威尔最了不起的包容性政策之一（虽然克伦威尔对罗马天主教教徒实施了残酷迫害，但撇开天主教不谈，他仍算是一个宽容的独裁者）便是结束了英国对犹太人长达365年的驱逐。1655年12月，克伦威尔呼吁允许犹太人进入英国并且能在英国生活、工作以及从事宗教活动。1657年，犹太人在伦敦的第一座教堂建在了克里彻奇街上（弥尔顿当时已双目失明，精通希伯来语的他也会去这座犹太教堂参加祷告）。此外，在贝维斯马克斯街上，人们还建了一座专供西班牙裔、葡萄牙裔犹太教徒从事宗教活动的犹太教堂，这座教堂至今仍在。

那些来自阿姆斯特丹的犹太人带到伦敦的不仅是犹太教堂崇拜——早在阿姆斯特丹的时候他们就建起了犹太教堂，还有信贷资金的概念，后者是18世纪英国财富和权力大规模扩张的基础。为了支付英荷战争中的巨大开销，英国政府发明了国债，那些提供资金的伦敦商人也因此奠定了权势。17世纪初，如果一个

从一个不太可能的视角——空中俯瞰伦敦大火纪念碑。它是由克里斯托弗·雷恩与英国科学家、建筑师罗伯特·胡克为了纪念伦敦大火而设计的，包含了一座巨大的罗马多立克式石柱，其顶部是被火焰状装饰物围绕的圆球。

人想要借钱的话，他只能去公证人（弥尔顿的父亲就是从事这个职业）或金匠那里借现金。金匠的家里往往存有许多袋金子，他们这么做是冒着很大风险的（1667年，在荷兰人突袭英国后，佩皮斯就立刻让他的太太和仆人去乡下躲避，而且还让他们尽可能多地带金子走）。同样是在阿姆斯特丹，银行业得到了创新发展。而17世纪末，另一项来自荷兰的创新——银行——也在英国建了起来，个人不必再将他所有的金子都保存在家中了。弗朗西斯·蔡尔德爵士是17世纪90年代最早的一批银行家之一，他曾是一名金匠，还担任过伦敦市市长。

标志着弥尔顿童年时代的中世纪伦敦转变成我们所了解的现代伦敦的重大事件，是1666年的伦敦大火。这场大火摧毁了中世纪古老的圣保罗大教堂、所有约翰·斯托笔下"令人生厌"的房子，以及绝大部分教堂。87座教堂、44座同业公会会堂、皇家交易所和伦敦市政厅都在这场大火中遭到了破坏。

伦敦市市长后来组建了一支专家委员会，委员会成员每周都会碰面，与3名城市工程测量员共同探讨伦敦的重建规划。委员会后来出了文件，决定拓宽伦敦原来古老又逼仄的街道，并为城市建筑设

定了标准。18世纪的伦敦成了世界上最美好的城市之一，这可不算什么意外，因为伦敦的规划者是有史以来最聪明的一群人。

天文学家、科学装置发明家、理论物理学家罗伯特·胡克是重建伦敦的关键人物之一，而另一位关键人物是他的朋友兼同事克里斯托弗·雷恩。胡克和雷恩联手设计了伦敦大火纪念碑，该纪念碑是纪念17世纪那场大火的标志性建筑，它的顶端是一团熊熊燃烧的金色火焰，内部还设有胡克的天文台和实验室。胡克、雷恩、数学和物理学的先驱艾萨克·牛顿，以及曾研究过空气的重量、弹力与可压缩性的化学家罗伯特·波义耳都是英国皇家学会的创始成员，他们为奠定现代科学的基础做出了伟大贡献。而他们在英国皇家学会的同事经常邀集友人在埃克塞特府邸高谈阔论的约翰·洛克则奠定了经验主义哲学的基础，洛克的政治学说还深深影响了现代欧美的民主政治。

所以，17世纪晚期的伦敦绝不是只有发达的贸易或庞大的人口。它集中反映了英国在查理一世死后如此之短的时间内所取得的成就。伟大的克里斯托弗·雷恩爵士所留下的，直至它们后来遭到破坏，都象征着科学、商业和政治科学的伟大复兴。当雷恩去世的时候，他的儿子需要在新建的圣保罗大教堂里为他写一句墓志铭，于是他的儿子就想出了一句经典的话："如果你想找他的纪念碑，就请环顾四周吧。"它们指的不仅是巨大的、带有穹顶的圣保罗教堂，而且是指像凤凰涅槃般整个经过重建的伦敦城。雷恩建造了52座教堂，这些教堂风格迥异，但都是极其优美的建筑。他为退伍军人和伤员修建了两所大医院，一所是为老兵服务的切尔西皇家医院，另一所是为退役水兵、残疾水兵服务的格林尼治皇家医院。此外，他还建造或协助重建了36幢同业公会的大楼。如果有游客从威斯敏斯特前往伦敦，那么当他走到斯特兰德大街的尽头时，就会看到雷恩设计的圣殿关。雷恩、胡克和他们的朋友重建的伦敦恰逢英国的辉煌时期，当时的英国政权强大，商业兴盛到经济史上无出其右，同时还是科学、音乐和文学的中心，这一切都不是偶然的。或许，同样绝非偶然的还有，当17世纪晚期的伦敦建筑被德军炸弹部分损毁，在战后又被投机商彻底破坏的时候，英国的辉煌伟业便可视作已土崩瓦解了。

斯德哥尔摩

与瑞典的波罗的海帝国

查尔斯·菲茨罗伊

> 聪慧的比尔格·雅尔在深思熟虑后,以其过人的才智建立了斯德哥尔摩。那里屋宅华丽、城市秀美。
>
> ——《埃里克编年史》,14世纪初

斯德哥尔摩分布在14个位于波罗的海西岸、地理位置极佳的岛屿上,它由瑞典的摄政王比尔格·雅尔于1252年建立。几百年来,在由德国主导的汉萨同盟中,斯德哥尔摩一直是个相对次要的贸易基地。斯德哥尔摩在瑞典与丹麦无休无止的战争中发挥了一些作用,尤其是1471年瑞典摄政王斯滕·斯图雷击败了丹麦人的布伦克贝格之战;还有1520年11月的斯德哥尔摩大屠杀,当时斯德哥尔摩被丹麦军队占领,丹麦国王克里斯蒂安二世下令砍掉了80名瑞典贵族的脑袋。3年之后,在6月24日这一天,此前逃亡的少数瑞典贵族之一古斯塔夫·埃里克松·瓦萨返回斯德哥尔摩并当选为瑞典国王。在古斯塔夫·瓦萨的长期统治(1523—1560年)之下,瑞典引入了路德教会的宗教改革,斯德哥尔摩还成了贸易中心。

这幅1723年的版画所呈现的是贵族院,它是斯德哥尔摩最美的宫殿之一,在过去是召开议会和政府办公的地方。在贵族院大会堂的墙壁上,挂满了瑞典贵族的盾徽。

这幅油画（现存于凡尔赛宫）描绘的是富有智慧和修养的瑞典女王克里斯蒂娜与伟大的法国哲学家勒内·笛卡尔交谈的场景。此画的作者是18世纪的法国画家小皮埃尔·路易斯。画中的桌子上摆放着学术书籍，画面前景处的地上还摆着一件浑天仪。笛卡尔受邀前往瑞典为女王克里斯蒂娜授课，但他在抵达瑞典宫廷后不久便患上了感冒，随后便逝世了。

此外，选举制被世袭制取代，权力集中在斯德哥尔摩老城的三冠堡（Tre Kronor），这座城堡也变成了永久的国库。后来在古斯塔夫·瓦萨的3个儿子的统治下，斯德哥尔摩的政治中心地位越显重要。1500—1600年，斯德哥尔摩的人口翻了两倍。

1611年，古斯塔夫·阿道夫，即古斯塔夫二世即位，瑞典就此开启了它的黄金时代。古斯塔夫二世巩固了瑞典在波罗的海的地位，将政府部门设于斯德哥尔摩，在经济和教育领域推行亟须的改革。1630年，瑞典出兵德国，卷入了"三十年战争"。作为一名杰出的军事战略家，古斯塔夫二世在战场上功勋卓著，被誉为"新教的守护者"，人称"北方之狮"。1632年，一直所向披靡的古斯塔夫二世在吕岑会战中战死，即便如此，瑞典军队在德国仍然保持着强大的战斗力。1648年，瑞典军队甚至还攻占了布拉格。同年，瑞典人凭借《威斯特伐利亚和约》获取了大面积领土，一举成为波罗的海的霸主。

瑞典在制定外交政策时有两个重要的考量：一是要避免本国陷入敌人的包围；二是要从波罗的海的贸易中获利，当时荷兰已经取代汉萨同盟，成了瑞典最重要的贸易伙伴。铜、铁产业是瑞典的核心产业，而大部分铜、铁出口贸易都要经过斯德哥尔摩。瑞典的海军逐步壮大，它的海军基地位于斯德哥尔摩的船岛，这充分利用了斯德哥尔摩绝佳的天然港口优势。华丽的"瓦萨号"战舰如今被收藏在斯德哥尔摩一家精致的博物馆内，这艘巨舰充分展示了瑞典海军的雄心壮志。

古斯塔夫二世早逝后，他的女儿克里斯蒂娜在六岁时继承了王位。克里斯蒂娜聪明过人、才华横溢，她与当时世界上一些顶尖的科学家、哲学家保持着书信往来，其中就包括了法国哲学家勒内·笛卡尔。笛卡尔在1650年还接受了克里斯蒂娜的邀请，来到瑞典王宫为她授课。就在克里斯蒂娜女王努力汲取文化知识的同时，她的辅政大臣、枢密院首长阿克塞尔·奥克森谢尔纳也正极力将斯德哥尔摩（于1634年正式成为瑞典首都）打造为一座可以体现瑞典帝国之强盛的中心城市。

凭战争变得更为富有的瑞典贵族被鼓励着去建造豪华壮观的宫殿，其中就包括建于1641—1647年的荷兰巴洛克风格的贵族院。1661年，建筑家老尼科德默斯·特辛被任命为斯德哥尔摩的城市设计师，他也打造了一系列华美的宫殿，比如斯德哥尔摩城外漂亮的皇后岛宫。随着城市人口的大量增加，从1600年不足1万人到17世纪70年代超过5万人，这座城市的规模远超过有着鹅卵石街道和中世纪小巷的老城了。一位英国大使把斯德哥尔摩描述为"一座整体印象让人觉得高贵而美丽的城市"。

虽然瑞典发生了变化，克里斯蒂娜却还是觉得瑞典过于逼仄。而当克里斯蒂娜改信罗马天主教后，她在1654年宣告逊位。她的堂兄查理十世继承了他叔叔的军事才华，勇敢地率领瑞典军队穿越冻结的波罗的海，攻打哥本哈根，战胜了丹麦人。1658年签署的《罗斯基勒条约》，实质上是将波罗的海变成了瑞典的内海。但两年之后，查理十世便去世了。

1660年，年仅四岁的查理十一世继承了王位。他后来成长为像他父亲一样能力出众的将领。在1676年的隆德战役中，查理十一世率军击败了丹麦人，巩固了瑞典对它的南部富裕的斯科讷省的控制。查理十一世将瑞典变为了一个君主专制的国家，他还实施了政治改革，建立了强大的陆军和海军。然而，为了维持这个波罗的海帝国，瑞典的经济几乎被拖垮了。1697年，查理十一世去世。同年，一场大火彻底烧毁了三冠堡，这似乎也预示了瑞典的未来。

斯德哥尔摩老城一景。这里是斯德哥尔摩人的原始定居地，也是斯德哥尔摩城内风景最美的地方。在照片背景处可以看到骑士岛教堂的铁制镂空尖顶。骑士岛教堂是埋葬瑞典伟大勇士国王的地方。

查理十二世即位之时只有十五岁，他所面临的对手是一支由丹麦、俄国、波兰和萨克森组成的可怕同盟，这四个国家都对瑞典帝国虎视眈眈。1700年，查理十二世的敌人向瑞典发起了袭击。尽管困难重重，年轻的查理十二世还是取得了一场又一场惊人的胜利。俄国吃了败仗，但它凭借其更为丰富的资源重新做出了部署。1709年，彼得大帝在波尔塔瓦会战中取得了决定性的胜利。瑞典在连年战争中损耗严重。单就斯德哥尔摩来说，一连串的瘟疫和粮食歉收就使城市人口缩减了1/3。1718年，查理十二世战死。在随后的和平期，瑞典失去了它的海外领土，仅仅保留了芬兰和斯科讷省。

瑞典历史上最辉煌的时代就这样结束了。尽管瑞典帝国损失惨重，但瑞典的文化，尤其是它的科学和工业还是在18世纪得到繁荣发展，卡尔·冯·林奈也是在那个时代树立起了他著名植物学家的声誉。斯德哥尔摩的文化生活相当活跃，它的中心是由小尼科德默斯·特辛重建的三冠堡。18世纪中叶，斯德哥尔摩已经启用了一些现代化设施和手段，比如街头照明和交通法规。1771—1792年在位的瑞典国王古斯塔夫三世深爱艺术和音乐。"古斯塔夫风格"，一种深受法国文化影响的新古典主义艺术形式正是以他的名字来命名的。

都柏林

与乔治风格[1]的优雅

托马斯·帕克南

美丽的都柏林和"爱尔兰之眼"[2]……胜过了爱尔兰的所有其他城镇。

——理查德·斯塔尼赫斯特，1577 年

1662 年 7 月 27 日，载着新任爱尔兰总督奥蒙德公爵的船驶入了都柏林海湾。奥蒙德公爵此来是替刚刚复辟的英国国王查理二世接管爱尔兰的。在都柏林的沙滩上迎接他的是信奉天主教的农民，他们（用爱尔兰方言）唱道："夏天来到了我们的身边。"奥蒙德公爵来得正是时候。都柏林从前是维京人的一个前哨基地，接着又变为一个早期基督教的中心，1172 年后还成了英格兰最早的殖民地爱尔兰的首府。一个世纪以来，这座城市反复遭受内战的破坏。当奥蒙德公爵抵达都柏林的中世纪城堡的时候，他发现城堡周围的 17 座塔楼、门楼，以及 2 座教堂都濒临坍塌。都柏林的人口当时已减少到 9000 左右，大部分人居住在破败不堪的小屋里。

奥蒙德公爵和他的君主查理二世一样，都曾逃亡至巴黎数年，因此他很熟悉欧洲大陆重新规划城市的思路。重建都柏林的指导性原则是要让它变得绮丽壮观。不过，谁来支付这笔开销呢？结果，奥蒙德公爵给都柏林带来了 3 处重要变化，为它作为可以经常举办庆典仪式的首都奠定了基础。奥蒙德公爵买下了位于城市西部、利菲河北岸 600 多公顷（约 60 平方千米）的高地，在那里他建了一个名为"凤凰公园"的皇家公园。凤凰公园面向公众开放，它比伦敦的任何一座公园都更为华丽。而在利菲河的南岸，奥蒙德公爵按照巴黎荣军院的样子为老兵建了一所皇家医院。该医院于 1684 年落成，至今仍是整个爱尔兰最宏伟的纪念性建筑。此外，奥蒙德公爵还沿着利菲河开始打造一连串的码头，这些码头形成了都柏林东西向的主轴。

受到奥蒙德公爵的启发，都柏林的市政官员们将圣斯蒂芬绿地公园古老的公共用地给围了起来，在那里新建了一个巨大的广场，其规模超过了伦敦的任何一座广场。在利菲河的北面，他们建了一个大型市场（得名于奥蒙德公爵的奥蒙德市场）和一所慈善学校。此外，他们还在利菲河上修建了 4 座雅致的桥梁。

奥蒙德公爵在给予这座城市自信的这件事上开了个头。对新教徒而言，接下来的 18 世纪是他们的黄金年代；对都柏林来说其实也是一样。在今天，没有人会为新教徒狭隘的理想以及他们对天主教徒施加的刑罚辩解。但不可否认的是，爱尔兰新教徒身上体现了一种殖民地民族主义，这种自尊，还有他们的品位，让他们完全有别于一支只知道听从伦敦方面调遣的英格兰卫戍部队。改造都柏林的人

---

[1] 是指 18 世纪初到 19 世纪初，乔治一世到乔治四世执政时期出现的不同建筑风格。
[2] 一个乘游船可达的无人小岛，现下辖于芬戈尔郡，历史上曾是都柏林市的一部分。

詹姆斯·马尔顿创作于1800年的画，展现了从卡佩尔街往南穿过埃塞克斯桥（今天的格拉顿桥的前身）和利菲河、通向位于科克山的皇家交易所（今天的都柏林市政厅的前身）穹顶的远景。

并不满足于模仿伦敦，他们要的是更好的结果：更宽的街道、更大的广场、更壮观的纪念性建筑。这个目标在不到100年的时间里实现了，而在实现这个目标的过程中，都柏林成了一件杰作。

当然，设计了乔治风格的优雅砖石房的私人房东们，他们真正感兴趣的是赚钱。这就解释了为什么都柏林的家庭住宅在外观上如此质朴。在租下了新建的联排屋和广场的人中，有一小部分是掌控着议会的贵族和上流人士。大部分住户是律师、医生、商人和教士。依靠新古典主义的约束、朴素的灰砖、漂亮的雕琢石门框，这样做很符合他们的经济水平，把洛可可的兴奋留给客厅和室内的楼梯（如果多花几百英镑雇个灰泥匠对他们不成问题的话）。

当时都柏林房地产界的两大巨头是两个相互竞争的家族：加德纳家族和菲茨威廉斯家族。卢克·加德纳是个新近暴富的银行家，他自1714年便开始购买利菲河北岸的土地。他的第一项杰出业绩就是亨丽埃塔街上那一排宫殿般的房子。如今，那一排房子已经成了一片贫民窟，是都柏林绝不指望能营利的地方。不过，整个都柏林也就数亨丽埃塔街上的建筑灰泥抹得最多，镶板做得最为精致。在亨丽埃塔街之后，卢克·加德纳还建了两个大广场（今天的帕内尔广场和蒙乔伊广场）和一条大道（今天的奥康奈尔街）。这些地段之中还包含了几幢公共建筑，其中最著名的是都柏林圆形医院，它是欧洲最早的一家公立妇产医院。

与此同时，在利菲河的南岸，卢克·加德纳的至高无上地位受到了茨威廉斯爵士的挑战，茨威廉斯爵士启动了一个颇具野心的项目，他要设计一系列和加德纳的房产同样建筑风格的广场和联排屋。

当信仰新教的房地产开发者们以购买广场和联排屋的方式发家致富的时候，爱尔兰议会上下正在用纳税人的钱建造更多的公共建筑来丰富这座城市，其中的一位议会要员是爱尔兰税务署署长约

都柏林 225

图中展示的是都柏林三一学院的剧场,该剧场由爱尔兰建筑家克里斯托弗·迈尔斯设计,建于1777—1786年,是一幢新古典主义风格的建筑。它位于三一学院议会广场一侧,在它的对面是三一学院的教堂。这座教堂在外观上几乎与剧场如出一辙,它的设计者是克里斯托弗·迈尔斯的儿子格雷厄姆·迈尔斯。

翰·贝雷斯福德。贝雷斯福德曾为连续几任与爱尔兰议会合作、为英国统治爱尔兰的总督担任顾问。贝雷斯福德说服了年轻的英格兰建筑师詹姆斯·冈东来到都柏林，让他在利菲河北岸一片开垦后的泥泞地区设计新的海关大楼。冈东偏爱的风格是改良的新古典主义，后来他在都柏林一共设计了3座宏伟的公共建筑：位于东部的海关大楼、位于西部的四法院大楼，以及学院绿地广场上那座18世纪初的议会大厦的附属楼。议会大厦的对面就是优美的都柏林三一学院，该学院的设计者之一正是冈东的资助人威廉·钱伯斯爵士。

到了1800年，都柏林城内乔治风格建筑的大体轮廓已经形成，尽管还有两座新广场尚未建成。但接下来，灾难发生了：1798年失败的爱尔兰人联合起义。虽然当时起义者计划在都柏林开始行动，幸运的是，都柏林并未受到破坏。但是当1800年硝烟早已散尽的时候，都柏林付出了代价。英国政府通过了《联合法案》，废除了都柏林议会，将此前的爱尔兰议会成员并入英国议会。而原先的爱尔兰议会大厦也成了一家银行的大楼。

在随后的200年中，都柏林也经历过一些波折，比如1916年的爱尔兰起义、1919—1921年的爱尔兰独立战争，以及1922年的爱尔兰内战。冈东的两个经典建筑作品——海关大楼和四法院大楼——都在战争中遭到了毁坏。好在新的爱尔兰自由邦政府在都柏林的城市修复上不吝资金，战争给都柏林造成的损坏不久便得以弥补。

如今，在经历了20多年的经济腾飞之后（那些年爱尔兰被称为"凯尔特之虎"），都柏林在发展历程中所暴露的问题显得更为棘手：商业开发区简陋，办公大楼扎堆且与周遭的街道严重不成比例。然而，如果你在乔治风格的广场上和联排屋下散步，你就会发现它们大部分还完好无损。站在梅瑞恩广场的南端，你可以看到起伏的砖石、鳞次栉比的钢铁建筑，还可以望向芒特街桥的圣斯蒂芬教堂。倘徉在下菲茨威廉街时，你可以极目远眺都柏林的青山。如果厌倦了学院绿地广场的喧嚣，你还可以去享受都柏林三一学院的宁静。那儿是城市中央的一片乐土，还神奇地保留着18世纪铺满鹅卵石的广场和用石灰石砌筑的山墙。

哥本哈根

与北欧的新古典主义

科林·埃默里

> 在这座大城市里,我谁也不认识。我带着一捆衣物从西门走了进来。一些游客选择在西街的皇家卫队旅馆落脚,我也去了那儿,住进了一间小房间……现在,在我看来,我的梦想已经实现了。
>
> ——汉斯·克里斯蒂安·安徒生,1855年

虽然那首老歌《美好的哥本哈根》唱的是陈词滥调,但丹麦的模范首都哥本哈根的确有它的美好之处。人性化的生存空间、靠海的地理位置、和煦的北欧阳光以及文明有序的交通,所有这些都让哥本哈根成了一座非常舒适的城市。哥本哈根的宜居也离不开长久存在的世界上最古老的君主政体所带来的稳定。如今的丹麦女王和她的家族都是维京人的后裔,他们生活在哥本哈根中央的皇家区——腓特烈城,该地区是在18世纪由丹麦国王腓特烈五世批准规划的。腓特烈五世建造的被称为阿马林堡宫的四座城市宫殿整齐地矗立在仍由穿着标志性制服的士兵守卫的广场周围。那些士兵不知怎的就让人联想起汉斯·克里斯蒂安·安徒生(1805—1875年)的童话世界——安徒生仍被认为是丹麦最著名的作家,他就生活在哥本哈根,而且常常从哥本哈根汲取灵感。

正是在丹麦国王克里斯蒂安四世在位的六十年中(1588—1648年),哥本哈根第一次被改造成一座现代城市。一座座高大的塔楼和宏伟建筑拔地而起——哥本哈根的第一家证券交易所、玫瑰堡宫、圆塔天文台等,这些建筑都为哥本哈根赋予了国际气息。哥本哈根的贸易从鲱鱼出口向其他领域拓展,并且在遥远的国家蓬勃发展,甚至是在印度的殖民地。

今天的哥本哈根仍然让人觉得它是一座富有的商业城市,这里很多漂亮的街区都可以追溯到17世纪和18世纪。哥本哈根在1794年、1795年和1807年三度遭受大火的重创,而最后那次大火是因1807年哥本哈根战役中英国海军对哥本哈根发动猛烈炮击而引起的。此后,哥本哈根迎来了一股建设热潮,其热度在这座城市的历史上前所未有。而这段城市重建的时期也正好赶上了哥本哈根艺术领域的黄金年代,当时哥本哈根的新古典主义艺术和建筑在美学上都达到了巅峰。

尽管新古典主义是一种国际化的风格,但是新古典主义的建筑似乎

《丘比特与普绪喀在天堂重聚》,作者是丹麦最伟大的新古典主义雕塑家贝特尔·托瓦尔森。托瓦尔森在罗马的时光给了他创作这个作品的灵感。

特别符合北欧国家朴素的格调，而且非常适合哥本哈根。这种风格的特点是注重简约、对称，并且热衷于从古迹中寻找灵感。在哥本哈根，建筑家C.F.哈斯多夫和他那才华出众的学生C.F.汉森设计了这座城市大部分新古典主义的宏伟建筑。最能体现汉森过人天赋的是克里斯蒂安堡宫的重建工程，而当年由他重建的那座宫殿，就只有教堂被保存到了今天。汉森还重建了圣母教堂，原先那座位于同一地点的中世纪圣母教堂在哥本哈根战役中毁于英国海军的炮击。自1784—1844年，哥本哈根所有涉及建筑品位的事务都由汉森最终裁定。在同一时期，伟大的丹麦雕塑家贝特尔·托瓦尔森也创作了许多不朽的作品。托瓦尔森在罗马生活了很长时间，他在那里获取了不少灵感。哥本哈根有一座托瓦尔森博物馆（托瓦尔森就安葬于此），作为缅怀这位斯堪的纳维亚天才的圣地，那里一直是个触动人心的地方。

哥本哈根长久以来的发展都依赖于大海。如今在城市的中心，人们可以领略到丰富多彩的运河河畔生活。图中的许多高楼可以追溯到18世纪，它们都涂上了明艳的色彩，在北欧的柔和日光中闪闪发光。

哥本哈根在19世纪90年代也曾一度繁荣，当时许多丹麦建筑师都以巴黎为标杆。一些纪念性建筑，比如大理石教堂、丹麦国家美术馆和皇家剧场都是斯堪的纳维亚历史主义建筑的绝美典范。历史主义建筑的特色是它混搭了多种不同的风格，比如哥特式、古典主义、文艺复兴式和巴洛克式。历史主义建筑中的一个特别好的范例便是由丹麦建筑家马丁·尼罗普设计的市政厅和市政厅广场，它的灵感来自意大利锡耶纳那座中世纪晚期的市政厅。

19世纪90年代，哥本哈根的地界已远远延展到了城墙之外。以这座城市典型的文明方式，人们决

这幅版画所展示的是1884年大火之前的克里斯蒂安堡宫，该城堡的设计者为丹麦建筑家C.F.汉森。今天的克里斯蒂安堡已经是历史上第三座叫这个名字的城堡了（此前，在同一地点，先后有两座克里斯蒂安堡毁于大火），它建于20世纪20年代，属于新巴洛克式建筑，是丹麦议会和最高法院的所在地。在汉森打造的那座城堡中，只有美丽的皇家教堂被保存到了今天。

定将所有古老的城墙和堡垒替换成一系列的公园，比如厄斯泰兹公园、卡斯特雷特（要塞公园）、奥斯特雷安拉格公园和植物园。

  功能主义建筑在20世纪20年代和30年代亮相哥本哈根，一些著名建筑，比如广播大厦、警察总部大楼和极具创意的格伦特维教堂，都是在这一时期建造的。二十多年前，哥本哈根还完成了一项工程奇迹：连接哥本哈根与瑞典城市马尔默的厄勒海峡大桥。有了这座大桥，哥本哈根无疑就成了整个波罗的海地区的中心城市了。

圣彼得堡

俄罗斯面向西方的窗口

科林·埃默里

> 我们在这里建起了一座城市，它让傲慢的邻邦感到难堪；大自然在这里打开了一扇可以通向欧洲的窗口，我们要在海边站稳脚跟。
>
> ——亚历山大·普希金，1833年

300多年前，1703年5月，俄国沙皇彼得大帝从一名年轻的士兵那里夺过一把刺刀，在涅瓦河北岸一个荒凉之地上做了个记号，说道："这里将建起一座城市。"100多年后，俄国沙皇尼古拉一世对法国评论家、编年史家德·屈斯蒂纳侯爵说："圣彼得堡是俄国的，但它不代表俄国。"这句话委实道出了圣彼得堡的特殊性：这座由专制君主创建的城市和莫斯科、基辅、诺夫哥罗德这样的俄国城市大相径庭。

按彼得大帝的构想，他的新都圣彼得堡将从俄国北方的沼泽和冰冻荒原改造为一座优雅的欧洲天堂。它将成为新的阿姆斯特丹或新的威尼斯。对俄国而言，它是面向西方的窗口。在苏联解体之后，如今的这扇窗口已更为开放。圣彼得堡被形容为"史诗般的城市"，关于它建城的故事似乎让人难以置信。这座城市的名字源于耶稣门徒圣彼得。而圣彼得堡建造者们也肩负了几乎同样重要的使命，他们要打造一座城市，来安置一个以改革整个国家为己任的开明专制政府。

建造得如此壮伟雄奇的圣彼得堡，于平民百姓而言几乎是高高在上的。即便在今天，城市中那一望无际的主街道和体现了重复古典节奏的建筑依然令人生畏。苏共曾经在圣彼得堡掌握过话语权。1917年，这里爆发了革命，独裁统治者们遭到了囚禁、流放和枪杀。

随着18世纪欧洲启蒙运动的影响，参与建设圣彼得堡的人中出现了一批曾在欧洲其他国家学习和生活过的建筑家和艺术家。彼得大帝本人就曾长期游历欧洲，他很喜欢阿姆斯特丹运河周围事物那种安静的高效运转。他希望他的教堂看起像意大利的教堂，为他效力的建筑师曾在罗马和巴黎学艺。俄国即将走出阴影，而光明会照亮俄国人蒙昧的心灵。

考虑到当时的恶劣气候以及许多被迫迁入圣彼得堡、不情愿适应新环境的人，圣彼得堡是如何能建得如此的成功呢？圣彼得堡的建造过程是冷酷无情的，没有

彼得大帝于1682年即位为俄国沙皇。他是个高大、冷酷而且常常表现狂暴的独裁者。1703年，他兴建了圣彼得堡。1712年，为了打通波罗的海，学习西方先进文化和科技，他将其帝国首都由莫斯科迁到了圣彼得堡。

农奴制，一切都不可能实现。建城过程中开凿了人工运河，物资从冰上进行运输，毫无疑问，为了建造圣彼得堡，无数人付出了生命的代价。在圣彼得堡的雄伟外表下，常给人一种感觉：它是一座在逆境中创造并生存的城市。它的曲折起源以及气候条件也使得这座城市的居民极为坚强。"二战"期间，英勇的圣彼得堡（当时叫列宁格勒）居民挺过了900天的围城战，有100多万名平民和50万名士兵在这

◁ 战神广场起初是为了纪念1721年俄国在北方战争中战胜瑞典而设计的阅兵场。1917年后，苏联红军为了纪念革命的牺牲者，在战神广场上临时建了座拱门，上面所刻的文字缅怀了所有为解放工人阶级而捐躯的人。

▽ 涅夫斯基大道是圣彼得堡的主干道，它从亚历山大·涅夫斯基修道院一直延伸到有着闪亮尖顶的海军部大楼。如今的涅夫斯基大道交通拥堵，道路两旁尽是时尚的商店，虽然已失去了一些往日壮丽的风采，但仍是通往城市周围那些修复过的宫殿的主要路线。

场战役中丧生，成堆的尸体甚至造成了城市的堵塞。罗曼诺夫王朝[1]的执政宗旨是"专制、正统和民族主义"，在这种理念下，人民并未享有自由的环境，言论仍然受到了控制。

圣彼得堡的实际布局——类似于涅夫斯基大道这样的宏伟大道都终止于海军部大楼的金色尖顶——似乎是为了方便大批部队行动而设计的，而不是为了让公民们安静地散步。城中有一个巨大的开放空间，名为"战神广场"，它叫这个名字不无几分道理——它是专门用来进行大型阅兵和军事演习的地方，而强大的军队能牢牢地控制民众。去圣彼得堡的游客如果读过费奥多尔·陀思妥耶夫斯基的小说或亚历山大·普希金和安娜·阿赫马托娃的诗歌，那么他们将感受到文化和政治革命的暗流，而革命是圣彼得堡这座城市的故事中至关重要的一部分。

△ 冬宫建成于1762年，其设计者为长期在俄国工作的意大利建筑家弗朗切斯科·巴尔托洛梅奥·拉斯特雷利。冬宫曾是圣彼得堡的主要皇宫，如今是艾尔米塔什博物馆的一部分。1917年，革命群众包围了冬宫，这也成了这座辉煌宫殿难以抹去的往事。

沿着涅夫斯基大道每隔一段路就是里程碑和信号塔，它们将市中心和环绕在它周围的宫殿连接了起来。罗曼诺夫王朝的统治者在圣彼得堡生活得很愉快，不过他们兴许觉得在彼得宫或巴甫洛夫斯克宫以及圣彼得堡以南26千米外的沙皇村会更安全、更自在。18世纪末，沙皇村的宫殿经由叶卡捷琳娜大帝扩建之后几乎成了一座皇家庄园。在此过程中，叶卡捷琳娜大帝起用了苏格兰建筑家查尔斯·卡梅伦和一些英格兰风景园林师，他们联手创造了一片

△ 沙皇村（或沙皇别墅）位于圣彼得堡郊区，人烟是俄国皇室眼中远离城市的安逸静养之地。图为从沙皇村亚历山大公园看到的亚历山大宫一景，该宫殿由贾科莫·夸伦吉在18世纪90年代设计。

壮美的、拥有自然田园风光的乐土。沙皇尼古拉二世和他的皇后亚历山德拉在沙皇村的时候就住在亚历山大宫，他们后来被软禁于此。直至1917年，尼古拉二世和他的皇后及子女才乘火车被转移至叶卡捷琳堡，在那里，他们一家人遭到了处决。

如今，圣彼得堡宫殿的重建已取得了不俗成果，其完美程度令人叹为观止。在熬过了"二战"期间艰苦卓绝的围城战之后，高涨的民族自豪感让斯大林和他的政府决心修复俄国人民的历史文化遗产。

---

1 是统治俄罗斯的第二个以及最后一个王朝。——编者注

圣彼得堡 233

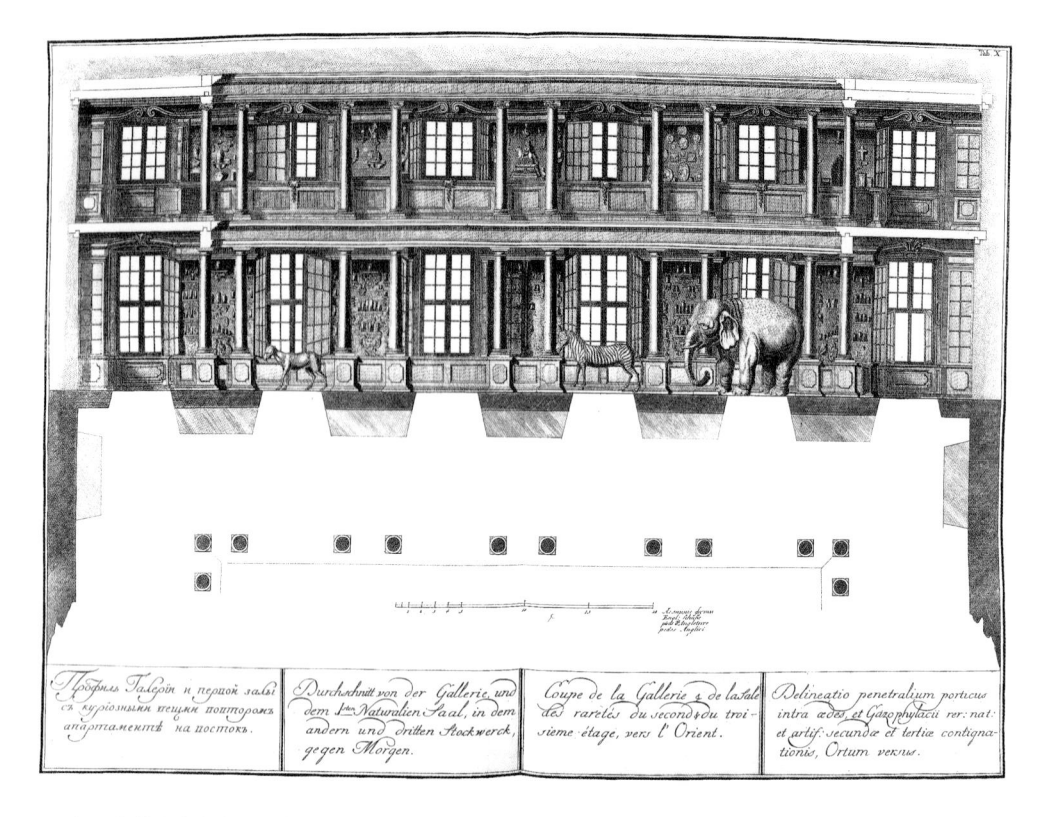

1727年，彼得大帝的珍宝阁连同科学院图书馆一起搬到了瓦西里岛一角的这幢楼里。如今珍宝阁成了人类学民族学博物馆，也是俄国首家公立博物馆。

几乎所有的宫殿都被纳粹焚毁，而各座宫殿的管理员们在抢救文物和运用他们的学术技能进行精准修复方面做得异常出色。

圣彼得堡令人惊奇的是，它在经历战争、围困和政治动荡之后，总能奇迹般地生存下来。艾尔米塔什博物馆至今仍是世界上最大的博物馆之一，其馆藏物数量巨大，以至于博物馆内的6座宫殿式建筑只能展示一小部分藏品，而大部分藏品必须另作封存。圣彼得堡还拥有一座伏尔泰的图书馆，一间奇异的、属于彼得大帝的民族学和自然历史博物馆。此外，在俄罗斯美术学院中还收藏了许多圣彼得堡精美建筑的模型。圣彼得堡的教堂有的被改造成了游泳池，有的被改造成了体育馆，喀山大教堂曾被改造为一个宣传无神论的博物馆，而如今那里再次响起唱着东正教礼拜歌的雄浑男声。

苏联解体后，它的名字从英雄城市列宁格勒改回了建城时的圣彼得堡。越来越多的人富裕了起来。然而，浮华背后依然掩藏着贫穷。2003年，为庆祝圣彼得堡建城300周年，整个城市都被装饰一新。时任总统弗拉基米尔·普京还修复了位于波罗的海沿岸斯特列利纳的康斯坦丁宫供政府使用。圣彼得堡总是能让游客为之痴迷——每逢夏季那里就会迎来白夜奇观，届时彻夜灯火通明，美景和欢乐占据了主导。所以，即便圣彼得堡有着漫长又黑暗的寒冬和几经磨难的过往，但人们对短暂夏天里白夜的期待也足以让人释然。当年，在那场长达900天的围城战中，一些哲学家、作家和诗人每周都会在艾尔米塔什博物馆碰面，探讨如何保护文明的价值观。他们中的许多人已经去世了，但是他们将文明生活的火炬传递给了今天的圣彼得堡。

维也纳

与哈布斯堡王朝的皇帝

米沙·格伦尼

> 总的来说，它就像一个由建筑、法律、规则以及历史传统等持久材料构成的容器中的沸腾的泡泡。
>
> ——罗伯特·穆齐尔，1930年

18世纪初，奥斯曼帝国已经开始了从欧洲的大撤退，而在大约200年后，这个帝国将分崩离析。当土耳其的骆驼商队疲惫地离开匈牙利中部，向南方行进的时候，维也纳如释重负。维也纳此时不仅处在哈布斯堡王朝版图的边缘，它还被认为是基督教世界在欧洲最远的前哨基地之一。

彼时的维也纳，尚不足以与我们熟悉的19世纪末和20世纪初的黄金年代里那充满欢乐和魅力或艺术性和前卫思想的流行形象画上等号。它其实是一座生活条件艰苦的要塞城市。如今，维也纳一些著名街道的名字还可以反映出它当年所起到的要塞作用，比如格拉本大街，它相当于护城河。围绕着维也纳市中心的环城大道，它大概相当于在1529年和1683年两场围城战役中牵制了土耳其人的内部防御城墙。

随着土耳其人的威胁已成为历史，维也纳作为哈布斯堡王朝的中心迎来了发展的良机。王朝的权力中心位于霍夫堡宫。作为一个宫殿建筑群，霍夫堡宫起初是一座中世纪的堡垒。几百年来，它不断被扩建，直到达到了城中城的规模。在神圣罗马帝国皇后玛丽亚·特蕾西亚以及她的儿子神圣罗马帝国皇帝约瑟夫二世统治期间，维也纳正是以霍夫堡宫为起点开始不断扩张的。建于米歇尔广场、霍夫堡宫入口处的维也纳城堡剧院是德语区的第一个国家剧院。100多年后，城堡剧院搬到了它如今所在的卡尔·卢埃格尔环路，它的对面就是维也纳市政厅。时至今日，城堡剧院仍然是德语区最大的音乐厅和顶级戏剧殿堂。

在维也纳环城大道和郊区之间有一大片开阔绿地。这片绿地不仅体现了巴洛克风格，还将入侵的敌军和平民百姓隔离在了霍夫堡宫之外。维也纳的外围城墙在18世纪修筑完毕，环城大道和郊区之间的绿地走到这里便到了头，它有点类似于今天的皮带或腰带。当年，外围城墙所扮演的主要角色是外来货物进入城市的海关关卡，因此普通的维也纳居民和外地商人都对它嗤之以鼻甚至恶语相加。

在维也纳的郊区，哈布斯堡王朝的统治者打造了一座富丽堂皇的夏宫——美泉宫。美泉宫以凡尔赛宫为原型，它象征了哈布斯堡王室的华贵，这种气质自然会让一些民众觉得哈布斯堡王室成员近乎神圣，却也会让一些国民将他们看作魔鬼。

图为美泉宫中央一景。1696年，美泉宫建于维也纳郊区，当时哈布斯堡王朝已战胜土耳其人多年。这座宫殿最初的设计者是菲舍尔·冯·埃尔拉赫（奥地利建筑家），但直到1749年才最终建成，而那时距埃尔拉赫逝世已过去了26年。

这张照片大约拍摄于1890年，是从维也纳内城的市政厅塔楼看向新的维也纳城堡剧院的景象。该剧院是1874—1888年于维也纳环城大道沿线建造的雄伟公共建筑之一。

19世纪末,《泰晤士报》驻维也纳记者亨利·威克姆·斯蒂德曾观察道:"处在社会顶层的是皇帝、王室和宫廷,他们离普通人的生活太过遥远。按照一项古老的西班牙传统,有时他们在人群中还会被当作半个神一样来崇拜。"

如果18世纪见证的是维也纳的改变,那么19世纪见证的则是一个伟大神话的诞生——以维也纳为中心的梦幻帝国。维也纳在19世纪初的境遇其实并不顺利,它曾两度被拿破仑占领。第二次是在1809年,奥地利军队在维也纳城外的德意志瓦格拉姆败给了法国军队。哈布斯堡王朝为此付出了惨痛代价:他们割让了大片的领土,还支付了巨额经济赔款。然而,让哈布斯堡家族眼睁睁地看着拿破仑将美泉宫变为他的行宫才是莫大的耻辱。

这幅名为《格林施泰德尔咖啡馆》(1896年)的水彩画描绘了一家维也纳咖啡馆的场景。该画的作者是奥地利画家赖因霍尔德·沃克尔。作为强大的奥匈帝国的首都,维也纳是座富裕而且文雅的城市,也是惬意社交生活的代名词。

六年之后,维也纳会议召开,奥地利人终于等来了报仇的机会。奥地利政治家、外交家梅特涅试图在巴尔豪斯广场的首相府(今天的奥地利总理府)削去拿破仑的权力。到此时,莫扎特和海顿已经确保欧洲音乐的重心从萨克森转移到了维也纳。维也纳会议不仅是一个政治转折点,还是那个时代不能不提的社交活动。在将近一年的时间里,维也纳仿佛一跃成为欧洲之都,云集了各国首脑和军政要员。

梅特涅认为维也纳会议的结果将确保奥地利的大国地位并维护欧洲的保守主义。然而不久之后,奥地利帝国境内忘恩负义的民众——捷克人、乌克兰人、匈牙利人、卢森尼亚人、犹太人、德意志人、塞尔维亚人、意大利人、克罗地亚人、斯洛文尼亚人等——就悄悄抱怨说奥地利只是个"人民的监狱"。1848年,民族主义浪潮给了自鸣得意的维也纳宫廷当头一棒。

如果你从霍夫堡宫的大门闲逛到遍布优雅宫殿和政府大楼的贵族街,你会发现这条街静谧得令人难以置信。在今天,包括鼎鼎大名的中央咖啡馆在内的维也纳咖啡厅都静得像图书馆一样。不过在1848年的2月和3月,维也纳咖啡馆里却人声嘈杂、热闹不已。当时,饱受经济衰退之苦的中产阶级和工匠们常常会在那里谈论有关巴黎革命的最新消息和传闻。

1848年3月13日,一群激情澎湃的学生从贝克尔街的古老大学出发,穿过司提反广场上的圣司提反大教堂,最后到达了贵族街并迅速占领了那里的下奥地利政府大楼。在随后的几个小时里,士兵们不断向在维也纳内城狭窄街道冲锋的群众开火。在距离他们不远的地方,来自铁路和偏远地区工厂的工人们拆毁了外围城墙那里招人厌恨的税务办公室。随着冲突愈演愈烈,工人们突破了斯卓腾托尔封锁的大门,涌入维也纳内城去增援学生、工匠和参与革命的中产阶级。在整整两天时间里,维也纳沦为一片战场。

备受鄙夷的保守派代表人物梅特涅"辞职",而奥地利皇帝则带着家眷和廷臣狼狈地逃到了阿尔卑斯

维也纳 237

《贝多芬壁画》的局部图，作者为古斯塔夫·克里姆特，分离派的代表艺术家。这幅画是他为1902年的一次以贝多芬为主题的展览而创作的。壁画的这部分所展示的是以堤丰[1]为代表的"反派势力"。

山间空气宜人的因斯布鲁克。巨大而又极易坍塌的街垒象征了自由主义的革命精神，它们一时间让维也纳内的巴洛克式建筑黯然失色。这股革命风潮在持续了六个月之后因为温迪施格雷茨伯爵阿尔弗雷德一世的干预戛然而止。当时，阿尔弗雷德一世，这位以冷酷无情的恶名而著称的奥地利陆军统帅，率部队杀进了维也纳内城。他和革命者一样，小心翼翼地避免破坏维也纳市中心。但维也纳郊区却没那么幸运：外围城墙的几处关键部分尽遭损毁。

保守派认为他们已经对奥地利的自由派造成了致命打击。但仅仅十二年之后，由于奥地利军队在海外战场的失利以及停滞不前的经济损耗了国力，奥地利皇帝弗朗茨·约瑟夫一世不得不向自由派妥协，适度地进行了一些宪政改革。维也纳仍然是哈布斯堡王朝的象征，但在长达四十年的时间里，它都是值得德语国家的自由派骄傲的中心，这种感觉从维也纳的环城大道便可见端倪。由弗朗茨·约瑟夫一世下令修建的环城大道是个充满了雄心壮志的大工程。在环城大道面前，甚至连弗朗茨·约瑟夫一世至高无上的权力和他那华丽至极的宫邸都相形见绌了。

新兴的工业资产阶级家庭迫使城市拆除了军事防御工事和现代化设施（包括高水平的公共卫生、运河开凿、街道照明和防洪工程）。议会大楼、市政厅、维也纳大学、城堡剧院以及一系列大型博物馆都是建于环城大道上的庞大建筑（更不用说那些壮观的办公楼和住宅楼了），它们的建筑风格各异，与旧帝国中心的巴洛克式外观形成了鲜明对比——环城大道让霍夫堡宫黯然失色。

到了1890年，曾参与提出"环城大道风格"这一建筑美学概念的奥地利天才建筑家奥托·瓦格纳在思想上产生了重大转变。当时，维也纳逐渐老化的基础设施已跟不上科技进步的节奏，而且也无法容纳城市不断增长的人口。按照瓦格纳的构想，维也纳内城是中心，它的外围将有几个彼此由主干道和新兴的地铁系统连接的半圆环，而环城大道就是第一环。受分离派艺术家的影响，瓦格纳为涉及了各种艺术门类的维也纳新艺术学派奠定了城市基础，也在哈布斯堡王朝摇摇欲坠的废墟上创造出了一种无与伦比的艺术创造上的华丽爆发。在维也纳以外的地方，奥地利画家古斯塔夫·克里姆特的画作是人们最熟悉的分离派艺术作品。而在维也纳城中，瓦格纳的功能主义、现代主义建筑则随处可见。具有讽刺意味的是，对于哈布斯堡王朝末期的伟大艺术成就，它最差的待遇是被人们厌恶，最好的待遇不过是遭到轻蔑。尽管如此，无论人们是否理解，可以肯定的是，几乎没有哪个帝国的晚景可以像1900年的维也纳那样辉煌。

---

[1] 希腊神话中象征风暴的泰坦巨人。

爱丁堡

与苏格兰启蒙运动

马格努斯·林克莱特

> 作为王国之都,它的威严气势无出其右,它的壮丽景致天下无双。
>
> ——罗伯特·路易斯·史蒂文森,1878年

史蒂文森在1878年所描述的爱丁堡有着宽阔的林荫大道、漂亮的广场和壮观的新古典主义建筑。然而在此前的一个世纪,在大部分游客的印象中,爱丁堡还是个拥挤肮脏、烟尘弥漫、落后闭塞的地方。随着1707年《联合条约》生效,爱丁堡不再设有议会,也失去了作为一个独立国家的首都的身份。爱丁堡在政治上衰退了,它的生活环境也同样不堪。城市周围一边是气味难闻的沼泽,一边是迷宫一样、阴森恐怖的逼仄小巷,不少游客都觉得它们危害着城市的健康。18世纪20年代,一位名叫爱德华·伯特的英国测量员描述称,他逗留在爱丁堡的那一晚让他记忆最深的是爱丁堡的臭味。他说他"不得不把头蒙在被子里,因为住在后面的邻居倒出的垃圾实在是太臭了,味道都涌入(他的)房间里了"。在爱丁堡旧城狭窄的街道上,露天排水沟里漂着垃圾,猪和其他动物在拱食,垃圾被随便地就从公寓的

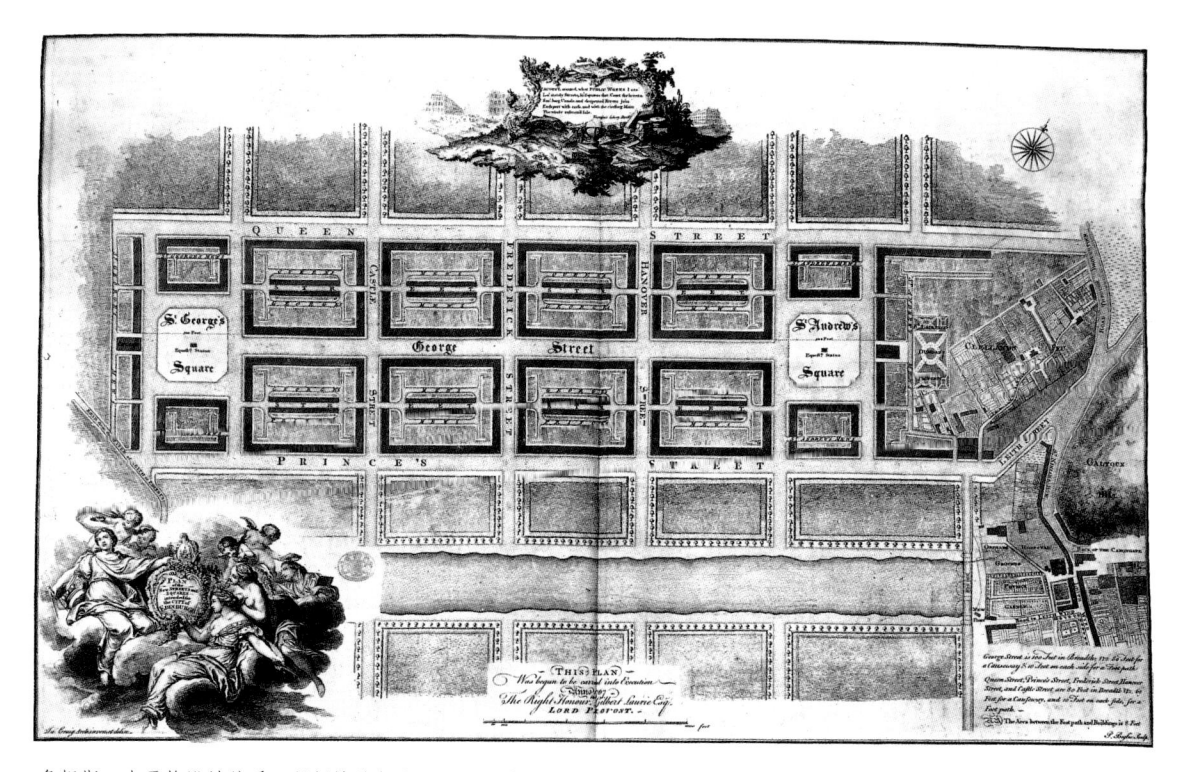

詹姆斯·克雷格设计的爱丁堡新城的部分平面图,该平面图于1768年被制成了版画。克雷格设计的精妙之处是它本质上的简朴和优雅。他的平面图以直线设计为基础,有三条主要的大道彼此平行,在大道两头各有一个宏大的广场。这个新古典主义新城与爱丁堡拥挤的中世纪旧城形成了鲜明对比。

罗伯特·巴克在1792年从卡尔顿山上描绘的爱丁堡全景画的一部分。巴克是爱尔兰肖像画家,他提出了"全景画"的概念,并在1787年申请了专利。有一天他走在卡尔顿山上,突然被眼前爱丁堡的全景所震撼,于是他建造了一个圆柱形的展厅,把爱丁堡的景色画在了展厅的内墙上。参观者可以由一个螺旋形阶梯来到展厅中部的画廊,在那儿,他们被赋予了逼真的爱丁堡城的幻象。巴克的创意取得了巨大成功,后来他又如法炮制,将全景展览带到了伦敦。而全景画也成了19世纪在伦敦大受欢迎的视觉风格。据说,全景画还预示了电影的到来。

窗户扔了出来。总之,爱丁堡就是座中世纪城市。

不过,在接下来的五十年里,爱丁堡发生了显著改变。它变成了一场思想文化运动的中心,这场运动影响力极大,覆盖领域极广,兼收并蓄、备受赞誉,所以有些人一说起爱丁堡,就称它为新启蒙运动的首都。诸如大卫·休谟、亚当·弗格森、亚当·斯密、凯姆斯爵士和威廉·罗伯逊这样的哲学家、历史学家和经济学家,罗伯特·亚当这样的建筑家,詹姆斯·赫顿这样的地质学家,以及罗伯特·弗格森和罗伯特·彭斯这样的诗人,在这个如此开放、国际化的氛围中表现活跃。最重要的是,爱丁堡成了现代文明城市的代名词。从律师到商人、从教士到银行家,爱丁堡的市民被辩论的精神所吸引,雄辩滔滔的场景在城市各处的许多俱乐部和社团中上演,从新兴的利斯港运来的大量红葡萄酒滋润了城市的居民。

爱丁堡人新近获得的自信将转化为同样引人注目的城市复兴。1763年的一天,当四度出任爱丁堡市市长,曾在1745年协助守卫爱丁堡城堡的部队抗击邦尼王子查理和他的党徒的乔治·德拉蒙德眺望散发着恶臭、严重阻碍了城市扩建的北湖之时,他对身边年轻的同伴说:"萨默维尔先生,你还是个小

伙子，你这辈子很可能有机会看到所有的田野都有房屋林立其间，它们将组成一座灿烂耀眼的城市。而我就没有这机会了。"德拉蒙德是对的。在随后的二十年里，北湖的水被抽干，爱丁堡市政当局发起了筹建新城的建筑竞赛。从那次竞赛中胜出的是詹姆斯·克雷格，一个二十一岁名不见经传的建筑师。克雷格设计了一个高雅又质朴的平面图，以三条东西向的主街为基础，街道两端各有一座大型广场。当克雷格的方案开始实施的时候，一批新的月牙形街道和环形广场得到了爱丁堡当局的批准而开始修建，这些工程当中最闪亮的项目当数由罗伯特·亚当设计的夏洛特广场，它也许是欧洲最能展现新古典主义之美的建筑作品。用苏格兰历史学家克里斯托弗·斯莫特的话来说，爱丁堡新城"冷峻、清晰而又优雅地表达了18世纪中产阶级合理的自信"。不过，对大多数现代游客而言，是优雅的新古典主义新城和古朴的爱丁堡城堡、旧城之间所形成的平衡让这座城市与众不同。

爱丁堡是如何在那么短的时间内取得了上述成就呢？答案并不唯一。首先，这与它所处的时代背景有关。《联合条约》生效之后，英国的经济扩张引人注目。向来热衷贸易的英国在这段时期创造出了前所未有的财富。再者，爱丁堡的政治、法律和宗教机构都已就位，它还拥有欧洲最开明的教育体制。屡遭诟病的苏格兰长老会绝非阻碍理性时代大辩论的障碍，相反，它时常参与到辩论之中。另外，在如此富足而包容的环境中，一些英杰才俊在一个短暂而又令人兴奋的时期内照亮了整个欧洲。至于为什么会冒出这些人物，似乎没有合理的解释，也许就像一位观察家所说，是因为"一种魔力"吧。

现代城市时期

约翰·朱利叶斯·诺里奇

19世纪初，工业革命正进行得如火如荼。这个世界已经在迅速变化，而且仍以越来越快的速度继续变化着。当然，这种发展的持续提速也意味着本书的最后一章要比之前的部分所包含的范畴更广。如今，在10年内发生在我们身边的变化比过去100年发生的变化还多。我们在"古代世界"那一章的时间跨度达到了3000年，而在本章，我们好不容易才跨越了200年。

在这两百年里，英国和法国的首都所发生的变化格外引人注目。查尔斯·狄更斯身处的伦敦已与文学评论家萨缪尔·约翰逊时代的伦敦天差地别，而拿破仑三世和奥斯曼男爵治理下的巴黎则会让伏尔泰难以辨认。在欧洲的其他地方，柏林在腓特烈大帝的年代还只是一个德意志邦国的主要城市，由于俾斯麦的功绩，它在这一时期已成了一座帝国之都（不过俾斯麦若是看到20世纪20年代的柏林也会大吃一惊，英裔美国作家克里斯托弗·伊舍伍德对那时的柏林曾有过经典的描述）。与此同时，布达佩斯和维也纳成了另一个帝国——奥匈帝国的轴心。在经历了拿破仑战争之后，莫斯科开始塑造一个新的身份，在某些方面是欧式的，但还保留着独特的俄国风格。与之相似的是巴塞罗那，它始终兼具加泰罗尼亚和西班牙这两种特色。

1800年，美国也发生了同样惊人的变化。要知道，美国建国才不过25年而已。这种变化在很大程度上要归因于在19世纪几乎逐年增加的大量移民美国的欧洲人。在本章所讨论的五座北美城市中，可能只有华盛顿、纽约和蒙特利尔是在1800年之前就为欧洲人所知的。芝加哥的飞速发展得益于两个因素：一方面是它的铁路，这也使它成为整个美国的主要枢纽；另一方面是它地处五大湖区，该区域的航运发展实际上也让它成了一座港口城市。"梦幻之城"洛杉矶有着更为悠久的历史，而在这段时期推动它变化发展的是好莱坞。

拉丁美洲的情况略有不同。前哥伦布时期的古老文明虽然消失已久，但是一些壮观的古迹幸运地被留存了下来。南美洲这一时期最重要的两座城市是阿根廷的布宜诺斯艾利斯和巴西的圣保罗，它们彼此迥异，却都是当时南美洲最大的都会。

过去的20年里，亚洲，尤其是印度和中国的繁荣程度以及随之带来的经济影响力都有了惊人的增长。就印度而言，我们的选择落在了新德里。新德里是一座为显示权威而规划的城市，它不仅是英国统治印度的最后篇章中埃德温·勒琴斯爵士永久的灵感象征，而且至今仍是印度政府的所在地。

按照同样的思路，当我们把目光移向中国的时候，我们可能会再一次选择北京，而不是上海。但是我觉得任何一个近些年去过上海的人都会同意：上海完全是个奇迹，它活力四射、动力十足，即使在1/4个世纪以前我们中都没有人能预测到这一点。差不多同样的评价也可以送给新加坡，它是现如今已经变得十分稀有的自给自足城邦的优秀范例。在新加坡，整个岛都生机勃勃，当你仰望那里的摩天大楼时，它们似乎还在不断升高。日本早已从它的经济奇迹中获益，但只有来到东京，你才会意识到自己正身处世界上最伟大的城市之一。

最后，我们会说到悉尼。悉尼的发展也很迅猛，它可能不那么像上海，但我怀疑可能有些悉尼的居民倒希望它像。如果我被禁止踏足伦敦，如果澳大利亚离欧洲没有如此遥远的话，那么，悉尼就是我期待的生活之地。

图为上海浦东区的超现代建筑，其中包括了令人赞叹的东方明珠电视塔。这些建筑代表了中国发展最快的城市景观。它会是我们城市未来的样子吗？

现代城市时期 245

莫斯科

没有宫廷的首府

奥兰多・费吉斯

> 莫斯科或许是放浪不羁的，但试图改变它却毫无意义。因为我们每个人身上都有一部分的莫斯科，没有一个俄国人能够将它抹去。
>
> ——F.F.维格尔，1864 年

随着圣彼得堡的兴建，莫斯科的气运一落千丈。那时它已不再是俄国的首都，只是莫斯科省的首府。普希金曾将莫斯科比作日渐衰弱、穿着紫色丧服的寡居太后，说她不得不在新王面前行屈膝礼。直到 19 世纪中期，莫斯科都像是一个寂静的山谷。因拥有小木屋和狭窄蜿蜒的小巷及带有马厩和封闭庭院的大宅，莫斯科有一种独特的乡村气息。它被人们称为"大农村"，这个外号一直沿用到今天。叶卡捷琳娜大帝比彼得大帝更看不上莫斯科，当 18 世纪 70 年代初黑死病席卷莫斯科、数千栋房屋要被烧毁的时候，她就曾想过把这地方给清理了。在她眼中，莫斯科是片"懒惰之地"，它那广袤的土地鼓励了贵族去过一种"优哉游哉、纸醉金迷"的生活。它还是叶卡捷琳娜大帝旨在涤荡一空的古老的中世纪俄国的化身。改造莫斯科的计划已经拟订了，它将被重建为像圣彼得堡那样的欧洲城市。建筑师瓦西里・巴热诺夫和马特维・卡扎科夫说服叶卡捷琳娜大帝，用新古典式建筑取代大半个中世纪风格的克里姆林宫。一些建筑确实被拆除了，但整个工程却因资金短缺而延期。

1812 年后，莫斯科的中心最终以欧式风格重建。因拿破仑入侵而引发的大火为古典主义的建筑理念开辟了广阔天地。在清理了老旧货摊之后，红场重新开放。此前，那些摊位让红场看起来像是个封闭的市场，而不是开放的公共空间。三条新的大道呈扇形从红场延伸出去，为了给宽阔笔直的大路腾出空间，蜿蜒的小巷都被夷平了。最早以莫斯科大剧院为中心规划出的剧院广场于 1824 年竣工，紧随其后的工程是林荫环路和花园环路（它们至今仍是莫斯科的主要环路），以及紧邻克里姆林宫西墙的亚历山大花园。私人资金大量涌入莫斯科的城市建设领域，莫斯科成了 1812 年后俄国民族复兴的楷模，不久之后，中央大道两侧便立起了优雅的宅邸和帕拉第奥式宫殿。

然而，在莫斯科的这场建筑狂潮中，从来没有出现对西方的盲目模仿。莫斯科一直都将欧式风格和自身特色相融合。古典的立面通过使用轻淡的暖色调的圆顶以及俄国样式的装饰而得到软化。它总体上散发出一种轻松自在的魅力，这是冷峻而又充满帝王气派的圣彼得堡所不具备的。圣彼得堡的风格受宫廷和欧洲的时尚左右，而莫斯科的风格更多是由外省决定的。不过，东方的习俗、色彩和图案也可以在莫斯科的街头看到。19 世纪 30 年代的法国作家屈斯蒂纳侯爵认为莫斯科的圆顶塔"好似东方的穹顶，仿佛让你置身于德里，而城堡的主楼和塔楼则会将你带回十字军时代的欧洲"。

莫斯科的半东方性质在所谓的"新拜占庭式"建筑风格中得到了充分体现，这种建筑风格在 20 世

当拿破仑在1812年进入莫斯科的时候,他发现俄国人已经将莫斯科付之一炬了,这座城市几乎完全被焚毁。19世纪的一位法国浪漫主义艺术家后来在画中描绘了拿破仑俯瞰这惨状的场景。

纪三四十年代的城市重建中占据了主导地位。"新拜占庭"这个词是沙皇尼古拉一世和他的理论家们为了表明俄国文化正在远离西方而创造的。尼古拉一世支持一种将俄国和拜占庭的东方传统联系起来的斯拉夫主义者世界观。一些教堂,比如建在克里姆林宫附近、为了纪念1812年俄国人抗击拿破仑而修建的救世主大教堂,它那洋葱形的圆顶和钟楼、帐篷状屋顶和科科什尼克[1]头冠山墙都融合了希腊-拜占庭和中世纪俄国的元素。有了这样的建筑,莫斯科的重建很快便被神话为一种民族复兴,它有意拒绝了圣彼得堡的欧洲文化,回归了古老的莫斯科本土传统。

莫斯科是一个有着脚踏实地的追求的地方。随着圣彼得堡的崛起,莫斯科成了贵族享受生活的中心。普希金说它吸引了"登徒浪子和标新立异之人",他指的是那些独立的贵族,他们"刻意避开宫廷,过着一种无忧无虑的生活,将所有热情都用在了传播无伤大雅的流言蜚语和设席宴客上"。莫斯科是一座没有宫廷的首府,而既无宫廷的束缚,城里的贵族便都沉湎于声色犬马。莫斯科因它的享乐主义者、餐厅、俱乐部,以及奢华的舞会和娱乐活动而名声在外。总而言之,圣彼得堡没有的,莫斯科都有。圣彼得堡人对莫斯科那罪恶的懒散不屑一顾。"莫斯科是享乐主义的深渊,"诗人尼古拉·屠格涅夫写道,"所有人做的事情就是吃、喝、睡、聚会和打牌,而这一切都建立在农奴的痛苦之上。"然而没有人可以否认,这就是俄国人的特点。

19世纪,莫斯科发展成了一个巨大的商业中心。在六十年的时间里,昔日拿破仑所见到的那个贵

---

[1] 俄罗斯民族传统头饰,历史悠久。

△ 莫斯科救世主大教堂建于19世纪中叶。20世纪30年代，因为要建苏维埃宫，斯大林下令将救世主大教堂拆除。然而，苏维埃宫工程始终未能顺利实施。这张照片可追溯到1905年。苏联解体后，政府决定重建救世主大教堂，重建工程于2000年竣工。

▽ 1857年在《莫斯科》上刊发的这幅图片描绘了俄国一条铁路线的开通。莫斯科通铁路是在1851年，当时开通的是莫斯科前往圣彼得堡的线路，这条铁路也带动了莫斯科经济和城市的发展。

族的安乐窝转变成了一座繁华大都市，充斥着商店、办公楼、剧院和博物馆。它那不断向外扩展的工业郊区每年都会吸引成群的移民。到了1900年，莫斯科和纽约成了世界上发展速度最快的城市。在莫斯科的100万人口中，有3/4都不是本地人。

铁路对于莫斯科的发展起到了关键作用。所有的铁路干线都交会于这座城市，它成了东部、西部、以农业为主的南部，以及以工业为主的北部在地理上的中心。铁路为莫斯科的贸易开拓了新市场，也为它的产业与外省的劳动力和原材料来源搭上了线。数以千计的通勤者每天乘火车前往莫斯科，城内9个主要车站周边的廉价旅舍总是被来自乡下的临时工挤得人满为患。当时的莫斯科俨然成了资本主义俄国的大都会——今天它依然占据着这个地位。特维尔、卡卢加和梁赞等外省城市都通过火车被纳入莫斯科的铁路运行轨道范围内，但随着莫斯科的制造商用火车直接将商品发往当地的农村市场，而购物者直接到商品价格比区镇更便宜的莫斯科购物，这些城市却衰落了。莫斯科的兴起意味着它的卫星城的消亡，对乡绅也意味着灾难，他们就像契诃夫戏剧《樱桃园》中的郎涅夫斯卡雅一家人，得靠这些城镇购买他们的谷物来过好日子。

莫斯科有越来越多的中产阶级商人和一批极其富有的商人家族——许多比贵族还要富有得多，他们把家族生意扩展至庞大的商业集团。比如，里亚布申斯基家族就在他们莫斯科纺织厂的基础上增加了玻璃、造纸、印刷和银行业务，后来还进军了汽车制造业；马蒙托夫家族依托其庞大的铁路和铸铁帝国，为他们在艺术领域的投资提供经费（该家族领军人物萨瓦·马蒙托夫于1885年建了一家私人剧院，俄罗斯芭蕾舞团的许多艺术天才都是从这家剧院里走出来的）；莫罗佐夫家族是工厂主和金融家，他们和斯坦尼斯拉夫斯基家族共同投资创办了莫斯科艺术学院（契诃夫

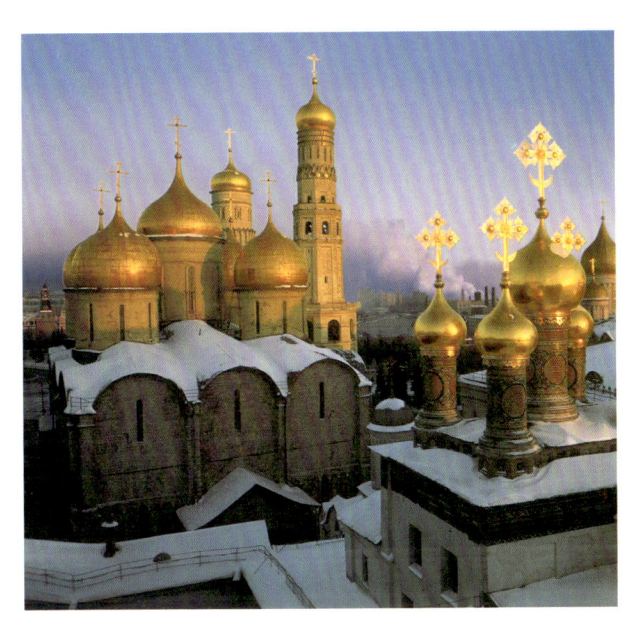

△ 克里姆林宫洋葱状圆顶的景象。克里姆林宫是中世纪莫斯科的中心，它幸运地躲过了1812年的那场大火。此图展示了圣母升天大教堂（左）、伊凡雷帝钟楼（中）和多棱宫的一部分（右）。

▽ 由俄国画家伊里亚·叶菲莫维奇·列宾创作于1901年的人物肖像，描绘了画廊中的帕维尔·特列季亚科夫。特列季亚科夫是19世纪重要的艺术品收藏家。1892年，他在自己位于莫斯科的画廊中展出了他多年的收藏，其中包括了可以追溯到拜占庭时期和中世纪的艺术杰作，比如圣像画；还包括了13世纪莫斯科画派的画作，以及18世纪和19世纪的古典主义绘画和浪漫主义绘画。1980年，特列季亚科夫画廊还收藏了苏联的艺术作品。

的大部分戏剧是在这里首演的）；特列季亚科夫家族是纺织大亨和慈善家——该家族的代表人物帕维尔·特列季亚科夫收藏了大量俄国艺术品，并于1892年将所有的藏品连同特列季亚科夫博物馆都留给了莫斯科。令人惊讶的是，这些藏品中竟然还包含了1276幅俄国架上画[1]。

俄罗斯芭蕾舞团的创始人谢尔盖·佳吉列夫在20世纪初去莫斯科的一趟旅行中说，在视觉艺术领域，莫斯科的一切都是值得一看的。莫斯科是先锋艺术的中心，而圣彼得堡则是"一座充斥着艺术八卦、学院教授和周五水彩课的城市"。由于这番话是从一个圣彼得文化的资深支持者口中说出来的，所以这是一个相当高的评价。1900年的莫斯科的的确确是个值得一去的地方，当时俄国的先锋艺术已崭露头角。莫斯科同巴黎、柏林、米兰一道成了世界艺术的主要中心，那里的先锋艺术收藏品别具一格，受到了欧洲潮流和莫斯科传统的共同影响。莫斯科有着进步的政治、轻松的氛围、喧闹的现代生活方式和最新的科技——它的文化环境中有太多的东西可以启发艺术家们去进行实验。另一位爱国者——来自圣彼得堡的诗人米哈伊尔·库兹明在这一时期去莫斯科的一次旅途中写道：

> 莫斯科人的大嗓门、奇特的用词、走路时脚跟敲打地面的方式、鞑靼人的颧骨和眼睛、上扬的胡须、令人震惊的领带、色彩明艳的马甲和夹克、毫不掩饰的耀武扬威，以及他们的坚持己见，所有这些都让我觉得：新人们已经登台亮相了。

---

[1] 指所有在画架上绘制、便于移动的绘画作品，又称画室绘画。——编者注

巴黎

拿破仑三世与奥斯曼男爵的时代

菲利普·曼塞尔

> 一切都是那么具有真正的帝王之风,那么辽阔、那么宏伟、那么包罗万象。这难免让我嫉妒,因为我的国家,尤其是我的大都市,方方面面都难以与之媲美!
>
> ——维多利亚女王,1855年8月22日

如同路易十四时代的凡尔赛宫一样,拿破仑三世统治下的巴黎以武力和艺术在欧洲占据着主导地位。法国人不曾忘记拿破仑一世的战功,这一点对拿破仑一世的侄子路易·拿破仑·波拿巴来说帮助很大,他先是在1848年当选为法兰西第二共和国总统,又在1851年12月2日发动军事政变掌握了绝对权力,接着在1852年被奉为法国皇帝(号"拿破仑三世")。不久,他就立下了自己的战功。法国军队在克里米亚战争中击败了俄国,在1859年的意大利第二次独立战争中击败了奥地利。此时的法国已成为一个世界强国,它在欧洲(通过吞并尼斯和萨伏依)、非洲和亚洲都获得了新的领土。它曾出兵远侵墨西哥和中国,还为苏伊士运河的开凿出资出力。拿破仑三世统治下的巴黎很符合他的军人出身,是一座充满了士兵、游行、奏响的军歌和随时准备开战的城市。

巴黎受人瞩目的不单单是军事征服,还有它的文化。它拥有世界上最好的咖啡馆、剧院以及博物馆——卢浮宫。伦敦、维也纳和罗马都难以望其项背。有件事如今几乎已经被人遗忘了:法语这门语言也曾帮助巴黎建立主导地位。法语是欧洲富有教养的精英阶层所使用的第二或者第一语言,从里斯本到圣彼得堡皆是如此。到了1850年,法语还成了拉丁美洲和黎凡特的通用语言。巴西、埃及和俄国游客由于已经会讲法语了,所以他们在巴黎要比在其他城市玩得更开心。

巴黎还是科学、医学和文学的中心。常常有人对激进的年轻人说:"如果你没去过巴黎,你就不算来过这个世界。"巴黎充满了刺激,而且它不排外,因此很多会讲法语的外国作家,比如德国诗人海因里希·海涅、俄国小说家伊万·屠格涅夫和意大利小说家亚历山德罗·曼佐尼都选择在巴黎生活。

拿破仑三世不仅给巴黎带来了至高无上的军事和文化地位,还使巴黎的宫廷生活变得热闹非凡,并且掀起了一场城市变

德国画家弗朗茨·克萨韦尔·温特哈尔特曾为拿破仑三世的妻子欧亨尼娅皇后画过几幅肖像。欧亨尼娅是时尚的引领者,还曾数次摄政。普法战争期间,她重新组建了新的政府。

△ 一张巴黎的航拍照片，展示了乔治·奥斯曼男爵规划的一些林荫大道，其中，那些看上去格外醒目的从星形广场中央的凯旋门向外辐射的大街也是重新设计的。

▷ 法国画家阿道夫·伊冯创作于1859年的一幅画，它描绘了拿破仑三世将一份规定了巴黎城区与郊区合并的法令递给奥斯曼男爵的场景。在重建巴黎的过程中，拿破仑三世绕开了一众大臣，直接和奥斯曼男爵合作，将巴黎改造成了一座现代化首都，而新的巴黎也体现出了最新的城市规划理念。

节。拿破仑三世需要的是一个既能巩固他的政权又可以助推巴黎奢侈品行业发展的宫廷。他那美丽的妻子——生于西班牙的欧亨尼娅皇后，要比任何君主都精于宫廷的宴客之道，可惜她总会干预朝政，还常在舞会上扮成路易十六的王后玛丽·安托瓦内特的模样。除了每年冬季狂欢节的多场宫廷舞会之外，欧亨尼娅皇后还会在春季为数百位宾客举办多场私人舞会，她的私人舞会也被称为"皇后的星期一"。每一位受邀参加舞会的女宾都必须身着新的礼服。欧亨尼

巴黎 251

娅皇后的服装设计师查尔斯·沃思是当时世界时尚圈的领军人物,他在巴黎和平街开设了一家时装店,从规模和豪华程度上来看,这家店都好似一座大使馆。

巴黎的大臣们也有宴请宾客的义务。法国宫廷这种寻欢作乐的作风甚至让法国的敌人们都艳羡不已,尽管他们有时也会抱怨说巴黎宫廷是"法国小姐的聚集地",说巴黎就是"外国人的妓院"。在拿破仑三世的执政时期,无数外国君主都曾访问过巴黎。因此,欧亨尼娅皇后的童年伙伴、经常出没于宫廷的法国作家普罗斯珀·梅里美写道,那些君主简直把杜伊勒里宫(拿破仑三世生活和办公的宫邸)当成了火车站。

拿破仑三世本人是巴黎最复杂的人物之一。尽管拿破仑三世在1815年离开法国后的流亡期间曾接受欧洲的教育——据说他讲法语时带有瑞士口音,但他也是个民族主义者。因为深信自己是可以掌握命运的人,拿破仑三世决心改造巴黎。1848年9月,他在重返巴黎时带回了一张巴黎地图,上面以不同颜色绘制了一份新的街道平面图,而他的目的是要让巴黎变得更美观、更宜居,交通更畅达。1853年,他将地图的一份复印件交给了约讷省新任行政长官奥斯曼男爵。在经济繁荣的大好形势下,拿破仑三世和奥斯曼男爵联手展开了大刀阔斧的改造,用奥斯曼男爵的话来说,他们要将巴黎重建为"我们这个时代的帝都罗马"。

巴黎一时间到处都是拆迁工人、石匠、木工以及士兵。1852—1869年,巴黎的工人们拆除了2万栋房子(包括许多历史性旅馆和教堂),又新建了4.3万栋房子。大约有70所学校、15座基督教堂和犹太教堂,以及9座兵营就是在这一时期建成的。中央市场和西岱岛周围那些脏兮兮的巷子都被崭新、笔直

德国画家阿道夫·门策尔创作于1869年的一幅画,它记录了巴黎重建时当地人的日常生活。位于画面左侧的建筑正在被拆除,而处在画面中央的则是一栋新建的更为精致的石面装饰公寓。

△ 法国画家爱德华·马奈的这幅画描绘的是1867年的巴黎世博会，它反映了拿破仑三世的野心：向世界展示法兰西第二帝国的雄威和帝国之都巴黎的风采。

▷ 1871年初，在经历了普法战争的劫难和普鲁士军队的围城之后，巴黎人民发动了武装起义，推翻了资产阶级政府，成立了巴黎公社。同年5月，政府军重新占领了巴黎，城市遭到了严重的暴力破坏。

的林荫大道（塞瓦斯托波尔大街、圣日耳曼大街、雷恩大街、歌剧院大街等）所取代，据说这些大道的设计就和炮弹加工一样精细。设计它们既有规划层面的考虑，也有政治目的。它们不仅把光亮和交通带到了城市中央，而且一旦发生暴乱，还方便部队行动。

　　拿破仑三世还沿着里沃利大街建成了连接卢浮宫和杜伊勒里宫的翼楼。今天，在卢浮宫入口处的上方，人们还能看到一尊将拿破仑三世刻画为艺术守护者的雕像。巴黎已经成为现代性的楷模，因此人们在当时创造了一些赞美的说法，比如，同样是

巴黎　253

新成为首都的布宜诺斯艾利斯和布加勒斯特，就分别被称为"拉丁美洲的巴黎"和"巴尔干地区的巴黎"。

然而，这位皇帝的外交水平相比于他的规划能力就没那么出色了。1867年的世博会是巴黎作为世界重要城市的巅峰亮相。出席这场盛会的有奥斯曼帝国的苏丹和他的儿子们、俄国沙皇、奥地利皇帝，以及普鲁士国王。普鲁士国王还要了一份巴黎的地图作为他重建柏林的参考。然而，6月19日，在世博会颁奖的这一天，会场传来了一条消息：受拿破仑三世扶持的墨西哥皇帝马克西米利安一世被处决了。

提早衰老的拿破仑三世在1870年7月被迫同普鲁士和其他德意志邦国开战。其实，这场战争的起因微不足道：就是一位普鲁士亲王宣布放弃继承西班牙王位的措辞问题。然而，法国的公众舆论和拿破仑三世为保颜面的心理却让这场战争不可避免。当时，"去莱茵河！到柏林去！"的口号响彻巴黎街头，梅里美写道，这场战争要比拿破仑三世之前所有的战争都更得民心。如果有人敢呼吁和平，他会被人当场击毙。

法兰西第二帝国靠武力崛起，也因武力而倒下。普法战争开始后不久，法国大军便节节败退；9月2日，拿破仑三世沦为战俘。9月4日，一个明媚的秋日，巴黎再一次由帝国之都变成了革命之都。民众高喊着"打倒帝国！共和国万岁！"的口号冲进了帝国议会，同时对杜伊勒里宫形成了威胁。革命者在巴黎市政厅宣布成立法兰西第三共和国。欧亨尼娅皇后从杜伊勒里宫逃到了卢浮宫的走廊前，躲进了一辆出租马车。几天之后，在她的美国牙医埃文斯的帮助下，欧亨尼娅皇后顺利逃至英国。

普法战争带来了一连串的后果：巴黎遭遇围城之困，杜伊勒里宫和巴黎市政厅被大火焚毁，德意志帝国在凡尔赛宫镜厅宣告成立——这既是对巴黎霸权的赞颂，也是对巴黎霸权的终结。欧洲用"男主人"换掉了"女管家"——这是一场用了100年才得以复原的灾难。但不管怎样，法兰西第二帝国的影响还是极为深远的，以至于许多年后，当到访巴黎的游客看不着杜伊勒里宫和宫外皇家卫兵的时候，他们会感觉巴黎都不再像个首都了。

伦敦

从维多利亚女王到"金融大爆炸"

A.N. 威尔逊

那个时期发生的大地震，最初的震动就把整个地区都震裂了，一直到达它的中心。震动的痕迹在四周清晰可见。房屋倒塌、街道断裂堵塞……到处都是无路可通的桥梁，马路已完全不能通行。

——查尔斯·狄更斯，1848年

再怎么说维多利亚时代的人厌旧都不算过分，他们尤其排斥17世纪末和18世纪的事物。他们并不像我们那样将乔治时代的伦敦和克里斯托弗·雷恩爵士重建的伦敦视作他们遗产的一部分，他们对此毫无概念。我们曾目睹伦敦遭受德国空军和诗人约翰·贝奇曼口中的"城市规划佬们"的联合袭击并几乎被摧毁。被维多利亚时代建筑行业的投机者所拆掉的雷恩重建的教堂要比被德国空军炸掉的教堂多得多。1881年，《建筑者》杂志写道："教堂已经向商业让步，私人手中的那些狭窄街道被买断，取而代之的是更为宽阔的大道，各条大道的两侧都建起了新的楼房。"

为了使道路变宽或是为了给一所银行腾地方，圣迪奥尼斯后教堂、恩典堂街的圣贝尼特教堂、皇家交易所旁的圣巴塞洛缪教堂（那是一座中世纪教堂，不是雷恩设计的那座教堂）以及波多尔夫巷的圣乔治教堂统统被拆除。1867年，当干草市场附近的圣贝尼特教堂被拆时，《伦敦新闻画报》还为再也看不见它那"丑陋的尖顶"而拍手称快。维多利亚时代的人有着类似的自信，他们还拆了许多其他教堂，比如老犹太街的圣奥拉夫教堂、伍德街的圣米迦勒教堂、巴斯西斯肖街的圣米迦勒教堂、弗雷迪街的圣马修教堂和圣马丁奥特威奇教堂——这份名单还可以继续列下去。如果我们在维多利亚时代的伦敦四处走动，我们的靴子都会沾满污泥，因为它就是一个永久的建筑工地，这番不停建设的目的是容纳激增的人口和爆炸式的繁荣。

在维多利亚时代初期和中期，拆迁的最主要原因是扩建铁路。1859—1867年，约有3.7万人因铁路建设的需要而从伦敦中部迁走。光是为了建圣潘克拉斯火车站，米德兰铁路公司就不得不将一个名为"阿加镇"的贫民窟彻底夷为平地。圣潘克拉斯火车站如今已接入欧洲铁路网，它也是体现了维多利亚时代新哥特风格的伟大纪念性建筑之一。不过，在现代主义审美盛行的时候，它也一度成为现代派人士的"眼中钉"。

伦敦的火车站是维多利亚时代的伟大成就之一，比如帕丁顿车站、维多利亚车站、查令十字车站、坎农街车站和卢德门山车站。随着铁路一起出现的维多利亚时代的产物还有酒店。如果你出身上流社会，要去伦敦参加社交季的活动，那么你大可带齐行头住进你租下的房子。对于喜欢社交的维多利亚时代的人，去伦敦的原因有很多——主要是做生意。不过，你可以去皮卡迪利广场附近新建的剧院娱乐一下。或许，你去伦敦是为了提升自我：比如，你有机会去参观南肯辛顿阿尔伯特城新建的一些博物馆。

1864年的黑衣修士铁路桥。画面左侧是临时修建的一座跨越泰晤士河的木桥，画面右侧是建设中的真正的铁路桥。画面背景处是圣保罗大教堂。

阿尔伯特城是在1851年伦敦世博会（当时也叫"万国工业博览会"）之后借助世博会所筹集的资金发展起来的地区，那里集中了维多利亚和阿尔伯特博物馆、科学博物馆以及自然历史博物馆，它们的建造都出自维多利亚女王博学又年轻的丈夫阿尔伯特亲王的灵感。其中，维多利亚和阿尔伯特博物馆的名字就是为了纪念这两个人而起的。如果你出于上述原因，又或者是为了偷情去了伦敦，那么酒店就是你的落脚地了。1888年，作家查尔斯·艾尔·帕斯科写道："伦敦是全世界闲人的休息厅。美国人、法国人、德国人、印度人、殖民地的居民以及世界其他地方追求安逸的富人都在社交季往伦敦挤。"

维多利亚时代每个英国大城市都存在着明显的贫富差距，但伦敦总是走极端。伦敦西区有着空间广阔、绿化良好的公园，崭新的商场，豪华的剧院和酒店，任何离开西区前往东区的游客都会为这两个地区的贫富差距而感到震惊。英国讽刺杂志《庞奇》的创始人之一亨利·梅休曾写过一系列关于伦敦贫民的文章，他后来将这些文章编辑成了一套名为《伦敦劳工与伦敦穷人》的书。《济贫院的圣诞节》的作者暨记者、剧作家乔治·R.西姆斯为维多利亚时代晚期的穷人做了梅休为狄更斯前辈所做的一切。他不仅在他的幽默独白中为他们发声，还在像《星期日电讯报》这样的报纸上撰文——《生活的剧场》《穷人如何生活》以及《可怕的伦敦》。

伦敦可怕，散发着恶臭，危害着人体健康。当维多利亚女王登基的时候，泰晤士河简直就是一个露天下水道，194.5万人（1841年统计的伦敦人口数字）的粪便都倒往河里。英国政治家、小说家本杰明·迪斯雷利将泰晤士河形容为"一个地狱般的水池，其中弥漫着难以言喻而又无法忍受的恐惧"。经水传播的疾病在伦敦很容易蔓延，霍乱疫情在1849年造成了1.8万名伦敦人死亡，在1865年导致了2万名伦敦人丧生，而在1866年则夺走了6000名伦敦人的生命。结束这种恶劣状况的英雄包括那个无意中让泰晤士河变得更脏的人：埃德温·查德威克[1]，他当初为了清理街道，号召将所有的污水都冲进泰晤士河里。查德威克最初并不知道，约翰·斯诺博士证明了霍乱是一种通过水传播的疾病。

维多利亚时代的人凭着他们全部的机智最终还是想出了应对之策。查德威克在都市下水道委员会的继任者们招募了一批优秀的工程师，这些人中表现最为突出的是约瑟夫·巴泽尔杰特，他设计了一个庞大的砖造下水道网络和一个有效的抽水系统。两次世界大战期间，伦敦均遭遇轰炸，幸运的是，伦敦的下水道和泵站都没有受损。但是，伦敦的穷人还是十分贫困，这种状况一直持续到"二战"结束；而遭遇了"闪电战"的伦敦，直到重建前，本质上仍然是维多利亚时代的那座城市。

△ 这幅图出自英国社会学家亨利·梅休的著作《伦敦劳工与伦敦穷人》（1864年版），它描绘了有效的地下排水系统的发展创造出了一种任何机器都胜任不了的新工种——冲刷下水道。

▽ 克罗斯内斯泵站横梁发动机室中央的八角空间。这个泵站是英国工程师约瑟夫·巴泽尔杰特所改善的伦敦地下排水系统的一部分，它于1865年开始正式投入使用。作为维多利亚时代华丽工程的典范，克罗斯内斯泵站在近些年已得到了谨慎修复。

20世纪下半叶，伦敦出现了两个重大变化。第一个变化是伦敦建起了属于野兽派现代主义建筑的办公楼和住宅楼。城市的天际线被破坏。"二战"之前，圣保罗大教堂一直都高耸于城市上空，它的穹顶好似可以予人慰藉的母亲怀抱，但此时，在毫无特色的新楼面前，圣保罗大教堂却显得矮小了。

第二个变化是种族融合。自罗马皇帝克劳狄于公元43年在泰晤士河畔安营扎寨起，伦敦就已经是移民的首选之站了。不过，相较于伦敦本地人，定居伦敦的胡格诺派教徒、犹太人以及其他民族的人实在太少。而到了1981年，有94.5万加勒比非洲裔和亚裔伦敦人，这一数字占到了内伦敦人口的五分之一。在伦敦出现大规模外来移民的这段时

---

1 英国著名的社会改革家，他领导的卫生改革开创了英国公共卫生运动的先河。

伦敦 257

从现代伦敦的建筑中实在难觅古老伦敦的踪影。圣保罗大教堂如今已被现代高楼团团包围，好在16千米外的里士满公园里还有不受干扰的地方，从那儿可以清楚地看到圣保罗大教堂。

期，伦敦恰恰也不再是英国的制造业大城了，不过这一点纯属巧合。

在这一转型期，伦敦经历了它两千年左右历史中前所未有的重大变化，与此同时，另一场革命也上演了。长久以来，被称为"那一平方英里"[1]的伦敦金融城一直都是英国的金融中心。但除它之外，英国还有不少金融发达的地方，比如曼彻斯特、伯明翰以及格拉斯哥。时任英国首相玛格丽特·撒切尔信奉货币主义理论，在她推行的改革下，伦敦以外地区的制造业走向衰落，而伦敦反而变得更加富裕。1986年10月27日，伦敦证券交易所取消了管制。大爆炸式的金融改革让伦敦证券市场成了名副其实的国际性证券市场。在接下来的二十年里，伦敦也不再是专属于英国的城市，它已跻身全球最大的金融中心之列。

英国其他城市的发展道路举步维艰，很多地方都出现了灾难性的衰退。而伦敦却已获新生，它在某种意义上成了一座城邦，可以引领英国的发展并为之提供资金，但同时它又一点儿也不像英国。

和维多利亚时代的伦敦一样，21世纪的伦敦对待过去的建筑毫不留情，它在商业上取得了成功，但人口爆棚。穷人的生活依旧凄惨，比如一些住在伦敦东部塔村区的人，他们是英国最贫困的群体之一。年纪轻轻的瘾君子睡在冰冷的门廊里，还有人挤靠在达格纳姆和图廷沾了尿的混凝土砖上。尽管现状严酷，但伦敦仍然保持着活力。在经历了17世纪的瘟疫、1666年的大火、维多利亚时代修建铁路所造成的破坏以及德军的空袭之后，伦敦一次又一次地恢复元气。在金融大爆炸和移民潮时期，它再次展现了这种无限重生和自我改造的能力。

在1666年伦敦大火之后建立的纪念碑上，有一段铭文诋毁了天主教教徒，指控他们纵火焚毁了伦敦。当然，这一控诉是站不住脚的。21世纪的伦敦穆斯林遭到了类似的诽谤，而他们中的一些人也曾造谣生事过。这种对于穆斯林的恐惧让人想起了过去的"天主教阴谋案"。但不管怎样，现代伦敦依然是世界上最成功地凝聚了富有才华的建设者的范例之一，无视这一点的人一定是个悲观主义者。

---

1 伦敦金融城有此称呼是因为它的面积为1.12平方英里（约2.9平方千米）。

258 现代城市时期

布达佩斯

连接多瑙河两岸的桥梁

米沙·格伦尼

> 如果你来自巴黎，到了布达佩斯你会觉得你身处莫斯科。而如果你来自莫斯科，到了布达佩斯你又会觉得你人在巴黎。
>
> ——捷尔吉·利盖蒂，1987年

布达佩斯是一座典型的19世纪的城市，当然，这其中的一个重要原因是它直到1873年才正式形成。让多瑙河西岸的城市布达、老布达与东岸的城市佩斯最终合并为布达佩斯，是件颇费周折的事，而若不是有一位聪慧过人的苏格兰工程师相助，这一合并的过程将变得更为艰难。那位工程师建造了匈牙利史上横跨多瑙河的第一座大桥——链桥。时至今日，链桥仍然象征着19世纪匈牙利的民族主义和匈牙利维护自己在奥匈帝国内独立地位的决心。

自16世纪初，布达和佩斯在奥斯曼帝国的统治之下就已经颓败不堪了。当帝国各处的奥斯曼人定居到这两座城市的时候，两地讲匈牙利语的人也变少了。1686年，哈布斯堡王朝的军队击退了奥斯曼军队，占领了布达和佩斯，但他们在攻城的过程中也几乎摧毁了这两座城市。

当匈牙利处于奥地利统治下之时，它的首都位于普雷斯堡（如今斯洛伐克的首都布拉迪斯拉发），那是一个从布达佩斯驱车得花数小时才能到达的地方。匈牙利的民族运动起于19世纪上半叶，有两个因素对这场运动起到了重要的推动作用。首先是它的语言：欧洲大陆上不属于印欧语系的语言为数不多，而匈牙利语恰是其中主要的一种。对匈牙利人身边那些操着斯拉夫语、罗曼语和日耳曼语的人而言，匈牙利语是难以理解的，这一点极大地增强了匈牙利人的独立民族意识。其次是匈牙利人渴望在布达的中世纪王宫附近建立他们的首都，那里主要是一片住宅区。布达城绵延在山丘之上，被俯瞰着多瑙河的布达城堡控制。但是和匈牙利人一样，布达城堡也有着坎坷的经历。1686年，布达城堡在奥斯曼军队被驱逐出境的围城战中被夷为平地，而在1848年匈牙利革命时期，匈牙利的自由派和贵族试图迫使奥地利皇帝弗朗茨·约瑟夫一世做出政治让步，又令这座城遭受重创。

多瑙河对岸的佩斯与布达形成了完美的互补。佩斯是个繁荣的商业区，那里有很多小街小巷和热闹的社交活动。作为这一地区的商业引擎，佩斯和布达共同代表了匈牙利经济和政治生活的灵魂。匈牙利民族运动所面临的挑战很明确：如何才能将布达和佩斯合二为一，打造一个匈牙利特有的、能和奥地利帝国首都维也纳分庭抗礼的大都会？

从布达横渡多瑙河到达佩斯是一件危险的事。冬季，多瑙河的河水经常结冰，那会儿通过多瑙河是很容易的。而在夏天，人们靠搭建浮桥过河，这一方法有不少弊端。由于浮桥阻碍了河上的交通，人们不得不在每天不同的时间里将浮桥拆卸，再重新组装。而当河水结冰或冰冻融化的时候，浮冰让

19世纪40年代，布达佩斯民兵在链桥上列队接受检阅。作者是从佩斯新城望向城堡山上的宫殿时捕捉到了这个画面。位于佩斯新城和城堡山之间那座跨越了多瑙河的大桥就是链桥。链桥是由英格兰工程师威廉·蒂尔尼·克拉克和苏格兰工程师亚当·克拉克在1839—1849年建造的。它全长380米，两端矗立着雕有狮头的凯旋门。在1849年的战争中，匈牙利赢得了国家的独立，当时奥地利军队的将领试图炸毁链桥，他在锚固大桥铁链的地方装上了炸药，但亚当·克拉克往那里灌满了水，挫败了这一计划。1945年，链桥被德军炸毁，而如今它已按原貌被重建。

小船能否渡河充满了未知数。

经过多年的游说，受自由主义、民族主义思想影响的匈牙利贵族、政治家伊什特万·塞切尼终于在19世纪30年代获准建造一座连接布达和佩斯的桥梁。除了在筹集资金方面困难重重外，塞切尼还遇到了一个极其棘手的问题——匈牙利没有自己的工程师。

这便有了两个名字都叫"克拉克"的人在匈牙利的故事。英格兰建筑师威廉·蒂尔尼·克拉克是伦敦泰晤士河上最早的那座哈默史密斯桥的设计者，他设计了连接布达和佩斯的吊桥（链桥）。苏格兰人亚当·克拉克也是链桥的工程师，布达佩斯的亚当·克拉克广场就得名于他，那也是布达佩斯唯一一座以苏格兰人名字命名的广场。亚当·克拉克当时带了一队苏格兰工人，这些工人在布达佩斯建了一所教堂，还在当地犹太社区的资助下建了一所女子学校。教堂和学校一直都办得有声有色，后来被关闭了。

链桥的建造过程充满了麻烦。1848年，就在链桥即将竣工之际，匈牙利爆发了革命。当时，匈牙利政治家拉约什·科苏特领导的自由派力争让匈牙利摆脱哈布斯堡王朝的统治。然而在1849年，奥地利军队就卷土重来，重新控制了匈牙利全境，这一时期奥地利的元帅是以手段残暴而著称的冯·海瑙。在战争中，链桥差一点就被炸毁了，但幸运的是，它最终安然无损。

于是，就在匈牙利的民族运动看似完全失败的时候，布达和佩斯这两座城市连在了一起。事实上，虽然奥地利在1849年取得了胜利，但这场胜利却埋下了哈布斯堡王朝最终覆灭的种子。1867年，奥匈帝国成立，弗朗茨·约瑟夫一世被迫认可匈牙利在帝国中的地位大大提升的这一事实。1873年，布达、老布达和佩斯合并为佩斯-布达，它后来更名为布达佩斯。1880年，匈牙利国会批准修建一座新的国会大厦，这座雄伟的大厦在设计上部分参考了英国议会大厦，与布达城堡隔岸相望。

从此以后，布达佩斯掀起了不可阻挡的建设浪潮。宽阔的林荫大道让布达佩斯焕然一新，条条大道纵横交错，穿过佩斯通往壮观的东部火车站。当哈布斯堡王朝于第一次世界大战（之后简称"一战"）结束之际轰然崩塌的时候，布达佩斯已成为欧洲最优雅、最令人兴奋的首都之一。

蒙特利尔

塑造出加拿大的反抗精神

罗里·麦克林

自由魁北克万岁！

——夏尔·戴高乐，蒙特利尔 1967 年

加拿大最早让人梦寐以求的是它的鱼和毛皮。纽芬兰大浅滩的鳕鱼吸引来了英国、法国和西班牙的渔船。后来，当用河狸皮制成的宽边毡帽风靡欧洲的时候，欧洲的探险家们开始深入北美大陆的腹地。在随后的100多年里，蒙特利尔都是利润丰厚的毛皮贸易中心。受利益的驱动，欧洲人又进一步探索了北美的大部分地区。

1534年，来自法国布列塔尼地区的海员雅克·卡蒂埃进入圣劳伦斯湾，他以法国国王弗朗索瓦一世的名义宣布了对"新法兰西"的所有权。在卡蒂埃之后，法国探险家萨米埃尔·德·尚普兰沿着圣劳伦斯河上游推进了1000千米，他为毛皮贸易的垄断商在魁北克和"皇家港"设立了驻点。所谓的皇家港是个弧形岛屿，它位于圣劳伦斯河与渥太华河的交汇处。1642年，当第一批传教士到了这座岛上，试图"让野蛮人转变为基督徒"的时候，"蒙特利尔"一词就成了这个偏远的无名地区的代称。

1650年，蒙特利尔最早的一批来自法国的移民只有196人。这群勇敢的人表现出了惊人的活力和信念：他们忍受住了与世隔绝的环境，熬过了严寒，而且还狂热地爱上了这片土地。这些人里不乏毛皮贸易公司雇用的运货船员，他们划船到达了很远的地方，比如密西西比河，他们很可能还到达了温尼伯湖。而在这之后很久，弗吉尼亚州的英国殖民者才会翻越阿勒格尼山脉，继续在北美开疆拓土。那些船员的发现为毛皮贸易打下了基础，也给了英、法两国另一个开战的理由。

蒙特利尔在1701年后繁荣了起来。当时，殖民者公司、西方公司和西北公司等多家贸易公司都派船员进一步探索了被称为"上游地带"的五大湖区。这其中的西北公司是在法国因"七年战争"（1756—1763年）丧失了它在北美的大部分领土后涉足"上游地带"的。每年春季河水破冰之时，由各家贸易公司派出的、用桦树皮制造的大型独木舟就会从蒙特利尔出发，竞相驶向苏必利尔湖的西端。在那里他们将与从内陆来的、满载着河狸皮的船队碰头交易。数百万张毛皮会从蒙特利尔优良的天然港口运往欧洲。而当西北公司最终和它最大的竞争对手哈德逊湾公司合并的时候，他们打造了一个毛皮贸易帝国。这个帝国的总部位于魁北克的拉欣区附近，它所覆盖的地域广阔，从加拿大东部的拉布拉多一直延伸到遥远北方的努特卡湾。

魁北克省的人让自己与后来出现的英国殖民者保持距离。1775年，当美国革命军短期占领蒙特利尔的时候，他们很想利用当地人的反抗精神。本杰明·富兰克林亲自来到蒙特利尔，试图说服当地民众投身革命事业（他未能如愿，在英军反攻之前就撤走了）。但是富兰克林的失败并不意味着蒙特利尔

△ 蒙特利尔港、圣劳伦斯河与拉欣运河的入口。拉欣运河于1825年通航，它绕过了凶险的拉欣急流。早期的欧洲探险家梦想找到一条新航线，通过它可以穿越美洲大陆，经著名的西北航道到达东方，于是他们便以"拉欣"来命名那条急流。

▽ 从蒙特利尔老港区所看到的城市景观。蒙特利尔在北美水路的枢纽位置使它300多年来一直是加拿大重要的贸易中心。

的人安于现状。法国人和英国殖民者之间持久的差异让蒙特利尔成了一个骚动不安和暴力频发的中心，铸造了这个拥有"两种孤独"的国家。

当河狸皮毡帽在欧洲失宠的时候，英国的企业家（他们中大部分人是苏格兰人）开始在加拿大寻找新的自然资源。轮船对蒙特利尔航道的依赖，以及连接五大湖和大西洋的拉欣运河的通航，都让蒙特利尔在与魁北克城的比较中占据绝对优势。随着经济发展的突飞猛进，到了19世纪90年代，加拿大超过一半的财富都掌握在了讲英语的100位蒙特利尔人手里。这些人创建了大量的银行、大学、医院和教堂，教堂多得让马克·吐温说在他们的城市一有小男孩扔石子儿，就会有教堂碎了玻璃。蒙特利尔俨然成了英属北美最大的城市，以及加拿大毋庸置疑的经济和文化中心。在那些年里，法国人连董事会和精英阶层俱乐部的门都进不了。

魁北克人的不满情绪延续到了20世纪。在魁北克，讲法语的人占据了多数，他们担心丢失了自己的语言和文化。鉴于这种忧虑，魁北克掀起了广泛的社会和政治变革，地区的权力平衡也由此发生了转变。在蒙特利尔，许多象征了英国特权、属于英裔加拿大人的宅邸都被长期担任蒙特利尔市长的让·德拉波给拆毁了。1970年10月，魁北克解放阵线[1]绑架了一名魁北克省官员和一名英国外交官引发了"十月危机"，而魁北克分离主义政党魁北克人党的当选则加深了讲法语的人和讲英语的人的分歧。仅仅几年的时间，多伦多就一跃成为加拿大最大的国际大都市，当时大批蒙特利尔人因为担心政局不稳而迁居多伦多，这也是多伦多得以发展起来的原因之一。

然而，蒙特利尔依然是唯一一个英语和法语始终共存的加拿大城市。英、法两国不同文化的碰撞也决定了蒙特利尔活跃而独立的精神。看似有点矛盾的是，这种反抗精神也让加拿大保住了它的独特个性。最能说明这一点的是那个艰辛、孤独、历史性的毛皮贸易年代。倘若没有欧洲兴起的那阵戴河狸皮毡帽的风尚，没有那些受雇于贸易公司的热情、有冒险精神的船员，几乎可以肯定，加拿大会被美国吞并。

---

1 主张魁北克成为一个独立国家的组织。——编者注

华盛顿

一目了然的民主观念

西蒙·沙马

它有时候被称为"宏大辽阔之城",但称它为"壮志宏图之城"可能更为合适。

——查尔斯·狄更斯,1842年

还有哪座城市的大街比华盛顿的大街宽阔得更超乎寻常呢?那些大街漫无边际地伸展在华盛顿的城市中心,它们根本就不算是真正的林荫大道。主持华盛顿规划设计的工程师皮埃尔·查尔斯·朗方在他的第一份方案中将街道的宽度设定为不少于160英尺(约48.8米)。这就是你雇一位法国古典主义设计师会得到的结果:他不会注意到那地方在夏天会被烤焦的。对他来说,更窄、林荫更密的街道或许是个更好的选择,而且或许能让街头生活变得更舒适一点。

华盛顿还是有一些真正热闹的街区的。比如亚当斯·摩根街区或者U街,后者位于艾灵顿公爵剧院附近,那里是华盛顿黑人活跃的地带。人们常常会以为华盛顿这么个政治功能突出、精英阶层会聚的城市是个草木萧疏的空旷之地,但是它那些绿树成荫的场所,也就是那些在19世纪初建造的公园和花园,则打破了这种观念。大部分经常流连于华盛顿的年轻人并不是冲着它的浪漫去的,他们只是想生活在单凭建筑就能体现民主政府理念的城市里。民主理念是华盛顿的核心精神,也是美国的脉搏。这种认知也解释了为什么在美国有些地区的人会觉得与其说"华盛顿"是一座实际意义上的城市,倒不如说它象征了高高在上的行政体系和自命不凡的态度。

华盛顿所暴露的问题和它那许多实实在在的闪光点都是源自美利坚合众国的原始分裂"人格"。在托马斯·杰斐逊看来,无数的农场才是美国真正的基础,自耕农们在农场里建立了真正的社会和政体。乔治·华盛顿的态度略显含糊。他讨厌"假大空",可他同时也非常看重国家和城市形象,他认为美国理应在充斥着虚荣的君主国世界里昂首挺胸,而美国的首都则理应能够让人瞧得出美国民主宪法的优越性。作为城市的华盛顿基本上满足了乔治·华盛顿的个人憧憬。

常被许多人抱怨的这个特点——这个城市的人为化与任何类似自持自营的商业经济的脱节——正是乔治·华盛顿想要一个像它这样的首都的原因。他和杰斐逊都认为,类似伦敦和巴黎那样人口过多的大都会是无聊的时尚、堕落和腐败的滋生地。但一个以人民为主的国家需要一个为民主制度量身定制的城市。比如

吉尔伯特·斯图尔特所作的《兰斯多恩肖像》细节图中的乔治·华盛顿。这幅全身像创作于1796年,那一年是华盛顿总统第2任期的最后一年,他当时64岁,盼望着回到他的老家弗农山过隐居的生活。

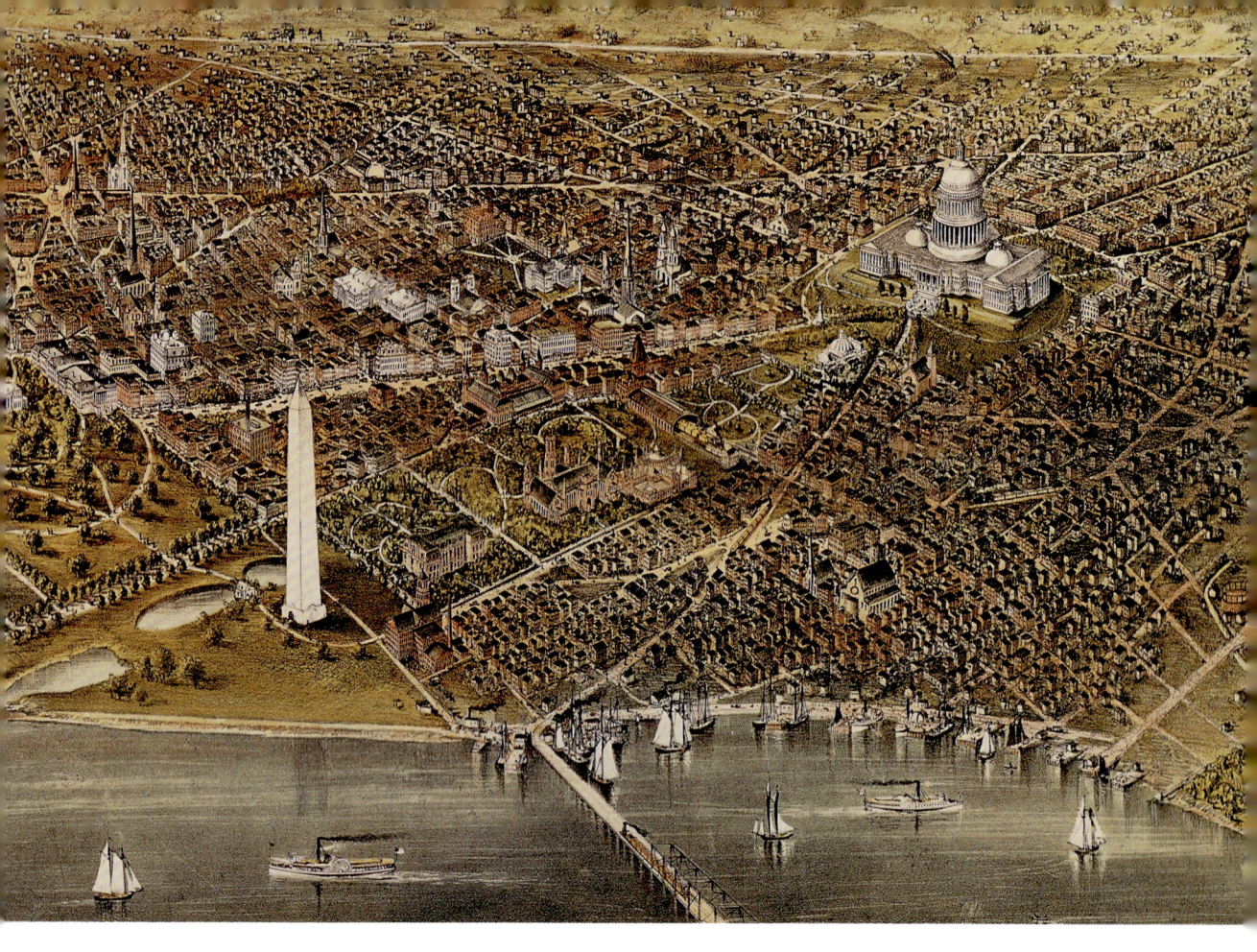

这幅画描绘了由波托马克河向北俯瞰华盛顿所看到的景象。它由柯里尔与艾夫斯公司于1892年左右出版，作者是美国画家C.R.帕森斯。画面右边的是国会大厦，它是国家立法机关的中心，所有的道路似乎都通向这里；画面左边的是白宫。前景处波托马克河旁边的是华盛顿纪念碑，按照美国政府的规定，凡是在华盛顿建造的建筑都不得高于华盛顿纪念碑，因此华盛顿纪念碑至今仍是城中最高的建筑物。

说，独立的立法机构和行政机构之间的关系应该从它们的建筑规划上就能让人看出门道，于是美国的国会大厦和白宫就分别位于宾夕法尼亚大道的两头，隔了差不多两千米。不过，二者始终处在彼此的视线里。

美国人建立一个联邦城市的想法起初既是出于信仰，也是出于必要。美国独立战争期间随时随地都会出现险情，处于流动状态的美国国会因此转移了不下八次。要想维持政府的健全和高效，将政府设在一个便于防御的位置显得至关重要。1783年，几乎在美国独立战争刚刚宣告结束的时候，美国国会就做出了建立首都的决定，然而关于首都选址的事宜随后却引发了漫长的争论。此事最终还是由乔治·华盛顿亲自定夺，他坚决要选一座位于波托马克河河畔的城市作为美国的首都。

1790年，乔治·华盛顿委派法国军事工程师皮埃尔·查尔斯·朗方对首都进行了详细规划。不出所料的是，朗方的构想充满了法国古典主义的城市风格：宽阔的大道从城市中心气势恢宏的广场呈放射状向外伸展，大道两旁矗立着宏伟的政府大厦。城外的波托马克河和波托马克河大瀑布为华盛顿提供了一系列航道，因此华盛顿不光与古典主义风格的巴黎相似，还有那么一点威尼斯和罗马的味道。

264　现代城市时期

由英国画家威廉·罗素·伯奇描绘的美国国会大厦北翼一景,那里在被英军烧毁之前一直是美国参议院的所在地。国会大厦最初由英裔美国建筑师威廉·桑顿设计。1793年,华盛顿总统亲自为国会大厦奠基。1814年,占领了华盛顿的英军一把火烧了国会大厦以及城内的其他公共建筑,幸运的是,一场突如其来的大雨让国会大厦不至于彻底沦为废墟。

朗方后来与国会产生了分歧,华盛顿的设计规划也改由美国测绘师安德鲁·埃利科特负责。虽然埃利科特对朗方的方案做出了许多调整,而且他的设计风格相对低调,但是大部分朗方的核心构想还是被保存了下来,比如行政机构和立法机构象征性的分离和连接——后者要建得威严,前者要显得高贵——以及那些宽阔的街道。另外,深受启蒙思想影响的托马斯·杰斐逊确保了朗方和埃利科特拿到了所有欧洲大城市的设计图作为参考。

到了1800年,当杰斐逊已搬进总统府(白宫的旧称)的时候,华盛顿的居民只有3000人,

林肯纪念堂有如一座古希腊神庙,其中放置着以大理石雕刻而成的不朽的亚伯拉罕·林肯坐像。这尊雕像高5.8米,设计者是丹尼尔·切斯特·法伦奇。

华盛顿 265

其中有1/3是奴隶和自由的黑人。当时，总统府已经建有柱廊和朴素的公园，它的东厅被规划为一个接待大厅，但大部分尚未建成。来自波士顿的建筑师查尔斯·布尔芬奇此时正在建造国会大厦，他给国会大厦设计了两侧有两个亭子的圆顶。按照当时美国的标准，布尔芬奇的这组设计算是个大手笔，但随着美国的壮大，它就显得不够气派了。用一个爱开玩笑的人的话来说，就像"两个茶叶箱中间倒着摆了个糖罐"。

英军在1814年夏天火烧华盛顿，其后过了一段时间华盛顿才开始重建。在重建过程中，崇尚科学的约翰·昆西·亚当斯（后来出任美国第六任总统）出力良多。然而，华盛顿在数十年里一直被讥讽为"没有高楼的街道"，它邻近的繁忙港口乔治敦则被取笑为"没有街道的高楼"。华盛顿城市的气候要比乔治·华盛顿预想的糟糕得多：在散发着恶臭的夏季，蚊子如饥似渴地叮咬着城里的人；朗方想象中的涓涓细流和清澈水域根本不存在，恰恰相反，华盛顿的供水污秽不堪而且容易传播霍乱。在国家广场上，你可以看到猪在到处晃悠。在离宏伟景观比较远的地方，有不少看起来摇摇晃晃的小旅馆和杂乱的房屋。如此场景也反映了华盛顿的一个特性：这里庄严和肮脏并存，既是自由的象征，但现实中也存在奴隶制。

2009年1月20日，就职日的那一天，宽阔的华盛顿大街以及国家广场等有足够规模的地方，聚集了大量前来见证贝拉克·奥巴马宣誓就任美国第44任总统的民众。

266　现代城市时期

到了19世纪50年代初，华盛顿迎来了美国最伟大的却至今不怎么出名的英雄之一。此人便是陆军工程师蒙哥马利·梅格斯。他在后来的美国内战中担任了北部联邦军队的军需总长，和林肯、格兰特、谢尔曼一样为北军赢得这场战争的胜利发挥了决定性作用。但梅格斯首先是一位建筑者。他设计的气势恢宏的砖砌罗马庙宇式结构的养老金大楼（如今为国家建筑博物馆）是美国最杰出的建筑成就之一。华盛顿引水渠也是由梅格斯负责修建的，这座引水渠终于向华盛顿输送了源自波托马克河大瀑布的洁净淡水（也是灭火所必需的）。除此之外，梅格斯还主持重建了国会大厦。他从布鲁内莱斯基、米开朗琪罗和雷恩爵士的作品中汲取了灵感，以新的圆顶取代了布尔芬奇的"糖罐圆顶"。而且为了防止英军再度火烧大厦，新圆顶是以铸铁建成的。

现代的华盛顿是在世纪之交成型的。在这一时期，一幢幢旧的联邦政府大楼都被翻新为表面砌石的建筑，财政部大楼、国务院大楼以及其他政府部门的办公楼无不如此。偶尔有一些精巧独特的例外，比如哥特式的史密森"城堡"，它是英国科学家詹姆斯·史密森捐赠遗产的成果（美国国会于1846年接受了这笔捐赠），旨在作为"增长人类知识的机构"。极富创新精神的美国建筑师詹姆斯·伦威克设计了科科伦美术馆，这座美术馆和弗利尔美术馆一样都收藏了大量精美的艺术品（面积巨大的美国国家美术馆直到20世纪30年代才最终建立，其中的收藏品很多都是源于美国财政部长安德鲁·梅隆和费城实业家怀德纳及其家族的捐赠）。位于国家广场中轴线上的那些纪念乔治·华盛顿、林肯和杰斐逊的建筑要在多年以后才会出现，比如华盛顿纪念碑和林肯纪念堂（内有由丹尼尔·切斯特·法伦奇设计的林肯坐像）都是在19世纪下半叶才落成的。20世纪，美国华裔建筑师林璎设计了蕴藏了丰富情感的越战纪念碑，它是一块嵌入地下的花岗岩碑墙，起起落落的墙体上刻着越战阵亡将士的名字，也承载着永恒的哀思。自向公众开放以来，越战纪念碑就已真切地成了一条人们与逝者联系的纽带。

拥有国会大厦和白宫的华盛顿就如同国家的"控制室"。但对华盛顿的普通居民而言，每当城里樱花盛开以及亚当斯·摩根街区到处都是孩童的时候，他们眼中的华盛顿可能不仅是一个特区、一个可见的意识形态，而且是一个温馨的美国社区。

巴塞罗那

加泰罗尼亚的凤凰

菲利普·费尔南德兹-阿迈斯托

巴塞罗那比世界上其他任何一座城市都经历了更多的街垒巷战。

——卡尔·马克思与弗里德里希·恩格斯，1864 年

"如果我是你，"一个英国乡下人对一个开车路过、停下来问路的人说道，"我是不会从这里出发的。"陆地被山脉围合，又受限于不能使用的河水而临向大海，让巴塞罗那看起来不是一个创建伟大城市的好地方。中世纪的时候，巴塞罗那不具备天然的港口——过大的船只无法被拖上岸，只能先停靠在锚地，通过小船与港口往来，却还是成了一个海洋帝国的中心。到了现代，在自然资源短缺以及未直接进入主要市场的情况下，工业化让巴塞罗那走上了致富之路。

巴塞罗那同样也没有为它的历史所束缚。它摆脱了自身的政治、经济困境，一次又一次地从灾难中复苏。19 世纪，巴塞罗那的工业实现了飞速发展，而当时的西班牙偏偏政局动荡、内乱频发。换作任何一座城市，在如此时局之下，要想进行长期的投资都无异于痴人说梦。巴塞罗那在这一时期反复卷入战争，并多次沦陷，而它那繁荣的制造业也恰恰是在这时候打下基础的。自 19 世纪 20 年代开始，西班牙的专制派与宪政派便冲突不断。与此同时，由于西班牙美洲殖民地爆发了独立运动，西班牙丧失了它在美洲的市场。这一切都威胁着西班牙的经济。1834 年，一系列霍乱的暴发使自由派和立宪派中都有人丧命。1842 年，为镇压暴动，西班牙将军埃斯帕特罗下令炮轰巴塞罗那。

不管怎样，属于加泰罗尼亚的文艺复兴还是走向了繁荣，巴塞罗那的大工厂也遍地开花，这些工厂用西班牙诗人何塞·索里利亚的话来说，"像火山一样喷着火气冒着烟"。1854 年，卢德主义者[1]和资产阶级激进分子在巴塞罗那制造了一场血腥的暴乱，巴塞罗那的扩展区在此后规划完成，这一区域挨着古城区，有着布局合理的网格状现代化街道。19 世纪末，巴塞罗那成了一座"炸弹之城"，因工人暴动屡遭破坏，被无政府主义煽动者频频骚扰，而资产阶级却过着如纳尔奇斯·奥列尔的小说《淘金热》中描写的镀金生活，书里那个脆弱的世界充斥着无数拥有雄厚资金，却只有少量冒失的客户的公司。1898 年的美西战争以及严重消耗了西班牙国力的西班牙摩洛哥战争加剧了国内的紧张局势，而在此时期，诸如安东尼·高迪和普伊赫·卡达法尔克这样的建筑大师则以"富有创意而品位糟糕"的现代主义建筑奇迹装点着巴塞罗那的市貌。巴塞罗那的画家拉蒙·卡萨斯和圣地亚哥·鲁西尼奥尔不仅描绘了资产阶级在室内的日常生活场景，还记录了街头暴力的野蛮场面。1909 年，社会上压抑许久的仇恨终于酿成了"悲惨一周"的苦果。当时，巴塞罗那的无政府主义暴动者焚烧了 80 座建筑，其中大部分是教会学校和教堂。加泰罗尼亚最重要的诗人霍安·马拉加利曾在其诗作《新巴塞罗那颂歌》中

---

1 指 19 世纪英国民间对抗工业革命、反对纺织工业化的社会运动者。后来引申为反机械化以及反自动化的人。——编者注

图为拉蒙·卡萨斯创作于1896年的油画《舞会》。卡萨斯是加泰罗尼亚成功的现代派画家,他常常描绘巴塞罗那的社会生活,为许多巴塞罗那名流画过肖像,但也记录了他经历过的一些阴暗的事件。他还办过杂志,投资过一家名为"四只猫"的餐厅。四只猫餐厅靠近巴塞罗那市中心,那里举办过一些艺术家的展览,还展出过巴勃罗·毕加索的一件作品。

描述过那场暴乱,在他看来,巴塞罗那"纵有百般瑕疵,仍是属于我们的城市",他还颂扬了巴塞罗那所蕴含的"加泰罗尼亚精神"。暴乱之中,由高迪设计的圣家族大教堂大体无碍,它的尖顶依旧高高耸立。即便西班牙将军普里莫·德里维拉的独裁统治下的加泰罗尼亚政府机构在1924年尽数关停,也丝毫没有中断巴塞罗那艺术的辉煌时代或这座城市的蓬勃发展期。当巴塞罗那在1929年主办世博会时,当地人口已经超过了100万。看起来,巴塞罗那这只"加泰罗尼亚的凤凰"已经势不可当了。

巴塞罗那这只凤凰的"羽毛"有点与众不同。它的教堂、城堡、艺术家的工作室乃至宫殿都成了工厂建造者们的讥讽对象。特别是宫殿,按1855年一份报纸的说法,巴塞罗那的宫殿"既无君王居住,也没有狂欢宴饮,反倒成了数以百计家庭的生活依靠"——工厂建造者们拆除宫殿后建起了工厂,于是原先产生各种消耗的地方有史以来头一次变成了生产产品的地方。当巴塞罗那的君主统治着西地中海的大部分区域且飞地[1]远至希腊的时候,寻找"民族"风格的建筑师在城市中建起了摩尔式建

---

1 指隶属于某一行政区管辖但不与本区毗连的土地。——编者注

△ 1909年7月25日—8月2日被称为"悲惨一周"。在此期间，巴塞罗那的无政府主义者发动了反殖民主义和反教权的暴动，他们焚烧了许多修女院和教堂。军队被派去镇压，随之而来的严重后果包括一些造反者被处死或判终身监禁。

▽ 1939年1月，西班牙内战接近尾声之际，巴塞罗那落入了民族主义武装的手中，此前它经历了空袭和激烈的派系斗争。这张照片拍摄的是将军胡安·亚格和卡洛斯·阿森西奥·卡瓦尼利亚斯带领他们的军队进城的画面。

筑和哥特式建筑。建筑师罗杰特、路易·多梅内克、普伊赫·卡达法尔克等人用童话般的塔楼刺破了巴塞罗那起先由城垛串联而成的天际线。到了20世纪初，现代派建筑风格占据了主导地位。高迪将他对直线的厌恶在巴特略之家和米拉之家中发挥到了极致。前者内部的天花板像被打发的螺旋状奶油盘旋在高处；后者的设计旨在营造一种"非建筑"的外观、一种有机生长的错觉，像一座沉于海底的教堂，墙体受海水浸蚀而出现波纹，它的装饰风格让人联想到附着于水下建筑的藤壶。到了1929年，现代主义建筑看起来已没有那么现代了。参观世博会的巴塞罗那进步人士对密斯·范·德·罗厄设计的德国馆表现出的毫不费力的理性主义惊叹不已，并呼吁拆除巴塞罗那上一代那些不合理的城市建筑。推崇理性主义的建筑师们竞相以他们心中的完美方案来取代城市里邋遢、凌乱的屋舍，他们的设计大都是线条明快、突出实用功能、采用平板玻璃材质的作品。然而，最终落实的方案为数不多，仅有的理性主义建筑包括了一些工人的住宅、巴塞罗那中央结核病医院，以及格兰大道上的一家珠宝店，而格兰大道是只有富人才能跨过门槛光顾的乌托邦。

　　巴塞罗那从经济、人口、文化和政治方面而言都是加泰罗尼亚最具优势的城市，因此一提起加泰罗尼亚地区，人们很容易就会想到巴塞罗那。然而，巴塞罗那与西班牙的关系却很难解释。巴塞罗那是西班牙最像一个城邦或中世纪意大利式公社的城市。16世纪，西班牙的宫廷里出现了专门代表巴塞罗那的大使。1640年以后，加泰罗尼亚的反叛者不接受西班牙的统治，当时的一位西班牙政坛要员曾在私底下说："巴塞罗那的麻烦就在于，一百年里总有那么一两回，我们得从卡斯蒂利亚派兵去征服它。"19世纪，巴塞罗那富裕繁华、高度发达，这让它成为著名的"西班牙第二大城市"。它和马德里一直较着劲，看谁能博得世界的赞美，但城市之间的较量与民族主义层面的对立变得混淆了。马德里代表的是西班牙国家内部的中央集权，而巴塞罗那则涌动着支持加泰罗尼亚独立

在许多教堂在"悲惨一周"期间被烧毁的同时，一座日后将成为巴塞罗那标志的新的教堂正在施工建造。这座教堂就是圣家族大教堂（简称圣家堂）。安东尼·高迪于1883年开始接手圣家堂工程，此后，他投入教堂的建设直至1926年去世。在建设教堂期间，高迪将住处和工作室都设在了施工现场。圣家堂体现出的鲜明特征、象征意义和艺术创新，让它在本质上还是一座哥特式建筑。

巴塞罗那　271

的民族情绪。1978年的西班牙宪法确立了加泰罗尼亚的自治权，但在此宪法颁布之前的一百年里，加泰罗尼亚的分离派人士就曾四次站到巴塞罗那老议会大楼的阳台上单方面宣告加泰罗尼亚的自治。西班牙足球甲级联赛的传统豪门巴塞罗那足球俱乐部（简称"巴萨"）为"政治足球"一词赋予了全新的含义。2006年，时任巴萨主帅的荷兰人里杰卡尔德在率队夺取欧洲冠军联赛冠军之时曾高呼"加泰罗尼亚万岁"。

巴塞罗那最后一次"失陷"是在1939年西班牙内战期间，这场战争涉及了多个派系的角力，其中就包括了中央集权主义者与支持加泰罗尼亚分权、独立的势力之间的斗争。当弗朗哥的军队入驻饱受炮火摧残的巴塞罗那时，他们大声叫着"西班牙来了"，而这些人只是"先锋部队"罢了。在随后的四十年里，西班牙"来"得更为潜移默化。在这段时期，数十万来自西班牙不同贫困地区的移民涌入了巴塞罗那，导致巴塞罗那1981年的官方人口飙升至175万，而巴塞罗那大都会区的人口则超过了300万，这种兼容情况威胁了巴塞罗那的加泰罗尼亚民族特质。不过，当弗朗哥在1975年去世，流亡海外的加泰罗尼亚政府领导人重返巴塞罗那的时候，本地人和外来移民都对他的到来报以欢呼。

从那时起，巴塞罗那的工人阶级便为争取加泰罗尼亚自治和广泛的加泰罗尼亚文化政策而不断举行投票。出人意料的是，就连讲西班牙语的无产阶级也对讲加泰罗尼亚语的资产阶级的民族情感表示了认同。西班牙的资产阶级化与加泰罗尼亚化几乎是步调一致的。就欧盟而言，巴塞罗那是西班牙在欧洲的颜面和桥头堡，未来还有可能脱离西班牙而成为西地中海的重镇。五百多年前，一位卡斯蒂利亚的游客曾形容过巴塞罗那的本质特征，而他的描述在今天似乎依然适用："我看到了一座坚如磐石的城市……那里虽然自然资源匮乏，可当地人总是兴高采烈的，他们仅凭自己的努力就拥有了所有世间的繁荣。"

新德里

以石头为象征的城市

简·里德利

"印度的罗马"位于一片干燥、荒凉的平原之上,当地的诸多伊斯兰征服者纪念碑已残破不堪。而今在这片平原上熠熠生辉的,是德里历史上的第八座城市,它处在英国殖民统治之下,圆顶和塔楼在那里随处可见,蓝天和绿树映衬着粉红色和奶油色的砂石。

——罗伯特·拜伦,1931年

新德里是一座经过规划的城市,它和华盛顿或堪培拉一样,都是一个国家的行政首都。当初,城市设计者就是按国都的定位来打造新德里的,他们想让新德里成为权力的象征。其实,这座新城是在从前的聚居地遗址上建起来的,位置紧靠旧德里——世界上被反复占领的最古老的城市之一。它坐落在恒河平原上,地处亚穆纳河岸,这样的地理位置不仅让它成了始于印度西北部的贸易路线的起点,也让它占尽地利,可以抵御自北方而来、席卷印度的一拨又一拨侵略者。德里这个地方此前一共见证了七座城市的兴衰,而新德里则是德里的第八座城市。

17世纪40年代,莫卧儿帝国皇帝沙·贾汗已将帝国之都由阿格拉迁到了德里,他在那里建起了新城沙贾汗纳巴德,即旧德里。沙·贾汗住在一座名为"红堡"的宫中,它是莫卧儿帝国最金碧辉煌的宫殿。旧德里的贵族都生活在豪宅里,他们的宅邸是一种传统建筑,内有庭院,院子四周则是联排楼房。18世纪,当莫卧儿帝国分崩离析的时候,旧德里也陷入了衰败之境。1739年,波斯君主纳迪尔沙阿率军洗劫了德里,屠杀了15万人,还从红堡中抢走了著名的"孔雀王座"。到了18世纪末,德里已是满目疮痍、一贫如洗。1857年,印度民族大起义最血腥的几场战斗都发生在德里,激战过后,德里再次落入英军之手。至今,印度人仍不会忘记德里沦陷后英军的残酷暴行。

当建筑师们在将新德里作为印度首都兴建的时候,大英帝国的国力和声望都正值巅峰。1911年,英国国王乔治五世访问印度,英属印度政府举行了德里觐见大典。在典礼上,乔治五世宣布将印度首都由加尔各答迁往德里,并为新德里奠基。英国当局一方面想借新德里来展现英属印度的气派与强势,另一方面也是对印度民族主义者的回应。当时,印度民族主义者的影响力已与日俱增,这对英国当局是一种挑战。

孟加拉地区的政治问题促使英国做出了将印度首都由加尔各答迁往德里的决定。1905年,时任印度总督寇松颁布了孟加拉分省法令,该法令激起了信仰印度教的孟加拉人的强烈不满和抗议,他们觉得这个政策隔离出了一个以穆斯林居民为主的东孟加拉,是在蓄意破坏孟加拉的民族团结。由这种情绪引发的恐怖活动意味着加尔各答已经不再被视为安全的首都所在之地。1911年,英国政府废除了孟加拉分省法令,安抚了信奉印度教的民众。而为了宽慰印度的穆斯林,英国人将首都迁往德里,毕

△ 从国王大道上望见的印度总统府（原为英国殖民时代的总督府）。由于道路的坡度设计得过大，总统府的大部分都被陡坡遮住，只能看到它的圆顶。勒琴斯为这个遮挡视线的坡度责怪他的同事、英国著名建筑师赫伯特·贝克，他戏称这个设计是他的"贝克卢"。

◁ 1911年，在为庆祝英国国王乔治五世加冕为印度皇帝而举办的德里觐见大典上，民众聚集在红堡（莫卧儿帝国时期的王宫）前。乔治五世在他的日记中将那次觐见大典形容为"他所见过的最美妙的场面"。

竟它曾是历史上信仰伊斯兰教的莫卧儿帝国的首都。

新德里在很大程度上属于一个人的作品，这个人就是英国著名建筑师埃德温·勒琴斯。他的合作者兼竞争对手、英国建筑师赫伯特·贝克，以及勒琴斯团队里的其他成员，如今几乎都被人完全遗忘了。1913年，勒琴斯受邀去为印度新城选址，而后他接受了建造新德里的委托。这项工程耗费了大约二十年的时间。

新德里的规划旨在给人留下深刻的印象。城市的中心是瑞辛纳山,这里矗立着一些地位显要的建筑,比如总督府,即今天的印度总统府,还有秘书处大楼和其他政府机构的办公地。人们通过一条漫长、笔直的游行大道——国王大道——就可以抵达这些宏伟建筑。新德里的中央区域不禁让人联想到奥斯曼男爵建设的巴黎的林荫大道和城市景观。一条条宽阔大道穿过一座名为"印度门"的凯旋门,而后交会于一个高点——宏伟的总督府圆顶之下。新德里的绚丽的古典主义风格在城市空间和绿荫的映衬下变得柔和。新德里的大道两旁不只有引人注目的砖石建筑,还点缀着绿荫、草地和运河。

新德里的矩形网格状布局嵌套了由两个重叠的六边形组成的几何系统。绿树成荫的街道上满是平房,每个平房的院子里都有草坪。在燥热、人口过剩的新德里,那些院子就仿佛是一片凉爽的绿洲,而新德里就好比一座爱德华时代[1]英国花园城市的印度版。

走在从印度门(原名:全印度战争纪念碑)开始的长长的游行大道,一开始可以看到总督府的闪闪发光的圆顶,但行至半路就看不见圆顶了,要再经过一段路程才能看见。这个视觉上的"把戏"并非勒琴斯的初衷,它其实是勒琴斯的同事赫伯特·贝克的强行安排,贝克为了将他设计的秘书处大楼置于瑞辛纳山上,需要抬高大道的坡度。这一规划引发了勒琴斯与贝克的强烈争执。勒琴斯最后做出了让步,从那之后,他就将这个设计称为他的"贝克卢"[2]。

新德里的建筑风格,尤其是总督府的建筑风格,曾引起过激烈争论。出于政治原因,印度总督哈

印度总统府入口前方的空地。一排排淡红色的砂岩和凸出的屋檐下的浓重阴影强调了建筑的水平感。石柱通向凉廊,既能让空气流通,也让总统府变得很凉爽。总统府顶部圆顶状凉亭是印度建筑中的典型元素,圆顶的灵感源自桑奇佛塔。

---

1 指1901—1910年英国国王爱德华七世在位的时期。
2 Bakerloo(贝克卢)对应 Waterloo(滑铁卢),指勒琴斯因为贝克而遭遇了惨痛的失败。——编者注

△ 由赫伯特·贝克设计的新德里秘书处大楼傲然屹立于通往总统府的大道两侧。图中的建筑皆为如今印度核心政府部门的办公地，这些建筑都建在有如峭壁的红砂岩墙体之上。

▽ 新德里的大部分平房都是由印度政府首席建筑师W.H.尼科尔斯及其继任者设计的，其中许多都属于勒琴斯设计的经典模式的变体。

丁希望勒琴斯采用糅合了西方的哥特风格和印度穆斯林尖顶的印度-撒拉逊风格。但勒琴斯却坚决反对这个方案，他最厌恶的就是那种尖顶。勒琴斯的早期建筑绘图中出现了一个效仿罗马建筑的宫邸，但迫于压力他不得不在他的设计中体现亚洲特色，于是他创造了一套独特的建筑语言，融合了西式的设计、几何与一些印度的元素，比如佛塔、舒展的水平面、极为凸出的宽屋檐和莫卧儿帝国时期建在屋顶的凉亭。德里的淡红色和奶油色砂岩都是从托尔布尔开采来的，那个地方在几百年前就已经是莫卧儿帝国的石材供应地了。

评论家们纷纷称赞总督府是一件建筑杰作。在英国殖民统治印度的末期，英国帝国主义者竟安排修建了这座比凡尔赛宫还要大的童话般的府邸，这实在是一个非凡成就。当然，它主要得归功于勒琴斯当时坚决抵制英国官方削减成本的意图。在勒琴斯的眼中，新德里将会是印度永恒的遗产。

有一则古老的波斯预言，说的是无论谁在德里建起一座新城，他都必然会失去这座城市。为了打破这个预言，勒琴斯用他设计的一种被称为"德里的秩序"的石铃来装饰石柱，这种石铃永远不会敲响王朝的丧钟。

1931年，就在总督府正式落成两天以后，印度国民大会党领袖"圣雄"甘地拜访了时任印度总督欧文，甘地现身总督府其实让英国方面感到不快，但他终究是主导未来的人。1947年，英属印度的末代总督蒙巴顿经谈判后在总督府公布了英国向印度移交政权和印、巴分治的方案。在新德里这座新城建成不到十六年的时候，英国已失去了他们在印度的"帝国"。

德里在历史上曾多次被摧毁，但是它总能再度崛起。现代英国历史学家威廉·达尔林普尔将德里称为"精灵之城"，这个名字出自一则寓言故事，故事中的精灵非常喜欢德里，它们不忍心看到它被人遗弃。在每一轮暴动和破坏之后，德里都重获了新生。这座城市不同历史时期的面貌仿佛"被封存了起来，并排悬挂着"。

印、巴分治给德里带来了新的混乱和冲突。大部分穆斯林逃离了德里，而印度教徒和来自西部的旁遮普及信德地区的锡克教徒则涌入了德里，但一切都不止人口流动那么简单。新德里没有因暴动而遭到毁坏，更没有沦为废墟。相反，它成了独立后的新共和国的首都。殖民时代的总督府变成了印度总统府，权力也相应地转移到了由赫伯特·贝克设计的地势较低的秘书处大楼。英国的所有公职人员都打道回了英国，而独立后的印度的官员们则成了勒琴斯设计的那些平房的新主人。

在印度独立后的那些年里，当一个共和制国家被移植到曾被英国统治的印度的遗迹中时，德里也迎来了一段黄金时期。德里水质清洁，政府运作有效。这座城市里没有蚊子，而且每天都会喷雾降尘。新德里和旧德里已经融为一体，对印度的新精英阶层而言，新德里看起来就像个"人间天堂"。此后，这座城市所面临的最大挑战一直都是人口。德里是印度北方的移民城市，它的人口已从1946年的不足百万膨胀到了1600多万（根据2011年的印度人口普查），而这给当地带来了巨大的环境压力和社会压力。

柏林

在火山口跳舞

罗里·麦克林

> 柏林变成了这世上的"巴比伦"——酒吧、游乐园和低档夜总会如雨后春笋般涌现在城里……即便是古罗马历史学家苏埃托尼乌斯笔下的罗马也从未有过类似柏林舞会那般荒淫的狂欢,数以百计的男男女女易装打扮,在警察的眼皮底下酣歌醉舞,而警察对此毫不介意。在道德崩溃的社会中,一种疯狂靡然成风。
>
> ——斯蒂芬·茨威格,20世纪30年代

在"黄金二十年代",柏林是世界上最令人兴奋的城市。它的一系列光怪陆离、妙趣横生、五花八门的活动吸引来了欧洲最具天赋的艺术家、最光彩照人的演员以及最放任自流的享乐主义者。德国建筑家瓦尔特·格罗皮乌斯提出了包豪斯理念,作曲家库尔特·魏尔谱写了《尖刀麦基》,英裔美国作家克里斯托弗·伊舍伍德塑造了萨莉·鲍尔斯这一文学形象。德国讽刺画家乔治·格罗斯通过其作品鞭挞了社会弊病,而现实主义画家奥托·迪克斯则描绘了丑陋的社会现实。在巴贝尔斯伯格电影制片厂,德国大导演弗里茨·朗炮制了经典科幻电影《大都会》,而生于奥地利的美国导演约瑟夫·冯·斯登堡则与德国女星玛琳·黛德丽合作,推出了电影《蓝天使》。在这个刺激到令人窒息的十年里,柏林的知识分子和精英阶层都仿佛在火山的边缘跳舞。他们对新世界的愿景在1933年遭到一些德国人的排斥,也就是希特勒成为德国总理的那一年。于是,一批人逃离了柏林,将自己新潮的现代意识带去了国外。

位于一片延伸到华沙的沼泽平原之上的柏林,在中世纪时不过是个粗野之地。基督教直到12世纪才扎根于此。"强盗贵族"[1]和瘟疫在15世纪的时候还肆虐着这个落后的穷乡僻壤。后来,霍亨索伦家族的君主们凭着勤奋和坚毅,硬是从这片沼泽地里打造出了一座王国之都。他们对武力的崇尚也为普鲁士强悍的军力奠定了思想基础。别的国家是"国家拥有一支军队",而普鲁士则是"军队拥有一个国家",普鲁士的目标就是称霸欧洲。1871年,柏林成为德意志帝国的首都,这座雄伟壮观的城市充斥着盛大的仪式、游行以及气势逼人的巨大丑陋建筑。

"一战"的爆发起初让柏林人欣喜若狂。"到处都是成群结队的人,此外,出城的士兵在路上都会被鲜花簇拥。每一个人都笑逐颜开:我们开战啦!"奥地利女演员蒂洛·迪里厄在1914年曾如此兴奋地说道。然而,不到一年的时间,人们对战争的幻想就破灭了。到了1918年的时候,已经有大约35万柏林的年轻人在战场上丧命。战败的耻辱和对德国过分苛刻的《凡尔赛条约》让归国的军人们成了代表左派或右派呼吁改革的最佳人选。此后的几年令人绝望,革命、暴动和政治暗杀成了那段时期的标签。这些事件配上1922—1923年的恶性通货膨胀,彻底摧毁了陈旧的帝国制度。

接着在1924年,由美国方面主持的道威斯计划稳定了德国币制,让德国的经济迅速复兴,同时还

---

1 又称"强盗骑士",他们在封地强行征收重税,还常常强收过路费,有些人甚至会打劫商人、旅客,或绑架人质索要赎金。

促进了德国的文化繁荣。文化领域出现的盛景在东西方之间架起了一座桥，也使柏林变成了现代主义的国际之都。几乎在一夜之间，德国的人口出现了激增，工业产量大大超过了战前水平，出口值跃居世界第二，仅次于美国。柏林变得活力四射，财富在那里变得唾手可得。

渴望尝试新事物的英国、法国、美国和俄罗斯的艺术家，被柏林自由的艺术创作环境、对性自由的包容，以及相对宽松的审查制度所吸引，来到了这里。在画室和夜总会里，在美术桌前和电影片场，先锋派接受了"新客观主义"，这是一种排斥多愁善感和表现主义、提倡冷静的理性主义和功能主义的艺术运动。一些新的建筑方案体现了"科技可以创造新社会"的观念。一批充满了奇思妙想的建筑作品从威廉时代[1]就随处可见的黑暗的贫民窟旁拔地而起，这些建筑中包括了马蹄形的布里茨住宅区、曲线优美的贝壳屋和新克尔恩地区高耸入云的卡施泰特百货商场。每天晚上，柏林都会有数百场娱乐演

[1] 指从1890年德国首相俾斯麦辞职开始，一直到"一战"结束后德国皇帝威廉二世于1918年退位的这段时间。

① 德国影星玛琳·黛德丽在《蓝天使》（1930年）中饰演薄情的荡妇洛拉。这部电影由美国导演约瑟夫·冯·斯登堡执导，是德国最早的有声片之一。《蓝天使》的大获成功让黛德丽顺利进入好莱坞，但柏林人却因黛德丽在"二战"时期支持美国而始终对她怀恨在心。

② 20世纪20年代，柏林拥有大量表演政治讽刺剧和综艺节目的夜总会，其中有一家叫"白鼠夜总会"，红极一时的德国舞蹈演员阿妮塔·贝尔贝曾在那里表演性感的脱衣舞。令公众感到意外的是，当纳粹在1933年掌权后，柏林的夜总会并没有销声匿迹，其繁华的势头反而一直持续到20世纪40年代初。

③ "黄金国"是一家著名的异装癖夜总会，因它的歌舞表演而蜚声欧洲。它是一个很时尚的地方，常有艺术家和作家光顾。

△ 建于1925—1933年的布里茨住宅区，它的设计者为德国建筑师布鲁诺·陶特。陶特立足于社会改革的新思想，创造了舒适的、工人阶级负担得起的住宅，是现代主义特色的缩影。

▽ 1938年的柏林，参观"堕落艺术展"的戈培尔。作为纳粹德国的宣传部部长，戈培尔早已管控了文化，他一心要清除有悖于纳粹文化方针的艺术和艺术家。那个充满创造力和试验性思想的十年结束了，奥地利小说家约瑟夫·罗特说："是时候离开了。他们会烧了我们的书，还会冲我们来的。"于是，一批人才流亡海外，他们也将现代主义带到了世界各地。

出，妙龄女郎以及更为成熟的女演员都登上了舞台表演脱衣舞。

德国作家亨利希·曼将20世纪20年代的柏林称为"激情与希望之城"。不过，尽管在这段时期诞生了大量疯狂的艺术作品，这个十年只是对少部分人而言是黄金年代，而这少部分人中的大多数都是移民和外来者。事实上，虽然柏林的文化复兴有目共睹，但柏林本地的居民却很少有人为之触动。对他们来说，工厂和车间的生活依然辛苦且一成不变。柏林的白领工人在逐渐增多，他们中的绝大部分人出身贫苦。和这些白领阶层一样，柏林的其他居民也都想听流行金曲，想看美国式逃避现实的音乐剧，想接受带有强烈民族主义色彩的文化。知识精英并没有为大众带来娱乐，他们也未能应对魏玛共和国的政治危机。非但如此，许多在魏玛共和国时期大获成功的艺术家，比如戏剧家贝托尔特·布莱希特和作家库尔特·图霍尔斯基，还不遗余力地批判共和国。

1926年，年轻的约瑟夫·戈培尔——另一位野心勃勃的外来者——抵达了柏林的安哈尔特火车站，他决心要为满怀抱负的希特勒"拿下柏林"。在当时，柏林的在册纳粹党员不足200人，而共产党却已在柏林发展了25万名党员。戈培尔采取了一个大胆的行动，他污蔑共产党员和犹太人是种种社会弊病的罪魁祸首。为了宣扬这一思想，他策划了数百次针对共产党和犹太人的街头巷战。戈培尔利用了当时波及德国的资本主义经济危机和1929年后出现的大规模失业情况（柏林有三分之一的劳动力在大萧条末期处于失业状态），狡猾地煽动了饱受痛苦的柏林民众的情绪。和大部分德国人一样，柏林人也对纳粹的激进政策报以热情拥护。就在希特勒掌权之后的一个月内，5万多柏林人加入了纳粹党。

1933年，少数的左翼先锋人士很快就遭到了清洗。大量有悖于纳粹意识形态的"非德国"书籍被新成立的德国文学进步中心列为禁书。"表现出世界性和布尔什维克主义症状"的艺术家都被贴上了"堕落"的标签。弗里茨·朗、玛琳·黛德丽、库尔特·魏尔、爱因斯坦、密斯·范·德·罗厄以及

柏林墙

其他数以千计的人都逃离或者早已逃离了德国。随着纳粹党的一党独大，希特勒提出了将柏林重建为"日耳曼尼亚"的计划。按照构想，日耳曼尼亚将成为奉行民族主义和民粹主义的"千年帝国"的新首都。"不出10年，没人能认出柏林来。"希特勒扬言道。到了1945年，果然：柏林70%的国土都在战火后沦为了废墟。

在"二战"即将结束时，已击败德国的盟军将柏林分割为英、美、法、苏四个占领区。斯大林盘算着要把柏林乃至整个德国纳入共产主义体系。1948年，为了将美国势力赶出欧洲，苏联对西柏林实施了封锁。盟军方面随即做出应对，他们以空运的方式向西柏林输送了大量的生活物资。苏联后来撤销了封锁，但随着冷战愈演愈烈，柏林成了"世界大战一触即发之地"。核战争随时都可能爆发。1961年，苏联环绕西柏林边境修筑了全长156千米的柏林墙。1989年，柏林墙得以开放，不到几年的时间，柏林墙就被毁得几乎寻不见痕迹，它的一些石块还被人们凿走当纪念品去卖。直到那个时候也很少有人会想到德国将走向统一和繁荣，而今天的柏林将再一次成为充满活力的德国首都。

芝加哥

美国的引擎

詹姆斯·库诺

> 饥饿的人们，刚从城市和农村来，满脑子装着牧歌和传奇，要在这泥淖里建起一个荣耀的帝国。
>
> ——西奥多·德莱塞，1914年

芝加哥几乎是在1871年10月8日到9日这一天的时间里被烧毁的。大火始于芝加哥西南边一条破旧大街上的一个牲口棚。随后，火势乘着一股燥热的风迅猛蔓延，几分钟之内，1000幢木结构的房子便湮灭于火海，平均每小时的过火面积达到了26公顷（0.26平方千米）。最终，这场大火席卷了芝加哥市中心大约9平方千米的范围，摧毁了1.8万多幢房屋，并且造成了价值750万美元的财产损失。在芝加哥的30万居民中，有1/3的人变得无家可归，至少有300人在大火中丧生。

当芝加哥被烧毁的时候，它发展为一座城市不过才用30年。早在200年前就有人在这里定居，当时的法国商人青睐通过芝加哥的陆路运输将北方的水系、森林和密西西比河连接起来。1673年，法国探险家路易·若利埃还提议直接在密歇根湖和伊利诺伊河之间开凿一条运河。

芝加哥的地理位置对它未来的发展至关重要。到了1850年，它已成为几乎所有进入美国西部交通线

1871年10月的芝加哥大火起于芝加哥西南部的一个牲口棚，当时火势迅速蔓延，毁坏了城市中心的大部分区域。不过和芝加哥历史上的其他灾难一样，这场悲剧给了芝加哥一次重新开始的机会。一座新的城市崛起了，人们运用新的建筑技术实现了建筑的创新。

路的中心。芝加哥城里铺设了木板路，成群的帆船和轮船在湖中航行，而历史上最早的火车则从美国大平原地区运来小麦。截至1856年，每天都会有58列客运火车和38列货运火车往返于芝加哥车站。1869年，在12小时内会有多达300艘轮船抵达芝加哥，运来总重量为300万吨的农产品。其中最主要的产品是木材和谷物；其次当然是家畜：在芝加哥联合牲畜围场的区区1平方英里（约2.59平方千米）的畜栏里，有大约7.5万头猪、2万头牛和2万只羊。经济的蓬勃发展也导致了人口的激增，城市居民从1850年的3万人变为1870年的30万人。

如此迅速的人口增长也引发了社会问题。20多万居民（其中许多人是刚从国外来到芝加哥）都生活在没有铺好的街道或下水道的狭小地段内，住在肮脏简陋的松木小屋中，周围还充斥着制革厂、肉类加工厂和酿酒厂。就是在这样的环境里，在1871年的那天晚上，芝加哥居民帕特里克·奥利里的牲口棚着了火。看起来，这场大火毁掉了整个芝加哥的发展和希望。然而，芝加哥被毁的同时也迎来了重建的机遇。

伴随着芝加哥的重生，这座城市的建筑建设也取得了巨大进步，包括建筑、基础工程、金属结构制造、照明、蒸汽加热、防火以及更快更安全的电梯设计。飞涨的地价要求建筑者集约利用市中心地段。全美各地具有创新精神的建筑师都被吸引到芝加哥。当时芝加哥的主要建筑公司包括了阿德勒&沙利文公司、伯纳姆&鲁特公司以及霍拉伯德&罗奇公司，他们都是因为有机会建造摩天大楼而来到这里的。芝加哥"最高大楼"的这一桂冠总是很快易主。1882年的最高大楼是10层，1885年的是13层，1890年的是16层，而1891年的则是21层。就在建筑物的垂直高度不断突进的同时，建筑物横向的附属楼也越建越大。1889年，芝加哥附近一些迅速发展的社区的居民投票决议将自己所在的社区并入芝加哥。如此一来，芝加哥的城市面积在一夜之间增加了3倍，它的人口也涨到了100万。尽管1871年的那场大火破坏性极大，但芝加哥还是从一个在1830年仅有50个居民的小镇在50年

△ 芝加哥会堂大厦，由美国建筑师路易斯·亨利·沙利文与工程师丹克马尔·阿德勒共同设计，建于1886—1889年，集歌剧厅、酒店和办公楼于一身。它是沙利文建筑生涯的转折点，至今仍为芝加哥的一处地标。

▽ 一张宣传1934年芝加哥世博会的海报，当时正值大萧条时期。这届世博会旨在呈现一个乐观的未来前景，它的一大特色是展示最现代的建筑和科学技术。

芝加哥　283

1909年左右，在卢普区的迪尔伯恩大街和伦道夫大街的交会处，马车与有轨电车挤成一团的场面。随着芝加哥经济和商业上的繁荣吸引来了大量移民，这座城市在迅速发展的同时也急需规划。由美国建筑师、城市设计师丹尼尔·伯纳姆主持编制的《芝加哥规划》于1909年7月4日出版，它旨在改善交通、确立秩序，打造出一个"秩序井然、生活便利"的城市。

内发展成了一座成熟的国际化都市。

不过，芝加哥的领导者们的雄心仍然没有得到满足。在1851年的伦敦世博会、1867年和1889年的巴黎世博会，以及1876年的费城世博会成功举办后，芝加哥也想在1892年举办一届世博会来纪念哥伦布发现新大陆400周年。为了夺得世博会的申办权，芝加哥不得不和包括纽约和华盛顿在内的其他城市竞争，而决定权握在了美国国会手里。

在竞争的驱动下，芝加哥商界筹集了1500多万美元作为世博会资金，这笔钱当中还包括了从普通市民那里募集来的500多万美元的股票。让纽约的银行家们大跌眼镜的是，美国国会最终选择了芝加哥。于1893年举办的世界哥伦布纪念博览会大获成功，单日内就吸引了超过75万人前来参观。为了世博会，芝加哥还建设了这座城市的第一条高架铁路，它可以将人们从市中心诸多新建的酒店送到会场。

这一时期，芝加哥这座永不满足的城市已迫切地需要一个城市规划方案。于是在1906年，芝加哥商人和商业俱乐部委派1893年芝加哥世博会的主要建筑师、规划师丹尼尔·伯纳姆来制定《芝加哥规划》。这是一个非凡而全面的规划，它将保留滨湖地区以供公共娱乐；创建由宽阔街道和干道组成的高效系统以便人们往来于芝加哥与周边城镇；将铁路设施集中于城市偏远地带，以展示城市公共空间是如何变得恢宏大气并提高市民的生活水平的。到了1910年，规划后的芝加哥已经有了它引以为傲的运输系统，它的高架铁路和地面交通线在一天之内就可以将75万多人送到芝加哥的市中心——著名的卢普区。为了缓解地面和高架交通压力，芝加哥当局还开凿了几条数英里的地下隧道，100多辆机车会载着货物和工人通过隧道跑遍芝加哥的商业区。

芝加哥见证了爵士乐、福音音乐和蓝调的兴盛发展，它也吸引了来自美国南部的音乐家潮涌而至。著名爵士乐短号演奏家金·奥利弗于1918年从新奥尔良来到芝加哥，后来成立了他自己的克里奥尔爵士乐队，这支乐队是早期爵士乐最重要的乐队之一，在当时大受欢迎。1922年，路易斯·阿姆斯特朗加入了该乐队，成为乐队的第二短号手。

然而，当芝加哥获得种种成功之后，一系列的社会问题也接踵而至。据推测，如果整个芝加哥的人口密度都和芝加哥一个普通贫民窟的人口密度（约6.75万人/平方千米）一样的话，那么，这座城市的人口将达到3200万。社会改革家简·亚当斯认为，应对这一问题的最佳方案是创造一个半公共空间，一个向弱势群体提供各式服务和指导的服务中心。她最著名、最持久的贡献是"赫尔大厦"。赫尔大厦几经发展，最终占了一个街区，它提供儿童看护、体育教育等方面的服务，其中包含了一家银行、一座图书馆，还开设了关于艺术和家政学的指导课程。随着赫尔大厦模式的成功，芝加哥全城各地也冒出了类似的场所，这些场所帮助了数以千计极度贫穷的人，著名作家厄普顿·辛克莱在其小说《屠场》中曾对当时的芝加哥做出过经典描述。

1929年，美国股市的暴跌给芝加哥带来了沉重打击。到了1933年，芝加哥已有一半的工人失业，丧失抵押品赎回权的情况在4年间翻了5番，无家可归的人只能自谋生路。不过，芝加哥再一次借世博会——在1933—1934年举办的主题为"进步的世纪"世博会——重新振作了起来。这届世博会证明了芝加哥的城市领导者有能力展望未来。现代主义建筑家约瑟夫·厄本担任了这届世博会的设计师，那些最新的建筑、技术和娱乐是通过科技、工业和商业回归繁荣而发出的声音。最终，这届世博会的参观人数超过了3900万。然而，世博会的成功举办充其量只是一针强心剂。大萧条时期的芝加哥仍旧处于经济困境之中，这种局势直到"二战"时期以及20世纪五六十年代美国经济进入高速发展阶段才有所好转。

芝加哥的地理位置，以及城市领导者认准交通必将有助于芝加哥未来发展的远见卓识也再一次为芝加哥保驾护航。圣劳伦斯河河道的完善增添了经五大湖区到芝加哥的航线。经大规模扩建后的芝加

1918年，小威廉·里格利在芝加哥的密歇根大道买下了一块三角形的地，他想在那里为他的口香糖公司（箭牌公司）建立总部大楼。1920年1月，箭牌大厦开始施工。它由两个塔楼组成，其中的一个是仿照塞维利亚大教堂的希拉尔达塔建造的，两个塔楼通过走廊连在了一起。这座覆盖着流光白陶的闪闪发光的白色大厦很长时间都是箭牌公司总部的所在地。

哥的第二座机场——奥黑尔机场，给芝加哥提供了一个与城市铁路连接同等重要的空中交通枢纽。

在大火之后，芝加哥的经济复兴吸引来了以密斯·范·德·罗厄为首的创新建筑的顶尖设计师，他在1937年便已从德国移民到了美国，并且担任了阿穆尔理工学院（今天的伊利诺伊理工大学的前身）建筑系的主任。罗厄主持的建筑项目之一是阿穆尔理工学院的新校园，而这个新校园中最著名的建筑当数建筑学院的"克朗楼"。罗厄还在芝加哥建造了一系列的公寓楼，这些公寓楼为世界范围内的高层建筑树立了一个新的标准。

长久以来，芝加哥都是个文人荟萃的地方，许多不同时期的作家都曾在这里工作和生活过，从西奥多·德莱塞、厄普顿·辛克莱到索尔·贝娄和大卫·马梅特。作家纳尔逊·阿尔格伦在其著作《芝加哥：雄心勃勃的城市》中曾如此描述过芝加哥："它一直是个艺术家的城市……一个作家的城市，也一直是个斗士的城市。"除了文学，芝加哥还会让人联想到其他一些艺术形式，比如让它在国际上享有盛名的视觉艺术、戏剧和古典乐。此外还有美国黑人的福音音乐、蓝调以及爵士乐。芝加哥城里的黑人一直不在少数。当地的第一份黑人报纸《保护者报》创办于1878年。1895年，黑人调查记者、教育家艾达·B.韦尔斯移居芝加哥，嫁给了《保护者报》的总编，继续着她的反私刑运动。她还为争取妇女投票权、开展社会救助活动而摇旗呐喊，并在创建美国有色人种协进会的过程中扮演了重要角色。

源源不断的移民从美国南部来到了芝加哥，芝加哥的黑人人口因此大幅增多。但即便黑人很早就来了，而且人数众多，他们要想融入芝加哥的社会仍是一桩难事。1910年，已有78%的芝加哥黑人生活在芝加哥南城，而南城不久就成为——至今也还是——芝加哥黑人的生活和文化中心。

福音音乐糅合了基督教福音派的经典文本与早期的美国民俗音乐和灵歌，据说它是于20世纪20年代在音乐家托马斯·多尔西（切勿和著名爵士乐乐队指挥汤米·多尔西混淆）的影响下在芝加哥兴起的。多尔西来自佐治亚州的一个小镇，他是在"大移民"时期的早些年来到芝加哥的。1931年，他和其他几位音乐家在埃比尼泽浸信会教堂组建了芝加哥的第一个福音唱诗班。他后来在朝圣者浸信会教堂又当了60年的福音唱诗班指挥，为全世界的福音音乐设立了标准。

与福音音乐同时出现的还有蓝调。在芝加哥早期杰出的蓝调音乐人中，威利·狄克逊是一名出生于密西西比州的歌手兼吉他手。1936年，狄克逊移居至芝加哥，后来成了蓝调音乐家们心中的标杆，而随着切斯唱片公司的成立，这批蓝调音乐家也纷纷大红大紫。由两位波兰裔移民创办于1950年的切斯唱片公司成功包装了芝加哥特有的都市蓝调曲风，它几乎影响了后来所有的摇滚先锋人物，从查克·贝里到滚石乐队莫不如是。另外，随着一些来自新奥尔良州和密西西比河三角洲的爵士音乐人移居芝加哥，芝加哥的爵士乐也风靡一时。这些音乐人中包括了金·奥利弗和路易斯·阿姆斯特朗，他们奠定了芝加哥作为爵士乐中心的地位。值得一提的是，作为一支前卫的爵士乐团，芝加哥艺术团对爵士乐的演绎进行了大胆尝试，在这支乐团的引领下，芝加哥在激进的20世纪60年代成为爵士乐创新的重要舞台。

芝加哥的移民为这座城市的文化和历史留下了浓墨重彩的一笔。尽管多年以来不同族群的融合困难重重，但芝加哥依然以其多语言的文化历史为傲。最早来到芝加哥的移民包括爱尔兰裔移民（芝加哥在1860年已是爱尔兰裔人口比例第四高的美国城市）、德裔移民（1990年，每4个芝加哥人中就有1人或是自己生于德国，或是他父母中有人生于德国）和意大利裔移民（1930年在芝加哥的意大利裔人口达到了7.396万），而如今的芝加哥拥有26个民族，且每一个民族都至少有2.5万人。此外，芝加哥公立学校中使用的语言种类超过了100种。可以说，芝加哥自始至终都是凭借着新移民、多样性和创新而得以繁荣发展的。这些特质，连同芝加哥的地理位置以及芝加哥社会、商业和城市领袖们所表现出的创业素质、公民意识和慈善精神，都让芝加哥成了美国除纽约以外的最重要的城市。

鉴于许多美国中西部城市都衰落了，芝加哥多年来所取得的成绩就让它更加超群拔类。芝加哥是2016年奥运会的4座候选城市之一，其他3座分别为：马德里、里约热内卢和东京。当年如果它申办成功的话，它将再一次像1893年和1933年那样展现自己主办国际盛会的能力，而它也将利用这一机会，从中获取巨大且持久的利益。芝加哥享有勇于担当的美名，而它也始终激励着志存高远的追梦者和那些准备从头再来的人。

洛杉矶

创造的文化

凯文·斯塔尔

> 洛杉矶，给我一点你的爱吧！我不顾一切地来了，你又何不倾情以待呢！我流连于你的街道，美丽的城市啊，我实在太爱你了。你这沙漠中忧伤的花儿，你这可爱的城市。
>
> ——约翰·范特，1939年

自1781年9月西班牙人在洛杉矶河湾、靠近一个名为"扬纳"的美国土著古村落的地方建立定居点以来（洛杉矶的前身），洛杉矶便被冠以多种身份和称呼。那些殖民者把他们定居的村落称为"天使女王圣母的城镇"[1]，以纪念圣母玛利亚、天使和一所意大利的教堂。13世纪早期，方济各会的创始人阿西西的圣方济各在那所教堂中担任教士，负责上加利福尼亚地区的福音传播。"天使女王圣母的城镇"听上去很美，但这还是挡不住人们想出更简练的名字。很快，西班牙当局就将村落的名字缩减成了"洛杉矶"。西班牙对上加利福尼亚地区的统治持续到了1822年，而后来的墨西哥共和国对该地区的管辖则持续到了1846年。

美国早期的开疆拓土始于1846年，那一年的美墨战争中，美国海军和陆军攻占了加利福尼亚。而在这一时期，洛杉矶俨然是充满暴力的南加州牧牛业的中心，当地的牛仔们几乎每天都会上演枪战，其中的突出代表是埃尔蒙特帮。到了19世纪六七十年代，洛杉矶迎来了体面风光的日子，城市建设者们建起了一些商业街区，还建造了比科屋（1870年）——美国西南地区最豪华的酒店，以及矗立至今的圣维比亚纳大教堂（1876年）。

19世纪70年代，洛杉矶的社会日趋安定，物质水平得到提高，比如在1876年开通了一条连接旧金山的铁路，以及在19世纪八九十年代建成了直通美国中西部和东部的铁路，大批中产阶级为了追求健康、舒适的生活涌入了洛杉矶。但即便如此，洛杉矶相对而言仍然是一个小城镇。到1900年，它的人口也才10万。与之相比，北面的旧金山作为此前西班牙的海滨殖民地，迅速发展成了一座大都会。到了1870年，旧金山已是美国第十大城市。事实上，在20世纪的第一个十年结束之际，加利福尼亚州有将近60%的人口都生活在旧金山湾区。

然而，这一切都注定会在20世纪的进程中发生改变。就像F.斯科特·菲茨杰拉德笔下的"了不起的盖茨比"那样，洛杉矶也在这个时期改头换面。洛杉矶的内陆市区离海岸线有96千米，它过去是没有港口的。因此，自1899年起，在联邦政府的资助下，洛杉矶当局对亡灵岛实施了爆破并清除了其他障碍物，以便在这个于1909年吞并的威尔明顿-圣佩德罗地区建造一个深水港。洛杉矶位于一片半干旱的平原上，它在19世纪的用水导致了地下水位的严重下降，使得当地的淡水资源非常紧张。因此，

---

[1] 原名是 EI Pueblo de Nuestra Senora la Reina de Los Angeles de Porciuncula，简化后即 Los Angeles。——编者注

1907—1913年，在工程师威廉·穆赫兰的指导下，洛杉矶建了一条引水渠将欧文斯河的水引入城内。

有了这一水源优势，洛杉矶便通过兼并周边城镇开启了都市化进程。好莱坞早在1910年就被并入了洛杉矶。1915年，圣费尔南多谷并入洛杉矶后，洛杉矶的面积扩大了435平方千米。1925年，圣莫尼卡湾的度假胜地威尼斯被洛杉矶纳入囊中。1926年，沃茨也成了洛杉矶的一部分。总的来说，洛杉矶完成了大大小小300多次兼并，这也让它的总面积在1920年达到了943平方千米（到1970年更是升至1205平方千米）。由此，洛杉矶就变为了一座自身配有港口和农业区的城市。

20世纪早期，洛杉矶实现了由一个大镇向一座城市和一个区域中心的过渡。19世纪80年代有轨电车的发明，让洛杉矶能够方便地向周围扩展。太平洋电铁的红皮列车和洛杉矶铁路的黄皮列车向西可以行至圣莫尼卡和太平洋，向西北可以驶入圣费尔南多谷，向南可以通往

△ 在20世纪初经济飞速发展的岁月里，诸如哈里·卡尔弗和阿方索·贝尔这样的房地产开发商在洛杉矶平原的牧场和种利马豆的田野里盖满了住宅和属于街道项目中的各色建筑。到了20世纪30年代，这些房屋和街区已经构成了一座让人印象深刻的美国新城。

▽ 洛杉矶很早就成了电影拍摄地，而人们也很快就发现以好莱坞为中心的电影工业远不是个简单的行业。更确切地说，好莱坞是一座梦工厂、一台编织神话的机器，在洛杉矶的城市中央散发着激情与活力。凭着好莱坞的魔力，洛杉矶成了一部以自己为主角的影片：浮华耀眼、魅力无穷，彩色和黑白共领风骚。

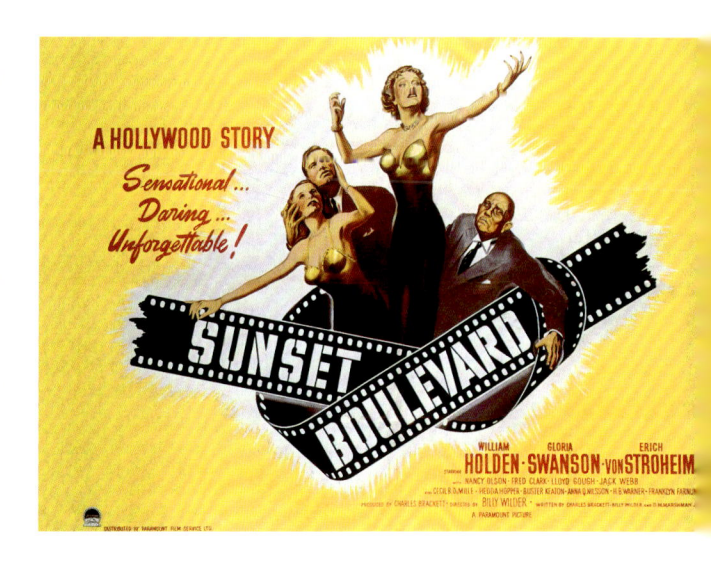

洛杉矶　289

在辽阔空旷景观上呈几何化网格状布局的洛杉矶吸引了中欧的现代派艺术家。对像鲁道夫·申德勒和理查德·诺伊特拉这样的建筑师而言，洛杉矶这座新兴城市为城市化掀开了崭新篇章，而简洁朴素的国际主义风格则是诠释洛杉矶的最好形式。申德勒和诺伊特拉均出生于奥地利，这张照片所展现的正是由诺伊特拉设计的位于洛杉矶的国际风格建筑——洛弗尔住宅（1929年）。

威尔明顿－圣佩德罗，而向东北则可以抵达帕萨迪纳。这些城际电车线路其实都是沿着拓荒时期的"赶牛道"建设的，而有些"赶牛道"是由印第安人开辟出来的。自20世纪20年代起，汽车也开始成为人们出行的主要交通工具，而那些城际电车线路不久就被改造成了大街和林荫道。

1909年，电影导演大卫·沃克·格里菲斯带着比沃格拉夫电影公司的明星班底前往洛杉矶的圣盖博教堂去拍摄影片《拉莫娜》。大导演西席·B.地密尔也于1913年来到了洛杉矶，他在塞尔玛大道上的瓦因街租下了一个谷仓，用来拍摄影片《红妻白夫》。到了20世纪20年代，由洛杉矶的各大制片厂制作的电影在世界范围内已愉悦了数以百万计的观众。在这一过程中，洛杉矶及其腹地的形象也得到了展示，许多对洛杉矶的生活羡慕不已的人决定向西迁移。除了受电影意象的刺激，洛杉矶人口的激增还受很多因素的影响：以众多一流酒店为中心不断发展的旅游文化；饱经风雪的美国中西部人们对阳光和健康的向往；以农业为主的中西部地区本身已出现了人口过剩；以及同样重要的一点，美国在20世纪前20年的绝对繁荣。基于这些原因，在20世纪的头30年里，洛杉矶的人口增长了100多万，它的腹地人口也增长了200万。

20世纪30年代的洛杉矶，即充斥着装饰艺术风格建筑的洛杉矶就这样形成了。它通过威尔希尔大道和日落大道一路向西延伸到了太平洋沿岸的圣莫尼卡。威尔希尔大道上的"奇迹一英里"同贝弗利山的发展轨迹相似，后者早前也是一片种植利马豆的田野，而在此时已变成了一个以著名的贝弗利山酒店以及酒店内的波洛餐厅为中心的奢华生活区。日落大道从圣莫尼卡山的山脚下延伸而出，穿过好莱坞，然后到达贝莱尔和刚建成的加州大学洛杉矶分校校区，以及能远眺大海的太平洋帕利塞兹。英国著名演员查尔斯·劳顿和他的太太埃尔莎·兰彻斯特就曾生活在太平洋帕利塞兹，而德国剧作家贝托尔特·布莱希特常常是他们的座上宾。另一位来自德国的移民作家托马斯·曼就住在附近的圣雷莫大道，他在此生活期间不仅写完了长篇小说四部曲《约瑟和他的兄弟们》，还开始构思小说《浮士德博士》，而当时在加州大学洛杉矶分校任教、同是从德国移民来的诺尔德·勋伯格对于书中提及的十二音技法大为光火。

托马斯·曼，连同俄裔美国作曲家伊戈尔·斯特拉文斯基、视觉艺术大师曼·雷（其父母为俄裔移民）、生于奥匈帝国布科维纳的美籍电影导演奥托·普雷明格、奥地利作家弗朗茨·韦费尔、奥地利裔美国电影演员海蒂·拉玛、英国作家奥尔德斯·赫胥黎、英裔美国作家克里斯托弗·伊舍伍德以及其他众多移民改造了洛杉矶，他们在好莱坞大制片厂的黄金时代让这座城市焕发了国际化的风采。与此同

得益于令其引以为傲的高速公路网，洛杉矶市中心在21世纪便形成了标志性的天际线，彰显了它作为美国人口排名第二的城市以及环太平洋地区门户的地位。作为城市自我创造的典型，洛杉矶堪称"美国城市中的'了不起的盖茨比'"。如今，洛杉矶已完全发展成它始终自信可以变成的样子——一座全球化的大都市。

时，一个名叫雷蒙德·钱德勒的前石油公司高管开始了他的写作生涯，他笔下的主人公、私家侦探菲利普·马洛总是深入洛杉矶阴森、黑暗的角落去揭露那里的秘密，又或者在晚上驾车行驶在霓虹灯闪烁的林荫大道——威尔谢尔大道、日落大道、威尼斯大道、比科大道、塞普尔韦达大道。洛杉矶的林荫大道似乎永远走不完，就像洛杉矶这座城市本身，它似乎也从不止步，持续地发展至不确定的未来。

20世纪20年代的洛杉矶是美国城市中的"了不起的盖茨比"，一个靠想象造就的地方；而20世纪30年代的洛杉矶则是美国城市中的乔治·格什温，因为格什温本人就生活在那里。这位作曲家、钢琴家和他的哥哥、词作者伊拉·格什温常常同洛杉矶交响乐团一起在好莱坞露天剧院合作演出。格什温兄弟俩还联手为塞缪尔·高德温参与制作的电影《水城之恋》（1938年）贡献了最后华丽的配乐，比如《爱来临》《可以拥抱你》《爱在此驻留》。今天，洛杉矶的很多场景依然可以让你体会到它当年的风情——富有生机、极具现代感、无忧无虑，比如洛杉矶西区由建筑师理查德·诺伊特拉和鲁道夫·申德勒设计的漂亮住宅，洛杉矶市中心的奥威兹大楼，或是主要的林荫大道上的霓虹灯广告牌：从被称为"威尔谢尔走廊"的繁华街区穿过好莱坞，再到呈东西走向的日落大道，到处都摇曳着绿色、金色、宝石红色和铁蓝色的霓虹灯灯光。

洛杉矶　291

在夜幕下驱车驶过霓虹灯闪耀的路段时，诸如詹姆斯·M.凯恩、霍勒斯·麦科伊、约翰·奥哈拉、F.斯科特·菲茨杰拉德、纳撒尼尔·韦斯特、威廉·福克纳、克里斯托弗·伊舍伍德、巴德·舒尔伯格和雷蒙德·钱德勒这样的作家，都觉得在自己面前的正如菲茨杰拉德所说的那样，是一片广阔而浮夸的美：一座处在真实与虚幻、梦想与欲望、堕落与纯真之间的城市。尤其是对雷蒙德·钱德勒而言，在洛杉矶的夜幕中，霓虹灯下的酒店、公寓、商店、酒吧、餐厅和剧院所构成的景观在潜意识里都让人兴奋不已。"那些灯光妙极了，"在钱德勒的小说《小妹妹》中，侦探菲利普·马洛如此说道，"应该给发明了有十五层楼高的霓虹灯的那个人建个纪念碑……他真的是化平庸为神奇了。"

"二战"以前，唐纳德·道格拉斯、洛克希德兄弟、杰克·诺思罗普等美国航空史上的开拓者就已在洛杉矶立足并推动了航空制造业的发展，科罗拉多河上的博尔德水坝（今天的胡佛水坝）也源源不断地为洛杉矶输送着电力。得益于此，洛杉矶在"二战"时期扮演了新的角色。数百万军人在这里接受军事训练或在奔赴太平洋战场时途经此地，而如果时间允许的话，处于第二种情况的军人们便会在日落大道上的好莱坞餐厅或者洛杉矶的众多酒吧和小酒馆里逗留片刻。当"二战"结束，退伍的老兵们还是会快乐地回想起洛杉矶来，于是他们回到了洛城，促进了那里的进一步发展。

随后，洛杉矶拉开了高速公路建设和进一步都市化的大幕。为了维护洛杉矶的治安，洛杉矶警长威廉·帕克将洛城警署重塑成了一支现代化的精英卫队，它办事高效且逐渐成为洛杉矶最具影响力的公共机构。每周，在全国广播公司（NBC）的电视台播出的电视剧《警网》（1951—1959年）中都能看到洛杉矶警署的光辉形象，而该剧的每一集都以洛杉矶市政厅的长镜头和令人难忘的主题曲开场。1958年，随着道奇队从布鲁克林迁至洛杉矶，洛杉矶也正式跻身拥有职业棒球大联盟球队的城市之列。20世纪60年代初，洛杉矶还建起了一座壮观的音乐中心和一座艺术博物馆。

20世纪60年代中期，有不少美国中西部地区的人刚刚移居至洛杉矶，而洛杉矶也已成为一座更为多元的城市：除了英裔、墨西哥裔和亚裔美国人外，当地还出现了非裔美国人。其实自洛杉矶诞生伊始，那里便已有非裔的身影了（1781年创建洛杉矶的人就是非裔拉美人），是因为大量非裔美国人在"二战"期间来到西部地区的造船厂工作，洛杉矶的非裔人口才出现了大幅增长。1965年，美国改革了移民法案，提高了亚裔和其他此前受到移民限制的族裔的移民配额，此举进一步促进了洛杉矶的民族多元化。到了2000年，洛杉矶已是世界上第二大墨西哥移民城市、第二大韩国移民城市和一座拥有伊朗移民、亚美尼亚移民、埃塞俄比亚移民、越南移民和印第安人的大都会。同时，被亲切地称为"大橙子"的洛杉矶也是美国人口排名第二的城市，人口仅次于"大苹果"纽约。

终于，今天的洛杉矶已发展为一座世界级的城市、一座包容了不同宗教派别的城市和一座全球化城邦。它具有多元文化和多重身份，然而神奇的是，在大约八十种语言以及世界上许多不同的伟大文化和宗教交会于此的情况下，它始终能够保有自己的中心特色，维持同一的认同感。洛杉矶依然是那座"天使之城""梦想之城"，是美国城市中的"了不起的盖茨比"和自我创造之地，港口、供水系统、高速公路和制片厂都反映了它的强烈意志和宣称自己是一座城市的决心，它要用梦幻仙境、好莱坞的星光、美国的风情以及整个世界的缤纷来填满它周围的平原！

布宜诺斯艾利斯

希望永存的城市

菲利普·费尔南德兹-阿迈斯托

> 很难相信布宜诺斯艾利斯有什么起源。我觉得它跟空气和水一样都是永恒的。
>
> ——豪尔赫·路易斯·博尔赫斯，1929年

一幅题为《未来最高贵的郊区》的1909年的漫画描绘了这样的景象：在遍布垃圾的矮树丛里有一个用压平的油罐搭盖起来的简陋小屋，远处工厂的烟囱冒着污烟废气。另有一则漫画调侃了房地产经纪人的飞快步速，漫画里一个大步流星的人从同城的郊区开发区出发，"只一步就到了火车站"。

布宜诺斯艾利斯在迅速地发展。漫画里那个神奇的大步子似乎是说得通的。19世纪70年代，在布宜诺斯艾利斯开始腾飞之前，当地人口在20万左右，而它距离进入文明社会看起来就只有一步之遥。阿根廷位于河流的河口地区，其境内的潘帕斯草原曾是西班牙帝国的管辖范围。沿着宽广的河流，穿越辽阔的大海，到一眼望去广袤无垠的平原，每一处景色都是无边无际的。在阿根廷境内还生活着被称为"野蛮人"的印第安居民。19世纪80年代，胡里奥·罗加将军动用武力征服了潘帕斯草原上的印第安人，并开始了对原先印第安人的土地的改造，大片的荒野逐渐变成了牧场和农田。阿根廷曾是谷物的净进口国，但到1899年，阿根廷的谷物出口量就达到了27万吨。1883年，在阿根廷引入冷藏技术之后，阿根廷牛肉出口量也有望出现类似的猛涨。19世纪的最后三十年，阿根廷的贸易额增长了两倍。它的人口及生产增长率超越了世界上其他任何国家。到了1914年，布宜诺斯艾利斯的人口达到了250万，大约占到了全国人口的三分之一。

布宜诺斯艾利斯是一座移民城市。当地有将近一半的居民来自意大利，有将近三分之一的人来自西班牙，他们彼此交流时说的是夹杂着意大利语和西班牙语流行于码头地区的土话。而布宜诺斯艾利斯红灯区的妓院则聚集了来自世界各地的人。在那可怕的圈子里多的是白人女性被逼迫或被诱骗为娼的故事。1899—1901年，在布宜诺斯艾利斯登记在案的妓女中，有大约五分之一是俄罗斯帝国的国民，另有超过三分之一的妓女来自莱茵河以东的欧洲。声名狼藉的形象对于由边境小镇突然变为花哨都市的布宜诺斯艾利斯似乎是不可避免的。人们在这里往往分不清"抱负"和"自负"。1906年，在一位参议员的金婚宴会上，招待1200名客人的菜品里包括了填有鹅肝酱的丘鹬，这象征了一种暴发户式的得意，这股暴发户的劲儿甚至在房地产开发商的客户和学校孩子身上都有所体现，它也给阿根廷带来了不好的名声。阿根廷的国旗誓词于1909年首次使用，根据誓词中的内容，阿根廷共和国就是"世界上最美好的国家"，受到激励的阿根廷人觉得他们是"无往不胜"的。

布宜诺斯艾利斯从未完全摆脱随发展而来的那些令人失望的事。在20世纪30年代的一些探戈舞曲的歌词中，我们可以听出人们对种种问题的愤怒。探戈音乐人恩里克·桑托斯·迪谢波洛就唱过几首带

博卡绚丽的海滨区是探戈的发源地之一。在这里定居的移民大部分是从意大利过来的。

有讽刺意味、赞美堕落和金钱的曲子，对迪谢波洛而言，"耶稣和小偷具有一样的品德"。而词作人塞莱多尼奥·弗洛雷斯写的一首歌则唱道，"强者们满腔怒火，却饥饿而无助"。作家们纷纷指责外国资本家和布宜诺斯艾利斯本地的大牧场主，据传那些大牧场主将老百姓的粮食抵押给了帝国主义英国。不过，在20世纪30年代的转变过程中，阿根廷的经济还是有所复苏。真正的"失落时刻"出现在"二战"之后。为了得到欧洲市场，美国颁布法令，禁止"马歇尔计划"用于扶持阿根廷的产品。1948—1952年，阿根廷的人均工资下降了20%。政府出台的促进工业化以及用本国产品来替代进口品的政策都宣告失败了。20世纪60年代，阿根廷遍地都是老旧的汽车，全国的学龄儿童只有一半上完了小学。原本高贵优雅的布宜诺斯艾利斯开始衰败不堪，破陋小屋逐渐在城市中泛滥。在佛罗里达大街的哈罗德百货，身穿破旧制服的服务员控制着蒸汽升降梯，将顾客们送到各楼层，而当时百货大楼里充斥着劣质商品。出人意料的是，布宜诺斯艾利斯诞生了众多伟大的小说家，这其中的部分原因是当地鲜有对其他昂贵艺术作品的资助。不过，电影艺术在布宜诺斯艾利斯还是偶有高光时刻的，而这座城市的音乐也从未停歇。

在20世纪走向尾声之时，民主制度、芝加哥经济学派和全球化恢复了布宜诺斯艾利斯的都市活力。当阿根廷政府在经济徘徊不前时将阿根廷比索同美元挂钩的时候，布宜诺斯艾利斯又找回了从前的那种傲慢。2002年，阿根廷银行系统崩溃引发了一系列严重骚乱，一家银行的安保人员还冲人群开了枪。但不管怎样，布宜诺斯艾利斯还是一座永远拥有希望的城市，虽然它的美好发展总是姗姗来迟。

新加坡

狮城

约翰·凯伊

> 我们的目标不是领地而是贸易，一个可能让我们扩大政治影响力的商业中心和支柱……马耳他在西方的地位，或许就是新加坡在东方的地位。
>
> ——托马斯·斯坦福·莱佛士，1819 年

1819 年 1 月 29 日，托马斯·斯坦福·莱佛士踏上了新加坡岛——北码头路上矗立的莱佛士雕像标志着他曾在这里登陆，在这个地方建立一个单一民族国家的可能性在当时并不大。整座新加坡岛都被繁密的热带雨林覆盖着，距离赤道仅有一天的海上航程，当地的湿度几乎达到了百分之百。岛上唯一的住处就是用藤编的小屋，而这些藤屋也算是新加坡唯一的贸易复制品了。不过，新加坡主岛周围的一群小岛还是让新加坡拥有了发展为海港的希望。此外，新加坡毗邻马六甲海峡，这一地理位置极具战略意义和商业潜力。实际上，大约在一个世纪以前，一名途经新加坡的船长就曾指出，新加坡岛是"一个殖民公司建立殖民地的合适地点"。既然在新加坡的丛林环境中都可以迅速地创建聚居地，那么船运和贸易——一座自由港的中流砥柱——也指日可待了。然而，哪怕是像莱佛士这样高瞻远瞩的人物也不曾预见新加坡岛有朝一日会成为一座充满活力的城邦。

在欧洲，独立主权城市国家已经过时了：摩纳哥和梵蒂冈刚够得上主权国家的资格；马耳他和直布罗陀则几乎算不上城市。如果你想在现代寻找一个古代雅典或中世纪威尼斯的对等物，你就得着眼

这幅画大约创作于 1840 年，作者是一位姓名不详的中国画家。它描绘的是新加坡的海滨风光，展现了以政府山上托马斯·斯坦福·莱佛士爵士宅邸为背景的第一座圣安德鲁得烈教堂。

这张照片大约拍摄于1905年，记录的是莱佛士酒店内盆栽棕榈树中的悠闲时光。阳伞、扇子、相机以及帽子的组合，暗示了这是帝国全盛时期的一位时尚感十足的游客。

亚洲，着眼海湾地区（迪拜、巴林），而最重要的是，你得着眼新加坡。世界上没有哪个国家会像新加坡一样：在低潮时人口有370万，而面积仅有704平方千米。新加坡的人口密度为6000人/平方千米，这一数据让它轻轻松松成了世界上人口密度最高的国家。由于填海造陆工程，新加坡的土地面积还在增加，新加坡的人口数量也因100万的非永久居民而大量增长。新加坡居民的识字率约为97%，这一比率在亚洲国家中也许是最高的。新加坡的人均寿命在80岁左右，也是世界上最长的。

1942年2月，日本军队耀武扬威地进入了新加坡。"二战"时期，英国方面曾经以为"新加坡要塞"足以在长达半年的围城战中坚守不破。然而，它不到两周就沦陷了。

1885年，美国博物学家威廉·霍纳迪称新加坡为"所见过的最便利的城市"。他将这座当时正蓬勃发展的转运港比作"一个大书桌，满是抽屉和分类架，一切整齐有序、应有尽有"。莱佛士本人就是一位不知疲倦的收藏者，正是在他的治理下，新加坡才达到了霍纳迪口中的便利程度。新加坡的移民按照各自的种族和职业技能被安置到了不同区域，当时只要看一下街上都是什么人，你就能判断出你在哪儿，而这个方法在今天多半仍能行得通。新加坡拥有为不同群体"定制"的区域和免税政策，它的"抽屉"的确可以满足每个人的需求。

新加坡虽是规划者的天堂，但它也为建国者带来了严酷的考验。世界上其他融合了多民族的"商业中心"——比如马六甲和槟城——都在原来的殖民者撤走之后放弃了独立的主张，新加坡几乎也是照着做的。作为曾经隶属英国的海峡殖民地的一员，新加坡于1963—1965年成了马来西亚联邦的一部分。20世纪中期的一系列事件最终还是让新加坡成了主权国家并生存了下来。对新加坡这座城市而言，它并没有处于发展的最佳时机，但它的特色也是在那个时期形成的。

新加坡的移民数量猛增。加工和运输从邻近的马来半岛进口来的锡和橡胶需要大量的劳动力。尽管从印度拉来了一些契约工人，但绝大部分工人来自中国的福建和广东。在新加坡的多元民族社会中，中国人占据了大多数。新加坡有一种屋顶搭有瓦片的老式店屋，这一传统建筑如今构成了外界对新加坡建筑的固定印象。所有店屋的正面一层是临街的商铺，而上层办公居住两用的房间则通过长长的游廊与左右邻里连成了一片。今天，人们在丹戎巴葛地区和实龙岗路周围仍然能看见一些店屋，只不过前者经历了过度修复，后者则不太起眼。

对英国而言，新加坡城市的经济和战略重要性已变得首屈一指。法院、市政厅以及博物馆都有着大气的外观，它们为城市的街道增色不少。马路两边柱廊林立，皇家棕榈树枝繁叶茂、拔地参天。一些造船厂正在扩建，显然在赚着大钱。萨默塞特·毛姆笔下的一位小说人物曾如此说道："你觉得所

新加坡从一个商业性质的转运港发展成了一个城邦。如今，商务区的摩天大厦傲视着丹戎巴葛地区大量被过度修复的粉蓝色色调的店屋。

有那些船只在那一刻都停歇了，似乎在等待什么特别事件的发生。"在宽敞明亮的莱佛士酒店内，总能听到乐队的演奏。战争的威胁给这座城市带来了巨大的军事投资，这也使它得到了一个宽慰人心的称号——"新加坡要塞"。

1937年，日军发动的侵华战争发出了一个危险的信号。新加坡的中国人由于返乡无望，不得不原地驻留；英国人也如是。后来，欧洲卷入了"二战"（1939年），日军也开始染指中南半岛（1941年）。然而，此时的英国仍保持着极端的自信。巨大的海岸炮台把守着新加坡的港口，这座城市一副固若金汤的样子，以致英国的老式飞机看起来已经足够应付侦察任务了。坦克在新加坡的丛林地形中被认为是毫无用武之地的；在新加坡岛北岸靠近马来半岛的地方，就连带刺铁丝网这样的防御设施都被当成是没有必要的，装上它反而会引起老百姓的担忧。而在登陆马来半岛后，日军以闪电般的速度推进，于1942年2月抵达了柔佛海峡，当时，英国守军连理应炸毁的海峡堤道都没有处理。新加坡岛只守了一周多的时间，而新加坡城不到一周就沦陷了。

丘吉尔将新加坡的失守称为"英国史上最惨痛的灾难"，它同时也是一场最耻辱的灾难。相机捕捉到了每一个行动：倒霉的英军指挥官举着白旗，拖着沉重的步伐去协商投降事宜；日军的坦克隆隆地驶过被炸毁的油库；盟军战俘的蜿蜒长队向樟宜行进。如今的樟宜是新加坡的国际机场所在地，而在当年，樟宜设有日军最残酷的战俘营。日占期间，有5万名中国人遭到了无端屠杀，而他们中的一些人就是在樟宜战俘营附近被枪决的。

三年半后，这场噩梦终于结束了。盟军东南亚战区最高司令蒙巴顿将军在新加坡市政厅接受了日军的投降。在莱佛士酒店，300名日军士兵自杀身亡。而在同为五星级酒店的良木园酒店，英军设立了一个审判战争罪行的军事法庭。英国人修复了新加坡的基础设施，镇压了马来亚共产党在新加坡的武装起义，并推行了代议制民主。但是英国人的殖民统治已经不再可靠了，这一点是无可挽回的。1963年，新加坡脱离了英国统治。英国在新加坡的海军基地也于1971年彻底移交给了新加坡政府。新加坡于1965年加入了联合国，此时它已经单枪匹马了。那些没有回国想法的居住在新加坡的中国人，用了很长时间最终变成了华裔新加坡人。新加坡推行了财政激励政策，它的政治稳定、同盟可靠，最重要的是，它的劳动力受过高等教育而且非常勤奋，这些因素都吸引了大量国际投资。此前对新加坡的城邦前景持怀疑态度的人噤声了，一座城邦已然诞生。轰鸣前进中的"狮城"新加坡发展速度惊人，它也一跃成为环太平洋地带"亚洲四小龙"中的一员。

纽约

未来的前景

简·莫里斯

> 人们可以瞬间融入纽约这座城市，在五分钟内就会有待了五年的归属感。
>
> ——托马斯·沃尔夫，1939年

在"二战"刚结束的那些年里，也许没有哪座现代都市能像纽约那样卓越超群。作为一个整体，不断向外扩张的纽约并没有给世人留下什么特别印象。但是纽约自身的一部分却几乎成了它的完美象征，那便是曼哈顿的海上岛屿自治区。

曼哈顿岛其实是个小岛。它长20千米、宽不足4千米，通过许多桥梁、隧道和纽约其他地区相连。然而，就是在这么个弹丸之地，却聚集了190万种族各异的人。时至今日，曼哈顿引以为豪的精神仍然镌刻在纽约港入口处的自由女神像基座上："把你那疲乏、贫困、瑟缩着的、渴望呼吸自由的民众交给我吧。"不过到了20世纪40年代初，曼哈顿作为"避难所"的功能已经被它作为世界上最强大国家的最富有、最具活力和最自信的大都市的地位所取代。

受"二战"影响，世界上其他国家的很多城市仍处于百废待兴、经济困顿的局面，尤其是欧洲那些威严雄伟、曾长期主导西方文明的首都城市。而丝毫未受战火波及的曼哈顿却因战事而收获了财富。它的金融机构迅速成了世界的主要推动者，它的精神生活异常活跃，它那已然享有盛名的天际线屹立在海湾之上，仿佛是一条命运的饰带。

曼哈顿的居民很少对他们新的统治地位保持低调，而且纽约不是美国首都的这一事实并没有使他们谦卑，反而让他们更加傲慢。在首都华盛顿，那套老旧的、利己主义的外交机制仍然运作如常，那里18世纪的浮华建筑代表了国家的意义。但曼哈顿是全新的、年轻的——有一则老笑话："如果纽约彻底建成的话，它将是一个很不错的地方"——而且充满了重新开始的希望。旧世界的城市，从伦敦到东京，回首过去的历程总有遗憾，而纽约则完全是新兴城市的象征，未来前景可期。

在外国人眼中，纽约的光辉灿烂当然是令人艳羡的。世界上每个地方的人，不论贫富，都对它赞叹不已，并且希望自己也可以踏上纽约的土地，驻足在摩天大楼之下。而在本地居民眼中，纽约的魅力也毫不逊色。他们不仅将曼哈顿视为一扇实实在在的通往美国的大门——"二战"后从欧洲战场得胜归来的美军正是经曼哈顿回到祖国的，还把它看作一扇抽象

被称为"空中大教堂"的帝国大厦是一个建筑和工程的奇迹。当帝国大厦于1931年竣工的时候，它是世界上最高的建筑物。尽管如今纽约的天际线已由成堆的摩天大楼构成，但帝国大厦仍保持着它的标志性地位。

埃利斯岛靠近曼哈顿的西南角，它在1954年之前一直是美国主要的移民检查站，相当于移民进入美国的门户。据估算，百分之四十的美国人的祖辈都是经埃利斯岛移民来到美国的。

负责宣传城市形象的人喜欢把纽约称为"奇迹之城"或"明日之城"。经济学家预测纽约的各行各业都将出现令人难以置信的繁荣。采用了新奇技术的产品比比皆是，因此人们在纽约的日常生活中会接触到袖珍收音机、透明胶带、无咖啡因咖啡、大型汽车、传真机、到达每一层只需一秒的电梯，以及豪华轿车里的车载电话——而这一切都是纽约以外（或者说美国以外）的人几乎都不曾了解的新鲜事物。耸立于曼哈顿中心的帝国大厦是当时世界上最高的建筑，人们称它为"空中大教堂"。

曼哈顿的思想文艺界同样璀璨耀眼。贝尔托·布莱希特、阿瑟·米勒、约翰·斯坦贝克、E.E.卡明斯、田纳西·威廉斯、W.H.奥登等人都是曼哈顿的居民。以杰克逊·波洛克、马克·罗思科为代表人物的纽约画派挑战了巴黎画派的权威地位。纽约现代艺术博物馆的模式在世界各地引发了同类型博物馆的效仿。纽约已拥有数所成功的大学、四个交响乐团、两家著名的报纸以及影响深远的《纽约客》杂志。百老汇就是个大型娱乐工厂，它专注于炮制典型的美国艺术形式——舞台音乐剧。哪怕是在曼哈顿那可怕的贫民窟，也聚集着不同国家的有才华的人。不管是破旧公寓里最贫穷的住户，还是潦倒酒鬼中最无能的家伙，都乐于自己能和大富大贵的洛克菲勒家族或者著名指挥家托斯卡尼尼身处同一社区。

尽管曼哈顿物质繁荣，社会生活精彩，艺术兴盛且充满欢乐，但它的最基本要素还是权力。它向外人传达的信息并不是海市蜃楼。纽约的的确确就是一座未来之城。所有的活力、财富、创造力和志得意满都展示了它们自身的潜力，也显示了美国的无限可能。

伊利诺伊州和俄亥俄州的工厂和煤矿企业、美国西部辽阔草原的粮商、海军舰队和陆军、大公司、华盛顿联邦政府的谋篇布局乃至威力惊人的原子弹最终都在曼哈顿岛得到了成功展示。曼哈顿曾在电影《金刚》里出现过，片中的那只大猩猩曾爬上了帝国大厦的楼顶。而曼哈顿各家酒店的服务生总是喜欢夸耀说在纽约你想吃什么，他们就绝对能给你提供什么——"（您）只管开口要，女士，我们这儿应有尽有……"

从灰铅时代到黄金时代

亚历山大·布鲁姆

对于一名年轻的作家或者知识分子来说,来到纽约的最佳时间似乎总是在上一代人的那个时候。老一辈的纽约人常常把纽约的美好岁月,也就是过去,挂在嘴边。"一战"前的格林尼治村政治激进、文化新潮,这在20世纪30年代已成了民间传说。"二战"后的那些年里,作家们纷纷哀叹20年代格林尼治村的流逝,一位作家说道:"一起逝去的还有格林尼治村轰轰烈烈的争取个人自由和性解放的运动。"但长期生活在纽约的记者默里·肯普顿则评论道:"如果你在纽约待得足够久,你所以为的灰铅时代看起来将与黄金时代无异。"

随着冷战思潮、麦卡锡主义和反智主义的蔓延以及美国城市的郊区化,纽约在"二战"后的那些年里曾一度被认为处在一个灰铅时代。然而,它所处的其实还是一个黄金时代。人们对那个时代的颂扬随处可见。文学评论家阿纳托尔·布鲁瓦亚尔在其身后出版的回忆录的开篇写道:"我觉得大家十分怀念纽约以前的日子,特别是'二战'刚结束后在格林尼治村的日子……那是一段美好的时光,也许是20世纪最棒的时光了。"小说家丹·韦克菲尔德也在他的回忆录里追忆道:"我们从那个时代最激动人心的城市起步。它就像20年代的巴黎一样,是一座圣地,而它如今只存在于人们的记忆里。它的名字现在似乎已成了一个传奇:50年代的纽约。"

纽约有着丰富的、随处可见的文化和学术活动。对曾任教于哥伦比亚大学的社会学家丹尼尔·贝尔而言,纽约就像一座冰山。"冰山的一角是剧院、画廊、博物馆、大学、出版社、餐厅、夜总会、咖啡馆和漂亮的商店——所有发生在这些场所中的活动都让纽约成了美国独特而耀眼的大都会。"没有哪座城市能够在"二战"之后涌现出比纽约更多的学术和艺术新星。"纽约画派"这一称谓体现了现代艺术的盛行,其代表人物有杰克逊·波洛克、威廉·德·库宁、弗朗茨·克兰、马克·罗思科等。而"纽约知识分子"——莱昂内尔·特里林、西德尼·胡克、克莱门特·格林伯格和欧文·豪等人——则成为那个时代最重要的文学评论家、社会思想家和政治分析家。诸如哥伦比亚大学和纽约现代艺术博物馆这样的机构即使没有影响到世界,也影响了整个美国的社会和文化态度。

与此同时,纽约也吸引了一批文化新诤者。诗人艾伦·金斯堡在哥伦比亚大学念书的时候曾修过莱昂内尔·特里林开设的文学课程,他和杰克·凯鲁亚克、威廉·巴勒斯等青年先锋作家在20世纪40年代末一起开创了"垮掉派"文学。这几位"垮掉派"文人直到50年代末才出名,而鉴于他们反文化的生活方式,他们一直将纽约视为最适合自己的地方。摄影师、《村声》周报的编辑弗雷德·麦克达拉回忆起纽约"垮掉派"文人的生活时写道:

> 房租很便宜。我住在格林尼治村的边缘,每月的租金只要46.68美元。我一周能赚将近50美元,而我们出去吃一顿只要2美元……一到周末,社区里的人就全跑去华盛顿广场公园参加"垮掉派"文人的表演、朗诵和聚会活动了。

GASLIGHT
POETRY
CAFE
CARICATURE
COFFEE HOUSE
Gaslight
DO
NOT
PARK
8-9AM
EXCEPT
SUNDAY

RICK ALLMEN'S
Cafe

SMOKE
POT... it's
cheaper and
healthier
than liquor
POT
is a
REALITY
KiCK.

然而后来代沟就越来越明显了。至少对纽约大学哲学教授威廉·巴雷特这样年长的知识分子来说，那个吸引了众多年轻人并给他们带来刺激的格林尼治村不再是先锋派的领地了。巴雷特觉得1954年的格林尼治村已经"变得世俗"。许多人，包括年轻时候的巴雷特，都在格林尼治村感受过"精彩的生活"，但后来村里到处都是年轻夫妇，没人再过他们那样的生活了，巴雷特十分怀念弗雷德·麦克达拉提到的那些活动。"后来纽约社会上人们真正感兴趣的焦点场所，"巴雷特评论道，"成了华盛顿广场公园的游乐场，妈妈们在那儿碰头聊天，孩子们则在嬉戏喧闹。"

纽约现代艺术博物馆（MOMA）的雕塑花园和较新的翼楼。MOMA是战后纽约艺术生活的中心，这里举办着最著名的展览，会聚着最有影响力的赞助人和同艺术家齐名的策展人。

　　到了20世纪60年代初，纽约又为新一代人搭建了舞台。战后的一些文化叛逆者投身到如火如荼的青年运动中，加入了当时的反文化阵营，其中最重要的人物仍然是艾伦·金斯堡。不过，其他人还是很难在20世纪60年代找到他们在50年代对于先锋文化的感受，这就像30年代的知识分子很难接受50年代的文化一样。政治和社会思想家迈克尔·哈林顿评论道，他所熟悉的格林尼治村止于"一个名叫鲍勃·迪伦的笨拙小子登台亮相的那个晚上，我听出了未来的风格，可我一点儿也不喜欢"。当然，更年轻一代的受众将把迪伦捧为诗人。如果待在格林尼治村或是待在纽约的最佳时间是在上一代人的时候，那么下一代人赶上的就是最糟糕的时间了。

　　美国作家E.B.怀特在其1949年的著名散文《这就是纽约》中，将纽约人分成了三类：一类是通勤者，他们"让纽约潮涨潮落、生生不息"；另一类是本地人，他们给了纽约"稳定和连续性"；还有一类是移居者，他们"点燃了纽约的激情"。而如果移居者是年轻人，那么他们的激情则更耀眼、更饱满、更炽热。民间流传着乡下年轻人在大城市出人头地的故事，而纽约的年轻移居者上演了这个故事的现代版本。正如莱昂内尔·特里林指出的那则古老寓言，通过纽约"开启一段传奇的浪漫史，甚至可以说是彻头彻尾的魔法"。20世纪50年代的纽约，人们在年轻人身上能够再次看到这种魔力，他们以崭新的精神面貌来拥抱这个世界，甚至能够"化铅成金"。

　　①② 20世纪60年代初位于纽约格林尼治村的两家咖啡馆：煤气灯咖啡馆和怪诞咖啡馆，都是"垮掉派"诗人经常交流诗歌的地方。这两家咖啡馆以及当地其他的一些咖啡屋也是艺术家和作家们聚会的场所。煤气灯咖啡馆还有一个特色就是音乐演出——鲍勃·迪伦就曾在那里表演过。

　　③ "垮掉派"诗人艾伦·金斯堡从20世纪50年代放荡不羁的艺术家变成了60年代的反文化偶像。在这张照片中，金斯堡正于纽约的格林尼治村领着一群示威者鼓吹吸食大麻的好处。而不论是50年代还是60年代，吸食大麻都被视作叛逆者背离主流社会的惹眼行为。

　　④ 这张照片记录了美国画家杰克逊·波洛克在他的长岛工作室里将颜料滴在画布上的场景（1948年）。杰克逊·波洛克、威廉·德·库宁、弗朗茨·克兰、马克·罗思科等当时世界画坛举足轻重的人物都被归为纽约画派，而这一流派的名字显然是将他们所属的艺术门类和他们的工作地点联系了起来。

①	②
③	④

纽约　303

纽约的"炼金术"——曼哈顿高楼林立的街道在傍晚的阳光下变成了金色。

圣保罗

咖啡与贸易

伊丽莎白·约翰逊

> 里约热内卢是个美丽的地方。但圣保罗,圣保罗才是一座城市啊。
>
> ——玛琳·黛德丽

在圣保罗建成之后的450年里,它从葡萄牙帝国的一个安静、闭塞之地变成了南美洲最大城市和世界第四大城。如今,圣保罗大都市区(圣保罗市及其周边城市)的人口已经超过了1000万。

圣保罗是由耶稣会士曼努埃尔·达·诺布雷加和何塞·德·安谢塔于1554年建立的。当时,在葡萄牙的美洲殖民地中,它是为数不多的远离海岸的城市之一。圣保罗内陆地形的几个方面吸引了诺布雷加和安谢塔来到这里。这些条件当中最重要的一点就是,圣保罗地处铁特河、皮涅鲁斯河、阿尼昂卡保乌河和塔曼杜阿特伊河四河交汇的地方。有了这些航道,耶稣会士和居住在巴西广阔腹地的印第安部落之间的贸易得以顺利开展。在圣保罗建成不久后,它便成了一个民族大熔炉,不少印第安人移居此地,和耶稣会士一起生活;它还吸引了许多葡萄牙移民和他们的混血后代。

在圣保罗交汇的四条河流,尤其是铁特河,最终塑造了巴西的地貌。圣保罗人沿着这些航道继续深入巴西内陆去寻找贵金属以及他们农场所需要的印第安劳工。而他们对黄金的渴望则驱使他们行至越来越偏远的地区,如此一来也就为葡萄牙帝国开辟了越来越多的领土。

尽管圣保罗人热衷探险,不断深入巴西的新地界,但直到19世纪末,圣保罗这座城市相对而言仍然无足轻重。正是在这段时期,圣保罗的农民开始种植咖啡。随着圣保罗的"咖啡热",外资如潮水般注入到巴西的基础设施建设中,继而又推动了几项重要的交通建设,比如从港口城市桑托斯出发、翻越沿海峭壁抵达圣保罗所在高原的那条铁路。这条新建的铁路不仅促进了咖啡的出口,还为500多万来自世界各地的新移民涌入圣保罗提供了便利。与葡萄牙帝国在巴西的另外一个重要殖民地里约热内卢不同,圣保罗时至今日依然是巴西种族最多元化的城市之一,那里汇集了大量日本人、黎巴嫩人以及来自欧洲不同国家的人。

随着咖啡经济的发展,圣保罗也在迅速扩张。它很快就盖过了里约热内卢的风头,一跃成为巴西最重要的大都会。在这一时期,当地社会出现了一个新的富人阶级,人称"咖啡大亨"。他们在圣保罗的城市景观领域投入了大笔资金。圣保罗的一些最壮观的建筑工程就是在这一时期启动的,而其中的大部分建筑都是由建筑师弗朗西斯科·德·保拉·拉莫斯·德·阿泽维多设计的。

拉莫斯·德·阿泽维多生来就是圣保罗人。他去比利时学了一段时间的土木工程后,在1879年重返故乡。当回到圣保罗的时候,他和当地的"咖啡大亨"合作,给巴西的建筑带来了欧洲风情。他最重要的建筑作品包括卢斯火车站、市立剧院、市政市场和圣保罗工艺美术学校。此外,他在圣保罗人大道的设计和建造过程中也发挥了重要作用。崭新而壮观的圣保罗人大道让市中心黯然失色,这条大道转而成为圣

20世纪70年代，大量移民涌入圣保罗，迫使数百万人住进了圣保罗的棚户区。如今，大约有200多万人生活在遍布圣保罗全市的棚户区里。近年来，得益于政府的改造，许多棚户区已经能为住户提供基本的服务，包括供水和下水道，还有电话和有线电视。

保罗真正的核心地带。它于1891年正式开通，是乌拉圭建筑师华金·欧亨尼奥·德·利马的一项建筑方案的成果。德·利马设想了一条宽达28米的漫长大道，可以给居民提供充足的空间来修建宅邸。当时，资金充裕的"咖啡大亨"们迫不及待地想要搬到这个新地方来住。

圣保罗人大道很快就成了当地社会关注的焦点。1894年，迫于来自住在大道的精英阶层的压力，圣保罗市议会通过了该市最早的区域法之一，禁止在圣保罗人大道沿线建造工厂。议会还规定来自农村的牲畜群也不得在雄伟的圣保罗人大道上穿行。

在圣保罗人大道竣工后的20年里，拉莫斯·德·阿泽维多和其他当地的以及欧洲的建筑师们在这条林荫大道两旁建起了数十座宅邸。特里亚农观景台也是在这一时期建成的，它是一个梯田式的花园，精英阶层可以聚集在那里欣赏阿尼昂卡保乌河谷壮丽的景致。作为圣保罗市最早的主要工程项目之一，7月9日隧道就建在特里亚农观景台的下方，它将这一带新的住宅区和市中心连成了一片。特里亚农观景台的命运反映了圣保罗已做好改造自我的准备并且渴望不断革新。1957年，这座占地颇广的观景台被政府拆除，在它所处的地方建起了圣保罗艺术博物馆（MASP）——圣保罗现代性的象征。"先拆后建"的命运落在了几乎所有当年由"咖啡大亨"出资修建的宅邸身上，只有5座宅邸最终被保存了下来。自20世纪50年代开始，圣保罗人大道变得越发商业化。如今，银行和购物中心成了大道周边最主要的建筑。

不光是圣保罗人大道，其实连整个圣保罗都在"咖啡热"那段时期之后经历了重大变革。20世纪20年代，在咖啡价格暴跌后，一个由城市企业家形成的新的阶级逐渐将注意力转向工业。随着20世纪30年代外国移民的减少，越来越多来自巴西东北贫困地区的人来到圣保罗。这数百万来自巴西东北部农村只能勉强维持生计的农民，逃离了家乡的贫穷和干旱，来到圣保罗寻求城市中的机会和财富。这股移民潮在20世纪50年代愈演愈烈，一方面满足了当地工业对廉价劳动力的渴求，另一方面却导致城市贫困问题更加严重。

和圣保罗人大道一样，圣保罗这座城市在某种程度上也在紧张地对待着自己的过去。在市区内，圣保罗的过去和现在似乎在摆脱彼此，政府一直都试图在二者之间达到一种平衡。在圣保罗人大道，有20多万人住在公寓楼内，数百个行当集中在这里，每天都有将近200万行人和十几万辆车从这里通过。相反，市中心则到处是曾经气派、如今粗糙的建筑。而在圣保罗的最南部，仍有一部分瓜拉尼印第安人选择继续生活在克鲁库图村，尽管不断扩张的城市已经逼近他们的居住地了。

在超现代和传统的并存中，圣保罗反映出了过去和未来错综复杂的方方面面。近几十年来，新的商业区如雨后春笋般涌现，这些商业区虽然都可与圣保罗人大道一较高下，但历史悠久的圣保罗人大道仍然是这座城市真正的心脏。

悉尼

从穷困之地到国际都市

伊丽莎白·法雷利

> 悉尼这个名字说到底是来自狄俄尼索斯——年轻的葡萄酒、植物和狂欢之神。
>
> ——彼得·汤金,2000年

1788年1月,当法国酝酿着一场大革命、美国马萨诸塞州的自耕农对提议的"倾向贵族利益"的宪法争论不休的时候,英国海军军官阿瑟·菲利普带领着英国第一批囚犯移民安全抵达了南半球的两个锯齿状海岬之间。在历经了长达八个月的海上航行后,就连囚犯们也开始欢呼雀跃起来。这个峡湾般的空间切进了传说中的南部大陆雾气缭绕的东部,被蜜色的砂岩和盘根错节、树皮呈粉红色的桉树所包围,正是这个地方形成了后来的悉尼港。

自此以后,悉尼得到了快速发展。也许它发展得太快了,仅仅用了两百多年就从一个穷困之地变为一座国际都市。然而,海洋和砂岩仍然给这座城市的自然属性增添了别样的风味——晶莹的海盐与赤褐色的砂岩的迷人搭配。同样,腐败的"朗姆酒军团"[1]对悉尼这个新生的罪犯流放地的治理至今仍影响着当地混乱的政治文化,灿烂阳光与漆黑阴影所形成的明暗对比便是那里道德特征的写照。

而正是在面朝大海、政治混乱、善与制度化的恶形成强烈对比的局面下,新南威尔士州州长罗伯特·阿斯金执政的10年(1965—1975年)成了悉尼的鼎盛时期。这段时期并不一定是悉尼最美好的岁

悉尼以它是一座风光旖旎的海滨城市而闻名。那里充满了现代化的摩天大楼和繁华的商业设施。然而即便在今天,它仍然有着狄更斯式的心灵和灵魂。岩石区是悉尼城内历史最为悠久的地方,它全天都呈现着勃勃生机,吸引着观光客和本地人前来游玩。

---

[1] 指英国驻澳大利亚新南威尔士军团。由于殖民地货币短缺,朗姆酒成了交易物品的媒介。当时新南威尔士军团的军官能够凭借自身地位和财富买断所有进口的朗姆酒,再将其用于交换日用品以及雇用劳动力,因此该军团得到了"朗姆酒军团"的绰号。

△ 20世纪60年代，畅销社会学著作《女太监》（1970年）的作者杰梅茵·格里尔是自由派知识分子饮酒俱乐部"悉尼会"中的一员。

▽ 澳大利亚的妈妈们抗议将她们的儿子征召入伍去打越南战争。1966年，在美国总统林登·B.约翰逊访澳期间，悉尼的女性抗议者们堵在了载着约翰逊和罗伯特·阿斯金的车前。

月，对悉尼这么一座年轻的城市而言，它最美好的岁月理应还在后头。不过，在这段属于无助的发展初期和安逸的国际化时期之间的间隔期——就像澳大利亚荒野昼夜之间那段没有苍蝇和蚊子骚扰的幸福时光，悉尼最富于激情，最享受快乐，也最充满颠覆性。

从表面上看，阿斯金十年或众所周知的"绿灯十年"，并不像是人们概念中的"鼎盛时期"。这一时期有许多非法经营的酒吧、赌场以及收取保护费的帮派。那时的发展毫无限制，犯罪出现集团化，警方暴力执法严重，政府腐败根深蒂固。据说阿斯金曾做过非法赌马的庄家，为此他还得了个绰号叫"油滑的山姆"。他靠媒体大亨弗兰克·帕克的资助进入政府部门，而后在1972年，也就是高夫·惠特拉姆成为澳大利亚总理的那一年，阿斯金自荐为爵士。在1965年的选举之夜，据说成功当选州长的阿斯金欣喜若狂地喊道："我们现在在糖果馅饼店了，伙计们！"

阿斯金走马上任的时候，悉尼正在战后紧缩政策、英国殖民主义、残酷的以英国为中心的白澳政策（只允许白人移民）中挣扎。澳大利亚总理罗伯特·孟席斯长达17年的执政生涯已经接近尾声，而悉尼市政厅长期以来"贪污腐败、任人唯亲、尔虞我诈"的做派只留下了一套庸碌无能的管理模式。长达50年的摩天大楼禁令和著名的"六点前的痛饮"——标榜阳刚、热爱饮酒的人们应付酒吧早早停业的绝招——消失仅仅几年后，悉尼就陷入了所谓的"炸肉饼文化"[1]中，直到现在也是。

不过，充满活力的婴儿潮一代、高涨的反种族隔离情绪、如火如荼的反越战游行和20世纪60年代的摇滚文化大有将"炸肉饼文化"消解之势。自20世纪40年代开始，一个由自由论者组成的被称为"悉尼会"的饮酒俱乐部就在悉尼皇家乔治酒店楼上的密室内宣扬起他们那激动人心、自由开放的思想。而20世纪50年代"悉尼会"中的作家和思想家，比如杰梅茵·格里尔、克莱夫·詹姆斯、罗伯特·休斯和杰弗里·罗伯逊等人，他们的光芒更胜前人，

---

[1] 指那个年代的悉尼文化平淡而乏味。

308　现代城市时期

后来的发展空间也更为广阔。

1967年，第一批美国海军陆战队队员来到悉尼休整调养。他们离开悉尼的花园岛海军基地，经过国王十字俱乐部和红灯区，瞬间带火了音乐、毒品、色情以及蓝色牛仔裤市场。有传闻说这些活动背后还有美国中央情报局和国际黑手党成员的参与。著名的另类地下杂志Oz在作家理查德·内维尔和艺术家马丁·夏普的创办下已进入了第三个年头，而在1971年，包括内维尔在内的三名杂志编辑在英国被控"意图腐化公众道德"，那场审判也让Oz杂志声名狼藉。

同样的文化碰撞也体现在了悉尼的建筑领域。1965年，悉尼的市中心聚集着一片优雅的临街建筑，最高的建筑有12层，这也是曾经的楼层限高。这些建筑维持着中央采光井和单人间式办公室的门面，但是几乎享受不到自然光。就是在这么一个建筑物整齐划一的地区，当楼层限高12层的规定于1957年被取消之后，一座摩天大楼拔地而起，它就是位于环形码头的悉尼塔（又称AMP塔）。而在几个街区以外，悉尼的第二座塔楼，壮观的澳大利亚广场塔正在建设中。澳大利亚广场由"带有闪亮的美国思想"的哈里·塞德勒设计，由移居悉尼的荷兰工程师迪克·杜塞尔多普

1966年，在建中的悉尼歌剧院，背景是环形码头和悉尼市中心。尽管悉尼歌剧院项目因澳大利亚的政治斗争而历经曲折，人们还是将它和悉尼画上了等号。而且，在一系列让悉尼增光添彩、改头换面的地标性建筑中，悉尼歌剧院是最早完工的。

在曾经存在着大约20幢建筑（以及独特的后巷屋）的场地上建起，代表了一个全新的世界：光芒四射、以自我为中心、迷恋美景。

在另一边的几个街区之外，悉尼歌剧院肋拱结构的壳顶搭满了脚手架和钢筋。同样，虽然它建成了一半，但已经因澳大利亚国内的政治斗争和成本超支而历尽周折。正如澳大利亚前总理保罗·基廷所言，"悉尼的肩膀被彩虹拍了一下。这座城市能得到这样的歌剧院的概率是微乎其微的"。1957年，悉尼歌剧院设计评委会将丹麦建筑师约翰·伍重的竞选方案丢进了垃圾桶里，而评委会中一位迟到的专家，芬兰裔美国建筑师埃罗·萨里宁却慧眼识珠，最终敲定采用伍重的方案。

1965年，包括哈里·塞德勒在内的建筑界名人走上悉尼街头，抗议阿斯金政府的公共建设部部长戴维斯·休斯解雇伍重的行为。休斯当时欣然接受了伍重的辞呈，而且没有支付伍重他应得的钱。悉尼的大学或许会溜须拍马，授予权贵人物荣誉博士学位，比如新南威尔士大学在1966年就给阿斯金颁发了荣誉博士学位证书，然而这些大学的学生却团结一致地支持伍重。

彼时，悉尼的保护城市遗产运动刚刚开始。尽管大部分悉尼人努力搬往郊区，但同样也有许多支

持伍重的现代主义者回到市中心，翻新了拥有百年历史的联排屋，试图创造一个更加城市化、更具有欧洲风格的生活环境。1971年，工会活动家杰克·芒迪为了保护凯利灌木林——一个位于悉尼郊区、面积不大的残余林区，动员了他所在的建筑工人联合会的成员发起了第一次著名的"绿色禁令"运动。这场运动后来在悉尼内城的大部分地区开展。同样的矛盾也明显地体现在悉尼同时发布的两份官方（但思路截然相反的）城市规划方案中。一份方案以无序蔓延的洛杉矶城为原型，拟在古老的悉尼内城大范围修建高速公路；而另一份方案则优先考虑步行者的需求，强调植树和街道设施建设，并把上一份方案中建高速公路的区域指定为遗产保护区。

这场建筑文化的冲突最终在国王十字区维多利亚街的波希米亚人和工人阶级居民的争斗中达到高潮。一项由阿斯金政府支持的大规模重建计划在1972年的"绿色禁令"实施以前就已经引发了强烈的争议。这场争议直到1975年才宣告停止。那一年，维多利亚街的居民、一直旗帜鲜明地反对开发项目的作家兼出版人胡安妮塔·尼尔森神秘失踪，而此案至今悬而未决。

从此以后，悉尼变得"规矩"了很多。尽管腐败、贫困、有组织犯罪和种族关系紧张等社会问题仍时有出现，但随着2000年奥运会的成功举办，凭借强大的经济实力和疾速的雅皮士[1]化，悉尼已经一跃成为一座国际化城市。哥伦比亚波哥大市的前市长在一次会议上谈及悉尼的公共交通和环境状况时说："悉尼所遇到的问题都是我们乐于遇到的问题。"在一个夏日的傍晚，当街头的通勤者们摩肩接踵，蝙蝠飞过缅栀花树返巢的时候，悉尼仍会让人觉得它是地球上最迷人的城市之一。

---

1 是由20世纪80年代美国青年中的佼佼者的生活方式催生出的一个文化名词。——编者注

东京

不断变化的城市

莱斯利·唐纳

> 一个世纪以来，东京一直被称为"充满反差的城市"或"古今交汇之都"。自19世纪中期日本打开国门以来，日本便巧妙而别具一格地融合了东方与西方、现代与传统。
>
> ——唐纳德·里奇，1987年

东京是最具有活力的城市。它不停地在变，城市里几乎没有什么古物，起码第一眼看上去是这样。从一开始，东京的城市构造就带着这种变化无常的感觉。

1590年，德川家康大名选择了江户渔村——位于本州岛未开发的北部的边缘——作为他的大本营。不过，它后倚大山，一侧临河，前有便于防御的海湾，从风水和实用角度来说都令人满意。德川家康是个足智多谋的军事家，也是个富有才干的管理者，他不久便成了江户幕府的第一代将军以及整个日

1923年9月1日关东大地震后东京本石町和神田地区的景象。超过10万人在这场灾难中丧生，其中多数人死于地震引发的火灾。这次地震使东京的大部分地区沦为废墟。

本的霸主。通过围海造田、修建堤坝、挖凿沟渠，江户逐渐发展起来，并被早期的游客形容为"东方威尼斯"。被壕沟和水道环绕的巨大的江户城堡主宰着江户。围绕着江户城堡巨大的花岗岩城墙，分布着260位大名的豪宅，而东面河边拥挤的巷子则是平民百姓的聚居地。地震与火灾（因在江户频发而被戏称为"江户之花"）不断地蹂躏着这座以木材建筑居多的城市，而江户也不断在灾后重建，并且越建越大，越建越好。浮世绘木版画里所描绘的江户城里商贾云集，娼妓流连，而诚如画中所绘，这种花街柳巷的文化在江户达到了顶峰。

1868年，江户幕府将军战败，天皇重新掌权。明治天皇从京都迁都江户，并将江户改名为东京，而原先的江户城堡也成了皇宫。一座拥有铁路、电灯和西式石砖建筑的崭新城市拔地而起。当年的一些西式建筑一直被保留到了今天，比如东京火车站西入口宏伟的红砖建筑。

1923年的关东大地震让东京化为瓦砾。而"二战"期间，东京再度被夷为平地。当美国人在1945年来到东京的时候，这座城市已是一片灰烬之海。痛苦的东京人着手重建城市。东京的大部分都变了样子，不过还是有些地方维持了原状。尽管昭和天皇发表宣言否定了天皇的神圣地位，但他幽居的皇宫仍然是城市的中心，那里就好似一处不可逾越的绿洲，它的下方不能有地铁线路经过，它的上方禁止飞机飞行。

江户城曾被规划成一个螺旋，它就像一个复杂盘绕的迷宫，让敌人无法接近城中央的江户城堡。每当江户受到严重破坏，人们在重建城市时便有机会将城市街道规划得更加有序，或许就像京都那样呈网格状。实际上，江户的规划布局还是跟从前一样复杂。

位于东京东端的浅草是平民生活的地区，那里在"二战"后得到了重建。来到东京的游客都会涌入香火旺盛的浅草寺，向寺里的观音祈祷。虽然浅草仍是东京传统文化的中心，但它再也没有恢复战前的活力。它曾是东京的繁华中心，而如今只是个怀旧之所。当东京重现生机之后，城市的焦点延伸到了西边。

1964年的奥运会在东京举办。对日本而言，它可以通过这次机会向世界展示它在战后所取得的成就。这一年，日本建成了连接东京和大阪的第一条高速铁路线。东京出现了多车道的公路，一些高架路穿越城市上空，在那些曾负盛名的运河中投下倒影。一条绿树成荫的宽阔街道被称为"东京的香榭丽舍大道"，它可以延伸至代代木，在那里，丹下健三设计的奥运体育馆的壮观的曲线和突出的尖角主宰着天际线。

奥运会是一个转折点。到了20世纪70年代，东京眼看就要实现前所未有的繁荣。这段时期，日本正在创造着"经济奇迹"，而东京就是这个奇迹的中心。随着经济的腾飞，摩天大楼如雨后春笋般出现在西新宿。新宿象征着东京的活力，也反映了东京的矛盾——从前的日本和崭新的日本相会于此。这里还拥有世界上最大的火车站。火车站的西出口通向一条宽阔空旷的大街，那里最引人注目的建筑是幽灵一般的摩天大楼。而火车站的东出口则将旅客分流至人潮汹涌的街道上，那里一排排的霓虹灯仿佛日本武士的旗帜。1968年的新宿是个创意爆棚的地方，也是学生运动、先锋艺术和反体制示威游行的中心。许多未来的文化领袖都在这里施展过拳脚。时装设计师三宅一生、插画艺术家横尾忠则、舞蹈家土方巽、导演寺山修司和作家三岛由纪夫等皆曾在那些年活跃于新宿一带。

许多朝拜者都会到浅草寺向寺内供奉的观音进香、祈福。人们头顶上方的便是浅草寺著名的大灯笼，日本浮世绘大画家安藤广重就曾在木版画中描绘过浅草寺的灯笼。

　　到了20世纪80年代，东京彰显了更多的自信。一些年轻、大胆的西方建筑师受邀来到这里，他们的作品给这座城市增添了几分活泼的后现代气质。由奈杰尔·科茨设计的有着希腊式柱子和维多利亚式窗帘的大都会餐厅是那个时期的标志性作品。但是，什么都没能延续下来，甚至是那一幢早已褪色的建筑。在那个年代的纪念性建筑中，生命力最持久的建筑要数菲利普·施塔克设计的朝日啤酒大厦，它有着锃亮的黑色梯形外墙，其顶部的金色火焰立体雕刻花哨炫目，它矗立于东京城的东端，与神圣的浅草寺隔岸相望。

　　那是一个一杯咖啡可以卖到250美元的年代。日本人吃着饰有金叶子的寿司，享受着高品质的按摩。像村上春树这样的小说家和类似舞踏这样的表演艺术已举世闻名。日本人住的公寓像个兔笼，离城里有好几个小时的路程。他们乐于把钱花在高档时尚产品上，每个小伙子都会买蒂凡尼心形金项链

东京　313

西新宿的摩天大楼、东京的城市景观以及富士山。图中右侧最显眼的大楼是丹下健三设计的东京都厅，而画面左侧边角处的高楼则是东京柏悦酒店，美国电影《迷失东京》的大部分场景都是在这家酒店中拍摄的。

314 | 现代城市时期

送给女朋友。

1987年，日本商业大亨、名下多处地产价格都位列世界前茅的堤义明被《福布斯》评为世界首富。1989年，也就是昭和天皇去世的那一年，由丹下健三设计的如同教堂一般的东京都厅在新宿落成，它也是20世纪80年代日本最高的大厦。

20世纪90年代，日本的经济出现了倒退。不过到了2000年，东京已经做好了再次改造自己的准备。东京的丸之内地区曾集中了大名的府邸，数十年来一直都是中心商业区。这一时期，丸之内突然冒出了很多奢华的酒店。文华东方酒店于2005年开业，拥有金色门面的半岛酒店于2007年开业。沿着表参道（为东京奥运会而建的"香榭丽舍大道"），涌现出了一座座极其轻盈、曲线优美的建筑，从模仿丝绸褶皱的迪奥大厦到伊东丰雄设计的外立面有如树枝分叉的Tod's大楼。

位于表参道的迪奥大厦是东京的高端时尚中心。它由妹岛和世与西泽立卫打造，表面采用双层设计，外层为玻璃，内层则是半透明的丙烯板。

在六本木，东京中城开始投入使用。这里汇集了高档住宅区、园林景观、购物广场和艺术画廊。东京中城里有一座名为"21_21设计视点"（21_21 Design Sight）的美术馆，它由三宅一生和建筑大师安藤忠雄为推动先锋设计的发展联手打造，其风格轻快，外形犹如一只飞鸟。此外，中城里还有一幢54层的建筑名为"中城大厦"，它是东京最高的大楼，奢华的丽思·卡尔顿酒店就位于它的高层。

东京的摩天大楼在理论上当然都是抗震的。不过，人们普遍还是居住在东京的边缘地区，其中一个原因便是人们深知地震随时可能发生，而东京的大部分建筑都建在填海所得的土地上，在地震中很容易就会塌陷。

东京一直被称为"梦境""建筑师的天堂"。但不管东京的霓虹灯多么耀眼，不管有多少绚丽的、越建越高的新大楼直冲云霄，浅草寺依旧香火旺盛，香客如织。这座城市在改造自身、适应未来的同时，也融汇了历史与当下。

东京 315

上海

中国的超级城市

约翰·吉廷斯

> 他总是期望能在傍晚的时候驱车驶过上海的中心。上海是一个充满刺激、灯光溢彩的地方，世界上没有哪个城市比它更撩人心弦了。
>
> ——J.G.巴拉德，1984年

站在上海和平饭店（曾经叫"华懋饭店"）的屋顶露台上，游客们往东面看去，可以眺望黄浦江和浦东的天际线，往下可以看到繁华的南京路，往西可以看到人民公园。当上海在"二战"前受国际势力控制时，人民公园是个跑马场。由黄浦江畔的外滩往北，会经过黄浦公园，这个公园曾因限制华人进入而臭名昭著：在半殖民地时期，唯一被允许进入该公园的中国人是带着外国小孩的中国保姆。从外滩往南，会经过汇丰银行大楼，再往南便是上海的老城厢。老城厢布满了窄小弄堂，当中还有城隍庙、豫园和湖心亭。

上海是中国为数不多的几个经济迅速发展但还没完全抹去过去的城市之一，在这里，人们依然可以在历史的街道上漫步。虽然上海的城市构造在不断变化，但它始终承载着记忆，以及许多令人惊叹的（有时候是可怕的）故事。

沿着旧法租界边缘的华山路走到一半，便可来到丁香花园。园内巨大的樟树簇拥着洋楼，还有一道用琉璃瓦砌成了长龙的院墙。一百多年前，丁香花园是晚清处理外交事务的大臣李鸿章给他最年轻的姨太盖的私园。如今，丁香花园里有一个老年人活动中心和一家消费不菲的粤菜餐厅。

英国20世纪30年代的旅行指南形容上海为"东方巴黎"，而在此之前，上海一直被称为"泥滩上的渔村"。这种对于旧上海的蔑称流传甚广，但其实它是不准确的。早在13世纪，上海就已经是一个商业港口，它控制着黄浦江以及长江下游以南一些城镇的水路交通。上海的兴起还得益于当时长江三角洲腹地开始引种棉花。靠着棉花买卖，上海的很多商人都发家致富了。

上海的原名是"沪"，这个称呼可以追溯到2000年前，在现代的书面语中它有时仍被使用。因为上海地处长江下游，经常被称为"长江龙头"。

第一次鸦片战争结束后，英军的战舰在1842年攻占了上海。英军焚烧了公共建筑，还把上海"殷实的粮仓"向当地人民开放。《南京条约》将上海和中国其他4座沿海城市开放为通商口岸，在这些通商口岸，外国人可以居住、从事贸易并享有治外法权。到了19世纪末，上海公租界和上海法租界这两大由外国势力管理的地盘占地面积已经超过了30平方千米。而此后，外国势力又逐渐越界，将原租界外80千米的道路扩展为新租界范围。

20世纪上半叶，中国经历了封建帝制、民主革命、日本侵略和国共内战。而在这动荡的数十年中，

△ 20世纪30年代的上海外滩：西式建筑林立。这些建筑中包括了汇丰银行大楼、海关大楼和华懋饭店。如今，它们依然矗立着。

▷ 1937年8月，为了躲避大举进攻上海的日军，难民们纷纷逃往上海公租界。

上海一方面是繁华的商业中心、纸醉金迷的大都市，另一方面也是政治角力的焦点地带。1921年，中国共产党在上海召开了第一次全国代表大会，正式宣告了中国共产党的诞生；1925年5月30日，英国巡捕射杀了为抗议日本纱厂资本家镇压工人大罢工而发起示威游行的上海群众，制造了五卅惨案，引起全中国范围的抗议运动。两年后，就在国共合作统一战线不断消灭北洋军阀、北伐战争胜利在望之时，蒋介石在上海发动了反革命政变，在当地帮会的支持下，开始了对共产党员、革命群众

1948年12月国民党统治之下的上海局势混乱。这张照片反映的是上海外滩发生的银行挤兑的场面,拍摄者是法国著名摄影师亨利·卡蒂埃-布雷松。

等的血腥屠杀(这段历史在法国作家安德烈·马尔罗的小说《人的境遇》中有所描述)。

同样是在1927年,英国作家阿瑟·兰塞姆触怒了居住在上海租界的外国人,因为兰塞姆说这些外国人"看着他们造的华丽建筑"并"惊讶于中国人对这些高楼大厦的礼物毫无感激之情,却忘了修建这些建筑的钱根本是出自中国的"。当时,上海的工人以及来自中国其他内乱地区的难民在"血汗工厂"打工。《曼彻斯特卫报》驻华记者田伯烈就曾描述过年轻工厂学徒的工作状况,说他们"每天工作十到十二个小时,饥肠辘辘,而且还患有眼疾,四肢生疮"。

关于战争年代的上海,有两张著名的照片。第一张拍摄于1937年8月,拍摄者不详,这张照片记录的是大批中国难民为躲避日军蜂拥穿过一座铁桥的场景。第二张照片是由法国著名摄影师亨利·卡蒂埃-布雷松于1948年12月拍摄的,它展现的是在国民党统治垮台时,银行外出现的挤兑场面。

当共产党的胜利之师解放上海之后,宋庆龄感叹道:"上海的新时代来临了。"不过,中国中央政府将重心放在了其他城市的发展之上,上海的经济状况持续低迷了几十年。

今天的上海已经再次树立了它的声誉:一座充满刺激、多功能、超现代的中国超级城市。它是外商投资中国内地的第一站,是海外华人在国内购置房产的心仪之地。在中国的所有城市中,上海这座城市拥有最多的咖啡馆、摩天大楼(超过三千座)、超市和百货公司。上海绝大部分的传统里弄已经被新的住宅开发区所取代,这些房产项目往往遭到过当地人的反对,但最终还是实施了下去。上海的郊区已开辟了一些卫星城镇。而在位于长江入海口的崇明岛，上海政府还建了一座新的生态城。该生态城通过桥梁和隧道实现了与上海的连通。

2008年，上海的城市人口已经超过了1800万，与15年前的人口相比增长了50%，这1800万人中至少包含了300万农民工，他们为上海的经济发展贡献了力量。上海的传统工业是钢铁工业和造船业，如今，它们已让位于电子工业和金融服务业。为了给2010年上海世博会提供一处河畔场地，上海政府还拆除了一些仅存的船坞。

黄浦江以东到长江口之间的浦东新区是中国发展最快的城区。在过去的12年里，浦东的新兴工业产值使上海工业总产值翻了一番。位于浦东的金茂大厦在1999年建成之际是当时的世界第三高楼，世界500强中90%的企业都在这座楼里设立了办公地点。上海豪华的浦东机场凭借世界第一条商业运营的高架磁悬浮专线实现了与市区的连通。

今天的南京路：作为一百多年来上海最繁华的商业街，如今每周都会迎来数千名中国游客。东方明珠广播电视塔建成于1995年，坐落在黄浦江畔。

"在上海生活，"中国最著名的现代作家鲁迅在1933年写道，"穿时髦衣服的比土气的便宜。"就购物和时尚而言，上海也确实可以再次与巴黎比肩。农民工通过他们的劳动让这座城市重新崛起，但他们中的大部分人都住在新的玻璃和钢铁大楼后面的临时棚屋中，不为人所见。

撰稿人名单

约翰·朱利叶斯·诺里奇（1929—2018）：发表了多部有关西西里王国、威尼斯、拜占庭和地中海的权威历史著作。此外，他的作品主题还包括了阿索斯山、撒哈拉沙漠、英国建筑、莎士比亚的历史剧以及19世纪的威尼斯。他的回忆录《试着满足》于2008年出版。他晚年研究的重点是罗马教宗的历史。自1970年以来，他每年都会编一本名为《圣诞爆竹》的小册子选集。为了配合电视台和讲座需要，他已参与录制了约30部历史纪录片。他曾担任过伦敦最古老的艺术品交易商科尔纳吉画廊的董事长，还曾任"拯救威尼斯"基金会名誉主席以及世界纪念性建筑基金会英国区（WMFB）荣誉主席。

科林·埃默里：曾经是WMFB的创会负责人，目前是建筑领域的作家及顾问。他是《布鲁姆斯伯里的圣乔治教堂》（2008）一书的主要撰稿人，该书是为了纪念WMFB对尼古拉斯·霍克斯莫尔设计的圣乔治教堂的修复而出版的。他与布莱恩·柯伦合著《圣彼得堡》（2006）一书。

布莱恩·S.鲍尔：伊利诺伊大学芝加哥分校人类学教授。他已经出版了一批关于安第斯史前时期的专著，并以其有关库斯科和印加的作品而闻名。他最广为人知的著作是《古代库斯科：印加的核心地带》（2004）。

多丽丝·贝伦斯-阿布赛义夫：拥有开罗美国大学、汉堡大学、弗赖堡大学等学府授予的学位。2000年，她于伦敦大学亚非学院任纳赛尔·D.哈利利伊斯兰艺术与考古学教授。在此之前，她曾在开罗美国大学、弗赖堡大学和慕尼黑大学教授伊斯兰艺术。她是哈佛大学、柏林大学以及德国班贝格大学和比利时鲁汶大学的客座教授，曾荣获开罗美国大学"杰出客座教授"称号。她出版了一系列有关伊斯兰艺术与文化史的著作，其中较著名的有：《奥斯曼帝国统治下的埃及之变》（1994）、《阿拉伯文化中的美》（1999）、《马穆鲁克王朝时期的开罗：建筑及文化史》（2007）。

斯蒂芬·P.布莱克：明尼苏达大学早期现代史中心高级研究员。他发表了多篇关于印度莫卧儿帝国和伊朗萨非王朝的文章，并著有《旧德里：印度莫卧儿帝国之都，1639—1739》（1991）和《半个世界：萨非王朝时期伊斯法罕的社会建筑，1590—1722》（1999）。

亚历山大·布鲁姆：马萨诸塞州惠顿学院简·奥克斯福德·凯特历史与美国研究教授。他著有《回头的浪子：纽约知识分子和他们的世界》（1986）、《"城市的社交和精神生活"，纽约：世界文化之都，1940—1965》（1988）、《"带到大街上"：六十年代的读者》（1955）以及《"岁月流逝"：六十年代美国之今昔》（2001）等书。他目前在写一本名为《隧道尽头：越战经历和美国生活形态》的书。

特雷弗·布莱斯：澳大利亚人文科学院研究员，目前还同时担任昆士兰大学名誉研究顾问。他的研究领域为历史以及古代近东（尤其是土耳其）的文明。他近期的著作包括《赫梯帝国》（2005）和《特洛伊和它的邻邦》（2006）。

迈克尔·D.科（1929—2019）：耶鲁大学查尔斯·J.麦柯迪人类学名誉教授，著有《吴哥与高棉文明》（2004）一书，以及许多关于中美洲考古学及书写系统的书。此外，他还著有回忆录《最终报告》（2006）。

罗宾·科宁汉姆：杜伦大学副校长、考古学教授。他曾在南亚和伊朗进行过实地勘探，在斯里兰卡的阿努拉德普勒、巴基斯坦的贾尔瑟达和伊朗的特佩帕迪斯指导过重要的考古发掘工作。他与别人联合指导过两个考古项目，分别是针对阿努拉德普勒内陆地区为期五年的勘测和在伊朗中部高原进行的勘探和发掘工作。

詹姆斯·库诺：芝加哥艺术学院院长。此前他担任过伦敦大学考陶尔德艺术学院院长、教授和哈佛大学艺术博物馆馆长、教授。

帕特里克·达林：伯恩茅斯大学保护科学学院高级副研究员。他对贝宁的土木工事进行了广泛的勘探，并就此出版了多部著作。他同时也是"非洲遗产"组织的会员，该组织致力于向全世界的院校推广非洲遗产中积极、生动的方方面面。

莱斯利·唐纳：精于日本文化和历史的作家、记者、播音员。她著有《在通往北方深处的狭窄路上》（1989）、《兄弟》（1994）、《艺伎：一个消失的世界秘史》（2000）、《川上贞奴：倾倒西方的艺伎》（2003）等多部作品。她最近的作品——《乱世未亡人》是一部背景设于19世纪日本的小说。

玛格丽特·范·埃斯：德国考古研究院东方部科学总监，同时也是该研究院巴格达分院的代理主任，主要负责乌鲁克的科研工作。她的研究重点是古代美索不达米亚的城市和物质文化。她是多家近东文化遗产保护委员会的成员，发表了大量论文，著作颇丰。

苏珊·托比·埃文斯：宾夕法尼亚州立大学人类学教授。她的研究领域是古代墨西哥（尤其是阿兹特克）的文化。由她撰写的《古代墨西哥：考古和文化史》（第2版，2008）荣获了美国考古协会的最佳图书奖。她与乔安妮·皮尔斯伯里共同编撰了《古代新世界的宫殿》（2004）一书，该书反映了她对阿兹特克宫殿和宫廷生活的研究成果。

伊丽莎白·法雷利：定居悉尼的专栏作家、作者，具有建筑学和哲学方面的专业背景，曾在伦敦和布里斯托尔工作过，目前是悉尼大学的兼职副教授。她此前曾担任过《建筑评论》期刊的助理编辑、无党派悉尼市议员以及澳大利亚首届城市设计奖的评委会主席。她撰写的《三个房子》（1993）是研究普里茨克建筑奖得主格伦·默库特的一本专著。此外，她还著有《伤心地：幸福的危险》（2007）。

菲利普·费尔南德兹-阿迈斯托：历史学家，曾任教于牛津大学。在这之后，他于2000年担任伦敦大学玛丽皇后学院全球环境史教授。2005—2009年，他在塔夫茨大学担任阿斯图里亚斯王子讲座教授。目前，他在美国印第安纳州的圣母大学担任威廉·P.雷诺兹历史教授。他的多部著作让他收获殊荣并赢得诸多文学奖项，包括《美洲：半球的历史》（2003）、《你觉得你是人类：人类简史》（2004）、《开拓者：全球探险史》（2006）和《世界：一段历史》（第2版，2009）。

奥兰多·费吉斯：伦敦大学伯贝克学院历史学教授。1984—1999年，他任剑桥大学三一学院研究员，并在该学院教授历史课程。他的多部著作都以俄罗斯历史为主题，其中就包括曾屡获大奖的《一个民族的悲剧：俄罗斯革命，1891—1924》（1996）、《娜塔莎之舞：俄罗斯文化史》（2002）以及《耳语者：斯大林时代苏联的私人生活》（2007）。他的作品已被翻译为十五种语言。

查尔斯·菲茨罗伊：常在西欧展开艺术之旅的艺术史学家，他的活动范围以意大利为主。他曾多次带队赴佛罗伦萨、罗马、斯德哥尔摩等地旅行。他的著作包括《意大利：现代游客的大旅行》（1991）、《重现意大利》（1994）和《王者归来：查理二世的复辟》（2007）。

约翰·吉廷斯：1971年首次到访上海，其后成了英国《卫报》的中国问题专家和东亚区编辑。2001年，他在上海创立《卫报》的记者站，这是《卫报》在中国内地设立的首家记者站。他最近的一本书是《日新月异的中国：从毛泽东时代到市场经济时代》（2005）。他的个人网站网址是www.johngittings.com。

米沙·格伦尼：曾担任英国广播公司（BBC）的记者，撰写过几部关于东欧和欧洲东南部的书籍，其中包括《巴尔干，1804—1999：民族主义，战争和列强》（1999）、《南斯拉夫的衰落》（第3版，1996）以及备受赞誉的《超级黑帮：穿越全球地下罪恶之旅》（2008）。

马丁·古德曼：牛津大学犹太学教授、牛津希伯来与犹太研究中心的研究员。他著有《罗马与耶路撒冷：古代文明的碰撞》（2007）一书。

杰森·古德温：著有《地平线上的领主：奥斯曼帝国史》（1998）和以19世纪伊斯坦布尔为背景的系列侦探小说《近卫军之树》，该系列中最近的一部是《贝利尼的卡牌》（2008）。

贝塔尼·休斯：伦敦国王学院研究员。她的职业生涯致力于研究和推广历史以及古希腊、古罗马文学。她参与录制的历史类纪录片有《雅典：民主的真相》《斯巴达》《特洛伊的海伦》以及《摩尔人统治欧洲》。她的畅销书《特洛伊的海伦：女神、公主、娼妓》（2005）已被翻译成十种语言。

亨利·赫斯特：剑桥大学古希腊、古罗马考古学副教授。他对古代城市有着特别的兴趣，自1974年起便开始研究迦太基，这项工作已经持续了超过二十五年。他对迦太基的港口区域做出了拓展性研究。他曾参与考古发掘工作，并出版了有关古罗马、中世纪的格洛斯特以及罗马中部的著作。

W.J.F.詹纳：伦敦大学亚非学院教授助理研究员。他从事有关中国历史、文化方面的写作已超过四十年。他的著作包括《洛阳回忆录》（1981）、《历史上的暴政：中国危机之源》（1992）以及多部译著。

伊丽莎白·约翰逊：伦敦信源研究公司巴西研究部主任。她曾就有关巴西不同领域的主题出版了多部著作。她在约翰·霍普金斯大学的博士论文题目为《祈祷与工作：殖民地时期圣保罗本笃会和卡尔迈勒会地产涉及的劳动力转移》，该文主要探讨了巴西的奴隶制和强迫性劳工。

克里斯·琼斯：新西兰坎特伯雷大学历史系高级讲师、英国皇家历史学会的研究员，主要研究中世纪编年史、身份的概念以及政治思想的概念。他的著作包括《帝国的没落？西方帝国的观念和中世纪晚期法国的统治者》（2007）。

约翰·凯伊：曾编写了关于亚洲历史的多部著作，其中包括《光荣的公司》（1991）、《最后的岗哨：远东帝国的末日》（1997）和《香料之路》（2005）。他还撰写有关探险史的书，编辑了《皇家地理学会世界探险史》（1991），且著有《为湄公河而疯狂：东南亚的探索与帝国》（2005）。

埃巴·科赫：维也纳大学艺术史教授，自2001年起便担任"保护泰姬陵联合会"这一组织的建筑顾问。由她撰写的书籍包括《世界之王：沙·贾汗宫廷史》（1997）、《莫卧儿艺术和帝国意识形态》（2001）、《莫卧儿建筑》（2002）以及《完整的泰姬陵》（2006）。

马格努斯·林克莱特：记者、作家。前《苏格兰人报》编辑，现为《泰晤士报》苏格兰地区编辑。他著有多部关于时事以及苏格兰历史的书，其中包括《屠杀：科谷的故事》（1982）和《迷人的邓迪：克拉弗豪斯领主约翰·格雷厄姆》(1992)。他生活在爱丁堡。

艾伦·B.劳埃德：斯旺西大学古希腊古罗马文学、古代历史和埃及学研究教授。他曾多年担任埃及探索学会的主席，还曾任学术期刊《埃及考古》的编辑（1979—1985）。他出版过多部有关古埃及和古希腊、古罗马的著作，在他有关埃及的书中，埃及晚王朝时期是最常见的主题。

罗里·麦克林：旅行作家。他的作品对旅行文学这种体裁做了大胆创新，其中包括英国十大畅销书《斯大林的鼻子》(1992)和《龙之下》(1998)。用已故作家约翰·福尔斯的话来说，他的作品"完美诠释了为什么文学还活着"。他曾荣获英国艺术委员会作家奖，还获得过国际IMPAC都柏林文学奖的提名。

比尔·曼利：苏格兰国家博物馆高级策展人、利物浦大学名誉研究员，曾在埃及和巴勒斯坦从事考古工作。由他编撰的书籍有《企鹅历史地图集：古埃及》(1996)、《如何阅读埃及象形文字》(1998，与马克·科利尔合著)以及《七十大古埃及之谜》(2003，编辑)。他近年与人合作出版了一本关于古埃及法老棺木的书。

菲利普·曼塞尔：历史学家、传记作者。他著有《两个帝国时代的巴黎》(2001)和《穿衣法则：从路易十四到伊丽莎白二世的王室及宫廷服装》(2005)等书。他还发表过大量文章、评论和演讲。他是国际宫廷研究会的创始人之一，同时还是英国皇家历史学会、英国历史研究院、英国皇家亚洲学会的研究员。

西蒙·马丁：宾夕法尼亚大学博物馆的玛雅铭文研究专家。他专门从事历史研究以及文献和考古资料的整合。他著有（与尼古拉·格鲁贝合著）《玛雅国王与王后编年史》(第2版，2008)一书。

罗伯特·默科特：埃克塞特大学考古学讲师。他的研究兴趣在地中海和东北非，尤其是埃及、努比亚、苏丹和利比亚地区。他著有《黑法老：埃及的努比亚统治者》(2000)和《古埃及战争历史词典》(2003)。

简·莫里斯：盎格鲁－威尔士作家，生于1926年。她著有大约四十部有关历史、地理、人物传记和回忆录的书籍，其中有两部涉及纽约。她居住在威尔士的西北海岸。

马林·纽伊特：埃克塞特大学副校长、伦敦国王学院首任查尔斯·博克瑟历史学教授。他于2005年退休。目前已发表十二部著作，其中包括《莫桑比克史》(1995)和《葡萄牙海外扩张史》(2004)。

琼·奥茨：考古学家，在伊拉克和叙利亚工作超过了五十年。现任剑桥大学麦克唐纳考古研究院高级研究员。她著有《文明的崛起》(1976)、《巴比伦》(2005)和《尼姆鲁德：再现的亚述古城》(2001)等书。她发表了大量考古报告，还就考古学和美索不达米亚史发表过一百多篇论文。她是英国国家学术院研究员。

托马斯·帕克南：著有《与非凡之树的相遇》(1997)、《世界非凡之树》(2002)、《布尔战争》(1979)、《自由之年：1798年爱尔兰起义的故事》(修订版，1997)、《拉塞勒斯之山》(1998)以及广受好评的《瓜分非洲》(1991)等书。他居住在爱尔兰的韦斯特米斯郡。他是爱尔兰树木协会的主席。

奈杰尔·波拉德：杜克大学校际中心（ICCS）罗马古典文化研究主管教授，斯旺西大学人文学院讲师。他是研究古罗马的考古学家和历史学家，曾编撰多部关于罗马、古罗马时期的意大利以及罗马帝国其他地区的著作，比如《罗马叙利亚行省的士兵、城市和百姓》(2000)。

朱利安·里德：哥本哈根大学近东研究名誉教授，曾经是牛津大学温赖特科研奖金的获得者、大英博物馆馆长助理。他在伊拉克和阿曼指导过考古挖掘工作，还发表过大量文章，其主题涉及古代中东的历史、地理、意识形态、艺术、建筑，以及伊拉克和印度在古代的联系、考古研究的演变等。

简·里德利：白金汉大学历史学教授。她写过大量的文章和书。她为英国建筑大师勒琴斯所写的传记《建筑师和他的妻子：埃德温·勒琴斯的一生》在2003年荣获达夫·库珀奖。

巴纳比·罗杰森：很小的时候便四处游历。他著有《先知穆罕默德》（2003）、《先知穆罕默德的继承者》（2006）、《一个旅行者的北非历史：从迦太基到卡萨布兰卡》（新版，2008）和《最后的十字军》（2009）等书。此外，他还著有摩洛哥、塞浦路斯、伊斯坦布尔和突尼斯等地的旅游指南。他和夫人罗斯·巴林共同经营着伊兰出版社（https://www.travelbooks.co.uk），主要出版经典旅行文学。

西蒙·沙马：哥伦比亚大学艺术史教授、历史学教授。在他已出版的著作中，《财富的窘境：黄金时代荷兰文明的一种解释》（1987）、《公民们，法国大革命编年史》（1989）、《风景与记忆》（1995）、《乱世交汇：英国、奴隶与美国革命》（2005）以及《美国的未来：历史》（2008）在英、美两国都获得了奖项。他曾凭借在《纽约客》上发表的艺术评论获得了1996年的美国国家杂志奖。由他主持的纪录片《艺术的力量》中关于贝尔尼尼的那一集获得了国际艾美奖。他还曾为BBC的三十多部纪录片撰稿和主持。由他撰稿的纪录片《美国的未来：历史》在2008年获得了英国广播记者协会奖的最佳纪录片奖。他长期为《卫报》撰写关于政治、艺术、流行乐和美食等话题的稿件。2009年，他在BBC的Radio 4电台开播了一档名为《棒球与我》的节目。

伊恩·肖：现任埃及探索学会主席、利物浦大学古希腊古罗马文学与埃及学、考古学院埃及考古学高级讲师。他曾在古埃及城市阿玛尔纳和孟斐斯从事过考古发掘和勘探工作。近年来，他在法尤姆的古拉布展开了发掘工作。他著有《牛津古埃及史》（2000）和《古埃及简介》（2004）等书。

凯文·斯塔尔（1940—2017）：洛杉矶南加州大学历史学教授、加州图书馆荣誉馆长。他凭借七卷本《美国人与加州梦》成为美国历史学家协会的成员。该套丛书还曾荣获古根海姆奖、美国国家人文奖章以及哈佛大学艺术与科学研究生院世纪奖章。

科林·休布朗：旅行作家、小说家。他的旅行和作品主要集中于俄罗斯、中亚和中国。他最出名的书有《长城背后》（1987）、《在西伯利亚》（1999）和《丝绸之路的影子》（2006）。他荣获过很多奖项。

威廉·L.厄本：蒙莫斯学院（位于美国伊利诺伊州蒙莫斯）李·L.摩根历史与国际研究教授。他是研究波罗的海诸国的专家，尤其精于北方十字军和条顿骑士团的研究，他曾就这两个主题撰写了许多文章和著作。

A.N.威尔逊：作家、记者、英国皇家文学学会研究员、前《旁观者》杂志和《旗帜晚报》的文学编辑。他是屡获殊荣的传记作家和小说家，其作品包括了备受赞誉的《维多利亚时代的人们》（2002）、《伦敦简史》（新版，2005）以及《我们的年代：伊丽莎白二世时代》（2008）。

弗朗西丝·伍德：大英图书馆中文馆馆长。她写了许多关于中国的书，这其中包括了《马可·波罗到过中国吗？》（1995）、《口岸往事：海外侨民在中国的迷梦与生活，1843—1943》（1998）、《丝绸之路》（2002）、《紫禁城》（2005）和《秦始皇传》（2007）。

熊存瑞：西密歇根大学历史系教授，主要研究中国中古史。他曾发表过大量关于中世纪中国的文章，还曾担任过学术期刊《中世纪中国早期研究》（1994—1999）和《中国历史学人》（1995—1999）的编辑。他著有《隋唐时期的长安：中世纪中国城市史研究》（2000）、《隋炀帝：他的人生、时代和影响》（2006）以及《中世纪中国历史辞典》（2009）等书。

亚当·查莫斯基：自由撰稿人、历史学家。他著有三部传记和几部关于欧洲历史的书。他的作品包括《和平的仪式：拿破仑的倒台和维也纳会议》（2007）、《华沙1920：列宁欧洲之征的败局》（2008）和《波兰：一段历史》（2009）。

延伸阅读

古代世界

乌鲁克
George, A. R., *The Epic of Gilgamesh* (London, 1999)
Liverani, M. et al., *Uruk: The First City* (London, 2006)
Nissen, H. J., *The Early History of the Ancient Near East, 9000–2000 BC* (Chicago & London, 1988)
Nissen, H. J., P. Damerow & R. K. Englund, *Archaic Bookkeeping. Early Writing and Techniques of Economic Administration in the Ancient Near East* (Chicago & London, 1993)
Roaf, M., *Cultural Atlas of Mesopotamia and the Ancient Near East* (Oxford, 1996)

摩亨佐-达罗
Coningham, R. A. E., 'South Asia: From Early Villages to Buddhism', in C. J. Scarre (ed.), *The Human Past* (2nd ed., New York & London, 2009) 518–551
Jansen, M., *Mohenjo-Daro: Stadt der Brunnen und Kanäle: Wasserluxus vor 4500 Jahren* (Bergisch Gladbach, 1993)
Kenoyer, J. M., *Ancient Cities of the Indus Valley Civilization* (Oxford, 1998)
Marshall, J. H., *Mohenjo-Daro and the Indus Civilisation* (London, 1931)
Possehl, G. L., *The Indus Civilization: A Contemporary Perspective* (Walnut Creek, CA, 2002)

孟斐斯
Anthes, R., *Mit Rahineh, 1956* (Philadelphia, PA, 1965)
Giddy, L., *Kom Rabi'a: The New Kingdom and Post-New Kingdom Objects* (London, 1999)
Jeffreys, D. G., *The Survey of Memphis, I: The Archaeological Report* (London, 1985)
Jeffreys, D. G., *The Survey of Memphis, V: Kom Rabia: The New Kingdom Settlement (levels II–V)* (London, 2006)
Petrie, W. M. F. & J. H. Walker, *Memphis I* (London, 1909)
Petrie, W. M. F. & J. H. Walker, *The Palace of Apries (Memphis II)* (London, 1909)
Porter, B. & R. L. B. Moss, *Topographical Bibliography of Ancient Egyptian Hieroglyphic Texts, Statues, Reliefs, and Paintings*, Vol. III, Part 2 (Oxford, 1978) 830–875

底比斯
Hornung, E., *The Valley of the Kings: Horizon of Eternity* (New York, 1990)
Lacovara, P., *The New Kingdom Royal City* (London & New York, 1997)
Nims, C. F. & W. Swaan, *Thebes of the Pharaohs: Pattern for Every City* (London, 1965)
Reeves, N. & R. H. Wilkinson, *The Complete Valley of the Kings: Tombs and Treasures of Egypt's Greatest Pharaohs* (London & New York, 1996)
Rhind, A. H., *Thebes: Its Tombs and their Tenants* (London, 1862)
Romer, J., *Valley of the Kings* (London, 1981)
Strudwick, H. & N., *Thebes in Egypt: A Guide to the Tombs and Temples of Ancient Luxor* (London & Ithaca, NY, 1999)
Weeks, K., *Atlas of the Valley of the Kings: The Theban Mapping Project* (Cairo, 2000)
Wente, E. F., *Late Ramesside Letters* (Chicago, 1967)
Wilkinson, R. H., *The Complete Temples of Ancient Egypt* (London & New York, 2000)

哈图沙
Bryce, T. R., *Life and Society in the Hittite World* (Oxford & New York, 2002) 230–256
Bryce, T. R., *The Trojans and their Neighbours* (London & New York, 2006)
Latacz, J., *Troy and Homer* (Oxford & New York, 2004)
Neve, P., *Hattuša Stadt der Götter und Tempel* (Mainz, 1993)
Seeher, J., *Hattusha Guide: A Day in the Hittite Capital* (Istanbul, 2002)

巴比伦
Bergamini, G., 'Levels of Babylon reconsidered', *Mesopotamia* 12 (1977) 111–152
Finkel, I. L. & M. J. Seymour, *Babylon* (London, 2008)
George, A. R., 'Babylon revisited: archaeology and philology in harness', *Antiquity* 67 (1993) 734–746
Koldewey, R., *Das Wieder Erstehende Babylon* (Leipzig, 1913)
Oates, J., *Babylon* (rev. ed, London & New York, 2008)
Unger, E., *Babylon: Die Heilige Stadt* (Berlin, 1931)

尼尼微
Layard, A. H., *Nineveh and Its Remains* (Eastbourne, 2007)
Parrot, A., *Nineveh and the Old Testament* (New York, 1955)
Reade, J., *Assyrian Sculpture* (2nd ed., London, 1996)
Russell, J. M., *The Final Sack at Nineveh: The Discovery, Documentation, and Destruction of King Sennacherib's Throne Room* (New Haven, 1998)

迦太基
Brown, S., *Late Carthaginian Child Sacrifice and Sacrificial Monuments in their Mediterranean Context* (Sheffield, 1991)
Harden, D., *The Phoenicians* (Harmondsworth, 1980)
Lancel, S., *Carthage: A History* (Oxford, 1995)
Rakob, F., 'The making of Augustan Carthage', in E. Fentress (ed.), *Romanization and the City* (Portsmouth, 2000) 73–82
Raven, S., *Rome in Africa* (London, 1993)
Rives, J., *Religion and Authority in Roman Carthage from Augustus to Constantine* (Oxford, 1995)

雅典
Boardman, J., *The Parthenon and its Sculptures* (London, 1985)
Camp, J. M., *The Athenian Agora. Excavations in the Heart of the Athenian Agora* (London & New York, 1986)
Camp, J. M., *The Archaeology of Athens* (New Haven & London, 2001)
Harris, D., *The Treasures of the Parthenon and the Erechtheion* (Oxford, 1995)
Roberts, J. W., *City of Sokrates: An Introduction to Classical Athens* (London, 1998)
Waterfield, R., *Athens, A History – From Ancient Ideal to Modern City* (London, 2004)

临淄&战国
Qiyun Zhang & Dongfang Li, *China's Cultural Achievements During the Warring States Period* (Taiwan, 1983)
Sun Tzu, *The Art of War*, translated by J. Minford (London & New

York, 2002)
Wu Hung, 'Rethinking Warring States cities: an historical and methodological proposal', *Journal of East Asian Archaeology* 3.1–2 (2001) 237–257
Yu Weichao (ed.), *A Journey into China's Antiquity*, vol. 2, *Warring States Period – Northern and Southern Dynasties* (Beijing, 1997)

亚历山大港

Bernand, A., *Alexandrie la grande* (Paris, 1998)
Fraser, P. M., *Ptolemaic Alexandria*, 3 vols (Oxford, 1972)
Goddio, F. & A. Bernand, *Sunken Egypt: Alexandria* (London, 2004)
Walker, S. & P. Higgs, *Cleopatra of Egypt from History to Myth* (London, 2001)

麦罗

Lehner, M., *The Complete Pyramids* (London & New York, 1997) 197–99
O'Connor, D., *Ancient Nubia: Egypt's Rival in Africa* (Pennsylvania, 1993)
Welsby, D. A., *Kingdom of Kush: The Napatan and Meroitic Empires* (London, 1996)

耶路撒冷

Avigad, N., *Discovering Jerusalem* (Oxford, 1984)
Goodman, M., *Rome and Jerusalem: The Clash of Ancient Civilizations* (London, 2007)
Jeremias, J., *Jerusalem in the Time of Jesus* (London, 1969)

罗马

Aicher, P. J., *Rome Alive. A Source-Guide to the Ancient City*, vol. 1 (Wauconda, IL, 2004)
Claridge, A., *Rome* (Oxford Archaeological Guides, Oxford, 1998)
Coulston, J. C. & H. Dodge (eds), *Ancient Rome: The Archaeology of the Eternal City* (Oxford, 2000)
Res Gestae Divi Augusti: The Achievements of the Divine Augustus, P. A. Brunt & J. M. Moore (eds) (Oxford, 1967)
Scarre, C., *Chronicle of the Roman Emperors* (London & New York, 1995)
Wallace-Hadrill, A., *Augustan Rome* (Bristol, 1998)
Zanker, P., *The Power of Images in the Age of Augustus* (Ann Arbor, 1990)

公元第一个千年

特奥蒂瓦坎

Berrin, K. & E. Pasztory (eds), *Teotihuacan: Art from the City of the Gods* (New York, 1993)
Headrick, A., *The Teotihuacan Trinity* (Austin, 2007)
Millon, R. (ed.), *Urbanization at Teotihuacan, Mexico* (Austin, TX, 1973)
Pasztory, E., *Teotihuacan: An Experiment in Living* (Norman, OK, 1997)
Sahagún, F. B. de, *The Origin of the Gods*, Book 3 of the Florentine Codex, trans. A. J. O. Anderson & C. E. Dibble (Santa Fe, 1978)
Sempowski, M. L. & W. S. Michael, *Mortuary Practices and Skeletal Remains at Teotihuacan*, with an addendum by R. Storey (Salt Lake City, 1994)
Storey, R., *Life and Death in the Ancient City of Teotihuacan: A Paleodemographic Synthesis* (Tuscaloosa, AL, 1992)

Sugiyama, S., *Human Sacrifice, Militarism, and Rulership: Materialization of State Ideology at the Feathered Serpent Pyramid, Teotihuacan* (Cambridge, 2005)

蒂卡尔

Avendaño y Loyola, F. A., *Relation of Two Trips to Peten*, trans. by C. P. Bowditch & G. Rivera (Culver City, 1987)
Harrison, P. D., *The Lords of Tikal: Rulers of an Ancient Maya City* (London & New York, 1999)
Martin, S., 'In Line of the Founder: A View of Dynastic Politics at Tikal', in A. J. Sabloff (ed.), *Tikal: Dynasties, Foreigners, and Affairs of State* (Santa Fe & Oxford, 2003) 3–45
Martin, S. & Grube, N., *Chronicle of the Maya Kings and Queens: Deciphering the Dynasties of the Ancient Maya* (2nd ed., London & New York, 2008)
Sabloff, J. A. (ed.), *Tikal: Dynasties, Foreigners, and Affairs of State* (Santa Fe & Oxford, 2003)
Webster, D. et al., 'The Great Tikal Earthwork Revisited', *Journal of Field Archaeology* 32 (2007) 41–64

君士坦丁堡

Aimov, I., *Constantinople: The Forgotten Empire* (Boston, 1970)
Cormack, R. & M. Vassilaki, *Byzantium* (London, 2008)
Harris, J., *Constantinople: Capitol of Byzantium* (London, 2007)
Nicolle, D., et al., *The Fall of Constantinople: The Ottoman Conquest of Byzantium* (Oxford, 2007)
Norwich, J. J., *Byzantium: The Early Centuries* (London & New York, 1988)
Norwich, J. J., *Byzantium: The Apogee* (London & New York, 1991)
Norwich, J. J., *Byzantium: Decline and Fall* (London & New York, 1995)

麦加

Creswell, K. A. C., *Early Muslim Architecture* (rev. ed., Oxford, 1969)
Ibn Jubayr, *The Travels of Ibn Jubayr*, translated by R. J. C. Broadhurst (London, 1952)
Watt, M. W. & R. B. Winder, R. B., 'Makka' in *Encyclopaedia of Islam*, 2nd ed., vol. VI (Leiden, 1991) 144b–150b

大马士革

Burns, R., *Syria. An Historical Guide* (London & New York, 1999)
Burns, R., *Damascus: A History* (London & New York, 2005)
Degeorge, G., *Damascus* (Paris, 2004)
Keenan, B. & T. Beddow, *Damascus: Hidden Treasures of the Old City* (London & New York, 2000)
Kociejowski, M. (ed.), *Syria: Through Writers' Eyes* (London, 2006)
Thubron, C., *Mirror to Damascus* (London & Boston, 1967)

长安

Chye Kiang Heng, *Cities of Aristocrats and Bureaucrats: The Development of Medieval Chinese Cityscapes* (Honolulu, 1999)
Steinhardt, N. S., *Chinese Imperial City Planning* (Honolulu, 1999)
Wright, A. F., 'The Cosmology of the Chinese City' in G. W. Skinner (ed.), *The City in Late Imperial China* (Stanford, 1977)
Xiong, V. C., *Sui-Tang Chang'an: A Study in the Urban History of Medieval China* (Ann Arbor, MI, 2000)

巴格达

Duri, A. A., 'Baghdad' in *Encyclopaedia of Islam*, 2nd ed., vol. I (Leiden, 1986), 921a–926a
Lassner, J., *The Topography of Baghdad in the Early Middle Ages* (Detroit, 1970)
Le Strange, G., *Baghdad during the Abbasid Caliphate* (Oxford,

1900, repr. London & Dublin, 1972)
Micheau, F., 'Bagdad', in J. Garcin (ed.), *Grandes Villes Méditerranéennes du Monde Musulman Médiéval* (Rome, 2000) 87–116

科尔多瓦

Arberry, A. J., 'Muslim Córdoba', in A. J. Toynbee (ed.), *Cities of Destiny* (London, 1967) 166–177
Hillenbrand, R., '"The Ornament of the World" Medieval Cordoba as a Cultural Centre', in S. K. Jayyushi (ed.), *The Legacy of Muslim Spain* (Leiden & New York, 1994) 112–135
Manuel, A. A. & A. V. Triano, 'Cordoue', in J. Garcin (ed.), *Grandes Villes Méditerranéennes du Monde Musulman Médiéval* (Rome, 2000) 117–134
Seybold, C. F. & M. O. Jimenez, 'Kurtuba', in *Encyclopaedia of Islam* (2nd ed., Leiden, 1986) 509b–512a

中世纪世界

吴哥

Coe, M. D., *Angkor and the Khmer Civilization* (London & New York, 2003)
Dagens, B., *Angkor: Heart of an Asian Empire* (London, 1995)
Groslier, B. P., *Angkor: Art and Civilization* (New York, 1966)
Groslier, B. P., *Angkor and Cambodia in the Sixteenth Century. According to Portuguese and Spanish Sources*, trans. M. Smithies (Bangkok, 2006)
Jacques, C. & M. Freeman, *Angkor: Cities and Temples* (London & New York, 1997)
Jessup, H. I., *Art & Architecture of Cambodia* (London & New York, 2004)
Stierlin, H., *The Cultural History of Angkor* (London, 1984)

巴勒莫

Angeli, L., *Palermo: City of Art* (Mistretta, 1986)
Grube, E. J. & J. Johns, *The Painted Ceilings of the Cappella Palatina* (London, 2005)
Matthew, D., *The Norman Kingdom of Sicily* (Cambridge, 1992)
Norwich, J. J., *The Normans in the South* 1016–1130 (London, 1967)
Norwich, J. J. *The Kingdom in the Sun* 1130–1194 (London, 1970)
Norwich, J. J., *The Middle Sea. A History of the Mediterranean* (London & New York, 2006)
Runciman, S., *The Sicilian Vespers: A History of the Mediterranean World in the Later Thirteenth Century* (new ed., Cambridge, 1992)

开罗

André, R., *Cairo,* trans. W. Wood (Cambridge, MA, & London, 2000)
Behrens-Abouseif, D., *Cairo of the Mamluks: A History of the Architecture and Its Culture* (London, 2007)

撒马尔罕

Chuvin, P., *Samarkand, Bukhara, Khiva* (Paris & London, 2003)
Nedvetsky, A. G., *Samarkand* (Reading, 1992)
Robinson, F., *The Mughal Emperors and the Islamic Dynasties of India, Iran and Central Asia* 1206-1925 (London & New York, 2007) 42–51
Thubron, C., *Shadow of the Silk Road* (London & New york, 2006)

巴黎

Cazelles, R., *Nouvelle Histoire de Paris de la Fin du Règne de Philippe Auguste à la Mort de Charles V* 1223–1380 (Paris, 1972)
Favier, J., *Paris: Deux Mille Ans d'Histoire* (Paris, 1997)
Hallam, E. M. & J. Everard, *Capetian France,* 2nd ed. (Harlow, 2001) 987–1328
Hussey, A., *Paris: The Secret History* (London, 2006)
Jones, C., *Paris: Biography of a City* (London, 2004)

吕贝克

Dollinger, P., *The German Hansa*, trans. and ed. D. S. Ault & S. H. Steinberg (Stanford, 1970)
Enns, A. B., *Lübeck: A Guide to the Architecture and Art Treasures of the Hanseatic Town* (Lübeck, 1974)
King, W., *Chronicles of Three Free Cities: Hamburg Bremen, Lübeck* (New York, 1914)
Rodnick, D., *A Portrait of Two German Cities: Lübeck and Hamburg* (Lubbock, TX, 1980)
Schildhauer, J., *The Hansa: History and Culture*, trans. K. Vanovitch (New York, 1988)

克拉科夫

Davies, N., *God's Playground: A History of Poland*, 2 vols (Oxford, 1981)
Jasienica, P., *Jagiellonian Poland* (Miami, 1978)
Knox, B., *The Architecture of Poland* (London, 1971)
Kozakiewicz, H., *The Renaissance in Poland* (Warsaw, 1976)
Zamoyski, A., *The Polish Way: A Thousand-Year History of the Poles and their Culture* (London, 1987)
Zamoyski, A., *Poland: A History* (London, 2009)

威尼斯

Chambers, D., *The Imperial Age of Venice:* 1380–1580 (London, 1970)
Morris, J., *Venice* (3rd ed., London, 2004)
Norwich, J. J., *A History of Venice* (London & New York, 1982)
Wills, G., *Venice: Lion City: The Religion of Empire* (New York, 2001)

佛罗伦萨

Cronin, V., *The Florentine Renaissance* (London, 1967)
Hibbert, C., *Florence: The Biography of a City* (London, 1993)
Hibbert, C., *The Rise and Fall of the House of Medici* (London, 1974)
Turner, R., *The Renaissance in Florence* (London, 1997)
Unger, M. *Magnifico: The Brilliant Life and Violent Times of Lorenzo de' Medici* (New York, 2008)
Vasari, G., *The Lives of the Artists* (Oxford, 1971)

贝宁

Bradbury, R. E., *The Benin-Kingdom and the Edo-Speaking Peoples of South-Western Nigeria* (London, 1957)
Connah, G. E., *The Archaeology of Benin* (Oxford, 1975)
Darling, P. J., *Archaeology and History in Southern Nigeria: The Ancient Linear Earthworks of Benin and Ishan* (Oxford, 1984)
Egharevba, J. U., *A Short History of Benin* (Ibadan, 1968)
Johnson, S., *The History of the Yorubas* (Lagos, 1956)
McClelland, E. M., *The Kingdom of Benin in the Sixteenth Century* (Oxford, 1971)
Ryder, A. F. C., *Benin and the Europeans* 1485–1897 (London, 1969)
Shaw, T., *Nigeria: Its Archaeology and Early History* (London, 1978)
Willett, F., 'Ife and its Archaeology', *Journal of African History* 1, 2

(1960) 231–248

廷巴克图

Abun-Nasr, J., *History of the Maghreb in the Islamic Period* (Cambridge, 1987)
Barth, H., *Travels and Discoveries in North and Central Africa*, 3 vols (repr. London, 1965)
Bovill, E. V., *The Golden Trade of the Moors* (London & New York, 1958)
Hunwick, J. O. & A. J. Boye, *The Hidden Treasures of Timbuktu: Historic City of Islamic Africa* (London & New York, 2008)
Norris, H. T., *The Tuaregs, their Islamic Legacy and its Diffusion in the Sahel* (Warminster, 1975)
Rogerson, B., *A Traveller's History of North Africa: From Carthage to Casablanca* (new ed., Moreton-in-the-Marsh, 2008)

库斯科

Bauer, B. S., *The Sacred Landscape of the Inca: The Cuzco Ceque System* (Austin, TX, 1998)
Bauer, B. S., *Ancient Cuzco: Heartland of the Inca* (Austin, TX, 2004)

特诺奇提特兰

Berdan F. F. & P. R. Anawalt (eds), *Codex Mendoza*, III: *A Facsimile Reproduction of Codex Mendoza* (Berkeley, 1992)
Carrasco, P., *The Tenochca Empire of Ancient Mexico: The Triple Alliance of Tenochtitlan, Tetzcoco, and Tlacopan* (Norman, OK, 1999)
Cortés, H., *Letters from Mexico*, trans. & ed. A. Pagden (New Haven, 1986)
Díaz del Castillo, B., *The Discovery and Conquest of Mexico* (c. 1560s), ed. G. García, trans. A. P. Maudslay, introduction by I. A. Leonard (New York, 1956)
López Luján, L., *The Offerings of the Templo Mayor of Tenochtitlan*, trans. B. R. & T. Ortiz de Montellano (Albuquerque, NM, 2005)
Matos Moctezuma, E., *The Great Temple of the Aztecs: Treasures of Tenochtitlan*, trans. D. Heyden (London & New York, 1994)
Wolf, E. R. (ed.), *Hispanic Ecology and Society* (Albuquerque, 1976) 287–302

早期现代世界

里斯本

Couto, D., *Histoire de Lisbonne* (Paris, 2000)
Góis, D. de, *Lisbon in the Renaissance,* trans. J. S. Ruth (New York, 1996)
Jack, M., *Lisbon: City of the Sea* (London, 2007)
Laidlar, J., *Lisbon,* World Bibliographical Series Vol. 199 (Oxford, 1997)
Oliveira Marques, A. H. de, *History of Portugal* (New York, 1972)
Saunders, A. C. de C. M., *A Social History of Black Slaves and Freedmen in Portugal 1441–1555* (Cambridge, 1982)

罗马

Hibbert, C., *Rome: The Biography of a City* (Harmondsworth, 1985)
King, R., *Michelangelo and the Pope's Ceiling* (New York, 2003)
Noel, G., *The Renaissance Popes* (London, 2006)
Partridge, L., *The Art of Renaissance Rome* (New York, 1996)
Vasari, G., *The Lives of the Artists* (Oxford, 1971)

伊斯坦布尔

Crowley, R., *Constantinople: The Last Great Siege 1453* (New York, 2005)
Freely, J., *Istanbul: The Imperial City* (London & New York, 1996)
Goodwin, J., *Lords of the Horizons: A History of the Ottoman Empire* (London, 1998)
Kleiterp, M. & C, Huygens, *Istanbul: The City and the Sultan* (Amsterdam, 2006)
Mansel, P., *Constantinople: City of the World's Desire 1453–1924* (London, 1995)
Orga, I., *Portrait of a Turkish Family* (London, 1988)

阿格拉

Gupta, I. P., *Urban Glimpses of Mughal India: Agra, The Imperial Capital, 16th & 17th Centuries* (Delhi, 1986)
Koch, E., *The Complete Taj Mahal and the Riverfront Gardens of Agra* (London & New York, 2006)
Peck, L., *Agra: The Architectural Heritage* (New Delhi, 2008)

伊斯法罕

Blake, S. P., *Half the World: The Social Architecture of Safavid Isfahan, 1590–1722* (Costa Mesa, CA, 1999)
Canby, S. R., *Shah 'Abbas. The Remaking of Iran* (London, 2009)
Hillenbrand, R., 'Safavid Architecture', in P. Jackson et al. (eds), *The Cambridge History of Iran,* Vol. 6: *The Timurid and Safavid Periods* (Cambridge, 1986) 759–842
Lambton, A. K. S, 'Isfahan' in *Encyclopaedia of Islam*, 2nd ed., vol. V (Leiden, 1991)
Newman, A., *Safavid Iran: Rebirth of a Persian Empire* (London, 2006)

北京

Abru, H., *A Persian Embassy to China: being an extract from Zubdatu't Twarikh of Hafiz Abru*, trans. K. M. Maitra (Lahore, 1934)
Arlington, L. C., & W. Lewisohn, *In Search of Old Peking* (Peking, 1935)
Naquin, S., *Peking: Temples and City Life 1400–1900* (Berkeley, 2000)

京都

Downer, L., *Geisha: The Secret History of a Vanishing World* (London, 2000)
Hibbett, H., *The Floating World in Japanese Fiction* (Boston, 2001)
Kaempfer, E., *Kaempfer's Japan: Tokugawa Culture Observed*, ed., trans. & annotated B. M. Bodart-Bailey (Honolulu, 1999)
Keene, D., *World Within Walls: Japanese Literature of the Pre-Modern Era, 1600–1867* (New York, 1999)
Morris, I., *The World of the Shining Prince: Court Life in Ancient Japan* (London, 1997)
Mosher, G., *Kyoto: A Contemplative Guide* (Rutland, VT, 1964)
Varley, H. P., *Japanese Culture* (Tokyo, 1974)

布拉格

Fucikova, E. (ed.), *Rudolf II and Prague: The Court and the City* (London & New York, 1997)
Lau, J. M., *Prague: Then and Now* (San Diego, 2006)
Marshall, P. H., *The Mercurial Emperor: The Magic Circle of Rudolf II in Renaissance Prague* (London & New York, 2007)
Sugliano, C., *Prague: Past and Present* (New York, 2003)

阿姆斯特丹

Kistemaker, R., *Amsterdam: The Golden Age, 1275–1795* (New York, 1983)
Prak, M. A., *The Dutch Republic in the Seventeenth Century: The*

Golden Age (Cambridge, 2005)
Schama, S., *Embarrassment of Riches* (London & New York, 2004)

墨西哥城

Caistor, N. & E. Poniatowska, *Mexico City: a Cultural and Literary Companion* (Oxford, 1999)
Lombardo de Ruiz, S. (ed.), *Atlas histórico de la ciudad de México* (Mexico City, 1966)

伦敦

Campbell, J. W. P., *Building St Paul's* (London & New York, 2008)
Hollis, L., *The Phoenix: St Paul's Cathedral* (London, 2008)
Wilson, A. N., *London: A Short History* (London, 2001)

斯德哥尔摩

Buckley, V., *Christina: Queen of Sweden* (London, 2004)
Kent, N., *A Concise History of Sweden* (Cambridge, 2008)
Lockhart, P. D., *Sweden in the Seventeenth Century* (New York, 2004)
Peterson, G. D., The Warrior Kings of Sweden (Jefferson, NC & London, 2007)
Roberts, M., *Gustavus Adolphus and the Rise of Sweden* (London, 1973)
Roberts, M. *From Oxenstierna to Charles XII* (Cambridge, 1991)

都柏林

Casey, C. (ed.), *Dublin. The Buildings of Ireland* (London, 2005)
Craig, M. (ed. S. O'Keefe), *Dublin 1660–1860* (repr. Dublin, 2006)
Guinness, D., *Georgian Dublin* (London, 1993)
Longford, C., *A Biography of Dublin* (London, 1936)
McParland, E., *Public Architecture in Ireland, 1680–1760* (London, 2001)
Malton, J., *A Picturesque and Descriptive View of the City of Dublin* (1799, repr. Dublin, 1978)
O'Brien, G. & F. O'Kane (eds), *Georgian Dublin* (Dublin & Portland, OR, 2008)
Pakenham, V. & T., *Dublin: A Traveller's Companion* (repr. London, 2003)

哥本哈根

Berman, P. G., *In Another Light. Danish Painting in the Nineteenth Century* (London & New York, 2007)
Bukdahl, E. M. & M. Bogh, *The Roots of Neo-Classicism: Wiedewelt, Thorvaldsen and Danish Sculpture of our Time* (Copenhagen, 2004)
Raabyemagel, H. & C. M. Smidt (eds), *Classicism in Copenhagen: Architecture in the Age of C. F. Hansen* (Copenhagen, 1998)
Woodward, C., *Copenhagen. The Buildings of Europe*, (Manchester, 1998)

圣彼得堡

Amery, C. & B. Curran, *St Petersburg* (London, 2006)
Hughes, L., *Peter the Great: A Biography* (New Haven & London, 2004)
Iroshikov, M., *Before the Revolution: St Petersburg in Photographs, 1890–1914* (New York, 1992)
Lincoln, W. B., *Sunlight at Midnight: St Petersburg and the Rise of Modern Russia* (New York, 2002)
Shvidkovsky, D. & A. Orloff, *St Petersburg: Architecture of the Tsars* (New York, 1995)
Volkov, S., *St Petersburg: A Cultural History* (New York, 1995)

维也纳

Brandstatter, C. (ed.), *Vienna 1900 and the Heroes of Modernism* (London, 2006)
Oechslin, W., *Otto Wagner, Adolf Loos and the Road to Modern Architecture* (Cambridge, 2002)
Salm-Salm, M.-A. zu, *Klimt, Schiele, Moser, Kokoschka. Vienna 1900* (London, 2005)
Schorske, C. E., *Fin-de-Siècle Vienna: Politics and Culture* (New York, 1993)
Varnedoe, K., *Vienna, 1900: Art, Architecure and Design* (New York, 1986)

爱丁堡

Boswell, J. *Boswell's Edinburgh Journals 1767–1786*, edited by H. M. Milne (Edinburgh, 2001)
Buchan, J., *Crowded with Genius: The Scottish Englightenment: Edinburgh's Moment of the Mind* (London, 2003)
Dudley Edwards, O. & Richardson, G. (eds), *Edinburgh* (Edinburgh, 1983)
Edwards, B. & P. Jenkins, *Edinburgh: The Making of a Capital City* (Edinburgh, 2005)
Gifford, J. et al., *Edinburgh. The Buildings of Scotland* (London, 1984)
Linklater, E., *Edinburgh* (London, 1960)
Massie, A., *Edinburgh* (London, 1994)
Scott-Moncrieff, G., *Edinburgh* (London, 1947)
Youngson, A. J., *The Making of Classical Edinburgh*, (Edinburgh, 2002)

现代城市时期

莫斯科

Allenov, M. M., *Moscow: Treasures and Traditions* (Washington, 1990)
Figes, O., *Natasha's Dance: A Cultural History of Russia* (London & New York, 2002)
Kelly, L. (ed.), *Moscow: A Travellers' Companion* (London, 1983)

巴黎

Carmona, M., *Haussmann* (Paris, 2000)
Girard, L., *Napoléon III* (Paris, 1983)
de Goncourt, E. L. A. H., & J. A. H., *The Journal of the Goncourts: Pages From A Great Diary* (London, *c.* 1930)
Kurtz, H., *The Empress Eugénie* (London, 1964)
Mansel, P., *Paris Between Empires* (London, 2001; New York, 2003)
Mérimée, P., *Letters to an Unknown*, I & II (New York, 1906)

伦敦

Inwood, S., *A History of London* (London, 1998)
Mayhew, H., *London Labour and the London Poor*, 4 vols (repr. New York, 1968)
Olsen, D., *The Growth of Victorian London* (London, 1983)
Owen, D., *The Government of Victorian London* (Cambridge, MA, 1982)
Wilson, A. N., *The Victorians* (London, 2007)

布达佩斯

Lukacs, J., *Budapest 1900: A Historical Portrait of a City and its Culture* (New York, 1988)
Sauer, W., 'Austria-Hungary: The Making of Central Europe', in R. Aldrich (ed.), *The Age of Empires* (London & New York, 2007)
Török, A., *Budapest: A Critical Guide* (rev. ed., London, 1998)

蒙特利尔

Beauchemin, Y., *The Alley Cat: A Novel* (New York, 1988)
Havard, G., *The Great Peace of Montreal of 1701: French-Native Diplomacy in the Seventeenth Century* (Montreal, 2003)
MacLean, R., *The Oatmeal Ark* (London, 2008)
Morris, J., *O Canada!* (London, 1992)
Richler, M., *The Apprenticeship of Duddy Kravitz* (New York, 1991)
Tremblay, M., *Les Belles-Soeurs* (Vancouver, 1991)
Woodcock, G., *Social History Of Canada* (Markham, ON, 1988)

华盛顿

Berg, S. W., *Grand Avenues. The Story of the French Visionary Who Designed Washington, D.C.* (New York, 2007)
Bordewich, F., *Washington. The Making of the American Capital* (New York, 2008)
Gutheim, F. & A. J. Lee, *Worthy of the Nation, Washington, D.C., from L'Enfant to the National Capital Planning Commission* (2nd ed. Baltimore, MD, 2006)
Schama, S., *American History: The Future* (London, 2008)
Standiford, L., *Washington Burning: How a Frenchman's Vision for Our Nation's Capital Survived Congress, the Founding Fathers, and the Invading British Army* (New York, 2008)

巴塞罗那

Fernandez-Armesto, F., *Barcelona: A Thousand Years of the City's Past* (London, 1991)
Hensbergen, G. van, *Gaudi. A Biography* (London & New York, 2001)
Hughes, R., *Barcelona* (new ed. London, 2001)

新德里

Dalrymple, W., *City of Djinns* (London, 1995; New York, 2003)
Hussey, C., *The Life of Sir Edwin Lutyens* (London, 1950)
Irving, R. G., *Indian Summer: Lutyens, Baker and Imperial Delhi* (London, 1981)
Nath, A., *Dome Over India* (Mumbai, 2002)
Ridley, J., *The Architect and his Wife: A Life of Edwin Lutyens* (London, 2002)
http://www.india-seminar.com

柏林

Döblin, A., *Berlin Alexanderplatz* (London & New York, 2004)
Gaddis, J. L., *The Cold War* (London, 2006)
Isherwood, C., *Goodbye to Berlin* (London, 2003)
Kempowski, W., *Das Echolot: ein Kollektives Tagebuch* (München, 1993)
Ladd, B., *The Ghosts of Berlin: Confronting German History in the Urban Landscape* (Chicago, 1997)
Mann, H., *The Blue Angel* (New York, 1979)
Metzger, R., *Berlin in the Twenties* (London, 2007)
Richie, A., *Faust's Metropolis* (New York, 1998)

芝加哥

Grossman, J. R. et al., *The Encyclopedia of Chicago* (Chicago, 2004)
Mayer, H. M. & R. C. Wade, *Chicago: Growth of a Metropolis* (Chicago, 1969)
Sinkevitch, A. (ed.), *AIA Guide to Chicago* (New York, 2004)

洛杉矶

Banham, R., *Los Angeles: The Architecture of Four Ecologies* (New York, 1971)
Davis, M., *City of Quartz: Excavating the Future in Los Angeles* (London & New York, 1990)
Ulin, D. L. (ed.), *Writing Los Angeles: A Literary Anthology* (New York, 2002)

布宜诺斯艾利斯

Collier, S. et al., *Tango. The Dance, the Song, the Story* (London & New York, 1995)
Podalsky, L., *Specular City: Transforming Culture, Consumption, and Space in Buenos Aires, 1955–1973* (Philadelphia, 2004)
Wilson, J., *Buenos Aires: A Cultural and Literary History* (Oxford, 1999)

新加坡

Barber, N., *Sinister Twilight: The Fall and Rise Again of Singapore* (London, 1968)
Jayapal, M., *Old Singapore* (Singapore, 1992)
Keay, J., *Last Post: The End of Empire in the Far East* (London, 1997)
Liu, G., *Singapore: A Pictorial History, 1819–2000* (Singapore, 1999)
Turnbull, C. M., *A History of Singapore, 1819–1975* (Kuala Lumpur, 1977)

纽约

Bloom, A., *Prodigal Sons: The New York Intellectuals and Their World* (New York, 1986)
Broyard, A., *Kafka Was the Rage. A Greenwich Village Memoir* (New York, 1993)
Homberger, E., *The Historical Atlas of New York City: A Visual Celebration of nearly 400 Years of New York City's History* (New York, 1994)
Jackson, K. T. & D. S. Dunbar, *Empire City: New York Through the Centuries* (New York, 2002)
Morris. J., *Manhattan '45* (London & New York, 1987)
Morris. J., *The Great Port: A Passage Through New York* (2nd ed., London, 1987)
Wallock, L. (ed.), *New York: Culture Capital of the World, 1940–1965* (New York, 1988)
White, E. B., *Here is New York*, intro. by R. Angell (New York, 2000)

圣保罗

Andrews, G. R., *Blacks and Whites in São Paulo, Brazil, 1888–1988* (Madison, WI, 1991)
Caldeira, T., *City of Walls: Crime, Segregation, and Citizenship in São Paulo* (Berkeley, CA, 2001)
Luna F. V. & H. S. Klein, *Slavery and the Economy of São Paulo 1750–1850* (Stanford, CA, 2003)
Morse, R. M., *From Community to Metropolis: A Biography of São Paulo, Brazil* (Gainesville, FL, 1958)
Woodard, J. P., *A Place in Politics: São Paulo, Brazil, from Seigneurial Republicanism to Regionalist Revolt* (Durham, NC, 2009)

悉尼

Ashton, P., *The Accidental City, Planning Sydney Since 1788* (Sydney, 1993)
Birmingham, J., *Leviathan, The Unauthorised Biography of Sydney* (Sydney, 1999)
Drew, P., *The Masterpiece. Jørn Utzon, A Secret Life* (Melbourne, 1999)
Emmett, P., *Sydney. Metropolis, Suburb, Harbour* (Sydney, 2000)
Golder, H., *Sacked: Removing and Remaking the Sydney City Council* (Sydney, 2004)
Morris, J., *Sydney* (new ed. London, 1993)
Spearritt, P., *Sydney's Century: A History* (Sydney, 1999)
Watson, A. (ed.), *Building a Masterpiece: The Sydney Opera House*

(Sydney, 2006)
Webber, P., *The Design of Sydney, Three Decades of Change in the City Centre* (Sydney, 1988)

东京

Akira Naito, *Edo, The City that Became Tokyo: An Illustrated History* (Tokyo, London & New York, 2003)
Downer, L., *The Brothers: The Hidden World of Japan's Richest Family* (London, 1994)
Richie, D., *A Lateral View: Essays on Contemporary Japan* (Tokyo, 1991)
Richie, D., *Tokyo: A View of the City* (London, 1999)
Seidensticker, E., *Low City, High City: Tokyo from Edo to the Earthquake* (New York, 1983)
Seidensticker, E., *Tokyo Rising: The City Since the Great Earthquake* (New York, 1990)
Waley, P., *Tokyo Now and Then: An Explorer's Guide* (New York & Tokyo, 1984)

上海

Baker, B., *Shanghai: Electric and Lurid City: An Anthology* (Oxford, 1998)
Ballard, J. G., *Empire of the Sun* (London & New York, 1984)
Nien Cheng, *Life and Death in Shanghai* (London, 1987)
Yatsko, P., *New Shanghai: The Rocky Rebirth of China's Legendary City* (New York, 2001)

插图来源

a = above, b = below, l = left, r = right

The page before the title page © Jon Arnold/ jonarnoldimages.com; 2 Collection of Howard Hodgkin, London; 2–3 Historisches Museum der Stadt Wien, Vienna; 4–5 © Travel Pix Collection/ jonarnoldimages.com; 6–7 Drazen Tomic; 8 © Bojan Brecelj/Corbis; 9 © Jon Arnold/jonarnoldimages.com; 10 © AISA; 11al © Walter Bibikow/jonarnoldimages.com; 11ar © Julian Love/John Warburton-Lee Photography; 11bl © Christopher Herwig; 11br Michael S. Yamashita/National Geographic/Getty Images; 12 © Alan Copson/jonarnoldimages.com; 13© AISA; 14–15 Don Fuchs/ LOOK-foto/ Photolibrary.com; 19 Edgar Knobloch/Werner Forman Archive; 21 © Nik Wheeler/Corbis; 22 National Museum, Karachi NMP 50.852; 23 James L. Stanfield/National Geographic/ Getty Images; 26–27 Upperhall Ltd/Robert Harding Travel/ Photolibrary; 29, 30, 31a Photo Heidi Grassley © Thames & Hudson Ltd, London; 31b © Sandro Vannini; 33 Photo Heidi Grassley © Thames & Hudson Ltd, London; 35a, 35b © AISA; 36 Photo Will Pryce © Thames & Hudson Ltd, London; 37 Musée du Louvre, Paris; 38a Abaca Press/ABACA/PA Photos; 38b © Joan Oates; 39 © AISA; 41 © British Museum, London; 43 Randy Olson/ National Geographic/Getty Images; 44 Peter Connolly/ akg-images; 45 © RAGA/AISA; 46 Agora Museum, Athens; 47 Sonia Halliday Photographs; 48al Photo Heidi Grassley © Thames & Hudson Ltd, London; 48ar The University of Southern California, Institute for Creative Technologies, Los Angeles, CA; 48b Ashmolean Museum, University of Oxford; 49 Peter Connolly/ akg-images; 50 Photo Xiaoneng Yang; 51 Hubei Provincial Museum, Wuhan; 53 DeAgostini Picture Library/Scala, Florence; 54a Copyright Franck Goddio/Hilti Foundation. Graphics Yann Bernard; 54b Copyright Franck Goddio/Hilti Foundation. Photo Christoph Gerigk; 55 Werner Forman Archive; 56 Staatliche Antikensammlung, Munich; 57 Martin Gray/ National Geographic/ Getty Images; 59 Zev Radovan/BibleLandPictures.com; 60 © Samuel Magal/www.sitesandphotos.com; 62–63 Amit Erez/ iStockphoto.com; 64 Martin Blazeby, King's Visualisation Lab., King's College London; 65a Plinio Lepri/AP/PA Photos; 65b Italian Culture Ministry, HO/AP/PA Photos; 66–67 © Marco Cristofori/ Corbis; 69 © Araldo de Luca/Corbis; 73 British Museum, London; 74 © Travel Pix Collection/jonarnoldimages.com; 75 Museo Nacional de Antropología, Mexico City; 76a Chris Sharp/South American Pictures; 76b Andres Balcazar/iStockphoto.com; 77 Photo Kenneth Garrett; 78–79 © Dumbarton Oaks, Pre-Columbian Collection, Washington, D.C.; 79b Drawing Susan T. Evans; 80 Photograph K4886 © Justin Kerr; 81 © Royal Geographical Society; 83 Michael Dietrich/imagebroker.net/ Photolibrary.com; 85 Bibliothèque Nationale, Paris; 86 © Christopher Herwig; 87 iStockphoto.com; 90 © Mohamed Messara/epa/ Corbis; 91, 92 Bibliothèque Nationale, Paris; 94 © Christopher Herwig; 95 © Yves Gellie/Corbis; 96a © Carmen Redondo/Corbis; 96b James L. Stanfield/National Geographic/Getty Images; 99 Xi'an Municipal Institute of Archaeology and Preservation of Cultural Relics, Shaanxi Province; 100a National Palace Museum, Taipei/Werner Forman Archive; 100b Shaanxi History Museum, Xi'an; 101 Bibliothèque Nationale, Paris; 102a Kunsthistorisches Museum, Vienna; 102b © Michael Jenner; 103 Bibliothèque Nationale, Paris; 104 Louvre, Paris/Peter Willi/Bridgeman Art Library; 105 © AISA; 106 Photo George Mott; 107 © Paul Almasy/Corbis; 111 Musée Condé, Chantilly/Giraudon/Bridgeman Art Library; 113 Michael D. Coe; 114 © Michele Falzone/ jonarnoldimages.com; 115a ©

Peter Adams/ jonarnoldimages.com; 115b Michael D. Coe; 116–117 Paul Chesley/National Geographic/Getty Images; 118 Fondo Edifici di Culto – Min. dell'Interno/Photo Scala, Florence; 120a Photo Scala, Florence; 120b © Anna Watson/Axiom; 121 © Joe Cornish/Arcaid/Corbis; 122 Musée du Louvre, Paris; 123 © José Fuste Raga/zefa/ Corbis; 124 © Julian Love/John Warburton-Lee Photography; 125a © AISA; 125b Richard Nowitz/National Geographic/Getty Images; 126 © Michel Setboun/Corbis; 128a © Eitan Simanor/Photoshelter; 128b Gérard Degeorge/akg-images; 129 John Work Garrett Collection, Milton S. Eisenhower Library, Johns Hopkins University, Baltimore; 131 British Library, London; 132 Bibliothèque Nationale, Paris; 133 Bildarchiv Monheim/akg-images; 134a, 134b © Walter Bibikow/jonarnoldimages.com; 137 © Steve Raymer/Corbis; 138 Alfredo Dagli Orti/Biblioteca Nazionale Marciana, Venice/The Art Archive; 139 Deutsches Museum, Munich; 140a © Paul Adams/Alamy; 140b Erich Lessing/akg-images; 141 © AISA; 143 Musée Condé, Chantilly; 145 © Rafa Pérez/AISA; 146a Gérard Degeorge/akg-images; 146b Photo Emily Lane; 148a, 148b Photo Scala, Florence; 144 Museo di San Marco, Florence; 150 © Steve Vidler/AISA; 153 Museum für Völkerkunde, Berlin/Werner Forman Archive; 154, 155 © www.jhunwick.com; 156 Bibliothèque Nationale, Paris/Bridgeman Art Library; 157 Yoshio Tomii Photo Studio/Aflo Foto Agency/Photolibrary.com; 158–159 James P. Blair/National Geographic/Getty Images; 160 Pedro de Osma Museum, Lima; 161a iStockphoto.com; 162b Gianni Dagli Orti/The Art Archive; 162–163 Glen Allison/Photographer's Choice/Getty Images; 164 Museum für Völkerkunde, Vienna; 165 Newberry Library, Chicago; 166 Photo Kenneth Garrett; 167 Bodleian Library, Oxford; 171 National Gallery, London/ Bridgeman Art Library; 173 © Travel Pix Collection/jonarnoldimages.com; 175 British Museum, London; 176a Gabinetto dei Disegni e delle Stampe, Florence; 176b Pinacoteca Vaticana, Vatican Museums; 177 Vatican Museums; 178a, 178b © Michele Falzone/ jonarnoldimages.com; 179 © Patrick Durand/ Sygma/Corbis; 181 Private Collection/Archives Charmet/Bridgeman Art Library; 182 Topkapi Sarayi Museum, Istanbul; 183a Christopher and Sally Gable/Dorling Kindersley/Getty Images; 183b © Moritz Stipsicz; 185 Jean-Louis Nou/ akg-images; 186 Collection of Howard Hodgkin, London; 187 Photo Ebba Koch; 189 © Gavin Hellier/ jonarnoldimages.com; 190 British Museum, London; 191a James P. Blair/National Geographic/Getty Images; 191b, 192 Photo Will Pryce © Thames & Hudson Ltd, London; 194 © James Montgomery/jonarnoldimages.com; 195 National Palace Museum, Taipei; 196–97 Museum of Chinese History, Beijing; 199a Suzanne Held/akg-images; 199b Alex Blackburn Clayton/Photolibrary.com; 200 © Travel Pix Collection/jonarnoldimages.com; 201 Photograph © 2009 Museum of Fine Arts, Boston; 203a, 203bl © Jon Arnold/ jonarnoldimages.com; 203br © Jan Kaplan; 204 Skokloster Castle, Sweden, 207 © AISA; 209 © Peter Adams/jonarnoldimages.com; 212 Corsham Court, Wiltshire/Bridgeman Art Library; 213a © Macduff Everton/Corbis; 213b Walter Bibikow/Photononstop/ Photolibrary.com; 215 National Portrait Gallery, London; 216 British Library, London; 217, 218a, 218b British Museum, London; 219 © Skyscan/Corbis; 222 Château de Versailles, France/ Bridgeman Art Library; 223 © Michael Jenner; 225 Victoria & Albert Museum, London; 226 David Davison/The Irish Picture Library; 228 Jens Kristian Seier; 229© Rafa Pérez/AISA; 230 Courtesy The Royal Library, Copenhagen; 321 akg-images; 232b © Steve Raymer/Corbis; 233a Angelo Tondini/Cubo Images/Robert Harding; 233b © Ivan Vdovin/ jonarnoldimages.com; 234 British Museum, London; 235 Photo Austrian Archive/Scala, Florence; 237 Historisches Museum der Stadt Wien, Vienna; 238 Photo Austrian Archive/ Scala, Florence; 239 British Museum, London; 240–241 The University of Edinburgh Fine Art Collection; 245 © Gavin Hellier/ jonarnoldimages.com; 247 akg-images; 248a Prints & Photographs Division, Library of Congress, Washington D.C.; 248b British Museum, London; 249a © AISA; 249b Tretyakov Gallery, Moscow/Bridgeman Art Library; 250 © AISA; 251a Gordon Gahan/National Geographic/Getty Images; 252b Musée de la Ville de Paris, Musée Carnavalet, Paris, France/ Bridgeman Art Library; 252 Kunstmuseum, Düsseldorf; 253a Nasjonalgalleriet, Oslo; 253b Musée de la Ville de Paris, Musée Carnavalet, Paris/Lauros/Giraudon/Bridgeman Art Library; 257b © The Crossness Engines Trust; 258 John Miller/Robert Harding Travel/ Photolibrary.com; 260 Alfredo Dagli Orti/ Kiscelli Museum Budapest/The Art Archive; 262a © Bettmann/ Corbis; 262b © Walter Bibikow/ jonarnoldimages.com; 263 Courtesy Pennsylvania Academy of the Fine Arts, Philadelphia. Bequest of William Bingham; 264, 265a Prints & Photographs Division, Library of Congress, Washington D.C.; 265b © Walter Bibikow/ jonarnoldimages.com; 266 Jewel Samad/AFP/ Getty Images; 269, 270a © AISA; 271 © Timothy Hursley; 274a © Rob Penn/ Axiom; 274b Sean Sexton/Hulton Archive/Getty Images; 275 © Ram Rahman; 276a © Robert Harding World Imagery/Corbis; 276b © Paul Waite/Lutyens Trust Photographic Archive; 279bl Herbert Hoffman/BPK; 279br ullstein bild/akg-images; 280a Reimer Wulf/akg-images; 281 © David Turnley/Corbis; 282 Prints & Photographs Division, Library of Congress, Washington D.C.; 283a Chicago Architectural Photo Co.; 283b Private Collection/Barbara Singer/Bridgeman Art Library; 284 Chicago Historical Society; 285 Frank Driggs Collection/Hulton Archive/Getty Images; 286 Jim Jurica/ iStockphoto.com; 289a Security Pacific Photographic Collection/L.A. Public Library; 289b Paramount/Kobal Collection; 290 Big Orange Landmarks; 291 Liane Cary/age fotostock/Photolibrary.com; 294 Photo Ken Haas; 295 Courtesy Antiques of the Orient; 296 akg-images; 297, 298 ullstein bild/akg-images; 299 Ogen Perry/ iStockphoto.com; 300, 302al © Bettmann/Corbis; 302ar Martha Holmes/Time Life Pictures/Getty Images; 302bl, 302br © Bettmann/Corbis; 303 Digital Image, Timothy Hursley/The Museum of Modern Art, New York/Scala, Florence; 304 © Jon Arnold/ jonarnoldimages.com; 306 © Ron Giling/ LINEAIR/Still Pictures; 307 © Walter Bibikow/ jonarnoldimages.com; 308a © Corbis; 308b David Mist Collection, Power House Museum, Sydney; 309 National Archives of Australia, Canberra: A1500, 1966/15925; 311 Hulton Archive/Getty Images; 313 © Ken Straiton/Corbis; 314 © Travel Pix Collection/ jonarnoldimages.com; 315 Edmund Sumner/ View Pictures/Photolibrary.com; 317b Courtesy Virtual Shanghai Project, IAO, Lyon; 318 Copyright Henri Cartier-Bresson/Magnum Photos; 319 Japan Travel Bureau/ Photolibrary.com

Cover image credit: Vatican Museums

引文出处

p. 20 A. R. George, The Epic of Gilgamesh (London, 1999); p. 22 Sir John Marshall, Illustrated London News, 20 September 1924; p. 24 Herodotus Histories, II: 99; p. 28 A. H. Rhind, Thebes; its tombs and their tenants (London, 1862); p. 34 quoted in T. Bryce Life and Society in the Hittite World (Oxford, 2002); p. 46 Thucydides, History of the Peloponnesian War, 2.38.1; p. 49 Plutarch, Life of Perikles 13; p. 52 Strabo, Geography, 17.1.8, trans. H. L. Jones (Cambridge, 1930) and Ammianus Marcellinus, History, 22.16; p. 56 Herodotus, Histories, II: 29, trans. G. Rawlinson (New York, 1862); p. 58 Pliny the Elder, Natural History, 5. 70; p. 64 Suetonius, TheTwelve Caesars, Augustus, 28, trans. Robert Graves (London, 1957); p. 75 Sahagún, Fray Bernardino de, The Origin of the Gods. Book 3 of the Florentine Codex, trans. and notes by A. J. O. Anderson and C. E. Dibble (Santa Fe, 1978 [1569]): 1; p. 80 Avendaño y Loyola, Fray Andrés, Relation of Two Trips to Peten, trans. Charles P. Bowditch and Guillermo Rivera (Culver City 1987); p. 84 Edward Gibbon, The Decline and Fall of the Roman Empire, chap. 17, p. 224 (1776–89); p. 93 Mark Twain, Innocents Abroad (Hartford, 1869); p. 99 translation after Arthur Waley, The Life and Times of Po Chü-I, 772-846 A.D. (New York, 1949); p. 101 Yaqut al-Hamawi, Dictionary of Countries, 1224, from W. S. Davis (ed.) Readings in Ancient History: Illustrative Extracts from the Sources, 2 vols (Boston: 1912–13), vol. II, 365; p. 104 quoted in Robert Hillenbrand, '"The Ornament of the World": Medieval Córdoba as a Cultural Centre', The Legacy of Muslim Spain, Salmia Khadra Jayyusi (ed.) (Leiden & New York, 1992), p. 18; p. 112 H. Mouhot, Travels in the central parts of Indo-China (London, 1864); p. 119 Ibn Jubayr Travels; p. 12 Meshulam of Volterra, Massa, ed. A. Yaari (Jerusalem, 1948), p. 50; p. 131 after 'Song of the Peace with England', in T. Wright, The Political Songs of England from the Reign of John to that of Edward II (new ed., Cambridge 1996); p. 133, 135 Jean de Jandun, 'A Treatise of the Praises of Paris', ed. & trans. by Robert. W. Berger, in Old Paris: An Anthology of Source Descriptions, 1323–1790 (New York, 2002); p. 143, quoted in M. F. Rosenthal, The Honest Courtesan (Chicago, 1992), p. 31; p. 147 Scipio Ammirato, Istorie de Firenze; p. 152 Henry Ling Roth, Great Benin (Halifax, 1903); p. 160 Narratives of the rites and laws of the Yncas, trans C. R. Markham (New York, [1571] 1964); p. 164 Díaz, Bernal del Castillo, B. The Discovery and Conquest of Mexico, trans. A. P. Maudslay (New York, [1560s] 1956); p. 172 Francisco Sá de Miranda, in Rodrigues Lapa (ed.), Obras Completas (Lisbon, 1977); p. 185 Abu Talib Kalim, Diwan, ed. Partau Bayza'i (Tehran, 1957), p. 341, verse 24; p. 186 Kanbo, Bahar-sukhan, fols. 248a & 248b, as trans. in E. Koch, 'The Mughal Waterfront Garden', in A. Petruccioli (ed.), Gardens in the Time of the Great Muslim Empires: Theory and Design, Muqarnas Supplements (Leiden/New York/Cologne, 1997), p. 143; p. 186 F. Bernier, Travels in the Mogul Empire: A.D. 1656–1668, trans. A. Constable (1891, repr. New Delhi, 1972), p. 285; p. 188 J.-B. Tavernier, Travels in India, 2 vols. trans. V. Ball, 2nd ed. W. Crooke (1925, repr. New Delhi, 1977); p. 190 Iskandar Munshi, Tarikh-i Alam-ara-yi-Abbasi, Iraj Afshar (ed.) (Tehran, 1955) 1:544; p. 194 The Voyages and Adventures of Fernão Mendes Pinto, trans. H. Cogan in C. D. Ley (ed.), Portuguese Voyages 1498–1663 (London, 1947), p. 154, 156; p. 194 Hafiz Abru, A Persian Embassy to China, trans. K. M. Maitra (Lahore, 1934), pp. 49–50; p. 198 Ihara Saikaku, trans. in H. Hibbett, The Floating World in Japanese Fiction (London, 1959); Franz Kafka, Letters to Friends, Family and Editors, trans. R. & C. Winston (London, 1978); p. 205 Andrew Marvell, The Character of Holland, 1653; p. 192 J. E. Pacheco, Vecindades del centro, 1976; p. 215 H. H. Milman, Annals of St Paul's Cathedral (London, 1868); p. 224 Richard Stanyhurst The Description of Ireland, (1577); p. 228 Hans Christian Andersen, The Biography (1855); p. 231 A. Pushkin, The Bronze Horseman (1833), trans. Waclaw Lednicki, Pushkin's Bronze Horseman (Berkeley, CA 1955); p. 235 Robert Musil, The Man Without Qualities, trans. S. Wilkins (London, 1995); p. 239 R. L. Stevenson, Edinburgh Picturesque Notes (London, 1878); p. 246 F. F. Vigel Memoirs (Zapiski) (Moscow, 1928); p. 222 Marquis de Custine, Empire of the Czar (London, 1843); p. 255 C. Dickens, Dombey and Son (London, 1848); p. 259 Gyorgy Ligeti, interview by Dorle J. Soria, in Musical America, vol. 107, no. 4, September 1987; p. 263 C. Dickens, American Notes for General Circulation (Paris, 1842); p. 268 K. Marx & F. Engels, Revolution in Spain (1854, pub. London, 1939); p. 273 R. Byron, Country Life (1931); p. 278 quoted in O. Friedrich, Before the Deluge: A Portrait of Berlin in the 1920s (New York, 1963); T. Dreiser, The Titan (New York, 1914); p. 288 J. Fante, Ask the Dust (New York, 1939); p. 293 J. L. Borges, The Mythical Founding of Buenos Aires (1929); p. 295 Stamford Raffles to Col. Addenbrook, 10 June 1819, in V. Harlow & F. Madden, British Colonial Developments 1774–1834 (Oxford, 1953); p. 299 T. Wolfe, TheWeb and the Rock (New York, 1939); p. 301 A. Broyard, Kafka Was the Rage. A Greenwich Village Memoir (New York, 1993); D. Wakefield, New York in the Fifties (Boston, 1992); F. W. and G. S. McDarrah, Beat Generation: Glory Days in Greenwich Village (New York, 1996); p. 303 quoted in R. A. Gorman, Michael Harrington – Speaking American (New York, 1995); p. 307 P. Tonkin, 'City of Dionysus' in P. Emmett, Sydney. Metropolis, Suburb, Harbour (Sydney, 2000); p. 311 D. Richie, A Lateral View. Essays on Contemporary Japan (Tokyo, 1987); p. 316 J. G. Ballard, Empire of the Sun (London, 1984).

Text copyright
The following serves as an extension of the information on p. 2:
pp. 46–49 copyright . 2009 Bettany Hughes; pp. 50–51 copyright . 2009 W. J. F. Jenner; pp. 211–213, 268–272, 293–294 copyright . 2009 Felipe Fernandez-Armesto; pp. 205–208, 263–267 copyright . 2009 Simon Schama; pp. 250–254 copyright . 2009 Philp Mansel

译名对照表

A

A.H. 莱亚德　A.H.Layard
阿拔斯王朝　Abbasid Caliphate
阿拔斯一世　Shah'Abbas I
阿庇斯公牛　Apis bull
阿卜杜勒·拉赫曼一世　Abd al-Rahman I
阿卜杜勒·拉赫曼二世　Abd al-Rahman II
阿卜杜勒·拉赫曼三世　Abd al-Rahman III
阿布·伊沙克·萨赫利　Abu Ishaq al-Sahili
阿布西尔　Abusir
阿道夫·希特勒　Adolf Hilter
阿尔伯特·爱因斯坦　Albert Einstein
阿尔弗雷德·珀西瓦尔·莫兹利　Alfred Percival Maudslay
阿尔卡塞尔吉比尔战役　battle of Alcazarquebir
阿方索·贝尔　Alphonzo Bell
阿富汗　Afghanistan
阿格拉　Agra
阿格里帕　Agrippa
阿克苏姆　Aksum
阿勒颇　Aleppo
阿马尔菲　Amalfi
阿马林堡宫　Amalienborg
阿玛尼沙克托，女王　Amanishaketo, Queen
阿蒙　Amun
阿蒙霍特普三世　Amenhotep III
阿蒙尼姆赫特三世　Amenemhat III
阿姆斯特丹　Amsterdam
阿妮塔·贝尔贝　Anita Berber
阿诺河　the river Arno
阿普列斯，法老　Apries, King
阿瑟·菲利普，海军军官　Captain Arthur Philip
阿瑟·米勒　Arthur Miller
阿塔罗斯柱廊　Stoa of Attalos
阿特巴拉河　Atbara River
阿兹特克　Aztecs
埃德温·勒琴斯　Edwin Lutyens
埃尔南·科尔特斯　Hernán Cortés
埃及　Egypt
埃及区　Rhakotis
埃兰人　Elamites
埃利斯岛　Ellis Island
埃罗·萨里宁　Eero Saarinen
埃萨吉拉神庙　temple of Esagila
埃于普清真寺建筑群　Eyüp mosque complex

艾达·B. 韦尔斯　Ida B. Wells
艾伦·金斯堡　Allen Ginsberg
艾萨克·牛顿　Isaac Newton
爱丁堡　Edinburgh
安德鲁·埃利科特　Andrew Ellicott
安德鲁·梅隆　Andrew Mellon
安东·契诃夫　Anton Chehov
安东尼·高迪　Antoni Gaudí
安东尼浴场　Antonine Baths
安卡拉　Ankara
安娜·阿赫马托娃　Anna Akhmatova
安尼巴莱·卡拉奇　Annibale Carracci
安藤忠雄　Ando Tadao
奥尔德斯·赫胥黎　Aldous Huxley
奥古斯都，皇帝　Augustus, Emperor
奥古斯都广场　Forum of Augustus
奥利弗·克伦威尔　Oliver Cromwell
奥蒙德公爵　Duke of Ormonde
奥斯曼帝国　Ottoman empire
奥斯曼帝国的征服（1453）　Ottoman conquest（1453）
奥斯曼和平　Pax Ottomanica
奥斯曼男爵　Baron Haussmann
奥托·迪克斯　Otto Dix
奥托·冯·俾斯麦　Otto von Bismarck
奥托·瓦格纳　Otto Wagner
奥匈帝国　Austro-Hungarian empire
奥运会　Olympics
澳大利亚广场　Australia Square

B

巴比伦　Babylon
巴别塔（金字形神塔）　"Tower of Babel" ziggurat
巴伯尔　Babur
巴尔米拉　Palmyra
巴尔托洛梅奥·贝雷西　Bartolomeo Berecci
巴尔托洛梅奥·普拉蒂纳　Bartolomeo Platina
巴格达　Baghdad
巴克里　El Bekri
巴拉达河　Barada River
巴勒贝克　Baalbek
巴勒莫　Palermo
巴勒斯坦　Palestine
巴黎　Paris
巴戎寺　Bayon

巴塞罗那　Barcelona
巴特略之家　Casa Batlló
巴西尔二世　Basil Ⅱ
白宫　White House
白居易　Bai Juyi
白厅街的国宴厅　Banqueting House, Whitehall
百老汇　Broadway
柏拉图　Plato
柏林　Berlin
柏林墙　the Wall
拜德尔舍因　El-Badrashein
拜占庭　Byzantium
拜占庭的/拜占庭式的　Byzantine
包豪斯　Bauhaus
保罗·基廷　Paul Keating
保罗·乌切洛　Paolo Uccello
堡垒区　Ciudadela
鲍勃·迪伦　Bob Dylan
卑尔根　Bergen
"悲惨一周"　"Tragic Week"
北宫　Northern Palace
北湖　North Loch
北京　Beijing
北庙　Deir el-Bahri
北卫城　North Acropolis
贝弗利山　Beverly Hills
贝拉克·奥巴马　Barack Obama
贝鲁特　Beirut
贝伦区的修道院建筑群和堡垒　Belem monastic complex and fortress
贝纳的阿马尔里克　Amaury de Bène
贝宁　Benin
贝宁王朝　Benin dynasty
贝特尔·托瓦尔森　Bertel Thorvaldsen
贝托尔特·布莱希特　Bertolt Brecht
贝维斯马克斯街的犹太教堂　Bevis Marks synagogue
本丢·彼拉多　Pontius Pilate
本杰明·富兰克林　Benjamin Franklin
本韦努托·切利尼　Benvenuto Cellini
比比·哈努姆清真寺　Bibi Khanum mosque
比科屋　Pico House
比萨　Pisa
比耶·亚尔伯爵　Birger Jarl
彼得·保罗·鲁本斯　Peter Paul Rubens
彼得·德·霍赫　Pieter de Hooch
彼得大帝　Peter the Great
表参道　Omotesando Street
宾夕法尼亚大街　Pennsylvania Avenue

槟城　Penang
兵工厂　Arsenal
波吉亚家族出身的亚历山大六世，教宗　Alexander Ⅵ Borgia, Pope
波斯波利斯　Persepolis
波托马克河　Potomac River
伯里克利　Perikles
伯纳姆&鲁特建筑公司　Burnham and Root architects
博阿兹柯伊　Boghazköy
博尔德水坝，科罗拉多河　Boulder Dam, Colorado River
博尔萨　Bosra
博卡区　Barrio of La Boca
博斯普鲁斯海峡　Bosphorus
卜塔　Ptah
不来梅　Bremen
布达佩斯　Budapest
布拉格　Prague
布拉格城堡　Prague castle（Hrad）
布拉曼特　Bramante
布里茨住宅区　Britz estate
布龙奇诺　Bronzino
布鲁诺·陶特　Bruno Taut
布鲁日　Bruges
布匿战争　Punic Wars
布宜诺斯艾利斯　Buenos Aires

C
C.F.哈斯多夫　C.F.Harsdorff
C.F.汉森　C.F.Hansen
查尔斯·布尔芬奇　Charles Bulfinch
查尔斯·狄更斯　Charles Dickens
查尔斯·卡梅伦　Charles Cameron
查理大桥　Charles Bridge
查理大学　Charles University
查理一世，国王　Charles Ⅰ, King
查理曼大帝　Charlemagne
查理二世，国王　Charles Ⅱ, King
查理四世，神圣罗马帝国皇帝　Charles Ⅳ, Holy Roman Emperor
查理五世，神圣罗马帝国皇帝　Charles Ⅴ, Holy Roman Emperor
查理十世，瑞典国王　Charles Ⅹ, King of Sweden
查理十一世，瑞典国王　Charles Ⅺ, King of Sweden
查理十二世，瑞典国王　Charles Ⅻ, King of Sweden
查士丁尼，皇帝　Justinian, Emperor
长安　Chang'an
长江　Yangtze River
朝圣　Pilgrimage
成吉思汗　Genghis Khan

城堡　Alcázar
城堡剧院　Burgtheater
磁悬浮　MagLev
村上春树　Murakami Haruki

D

达达尼尔海峡　Dardanelles
大不里士　Tabriz
大城堡　Büyükkale
大乘佛教　Mahayana
大格列高利　Gregory the Great
大广场　Great Plaza
大火　Great Fire
大角斗场　Colosseum
大教堂　Cathedral（Duomo）
大流士　Darius
大马士革　Damascus
大马士革的圣约翰　St John of Damascus
大明宫　Daming Palace
大清真寺　La Mezquita
大清真寺　Great Mosque
大神庙区　Templo Mayor
大卫·马梅特　David Mamet
大卫·沃克·格里菲斯　David Wark Griffith
大卫·休谟　David Hume
大瘟疫　Great Plague
大萧条时期　Great Depression
大学　University
大浴场　the Great Bath
代代木　Yoyogi
带有楔形文字的泥板　cuneiform tablets
戴克里先　Diocletian
丹克马尔·阿德勒　Dankmar Adler
丹尼尔·切斯特·弗伦奇　Daniel Chester French
丹戎巴葛　Tanjong Pagar
丹下健三　Kenzo Tange
但丁　Dante
道威斯计划　Dawes Plan
德川家康　Tokugawa Ieyasu
德里　Delhi
德摩斯梯尼　Demosthenes
堤义明　Yoshiaki Tsutsumi
狄奥多西，皇帝　Theodosius, Emperor
迪奥大厦　Dior Building
底比斯　Thebes
底格里斯河　the Tigris
底格里斯河上的塞琉西亚　Seleucia-on-the-Tigris
地中海　Mediterranean Sea

帝国大厦　Empire State Building
帝国清真寺　Masjid-i Shah（Imperial Mosque）
帝国市场　imperial bazaar
帝国之门　Qaisariya Gateway
帝王谷　Valley of the Kings
第二次世界大战　the Second World War
第谷·布拉厄　Tycho Brahe
第一次世界大战　the First World War
蒂卡尔　Tikal
蒂沃利　Tivoli
丁香花园　Lilac Garden
东京　Tokyo
东印度公司　East India Company
冬宫（艾尔米塔什博物馆）　Winter Palace（Hermitage Museum）
都柏林　Dublin
都厅舍　Metropolitan Government Office
阇耶跋摩七世　Jayavarman Ⅶ
杜甫　Du Fu
杜拉欧罗普斯　Dura Europos
杜伊勒里宫　Tuileries palace
多伦多　Toronto
多梅尼科·基尔兰达约　Domenico Ghirlandaio
多那泰罗　Donatello
多瑙河　the Danube
堕落艺术　Degenerate Art

E

俄罗斯芭蕾舞团　Ballets Russes
厄勒海峡大桥　Oresunds Bridge
厄普顿·辛克莱　Upton Sinclair
厄瑞克忒翁神庙　Erectheion
"恶人"威廉　William the Bad
恩格尔贝特·肯普弗　Engelbert Kaempfer
二条城　Nijo Castle

F

法尔内塞家族的保罗三世，教宗　Paul Ⅲ Farnese, Pope
法国大革命　French Revolution
法兰西第二帝国　Second Empire
法罗斯岛　Pharos island
法罗斯岛上的亚历山大灯塔　Pharos lighthouse
法提赫清真寺　Fatih Camii mosque
法伊特·施托斯　Veit Stoss
凡尔赛宫　Versailles
《凡尔赛条约》　*Versailles Treaty*
反宗教改革　Counter-Reformation
泛雅典人节　Panatheaia Festival

梵蒂冈图书馆　Vatican Library
菲茨威廉斯爵士　Lord Fitzwilliam
菲利波·布鲁内莱斯基　Filippo Brunelleschi
菲利波·利比　Filippo Lippi
菲利普·施塔克　Philippe Starck
腓力二世，法国国王　Philip II, King of France
腓力二世，西班牙国王　Philip II, King of Spain
腓力四世，法国国王　Philip IV, King of France
腓尼基　Phoenicia
腓特烈城　Frederickstadt
腓特烈大帝　Frederick the Great
腓特烈五世，丹麦国王　Frederick V, King of Denmark
费奥多尔·陀思妥耶夫斯基　Fyodor Dostoyevsky
费尔南多城墙　Cerca Fernandina
分离派　the Secession
风格主义　Mannerism
凤凰公园　Phoenix park
佛教　Buddhism
佛罗里达大街　calle Florida
佛罗伦萨　Florence
弗拉·安杰利科　Fra Angelico
弗兰克·帕克爵士　Sir Frank Packer
弗朗哥，将军　Franco, General
弗朗切斯科·巴尔托洛梅奥·拉斯特雷利　Franco Bartolomeo Rastrelli
弗朗切斯科·菲奥伦迪诺　Francesco Fiorentino
弗朗切斯科·圭恰迪尼　Francesco Guicciardini
弗朗索瓦·贝尼耶　François Bernier
弗朗索瓦一世，法国国王　François I, King of France
弗朗西斯·蔡尔德爵士　Sir Francis Child
弗朗西斯·德雷克　Francis Drake
弗朗西斯科·德·保拉·拉莫斯·德·阿泽维多　Francisco de Paula Ramos de Azevedo
弗里茨·朗　Fritz Lang
弗利尔美术馆　Freer Art Gallery
伏尔塔瓦河　Vltava River
浮世（花街柳巷）　floating world
福斯塔特　Fustat
富士山　Mount Fuji

G
港口　Harbour
高夫·惠特拉姆　Gough Whitlam
高贵之门　Ali Qapu (High Gateway)
高架渠　aqueducts
高速铁路线　bullet train lines
哥白尼　Copernicus
哥本哈根　Copenhagen

歌剧院　Opera House
歌舞伎剧场　Kabuki theatre
格林尼治村　Greenwich Village
格林尼治皇家医院　Greenwich Royal Hospital
格姆拉斯坦（老城）　Gamla Stan (Old Town)
宫城　Palace City
宫廷教堂　Palatine Chapel
共产主义　Communism
《古兰经》　Koran
古斯塔夫·埃里克松·瓦萨　Gustav Eriksson Vasa
古斯塔夫·克里姆特　Gustav Kilmt
古斯塔夫二世，瑞典国王　Gustav II, King of Sweden
古斯塔夫三世，瑞典国王　Gustav III, King of Sweden
谷地　valley
关中　Guanzhong
广场　the Forum
贵族院　Riddarhuset (House of the Nobles)
桂离宫　Katsura Imperial Villa
郭子仪，将军　Guo Ziyi, General
国会　Congress
国会大厦　Capitol
国家广场　the Mall
国王大道　Rajpath (King's Way)
国王十字区　Kings Cross

H
哈布斯堡帝国/王朝　Habsburg empire/monarchy
哈德逊湾公司　Hudson's Bay Company
哈拉帕的文字　Harappa script
哈里·卡尔弗　Harry Culver
哈里·塞德勒　Harry Seidler
《哈里里辞赋集》　Maqamat of al-Hariri
哈利可汗市场　Khan el-Khalili Market
哈伦·维拉亚特广场　Maidan-i Harun Vilayat
哈默史密斯桥　Hammersmith Bridge
哈图沙　Hattusa
哈图西里，国王　Hattusili, King
海关大楼　Custom House
海因里希·巴尔特　Heinrich Barth
邯郸　Handan
汉堡　Hamburg
汉朝　Han
《汉谟拉比法典》　Hammurabi Law Code
汉尼拔　Hannibal
汉萨同盟　Hanseatic League
汉斯·克里斯蒂安·安徒生　Hans Christian Andersen
好莱坞　Hollywood
荷尔斯泰因的伯爵阿道夫二世　Adolf II of Holstein

荷兰的威廉二世　William II of Holland
赫伯特·贝克　Herbert Baker
赫尔大厦　Hull House
赫法特　Hefat
赫菲斯托斯神庙　temple of Hephaistos
赫费斯提翁的火葬堆　Hephaestion's funeral pyre
赫伦　Heron
赫梯人　Hittites
黑海　Black Sea
黑死病　Black Death
亨丽埃塔街　Henrietta St
亨利·卡蒂埃－布雷松　Henri Cartier-Bresson
亨利·梅休　Henry Mayhew
亨利·穆奥　Henri Mouhot
红堡　Red Fort
红场　Red Square
华盛顿　Washington DC
环城大道　the Ringstrasse
环球剧场　Globe Theatre
环形码头　Circular Quay
桓武天皇　Kammu, Emperor
皇城　Imperial City
皇城　Royal City
皇后岛宫　Drottningholm palace
皇家医院　Royal Hospital
黄金巷　Golden Lane
黄浦江　Huangpu River
会堂大厦　Auditorium building
火刑　autos-da-fé
霍夫堡宫　Hofburg
霍拉伯德＆罗奇建筑公司　Holabird and Roche architects
基督教　Christianity

J

吉安·洛伦佐·贝尔尼尼　Gian Lorenzo Bernini
《吉尔伽美什史诗》　The Epic of Gilgamesh
吉罗拉莫·萨沃伏纳罗拉　Fra Girolamo Savonarola
吉萨的大金字塔　Great Pyramid at Giza
几内亚之家（印度之家）　Casa da Guine (Casa da India)
加埃塔　Gaeta
加尔各答　Calcutta
加尔文主义　Calvinism
加喜特人　Kassites
迦勒底　Chaldaean
迦太基　Carthage
迦太基帝国　Carthaginian empire
贾汗纳拉　Jahanara
贾马清真寺　Jami' Masjid

箭牌大厦　Wrigley building
江户　Edo see Tokyo
江户城堡/皇宫　Edo Castle/ Imperial Palace
江泽民　Jiang Zemin
焦尔达诺·布鲁诺　Giordano Bruno
杰弗里·罗伯逊　Geoffrey Robertson
杰克·芒迪　Jack Mundey
杰克逊·波洛克　Jackson Pollock
杰梅茵·格里尔　Germaine Greer
解放者宙斯柱廊　Stoa of Zeus Eleutherios
金·奥利弗的克里奥尔爵士乐队　King Oliver's Creole Jazz Band
金角湾　Golden Horn
金字塔墓地　pyramid cemeteries
津加里贝尔清真寺　Djinguereber mosque
京都　Kyoto
旧城　Old Town
旧德里　Old Delhi
旧德里（沙贾汗纳巴德）　Old Delhi (Shahjahanabad)
旧宫　Palazzo Vecchio
救世主大教堂　Cathedral of Christ the Saviour
剧院广场　Theatre Square
君士坦丁堡　Constantinople
君士坦丁堡赛马场　Hippodrome
君士坦丁大帝　Constantine the Great

K

咖啡种植　coffee cultivation
卡比托利欧山　Capitoline Hill
卡尔·冯·林耐　Linneaus (Carl von Linné)
卡尔顿山　Calton Hill
卡尔莫修道院　Carmo monastery
卡拉瓦乔　Caravaggio
卡利马科斯　Callimachus
卡纳克　Karnak
卡佩尔街　Capel Street
卡齐米日大帝，国王　Kazimierz III, King
卡斯巴城堡　Kasbah fortress
卡斯蒂利亚国王斐迪南　Ferdinand of Castile
卡斯托耳神庙　Temple of Castor
《加泰罗尼亚地图集》　Catalan Atlas
开罗　Cairo
凯特巴伊　Qaytbay
堪培拉　Canberra
康拉德·策尔蒂斯　Conrad Celtis
科尔多瓦　Córdoba
科科伦美术馆　Corcoran Gallery
科隆　Cologne

科卢乔·萨卢塔蒂　Coluccio Salutai
科潘　Copán
科文特花园　Covent Garden
科西莫　Cosimo
克拉科夫　Kraków
克莱夫·詹姆斯　Clive James
克朗楼　Crown Hall
克劳狄乌斯·托勒密　Ptolemy I（Claudius Ptolemaeus）
克里米亚战争　Crimean War
克里姆林宫　Kremlin
克里斯蒂安堡宫　Christiansborg Palace
克里斯蒂安二世，丹麦国王　Christian Ⅱ, King of Denmark
克里斯蒂安四世，丹麦国王　Christian Ⅳ, King of Denmark
克里斯蒂娜，瑞典女王　Christina, Queen of Sweden
克里斯托弗·哥伦布　Christopher Columbus
克里斯托弗·雷恩爵士　Sir Christopher Wren
克里斯托弗·伊舍伍德　Christopher Isherwood
克里斯托瓦尔·德·比利亚尔潘多　Cristóbal de Villalpando
克利奥帕特拉七世　Cleopatra Ⅶ
克罗斯内斯泵站　Crossness pumping station
空中花园　Hanging Gardens
寇松爵士　Lord Curzon
库尔特·图霍尔斯基　Kurt Tucholsky
库尔特·魏尔　Kurt Weill
库什王国　kingdom of Kush
库斯科　Cuzco
库云吉克的堡垒　citadel of Kuyunjik
垮掉派诗人　Beat poets
奎奎尔科　Cuicuilco
魁北克　Quebec
扩展区　Eixample

L

拉斐尔　Raphael
拉斐尔画室寓所　Stanze apartments
拉美西斯二世的巨石像　colossal statue of Ramesses Ⅱ
拉蒙·卡萨斯　Ramon Casas
拉希纳村　Mit Rahina
拉欣　Lachine
拉欣运河　Lachine canal
拉约什·科苏特　Lajos Kossuth
莱昂·巴蒂斯塔·阿尔贝蒂　Leon Battista Alberti
莱奥纳尔多·布鲁尼　Leonardo Bruni
莱佛士酒店　Raffles Hotel
蓝色清真寺　Blue Mosque
老城区　Staré Mesto（Old Town）
勒内·笛卡尔　René Descartes
勒内·卡耶　René Caillé

雷蒙德·钱德勒　Raymond Chandler
冷战　Cold War
李白　Li Bai
李思训　Li Sixun
里斯本　Lisbon
里亚布申斯基家族　Riabushinsky family
里约热内卢　Rio de Janeiro
理查德·内维尔　Richard Neville
理查德·诺伊特拉　Richard Neutra
利奥一世　Leo the Great
利奥十世　Leo Ⅹ
利菲河　the Liffey
利斯　Leith
链桥　Chain Bridge
列奥纳多·达·芬奇　Leonardo da Vinci
列吉斯坦广场　Registan
林肯纪念堂　Lincoln Memorial
林肯律师协会　Lincoln's Inn
临淄　Linzi
领主广场　Piazza della Signoria
六本木　Roppongi
卢浮宫（博物馆）　Louvre Palace（Museum）
卢克·加德纳　Luke Gardiner
卢克索　Luxor
卢克索神庙　Luxor temple
卢普区　Loop
鲁道夫·申德勒　Rudolph Schindler
鲁道夫二世　Rudolph Ⅱ
路德教会的宗教改革　Lutheran Reformation
路易·若利埃　Louis Jolliet
路易十四，法国国王　Louis XIV, King of France
路易斯·阿姆斯特朗　Louis Armstrong
路易斯·沙利文　Louis Sullivan
伦勃朗　Rembrandt
伦敦　London
罗伯特·阿斯金　Robert Askin
罗伯特·巴克　Robert Barker
罗伯特·波义耳　Robert Boyle
罗伯特·弗格森　Robert Fergusson
罗伯特·胡克　Robert Hooke
罗伯特·路易斯·史蒂文森　Robert Louis Stevenson
罗伯特·孟席斯　Robert Menzies
罗伯特·彭斯　Robert Burns
罗伯特·休斯　Robert Hughes
罗伯特·亚当和约翰·亚当　Robert Adam and John Adam
罗杰一世　Roger Ⅰ
罗杰二世　Roger Ⅱ
罗马　Rome

罗马帝国	Roman empire
罗马和平	Pax Romana
洛伦佐	Lorenzo
洛杉矶	Los Angeles
洛塔尔	Lothal
洛阳	Luoyang
骆驼商队	camel caravans
吕贝克	Lübeck
绿色禁令	Green Bans

M

马德里	Madrid
马丁·路德	Martin Luther
马丁·尼罗普	Martin Nyrop
马丁·夏普	Martin Sharp
马尔马拉海	Sea of Marmara
马凯鲁斯剧场	Theatre of Marcellus
马可·波罗	Marco Polo
马克·罗思科	Mark Rothko
马克西穆斯广场	Circus Maximus
马六甲	Malacca
马蒙	al-Ma'mun
马蒙托夫家族	Mamontov family
马穆鲁克	Mamluks
马涅托	Manetho
马萨乔	Masaccio
玛格丽特·撒切尔	Margaret Thatcher
玛丽	Marie
玛丽·安托瓦内特	Marie Antoinette
玛丽亚·特蕾西亚,皇后	Maria Therese, Empress
玛琳·黛德丽	Marlene Dietrich
玛雅	Maya
麦地那	Medina
麦加	Mecca
麦加朝觐	hajj
麦罗埃	Meroë
曼哈顿	Manhattan
曼努埃尔一世	Dom Manuel
曼苏尔	al-Mansur
毛泽东	Mao Zedong
玫瑰堡宫	Rosenberg Palace
梅里昂广场	Merrion Square
梅特涅,亲王	Metternich, Prince
湄公河	Mekong River
美第奇家族	Medici family
美楞普塔	Merenptah
美尼斯	Menes
美泉宫	Schönbrunn

美西战争(1898—1902)	Spanish-American War(1898—1902)
门德斯·平托	Mendes Pinto
蒙巴顿爵士	Mountbatten, Lord
蒙戈·帕克	Mungo Park
蒙哥马利·梅格斯	Montgomery Meigs
蒙古和平	Pax Mongolica
蒙雷亚莱	Monreale
蒙塔兹·马哈尔	Mahal Mumtaz
蒙特利尔	Montreal
蒙特祖玛的宫殿	Montezuma's Palace
蒙特祖玛二世	Motecuzoma II (Montezuma)
孟斐斯	Memphis
孟买	Bombay
孟图霍特普二世	Montjuhotep II
米开朗琪罗	Michelangelo
米拉多尔	El Mirador
米拉之家	Casa Milà
米兰	Milan
密斯·范·德·罗厄	Mies van der Rohe
庙村	Deir el-Medina
民主	democracy
明朝	Ming dynasty
摩亨佐-达罗	Mohenjo-daro
摩苏尔	Mosul
莫蒂默·惠勒爵士	Sir Mortimer Wheeler
莫罗佐夫家族	Morozov family
莫斯科	Moscow
莫卧儿	Mughals
墨尔本	Melbourne
墨家	Mohists
墨西哥城	Mexico City
沐浴设施	baths/bathing facilities
穆阿威叶	Mu'awiya
穆罕默德二世	Mehmet II
穆萨一世	Mansa Musa
穆斯塔囚	al-Musta'in
穆斯坦绥尔	al-Mustansir

N

拿破仑·波拿巴	Napoleon Bonaparte
拿破仑三世	Napoleon III
拿撒勒的耶稣	Jesus of Nazareth
那波帕拉萨尔	Nabopolassar
那不勒斯	Naples
纳巴那沙	Nabonassar
纳粹党	Nazi Party
纳迪尔沙阿	Nadir Shah

纳尔迈　Narmer
纳克贝　Nakbe
纳西尔，哈里发（巴格达）　al-Nasir, caliph（Bagdad）
纳西尔·穆罕默德（开罗）　al-Nasir Muhammad（Cairo）
南京　Nanjing
南京路　Nanjing Rd
南肯辛顿的博物馆　South Kensington museums
尼布甲尼撒的宫殿　Nebuchadnezzar's palace
尼布甲尼撒二世　Nebuchadnezzar Ⅱ
尼古拉·屠格涅夫　Nikolai Turgenev
尼古拉一世，沙皇　Nicholas Ⅰ, Tsar
尼古拉二世，沙皇　Nicholas Ⅱ, Tsar
尼科德默斯·特辛　Nicodemus Tessin
尼科洛·马基雅维利　Niccolò Macchiavelli
尼禄，皇帝　Nero, Emperor
尼罗河　Nile
尼尼微　Nineveh
尼日尔河　Niger River
涅夫斯基大道　Nevsky Prospect
涅瓦河　Neva River
纽约　New York
农业　agriculture
努比亚　Nubia
努诺·阿尔瓦雷斯·佩雷拉　Nun's Alvares Pereira
诺曼人　Normans

O

欧亨尼娅，皇后　Eugénie, Empress

P

帕多瓦　Padua
帕拉蒂尼山　Palatine Hill
帕特农神庙　Parthenon
帕维尔·特列季亚科夫　Pavel Tretiakov
庞贝城　Pompeii
庞贝剧场　Theatre of Pompey
庞贝柱　Pompey's Pillar
庞培　Pompey the Great
佩鲁吉诺　Perugino
佩皮一世的金字塔　pyramid of Pepi Ⅰ
佩特拉　Petra
棚户区　favelas
平房（勒琴斯）　bungalows（Lutyens）
平图里基奥　Pinturicchio
葡萄牙帝国　Portugese empire
浦东区　Pudong district
普里莫·德里韦拉，将军　Primo de Rivera, General
普罗提诺　Plotinus

普伊赫·卡达法尔克　Puig I Cadafalch

Q

"七年战争"　Seven Years War
奇迹一英里　Miracle Mile
骑士岛　Riddarholmskyrkan
启蒙运动　Enlightenment
契马布埃　Cimabue
浅草寺　Sensoji temple
乔托　Giotto
乔治·R.西姆斯　George R. Sims
乔治·德拉蒙德　George Drummond
乔治·格罗斯　George Grosz
乔治·格什温与伊拉·格什温　George Gershwin and Ira Gershwin
乔治·华盛顿　George Washington
乔治·斯科拉里奥斯　Geogre Scholarius
乔治·瓦萨里　Giorgio Vasari
乔治敦　Georgetown
乔治风格的建筑　Georgian architecture
乔治五世，国王　George V, King
切尔西皇家医院　Royal Chelsea Hospital
切法卢　Cefalù
青铜时代的文明　Bronze Age civilizations
清教徒　the Puritans
清真寺建筑群　külliye

R

让·夏尔丹　Jean Chardin
热那亚　Genoa
人文主义　humanism
扔出窗外　defenestrations
日落大道　Sunset Boulevard
瑞典帝国　Swedish empire
若昂一世　João Ⅰ

S

撒哈拉沙漠　Sahara desert
撒马尔罕　Samarkand
萨达姆·侯赛因：巴比伦的宫殿　Saddam Hussein : palace at Babylon
萨达纳帕勒斯　Sardanapalus
萨第斯　Sardis
萨非帝国　Safavid empire
萨克萨瓦曼堡　Sacsayhuaman
萨拉丁　Saladin
萨迈拉　Samarra
萨米埃尔·德·尚普兰　Samuel de Champlain

萨缪尔·约翰逊　Samuel Johnson
塞巴斯蒂安一世　Sebastião I
塞拉比斯神庙　Serapeum
塞缪尔·佩皮斯　Samuel Pepys
塞纳河　the Seine
塞浦路斯　Cyprus
塞普蒂米乌斯·塞维鲁，皇帝　Septimius Severus, Emperor
塞斯霍恩一世　Sheshonq I
塞维利亚　Seville
三冠堡　Tre Kronor castle
三角洲　delta
"三十年战争"　Thirty Years War
三一学院　Trinity College
三宅一生　Issey Miyake
桑德罗·波提切利　Sandro Botticelli
桑科雷清真寺　Sankore mosque
沙·贾汗　Shah Jahan
沙皇村　Tsarskoe Selo
沙姆-阿达德一世　Shamshi-Adad I
"善人"威廉　William the Good
上海　Shanghai
尚迪　Shendi
什叶派　Shi'ite
圣保罗　São Paulo
圣保罗大教堂　St Paul's cathedral
圣保罗人大道　Avenida Paulista
圣彼得堡　St Petersburg
圣彼得大教堂（旧）　St Peter's (old)
圣彼得大教堂（新）　St Peter's (new)
圣地亚哥·鲁西尼奥尔　Santiago Rusiñol
圣殿关　Temple Bar
圣殿骑士团　Templars
圣费尔南多谷　San Fernando Valley
圣盖博教堂　Mission San Gabriel
圣家族大教堂　Sagrada Família
圣劳伦斯河　St Lawrence River
圣礼拜堂　Sainte-Chapelle
圣马可大教堂　St Mark's Cathedral
圣莫尼卡　Santa Monica
圣母大殿　church of the Virgin Mary
圣母院　Notre-Dame
圣潘克拉斯火车站　St Pancras station
圣斯蒂芬绿地公园　Stephen's Green
圣索菲亚大教堂　Great Church of St Sophia
圣维比亚纳大教堂　St Vibiana's Cathedral
"圣雄"甘地　Mahatma Gandhi
圣伊雷娜　St Eirene
胜利之城　Qahira

狮子门　the Lion Gate
十二角石　12-cornered stone
十字军东征　the Crusades
世博会　World's Fair
1851年世博会　Great Exhibition (1851)
1867年世博会　Universal Exhibition of 1867
世界典范广场　Maidan-i Naqsh-i Jahan ("Map of the World Piazza")
市政市场　Municipal Market
市政厅　Town Hall
室内大巴扎　Covered Bazaar
书法　calligraphy
水坝广场　Dam Square
丝绸之路　Silk Road
斯德哥尔摩　Stockholm
《死海古卷》　Dead Sea Scrolls
苏丹·侯赛因　Shah Sultan Husain
苏莱曼大帝　Suleyman the Magnificent
苏莱曼清真寺　Suleymaniye
苏皮鲁流马　Suppiluliuma
苏萨　Susa
苏耶跋摩二世　Suryavarman II
苏伊士运河　Suez Canal
隋文帝　Emperor Wen
"碎片之丘"陵墓　Kom el-Shughafa catacombs
梭伦　Solon
索尔·贝娄　Saul Bellow

T

塔布隆寺　Ta Prohm
塔霍河　the Tagus
台伯河　Tiber River
太阳金字塔　Pyramid of the Sun
太阳神庙　Coricancha
太阳贞女府建筑群　Allcahuasi complex
泰姬陵　Taj Mahal
泰特拉公寓区　Tetitla compound
泰晤士河　the Thames
唐朝　Tang dynasty
唐武宗　Emperor Wuzong
唐玄宗　Emperor Xuanzong
陶代尼的盐矿　Taoudeni quarries
特奥蒂瓦坎　Teotihuacan
特拉特洛尔科　Tlatelolco
特里亚农观景台　Trianon Belvedere
特列季亚科夫博物馆　Tretiakov Museum
特洛伊　Troy
特诺奇提特兰　Tenochtitlan

提图斯　Titus
天鹅绒革命　Velvet Revolution
天房　Ka'ba
天坛　Temple of Heaven complex
天主教　Catholicism
填海造陆　land reclamation
帖木儿　Tamerlane
帖木儿　Timur see Tamerlane
铁路　railways
铁特河　Tietê River
廷巴克图　Timbuktu
廷塔尔　Tintal
图阿雷格游牧民　Tuareg nomads
图拉真，皇帝　Trajan, Emperor
图特哈里亚（四世），国王　Tudhaliya（Ⅳ）, King
图特摩斯三世　Thutmose Ⅲ
《托尔德西利亚斯条约》Treaty of Tordesillas
托勒密一世　Ptolemy Ⅰ
托勒密二世　Ptolemy Ⅱ
托勒密节　Ptolemaieia festival
托马斯·多尔西　Thomas Dorsey
托马斯·杰斐逊　Thomas Jefferson
托马斯·曼　Thomas Mann
托马斯·斯坦福·莱佛士　Thomas Stamford Raffles
托普卡帕宫　Topkapi Palace

W

瓦茨拉夫广场　Wenceslas Square
瓦迪斯瓦夫二世，波兰国王　Władysław Ⅱ, King of Poland
瓦尔特·格罗皮乌斯　Walter Gropius
瓦哈卡　Oaxaca
瓦利德　al-Walid
瓦伦斯，皇帝　Valens, Emperor
"瓦萨号"战船　Vasa warship
瓦斯科·达·伽马　Vasco da Gama
外汇银行　Exchange Bank
外滩　the Bund
外围城墙　Linienwall
丸之内　Marunouchi
万神殿　Pantheon
王宫　imperial palace
威利·狄克逊　Willie Dixon
威廉·巴雷特　William Barrett
威廉·德·库宁　Willem de Kooning
威廉·蒂尔尼·克拉克　William Tierney Clark
威廉·罗伯逊　William Robertson
威廉·穆赫兰　William Mulholland
威廉·钱伯斯爵士　Sir William Chambers

威廉·莎士比亚　William Shakespeare
威尼斯　Venice
韦罗基奥　Verrocchio
韦斯巴芗，皇帝　Vespasian, Emperor
维多利亚女王　Victoria, Queen
维多利亚时代　Victorian
维罗纳　Verona
维也纳　Vienna
维也纳会议　Congress of
卫城　Acropolis
卫城山门　Propylaia
温迪施格雷茨伯爵　Count Windischgrätz
瘟疫　plagues
文艺复兴　Renaissance
倭马亚王朝　Umayyad Caliphate
沃茨　Watts
渥太华河　Ottawa River
乌多　Udo
乌鲁克　Uruk
无敌舰队　the Armada
吴道子　Wu Daozi
吴哥　Angkor
吴哥窟　Angkor Wat
吴哥通王城　Angkor Thom
兀鲁伯　Uleg Beg

X

西安　Xian
西奥多·德莱塞　Theodore Dreiser
西奥菲勒斯，皇帝　Theophilus, Emperor
西班牙帝国　Spanish empire
西班牙内战　Spanish Civil War
西北公司　North West Company
西岱岛　Ile de la Cité
西迪·叶海亚清真寺　Sidi Yahya mosque
西吉斯蒙德一世，波兰国王　Zygmunt Ⅰ, King of Poland
西克斯图斯四世　Sixtus Ⅳ
西克斯图斯五世　Sixtus Ⅴ
西墙　Western Wall
西斯廷教堂　Sistine Chapel
西西里　Sicily
西席·B.地密尔　Cecil B. DeMille
西周君主　Zhou monarchy
希罗多德　Herodotus
希律王　King Herod
悉尼　Sydney
悉尼塔（AMP塔）AMP tower
锡南　Sinan

夏尔·朗方　Charles L'Enfant
夏宫　Summer Palace
夏洛特广场　Charlotte Square
先知穆罕默德　Muhammad, Prophet
现代艺术博物馆　Museum of Modern Art
现代主义　Modernism
香港　Hong Kong
象牙　ivory
小城区　Mala Strana（Little Quarter）
小圣索菲亚清真寺　Küçük Aya Sofya Camii
谢尔盖·佳吉列夫　Sergei Diaghilev
谢赫·卢特法拉清真寺　Sheikh Lutfallah mosque
辛那赫里布　Sennacherib
辛那赫里布的宫殿　Sennacherib's palace
新奥尔良　New Orleans
新柏拉图主义　Neo-Platonism
新城　New Town
新城区　Nové Mesto（New Town）
新德里　New Delhi
新古典主义　Neoclassicism
新古典主义建筑　neoclassical architecture
新加坡　Singapore
新教　Protestantism
新客观主义　Neue Sachlichkeit（New Objectivity）
新宿　Shinjuku
新艺术运动　Art Nouveau
兴庆宫　Xingqing
薛西斯　Xerxes
血汗工厂　Sweatshops

Y

鸭川　Kamogawa
雅典　Athens
雅典娜　Athena
雅典娜胜利女神庙　temple of Athena Nike
雅各布·范·坎彭　Jacob von Campen
雅各布·蓬托尔莫　Jacopo Pontormo
雅克·卡蒂埃　Jacques Cartier
亚伯拉罕·林肯　Abraham Lincoln
亚当·克拉克　Adam Clark
亚当·斯密　Adam Smith
亚当斯·摩根街区　Adams Morgan
亚历山大·普希金　Alexander Pushkin
亚历山大大帝　Alexander the Great
亚历山大港　Alexandria
亚美利哥·韦斯普奇　Amerigo Vespucci
亚穆纳河　Yamuna River
亚述巴尼拔　Ashurbanipal

岩石区　the Rocks
阎立本　Yan Liben
燕下都　Yan Xiadu
扬·菲斯海尔　Jan Visscher
扬·胡斯　Jan Huss
耶尔穆克河战役　battle of Yarmuk
耶路撒冷　Jerusalem
耶输跋摩一世　Yashovarman Ⅰ
耶稣会　Jesuit order
耶稣教堂　Church of the Gesù
叶卡捷琳娜大帝　Catherine the Great
夜总会　cabarets
伊本·瓦哈卜　Ibn Wahab
伊东丰雄　Ito Toyo
伊拉斯谟　Erasmus
伊利诺伊河　Illinois River
伊尼戈·琼斯　Inigo Johnes
伊什塔尔　Ishtar
伊什塔尔门　Ishtar Gate
伊什塔尔神庙　temple of Ishtar
伊什特万·塞切尼　Istvan Szechenyi
伊斯法罕　Isfahan
伊斯兰教　Islam
伊斯玛仪一世　Shah Ismayi Ⅰ
伊斯坦布尔　Istanbul
艺伎　geishas
议会　Parliament
印度河　Indus River
印度门　India Gate
印度民族起义（1857）　Indian Rebellion（1857）
印度总统府（总督府）　Rashtrapati Bhavan（Viceroy's House）
印加　Inca
英国皇家学会　Royal Society
郢　Ying
"永生之王"墓群　Shah-I Zindeh
尤利乌斯·恺撒　Julius Caesar
尤利乌斯二世, 教宗　Julius Ⅱ, Pope
尤利乌斯三世, 教宗　Julius Ⅲ, Pope
犹太教　Judaism
犹太人；犹太教徒　Jews
游行大道　Processional Way
有1001根柱子的蓄水池　Binbirdirek
右岸地区　Right Bank
幼发拉底河　Euphrates River
逾越节　Passover Festival
羽蝶宫　Quetzalpapalotl（Palace of the Feathered Butterfly）
羽蛇神金字塔　Pyramid of the Feathered Serpent
圆形巨港　cothon harbour

《源氏物语》 *The Tale of Genji*
约翰·贝雷斯福德 John Beresford
约翰·迪伊 John Dee
约翰·昆西·亚当斯 John Quincy Adams
约翰·洛克 John Locke
约翰·马歇尔爵士 Sir John Marshall
约翰·弥尔顿 John Milton
约翰·伍重 Jørn Utzon
约翰内斯·开普勒 Johannes Keller
约瑟夫·巴泽尔杰特 Joseph Bazalgette
约瑟夫·厄本 Joseph Urban
约瑟夫·戈培尔 Joseph Goebbels
约瑟夫·斯大林 Joseph Stalin
约瑟夫二世 Joseph Ⅱ
月亮金字塔 Pyramid of the Moon
越南战争 Vietnam War
越战纪念碑 Vietnam Memorial

Z

宰赫拉城 Madinat al-Zahra
在俄国 in Russia
在美国 in America
在苏格兰 in Scotland
扎扬达河 Zayanda River
詹博洛尼亚 Giambologna
詹姆斯·冈东 James Gandon
詹姆斯·赫顿 James Hutton
詹姆斯·克雷格 James Craig
詹姆斯·伦威克 James Renwick
詹姆斯·史密森 James Smithson
战国时期（中国） Warring States（China）
战神广场 Campus Martius
战神广场 Field of Mars
章怀太子 Crown Prince Zhanghuai
朝日啤酒 Asahi brewery
樟宜 Changi
珍宝阁 Kunstkammer
征服者威廉 William the Conqueror
证券交易所 Stock Market
郑和 Zheng He
政府山 Government Hill
芝加哥 Chicago
直街 Souk al-Tawil（"straight street"）
中央广场 Central Square（Zócalo）
中央市场 Les Halles
周达观 Zhou Daguan
朱棣，永乐皇帝 Zhu Di，Yongle Emperor
朱利亚诺 Giuliano

朱利叶斯·雅各布·冯·海瑙元帅 Julius Jacob von Haynay, General
朱塞佩·阿钦博尔多 Giuseppe Arcimboldo
朱温 Zhu Wen
紫禁城 the Forbidden City
自由女神像 Statue of Liberty
宗教裁判所 the Inquistion
宗教改革 the Reformation
总督 the Doge
总督府 Doge's Palace
祖韦拉门 Bab Zuwayla
左岸地区 Left Bank